中国财经·纵横

长江产经智库中国经济发展系列著作

市场取向改革的胜利

——纪念中国改革开放40周年

刘志彪　陈启斐　主编

中国财经出版传媒集团
中国财政经济出版社

图书在版编目（CIP）数据

市场取向改革的胜利：纪念中国改革开放40周年/刘志彪，陈启斐主编．—北京：中国财政经济出版社，2018.5
（中国财经·纵横）
ISBN 978-7-5095-8219-0

Ⅰ.①市… Ⅱ.①刘… ②陈… Ⅲ.①中国经济-经济发展-研究 Ⅳ.①F124

中国版本图书馆CIP数据核字（2018）第081768号

责任编辑：吕小军　　　　责任校对：徐艳丽
封面设计：思梵星尚

中国财政经济出版社 出版
URL：http：//www.cfeph.cn
E-mail：cfeph@cfeph.cn

社址：北京市海淀区阜成路甲28号　邮政编码：100142
营销中心电话：010-88191537　北京财经书店电话：64033436　84041336
北京富生印刷厂印刷　各地新华书店经销
787×1092毫米　16开　25.75印张　460 000字
2018年5月第1版　2018年10月北京第2次印刷
定价：78.00元
ISBN 978-7-5095-8219-0
（图书出现印装问题，本社负责调换）
本社质量投诉电话：010-88190744
打击盗版举报热线：010-88191661　QQ：2242791300

《中国财经·纵横》
丛书编委会

出版说明

值党的十九大胜利召开、中国改革开放40年之际，中国财政经济出版社以近70年的积淀，秣马厉兵，重磅推出《中国财经·纵横》系列精典作品。2018年为系列丛书出版的元年，今后我们将继续本着敬业的出版人精神，以全貌展示财政、经济学大家的精品力作，及时收集、传承专家观点，记录、传播中国现代化经济体系建设历程，出版精品以飨读者，为国家财政、经济学发展做出贡献，为全面建成小康社会、全面推进社会主义现代化建设做出贡献！

总　　序

——改革开放40年的理论与实践创新

我国改革开放40年中，经济社会和其他各方面的发展都取得了举世瞩目的成就。改革初始，是放宽政策，改变“一大二公”的所有制结构。先后允许个体经济和私营经济发展，继而改革国营经济管理体制，要求将国营经济搞活。先后经历了放权让利，扩大企业经营自主权，实行企业利润留成，两权分离（国家所有，企业经营，国营企业改为国有企业），继而实现企业承包制、股份制、股份合作制、混合所有制，经济体制改革的目标模式从计划经济为主、市场调节为辅，到公有制基础上的有计划的商品经济，再到国家调节市场，市场引导企业，最终实行社会主义市场经济。

中国进行改革开放，是为了调动一切积极因素解放和发展生产力，并不断提高人民的物质文化生活水平，最终实现共同富裕。这是遵从了马克思主义关于科学社会主义本质规定的基本原理。针对“左”风时期忽视生产力发展的根本任务，忽视共同富裕的社会主义根本目的，邓小平提出了社会主义本质论：解放生产力，发展生产力，消灭剥削，消除两极分化，最终达到共同富裕。为了在我国生产力落后、人民贫穷的条件下更有效地发展社会主义，提出了社会主义初级阶段理论，为发展非公有制经济提供了理论和实际依据。社会主义初级阶段理论，是科学社会主义的理论创新，它与中国特色社会主义理论创新是紧密联系的。随后又提出公有制为主体、多种所有制共同发展，是社会主义初级阶段的基本经济制度。习近平同志提出：初级阶段的“基本经济制度是中国特色社会主义的重要支柱”。基本经济制度的提出，是对科学社会主义继承、坚持与发展。按照科学社会主义的基本原理，社会主义经济制度要以公有制为基础。公有制具有两个根本职能，一是解放被私有制旧制度束缚了的生产力；二是最终实现共同富裕的制度保证。由于我国的社会主义不是脱胎于发达资本主义国家，而是脱胎于生产力极端落后的半殖民地半封建的社会制度，我们既要坚持社会主义经济制度，又不能搞单一的公有制。这种理论和制度创新体现在我国的宪法规定中。我国宪法中存在两种经济制度并存的规定。其一是：“中华人民共和国的社会主义经济制度的基础是生产资料的社会主义公有制，即全民所有制与劳动群众集体所有制。实行各尽所能，按劳分配的原则”。其二是：1987 年，中央提出社会主义初级阶段的基本经济制度后，1988 年，修改后的宪法，增添了初级阶段基本经济制度的规定：“国家在社会主义初级的阶段，坚持公有制为主体、多种所有制经济共同发展的基本经济制度，坚持按劳分配为主体、多种分配方式并存的分配制度。”不要混同两种经济制度的内涵，社会主义经济制度只以公有制为基础，不包括非公有制经济。而社会主义初级阶段的基本经济制度则包括非公有制经济，但又要以公有制为主体。这是因为外资经济是外国资本主义经济，私营经济和个体经济是非社会主义经济，非公有制经济在现阶段的重要地位和作用，与其社会经济性质是不同的问题。同样道理，为鼓励和保障非公有制经济发展，中央又提出了非公有制经济是社会主义市场经济的重要组成部分，在理论上将非公有制经济从体制外纳入体制内，但不要将非公有制经济解读为社会主义经济的重要组成部分。后来又提出股份制是“基本经济制度的重要实现形式”。随后又提出公私资本交叉持股的混合所有制经济。股份制不是一种独立的所有制形式，要把公有制的存在形式，如国有经济和集体经济形式，同公有制的实现形式如承包制、股份制等区别开来。股份制的性质取决控股权掌握在私资手中还是公资手中。

由计划经济转向社会主义市场经济，经历了一个不断探索和讨论的曲折过程。由最初在计划经济中引进市场调节，提出计划经济为主、市场调节（市场经济）为辅，到 1992 年党的十四大正式提出实行社会主义市场经济，到习近平提出让市场在资源配置中起决定性作用，更好地发挥政府的作用，这是国际社会主义发展史上的一大创新。

改革开放 40 年来，我国经济社会发展创造了世界奇迹，根据统计，从改革开放起步的 1978 年到 2016 年，我国 GDP 总量约由 3678 亿元增加到 74.41 万亿元，年均增长 9.6%；人均 GDP 从 385 元增加到 53980 元，年均增长 8.5%。1978 年，我国经济总量位于世界第 10 位；2010 年，超过日本居世界第 2 位，占世界经济总量的份额由 1.8% 提高到 2017 年 15% 左右。这里既有国有经济的重大贡献，也有非公有制经济的重大贡献。

党的十八大以来，习近平同志在改革开放和经济社会发展战略上提出一系列新思想、新举措。在 2017 年的十九大报告中提出我国进入中国特色社会主义新时代，提出新时代社会主要矛盾的转化，确定了我国发展的历史方位，部署了两个 100 年的具体阶段划分，并从总体上提出了习近平新时代中国特色社会主义思想。它系统回答了建设什么样的中国特色社会主义和怎样建设中国特色社会主义这一根本性问题。其中包括怎样更有效地发展生产力，怎样实践以人民为中心，更有效地满足人民日益增长的美好生活需要，实现共同富裕。习近平同志的新思想新理论，是马克思主义的中国化和现代化，是科学社会主义的继承发展与创新。

值中国财政经济出版社《中国财经·纵横》出版之际，应邀写此文，是为序。

卫兴华

2018年4月

我国市场取向的改革：进程、特点与难点

（代序）

1978 年以来的改革开放，是迄今为止的人类历史上最为伟大的事件之一。它使世界崛起了一个崭新的社会主义强国，彻底地改变了十几亿中国人民的命运，极大地提高了民众的物质生活和精神生活。如果说，毛泽东带领中国人民长期进行武装斗争，使中国人民在全世界面前"站起来"了的话，那么 1978 年以来的 40 年的改革开放，完成了我国由计划经济体制向社会主义市场经济的基本转型，使中国人民真正在全世界面前"富起来"了。经过长期努力，党的十九大明确中国特色社会主义进入了新时代，意味着中华民族将迎来从"站起来""富起来"到"强起来"的伟大飞跃，我国社会主要矛盾已经转化为人民日益增长的美好生活需要和不平衡不充分的发展之间的矛盾。

党的十九大报告指出，这个新时代，是承前启后、继往开来、在新的历史条件下继续夺取中国特色社会主义伟大胜利的时代，是决胜全面建成小康社会、进而全面建设社会主义现代化强国的时代。实现这个伟大的"中国梦"，根据我国过去发展的最重要的经验，最重要的武器和秘诀就是要以经济建设为中心，发挥经济体制改革的牵引作用，推动生产力与生产关系、上层建筑与经济基础相适应，推动经济社会不断地进步。可以断言，全面的改革开放也必然是新时代中国强起来的最重要的制度保障平台。在全面进入新时代的这个辉煌时刻，我们回顾和总结过去 40 年来在经济领域取得的重大进展、经验和教训，展望需要进一步全面深化改革开放的领域和问题，就具有重大的理论价值和现实指导意义。

可以这样说，40 年来的改革开放，总体目标是要把计划经济体制转向社会主义市场经济体制，核心问题是处理好政府和市场的关系，使市场在资源配置中起决定性作用和更好地发挥政府的作用。① 中国改革开放的每一次重大推进，都与市场体系和市场门类的逐步健全，市场调节机制的逐步有效以及市场工具和手段的逐步深度有直接的关系；都与政府职能的逐步合理化，政府宏观管理的法制

① 见《中共中央关于全面深化改革若干重大问题的决议》，人民出版社 2013 年版，第 5 页。

化以及政府范围和规模的理性化有直接的关系。社会主义市场经济体制的初步确立，广泛地调动和刺激了社会各界的发展动能和发展潜力，激励了他们投身于发展的主观能动性和空前的积极性。这是中国崛起的主要力量来源。因此在这个意义上我们可以说，中国的改革开放是市场取向型的，中国经济发展的世界奇迹，是市场取向改革的巨大胜利。

党的十九大之后，我国经济已由高速增长阶段转向高质量发展阶段。目前我国面临着转变发展方式、优化经济结构、转换增长动力的关键时期，建设现代化经济体系是跨越关口的迫切要求和我国发展的战略目标。为此中央提出了建设现代化经济体系的经济建设总纲领，具体就是坚持一个总方针，即坚持质量第一、效益优先；一个主线，即以供给侧结构性改革为主线；推动三大变革，即经济发展质量变革、效率变革、动力变革；建设四位协同产业体系，即着力加快建设实体经济、科技创新、现代金融、人力资源协同发展的产业体系；建设“三个有”的经济体制，即着力构建市场机制有效、微观主体有活力、宏观调控有度的经济体制。这个新时代经济建设的总纲领，将不断增强我国经济创新力和竞争力。

贯彻新发展理念，建设现代化经济体系，在实践中仍然必须坚持市场取向的改革总原则。因为如果没有市场决定资源配置的基本机制为基础，高质量发展是不可能做到的。例如，高质量发展的基础，是经济决策者必须受到硬预算的强烈约束。只有如此才能作出理性的、追求经济效益的决策。我国地方政府和某些国有企业预算约束松弛，是中国经济发展中的老大难问题，也是粗放发展、债台高筑、可能发生金融风险的基本原因。因此，适当减少地方政府的经济职能，界定国有企业发挥战略性调节作用的边界和范围，就有利于它们把精力集中在缓解新时期社会经济发展的主要矛盾上，也有利于减税降费、推进扩大内需，更有利于确立企业的真正的市场主体地位。再如，中央经济工作会议多次指出，我国经济运行中出现各种矛盾和问题的根源，在于存在着“重大结构性失衡”。为此结构性政策要发挥更大的调节作用，重点要在“破”“立”“降”三个字上下功夫。比如“破”，就是需要运用结构性政策进行供给侧调整，促使资源通过竞争性市场机制更多地流向现代高技术产业中的创新企业，同时要掌握和运用好关键技术改造传统产业，千方百计地化解产能过剩问题。比如“立”，一是通过人力资源和科技投入大力发展战略性新兴产业、高新技术产业和先进制造业，增加高质量部门的供给；二是推动互联网、大数据、人工智能和实体经济深度融合，利用其改造传统部门，降低对过剩部门的资源投入；三是以优质的技术创新类资产为基础，通过金融部门的资产证券化，为社会提供更多的质量更高、收益更稳可投资资产。显然这种破和立的具体的政策行动，离不开一个竞争性的市场体系，否则无法使政策要求通过市场传导机制来实现，而只能借助于低效的行政指令。

过去40年的市场取向改革，虽然经济建设上取得了重大的胜利，但是其进程并不十分顺利，迄今仍然有许多领域留有许多的深层次的问题有待解决。① 这种情况在20世纪90年代前就一直存在出现过的原因，我曾经在1992年的一篇文章中对此有较深入的分析。这篇文章针对之前改革中出现的问题，认为这一方面在绝大多数情况下，都与市场取向的改革进程推进不足、遇到强大阻力有关；另一方面，则与市场取向的改革进程在某些方面推进过度，即过度的市场化有关。市场取向的改革不足与改革推进过度，是我国经济体转换中的共生现象。一般来说，纠正改革推进过度比较容易，而解决改革不足的问题则比较困难。市场取向改革的成功与否，最终取决于我们能否打破传统的政府的行政性控制体系，并在此同时建立起可代替其职能的以市场为基础的调控制度。中国市场取向的改革进程，可以概括为是为了实现“行政造市场—市场造市场—计划调市场”的渐近配套性的机制转换。②

本书作为纪念我国改革开放40年的专门学术著作，我把这篇写于20世纪90年代初的文章，原封不动贴在下列，既是对改革开放过往历史的一个回顾和总结，也是为了作为承上启下的一个内容链接，更是认为当今的改革重点仍然是要坚持市场取向，进行政府行政性控制机制的改革。这个改革任务到现在为止，并没有彻底完成，还需要付出艰苦的努力。

始于20世纪70年代后期的我国计划经济体制改革，一开始就在理论上和政策实践上对实物的产品型计划经济体制发起了冲击。针对传统体制中市场关系缺位的基本特征，各种改革措施都是引入市场机制、培养市场，逐步强化市场机制的功能，即市场取向的。尽管人们对计划经济改革的目标模式设想不一，如“有计划商品经济”“商品型计划经济”“国家调节市场，市场引导企业”等等，但是改革的基本倾向性目标仍然是在计划经济制度框架内引进市场调节，在保证宏观经济控制的前提下实现经济活动的商品化、市场化和货币化，以形成柔性灵活的经济运行机制，提高经济运行的效率。自1978年以来，我国计划经济体系改革的市场取向取得了以下几项重大的进展：

第一，计划分配体制的僵局早已打破，市场在国民经济运行中的地位逐步提高，市场调节功能不断增强。比较特殊的情况如在经济特区深圳，1982年和1984年分别取消了农业和工业的指令性计划，目前除了粮食播种面积和粮食征购任务、固定资产投资、人口、财政收支、信贷规模等很少几项保留了指令性计

① 这是直到现在我们仍要坚持全面深化改革的原因。本书在章节内容安排上，在接下来的部分会详细分析这些在改革中遇到的一系列矛盾、困难和问题。

② 刘志彪：“我国市场取向改革的进程特点及难点分析”，《财贸研究》1992年第2期。注意文章写作的历史背景，我国当时改革的目标是计划经济与市场调节相结合，即形成“有计划的商品经济”。

划指标外，其余均为指导性计划和市场调节。在商品经济较发达的沿海省份，如广东省的农业生产计划基本上实行了指导性计划，农副产品的统派购由1978年的111种减为1990年的3种，农业商品率由同期的44%提高到67%，工业生产的指令性计划由128种减为32种，指导性计划96种；省统配物资由256种减为23种，纳入省计划管理的生活资料由205种，减为13种。商品经济发展进展较为一般的省份，如湖南省，目前农业生产也已全部取消了指令性计划，实行指导性计划和市场调节，省管计划指标由1984年的48种减少到现在的14种，工业生产中省计委管理的品种，由335种减少到112种，其中指令性计划46种，指导性计划66种，按产值匡算，包括中央各部委和省厅局下达的计划品种，指令性计划产品的产值只占全省工业产值的13%，指导性计划占39%，市场调节部分占48%，省统配物资由过去的147种减少到19种。其他省份的情况也大多类似。

第二，逐步放开、调整和矫正了市场的价格，使价格信号能更灵敏地反映价值和供求关系，价值和供求关系也可以在某种程度上反过来调整价格水平。表现在价格管理形式上，实行国家定价、浮动价格和自由价格并存的形式，逐步根据供求关系的松动缩小了国家统一订价的范围，扩大了浮动价格和自由价格的范围。有关数据表明，目前我国国民经济总价值中由市场价格或浮动价格决定的大约占2/3左右。表现在比价关系上，依据价值规律和供求规律的要求，为缓解基础产业瓶颈状况，逐步提高和矫正了某些农产品价格和能源、原材料等基础工业品价格，促进了比价关系合理化对产业结构合理化的决定作用。

第三，在进一步泛化市场的同时，进一步增强了各方面的商品意识和市场意识，深化了经济运行中的商品化、货币和市场化的程度，初步形成了各种专业门类较齐全的市场体系格局。从市场主体看，形成了以公有制企业为主体与多种经济成分并存、利益主体多元化的格局，企业的利益意识和市场意识不断增强，同时显示出消费需求制约经济运行和经济发展的良好特征，消费者选择、消费心理及消费结构变化对经济的影响明显增大。从市场客体看，我国不仅发展了原有的批发和零售市场，还涌现出许多特殊商品的拍卖市场、租赁市场等；不仅原有的消费品市场得到了长足的发展，而且要素市场如证券市场、生产资料市场、劳务市场、技术市场、房地产市场、外汇调剂市场等也已开始运作并发生调节作用。从市场时间看，不仅有现货交易市场，而且也有了某些商品的期货市场。从市场空间看，地区市场、全国统一市场正在初步形成，各地区和各企业正在努力开拓和进入国际市场，特别是基本形成了以商品经济较发达的大中城市为枢纽、以自然流向和经济流向为网络的新的开放型竞争的市场系统。

第四，在宏观调节中，行政手段的效能在逐步弱化，经济杠杆的效应明显增强。指令性计划逐步削减的同时，伴随着指导性计划和市场调节功能的强化。一方面，广义的价格杠杆（包括商品价格、工资、利率、汇率等）变动对商品、劳动力、资金的供求关系及流向的调节作用日益明显；另一方面，政府对经济的计划管理的观念、手段、方法、形式也在发生急剧的变化，计划管理由直接的产品经济型的数量管理和指令性管理逐步转向间接的商品经济型的价值管理和指导性管理，政府开始讨论并有意识地通过经济杠杆的综合运用来引导企业实现国家计划的目标。

统计分析业已表明，我国近十几年的改革，使经济发展速度、综合国力等指标大大超过前 30 年，经济发展的轨迹也要比前 30 年平稳得多。这充分说明近十几年我国对计划经济体系的市场取向的改革是成功的，成绩是巨大的；虽然改革过程存在种种失误和不尽如人意之处，但基本的方向却是不容否定的。

我国计划经济体系改革的市场取向过程并不十分顺利。20 世纪 80 年代中后期，我国经济中出现了众所周知的困难和混乱，表现为投资过猛、消费失控、流通紊乱、通货膨胀、效益下降、结构失调、分配不公等不良现象。针对这些严重失控的情况，国内外的看法很多，也很不一致，有的甚至截然相反，比较有代表性的有两种：一是认为从 80 年代中期开始，理论上出现了贬低、排斥甚至否定计划经济的倾向，并在实践中放权过快过猛，宏观调节不力，致使再生产过程出现一系列无政府状态；另一种则认为，导致中国 80 年代的不稳定和经济过热的真正原因，不是过于大胆的改革，而是政府改革不到位，市场化走得不够远，中国的商品和要素市场太弱，不足以对企业形成必要的竞争约束，企业的自主权还没有大到足以摆脱政府直接控制的程度。也就是说，这种观点认为 80 年代的膨胀和紊乱，不在于市场因素过多，而恰恰在于市场化程度不足，政府的直接干预不规范、干预太多。

我们认为，对此问题的评价和分析直接关系到我国经济体制改革的前程。因为如果我们接受上述第一种观点，那无疑是要在经济运行和经济发展中加强政府控制，放慢或减缓市场取向的改革步骤；如果我们断定上述第二种观点是正确的话，那么唯一的选择必然是增大市场取向的改革的分量，进一步削弱政府的控制。所以，对此我们有必要做出明确的回答。

为了回答这一问题，我们必须首先描述我国市场取向改革的特点，并在这种描述中阐明我们的看法。我认为，我国市场取向改革的特点是：

第一，政府构造市场发育框架。在自然经济、产品经济、商品经济三重混合经济肌体共存、商品经济因素极度缺乏的大国经济中，由政府出面构建市场体系的发育框架，加强国家对市场发育的组织和管理，是我国市场取向改革之初的必然选择。如果没有政府职能的转换，如果不削弱和抑制政府自身对市场发育的种种限制和干扰，如果不依靠政府的行政力量打破原有行政系统对市场发育的阻碍，那么市场因素的生成就没有基本的载体，必然要受到原行政系统的内在排斥。为了把市场因素强行地植入经济肌体中，并使之正常发育和壮大，政府构建市场发育框架的基本内容就必然是：（1）积极调整和逐步放开政府对商品价格和要素价格的行政管制，使价格水平与供求关系之间形成交互调节机制，使市场客体要素的价格生成和决定大部分市场化；（2）形成各种所有制形式的市场主体，发挥企业在市场运行中的主体作用，强化企业的市场动力机制，弱化其行政动力机制，实现企业行为的市场化转换；（3）有意识地形成各种专业市场的门类和类型，在深化消费品市场的同时，进一步泛化生产要素市场，加强政府对生产要素市场发育的组织和管理；（4）制定统一的、健全的市场规则，强化政府对市场的经济、法律及社会等方面的调控，以减少市场运作之初与原有经济肌体之间的摩擦和内耗。

第二，市场撞击行政性计划体制。由于在上述政府构造市场的过程中，各方面改革并不配套，同时由于一方面引入市场机制，发挥价格的调节功能；另一方面行政手段仍然大量地不规则地使用，因而市场调节与行政调节之间发生了严重的冲突。主要表现在：（1）农村经济的市场化进程与原有行政性计划体制的摩擦。始于中国农村的以农村土地经营承包制为核心的改革，使商品货币关系迅速成为调节农村经济的运行机制。首先是农户剩余产品的商品货币化，继而是包括劳动力在内的农业生产要素的商品货币化，再次是20世纪80年代中后期出现的农业集约化经营和商品货币关系进一步被植入农村经济肌体。如果再顺其自然地推进农副产品价格的市场化改革，同时逐步放弃政府对农用生产资料的行政性计划控制，就有望在农村经济的投入产出的循环流程中，成功地实施市场取向的改革。但是由于农副产品商品量的主要部分是由城市居民消费，生产农用生产资料的城市企业仍然由行政控制，城市居民的收入、分配、消费等仍然总体上处于行政体系的保护和控制之中，因而农村经济市场决定的循环过程碰到了坚固的行政机制的阻碍而不得不中断。（2）城市的市场取向改革程度不仅落后于农村，而且在市场撞击城市的产品经济计划体制的过程中遇到了旧体制的顽强抵抗，使市场因素渗透到城市经济运行中的难度大大增加。尽管如此，1984年以后以价格改革和企业改革为出发点，逐步推进经济运行商品货币化的城市经济改革，仍然取得了较大的进展，如大部分消费品价格的放开和一些基础性产品价格的矫正、生产资料价格双轨制的试行、企业改革中的承包、租赁制的大面积推广等。这些城市经济运行中所增加的市场因素，至少在以下几个方面对城市产品经济体制产生了冲击：（1）受市场灵活调节的商品生产和交换对受行政控制的生产要素的再生产过程产生冲击，要求在建立和完善消费品市场的同时，发育和初步建立起生产要素市场。因为倘若没有生产要素的市场性移动和市场调节，商品的供给及需求结构就不能调整，企业也不可能有真正的自主经营权和选择权。（2）企业对市场依赖的加强对政府的行政控制体系产生冲击。那些生产市场调节比重大的商品的企业更具有这种行为。如果企业从市场中所获取的利益要大于从政府的行政控制中所获得的利益，情况就更是如此。（3）商品货币的市场运动的独立性对实物经济体系下的实物运动产生冲击。计划体制下的物资运动以行政控制和抹杀企业的经济利益为前提，行政计划体系用较低的计划价格支配物流的规模和方向，由于企业市场利益意识的强化，必然想方设法抵制这种具有部分无偿平调性的指令性计划。（4）逐步强壮起来的银行信用体系对大一统的财政体系产生冲击。商品货币市场等因素的发达必然造就发达的金融体系，同时后者对前者的深化和泛化也起到不可估量的促进作用。由于政府、企业、居民等各主体对银行的依赖加强，因而银行的企业地位逐步树立，它要作为一种特殊的商品经济主体行使职能，比较收益和成本、投入和产出。因此银行就不可能再是传统的实物计划体系下的银行，不再仅仅是大财政的出纳和附属，诸如财政向银行的超计划借款、透支或命令贷款等传统体制中很正常的行为，现在都有可能受到银行的反对或抵制。（5）市场运行中的商品经济意识和崭新的观念、价值准则冲击产品经济意识、观念等。这是作为经济主体的人和其集合——社会的根本性变革。这一变革的结果，将大大促进市场取向的改革进程。

第三，行政性控制阻碍市场取向的改革。市场撞击产品经济的管理体制，并不意味着市场因素可以顺利地种植到经济运行中，把我国30多年来努力建设的一套严密的产品经济体制转到商品经济体制，远比把自然经济转化为商品经济困难，因为有组织的强大的行政性控制的产品经济比分散的、微弱的自然经济具有大得多的反市场倾向和实物化倾向。其深层原因是产品经济转换到商品经济轨迹的过程中，必须对经济利益关系进行调整和重新组合，因而必然受到某些既得利益主体的力量的干扰，某些改革策略的失误，则会进一步强化这种干扰，而使某些反市场因素增加。

综合来看，行政控制阻碍市场取向的改革的具体表现是：（1）阻碍市场体系的深层构造。10多年来的改革似乎比较侧重于对价格机制的调与放，在市场的外在形态及表象上做文章，而对于市场组织的培育、市场规则的建立、市场主体的塑造以及市场调控体系的转换等深层次市场构造问题比较忽视。表面上看似乎原因在于理论上把市场机制等同于价格机制，但实质上是上述深层次的市场内容的建立和完善过程，遇到了行政控制体系的顽强抵制。如建立和培育市场组织必须重塑现行的以行政关系和行政系统为特征的纵向经济组织，塑造市场主体必须改革国有企业的实现形式，破除国有企业对政府的行政依赖关系，使其视线主要盯住市场。这些改革都将从实质上消除产品经济的基础，危及行政系统的利益前提。（2）阻碍市场体系的竞争性、开放性和统一性。市场取向改革的目标之一是建立一个宏观控制下的开放性、竞争性和统一性的市场体系。但在中央集权体系被有所冲破的同时，却出现了由地方政府运用行政权力分割和保护市场的态势。中央与地方的分权以及财政分灶吃饭体系使地方权力扩展，各级地方政府为自身的局部利益实行市场封锁，阻碍资源在全国范围内的流动、重组及优化，从而形成各种“诸侯经济”和“碎片”经济。（3）阻碍经济运行的货币化、商品化和市场化进程。如配给票证的恢复、福利性消费的相对扩张、单位内部的实物配给、公买私享、实物串换盛行、超常规的补贴等，都是货币实物化、市场交易形态退化和非市场供给领域扩大的种种表现形式，是行政控制体系下在一定的程度上逆市场取向改革而行、经济运行实物化的倾向。

第四，市场取向改革的进程及范围过度。这主要是指市场取向的改革在其进程及扩展的领域方面发生失误，从而造成经济的混乱。（1）忽视了市场取向改革进程中，直接计划机制的转换、间接计划机制的建立、市场体系的发育和健全必须保持基本同步的内在要求，在调控性间接计划体系尚未确立、市场体系发育不良、企业行为和约束不规范的情况下，过早、过多、过快地削弱了原有计划的程度和范围，结果反而在基本建设投资领域、货币流通领域、物资流通领域、预算外资金管理等方面产生了失控。在治理整顿期间强调了集中和计划控制，但又放松和忽视了对市场体系的建设和市场主体的培育，甚至滋生了一种淡化市场、害怕市场的不正常心理，出现了在实践中限制市场的不良倾向，直接导致了指令性计划不灵，指导性计划失效，市场功能萎缩，以及管死与无序并存的严重后果。（2）任意扩大市场调节的领域和市场的范围，忽视了计划与市场的分工领域和调节职能。把市场机制引入到那些不能和不宜实行市场调节，而只能实行弱市场调节或实行计划调节的领域，如基础科研部门、教育文化部门、公共福利事业部门甚至政府机构的服务部门。要求这些部门以盈利原则行事，以企业化经营来提供服务，这是对现代商品经济运行规律的一种极大的误解和歪曲。（3）市场发育进程中出现市场关系混乱和扭曲变形。这主要指本应公平进行的市场交易变成暗中交易或灰色交易，本应平等竞争的等价交换关系变成庸俗的人际关系调节以及伦理关系调节，大量紧俏商品通过非公开的灰色市场进行交换。特别要提到的是，在整个市场体系未形成，相应的市场交易法规不健全，行政控制方式还占举足轻重地位的条件下，推行生产资料价格双轨制为以权经商、索贿受贿、转手渔利、哄抬物价等腐败现象提供了温床，由此形成的社会分配不公引起了民众的极大愤怒。

从上述描述可知，我们对市场取向的改革的评价是双重的：一方面，改革中所遇到的困难和出现的问题，与市场取向的改革推进不足有关；另一方面，则与市场取向的改革在某些方面推进过度有关。把经济运行中的混乱的原因归结为任何单独的一方面，都是有失偏颇的，都不利于改革的深入。

市场取向的改革不足与改革推进过度是我国经济体制模式转换中的共生现象，它们深刻地说明了建立有计划商品经济新体制的任务的任重道远。在推进我国计划经济体系市场取向改革的过程中，我们应明确地认识到，市场取向改革不足与改革推进过度虽然都是计划与市场调节结合不妥所造成的，但是这是两类性质不同的经济问题。主要表现在，前者起因于产品经济向商品经济逆转的利益摩擦和阻力；后者则与改革缺乏明确的目标、对有计划商品经济认识模糊、改革措施失当有关，因此对于后一类问题的纠正相对来说比较容易。一般来说，只要通过整顿混乱的市场秩序，界定市场调节范围和建立市场竞争规则等管理办法，便可以在泛化和深化市场的过程中，有效地防止市场取向过度的不当现象。如在设计改革方案时，消除操之过急的心态，在经济环境不成熟、宏观计划调控体系不够配套的条件下，不去过早过快地扩大市场调节的范围，以明确的市场秩序和市场规则，来约束市场流通组织的性质、地位、职能，活动范围和行为规范，不让不适宜实行市场调节的产品和服务进入市场领域等。

解决市场取向改革不足的问题比较困难。其基本成因大致可以归纳为以下几方面：

（1）行政控制体系中的行政等级制及其所体现的利益关系，是一种天生具有反市场法则属性的因素。众所周知，商品经济的本质不承认任何超经济的强制关系，而只承认货币、资本、商品的权威；而产品经济体制下的行政控制，则排斥了商品货币关系，使行政权力和行政级别充斥于经济运行中。只要拥有各种等级的行政权力，便可以非常自然地支配实物运动，包括个人福利享受、社会地位荣誉等在内的利益关系，无一不与行政等级制有关，行政等级体现了个体成员在社会经济关系中地位及其社会经济的秩序，只要能追求到一定的行政级别，便能曲折地享受到相应的利益，这与商品经济中个体追求盈利、追求货币从而从市场上获取利益享受的行为方式是截然不同的。因此，当市场取向的改革展开时，必然会冲击行政等级制赖以存在的基础，冲击行政体系造就起来的实物经济流程，并危及行政等级制下的实物经济利益，所以这种改革遭到行政等级制的抵制是理所当然的，是不可避免的。

（2）行政控制体系中的行政依赖关系，是一种天生具有反市场交换关系属性的因素。在我国旧有的产品经济体制中，历来存在双层的非市场性的依赖关系。其一是国家和企业之间的行政依赖关系，它以实物倾向的无偿让渡或低价奉献为物质基础；其二是企业与职工之间的非市场依赖关系，它以非货币清偿的实物收益为利益分享的基础。改革不仅未能有效地打破这双层依赖关系，反而在某些方面还有所强化。如在经历了1989年的市场全面疲软后，企业吃国家的大锅饭的倾向愈演愈烈；企业改革过程中各企事业单位争相为本单位职工发放实物和奖金的现象比改革前还有所强化。这种双层的“父子依赖关系”是阻碍经济关系商品货币化发展的重要基础，它使企业和职工产生在实物经济流程中更加依恋旧体制的不正常心态，也使政府、企业、社会组织之间难以形成合理的职能分工和市场分工，影响交换经济体系的发育和完善。

（3）生产要素的行政定价难以形成合理的市场信号。第一，市场配置资源效率高的基本前提，是参与配置的全部要素的价格是真实的，否则就会形成错误的投资行为和不合理的产业结构，并导致经济运行的低效率。众所周知，长期的行政定价体系扭曲了商品的价格比例，改革过程中所形成的公开市场和灰色市场又使同一商品的价格混乱。不仅生产者，而且消费者和宏观调节者每一方所获得的价格信号都是被扭曲的，它们各自按失真的价格信号作出背离正常轨道的经济决策。第二，市场配置资源高效率的基本要求，不仅是消费品价格要由市场决定，而且包括劳动、资金、生产资料、土地、技术等要素价格，也应在计划指导下主要由市场供求关系来决定，使价格水平反映资源的稀缺性和使用效率，引导企业间展开效率的竞争，同时自动地把资源引向短线制约的产业，形成产业结构的合理变化。这就是说，充分发挥市场调节的作用，需要有生产要素价格形成机制的转型。然而我国目前这些要素的价格基本上仍由行政部门控制，仍然属于行政信号而非市场信号，对供求均衡的调节功能极其微弱，对市场体系的深化建设起阻抑作用。如在劳动力资源的配置方面，前些年刚刚开始的就业竞争、优化劳动组合、厂内待业制等市场化改革已基本停滞。特别是实行优化劳动组合形式的改革，虽然它只是把企业的隐性失业状态变为厂内公开失业状态，但它是企业在外部市场不健全条件下的次优选择，是企业外部劳动力市场的萌芽形态，这种初步的改革目前也被行政控制所扼杀。再如在资金市场上，行政性控制的利率水平变动无法引导资金的流向和流速，不仅难以调节市场需求的波动性，如抢购、挤兑或需求疲软等，而且在刺激市场增加有效供给、压缩库存等方面也束手无策。

（4）处于行政控制体系中社会供给系统对社会需求变化的响应能力较弱，产业结构适应市场需求结构的动态变化过程中摩擦加剧。其一是行政定价所扭曲的价格体系，在价格逐步放开时诱使企业不规则地追求价大利高产品的生产，指导企业的投入产出选择，结果形成投资和生产中的“一窝蜂”以及重复建设，使某些价大利高产品的过剩，与某些微利的基础产品严重的短缺格局并存；其二是对企业的行政控制，使企业对市场变化的反应麻木，缺乏生产动力和财产增值的动力，没有从事市场开拓的最基本的人财物平衡权；其三是长期的行政控制使企业产生依赖政府的行为，不思进取亦可躺在国家怀抱中“吃大锅饭”，企业破产兼并在实际运行中难以实施，进一步阻碍了资产存量的可移动性，使产业结构的矛盾进一步深化。

（5）处于行政控制中的经济流程在市场取向的改革中，把各种运行性矛盾的焦点集中在财政收支上，而财政困难又进一步限制了改革的深入。一方面，第一，处于行政控制中的企业效率低下，国营大中型企业（是国家时政收入的主渠道）在与其他经济形式的企业的竞争中亏损面和亏损金额大幅度上涨，从而影响国家财政收入计划的实现。第二，在全民所有制企业缺乏应有的经济动力的前提下，把国家与企业的经济关系调整仅仅理解和看成是一种财政分配权力关系的调整，仅仅实现分权让利的改革措施，只会刺激短期的急功近利趋势，企业想方设法在利税分配上与国家争执。如设法人为地抬高生产成本，要求更大的留利比重以及要求更大的财政补贴和减税让利等。第三，行政性控制要求宏观上具有庞大的组织机构和超常的干部队伍，需要因此而付出巨额的行政管理成本，这又使财政支出具有极大的刚性和不断的上浮性。如果再进一步考虑到生产中的各种财政补贴（包括所谓经营性亏损补贴和政策性亏损补贴两方面）和改革过程中必然要付出的改革性补贴，将使财政支出进一步紧张，出现高额赤字。另一方面，紧张的财政收支以及高额的赤字反过来又进一步限制许多改革措施的出台，迫使国家再次要求提高财政分配占国民收入分配的各种比重，加强对大中型企业以及整个经济运行的实物性控制。如改革中的国民收入流程使财政为主体转向银行和企业为主体，但财政的困难会促进政府的增收欲望，其中一个很容易想到的措施便是强制向银行借款和向企业摊派各种基金。这些都是我国改革中的真实写照。

（6）行政系统的实物控制方式形成了各种不平等的经济环境，因而企业缺乏一个相对平等的市场环境去展开经济效率的竞争。由于我国经济运行中长期采用使用价值的经济流程，企业在产供销、人财物等各环节都要受到实物性控制，因此无法平等的数量标准使企业之间在布局条件、生产条件、要素供应条件、销售条件、财政信贷税收以及政策条件等方面，都存在程度不同的不平等现象。其中以外资经济与国内经济、乡镇经济与城市经济、全民经济与集体经济等之间的竞争条件不平等为最显著。虽然商品经济中市场环境的平等性程度总是相对的，我们也不可能等到这种环境形成了，再去讲竞争，恰恰相反的是，要用提倡充分竞争的办法来打破各种行政性垄断关系，通过竞争逐步完善市场环境。但是，如果我们扬弃行政性控制方式，不主动地去拆除各种行政性的进入及退出壁垒，不在商品货币化的指导思想下，逐步形成产品和要素的市场选择权利，竞争关系就没法展开。企业长期处于不平等的市场竞争环境中，有许多消极的宏观后果，并对政府的经济目标产生极大的副作用。主要表现在：一是形成企业间收入分配不均，并形成新的等级制和实物经济体系；二是会在普遍缺乏硬性预算约束的条件下，形成广泛的收入攀比机制和平均化倾向；三是会造成市场运行规则的混乱，助长不正当竞争；四是可以为那些经营不力的企业提供逃避责任的借口，鼓励企业吃政府的补贴。

（7）行政系统内部的分权性改革，阻碍间接调控体系的建立。中国市场取向的改革特征之一，是在一方面建立新型的宏观体系（如成立中央银行、成立企业集团等），向企业放权让利时；另一方面又在原有行政系统内部加进了一个中间实体，产生出一种“中观机制”，即通过财政包干、外贸包干、行业包干和企业承包所形成的各级政府部门的中间性行政协调机制。这个中间实体虽然承担了一定的宏观职能，但又集中了一部分本应由企业和市场获得的权利与职能。从本质上说，这个中间体既排斥中央政府的统一的宏观计划管理，又排斥统一的市场机制和独立的企业经营机制。它的行为方式在实践中既像一个集中的计划管理组织，又像一个讨价还价而无约束的市场主体。一方面，中央宏观调控如果要维护全国市场的统一性和有效性，则势必要与这个中间体的利益格局发生矛盾；另一方面，具有利益独立性的企业必然要与这个中间体的行政控制展开争执。正是如此，中间体在市场取向的改革中，不仅已充分暴露其消极影响，如市场封锁、重复建设、产业结构趋同、中央调控的权威性和有效性降低等，而且极大地影响了间接控制体制的主导地位的确立。

以上我们扼要地分析了市场取向的计划改革中的几个难点问题。据此分析不难看出，从产品经济走向有计划的商品经济体制，从实物计划走上价值计划，最终还取决于我们能否首先打破传统的行政性计划控制体系，并在此同时建立起可代替其行政职能的宏观经济管理制度，既有助于形成真正的市场机制，又不削弱国家对统一市场的宏观调控能力和权威。

从实施市场取向的改革进程的逻辑来说，就是要实现“行政造市场—市场造市场—计划调市场”的渐近配套性的机制转换。具体内容是：

（1）在市场发育之初，利用政府的行政权威打破传统的行政控制体系的网络，强行植入市场因素。如打破和削减单纯的指令性计划体系，减少行政体系对企业行为的直接强制，向企业放权并设法强化企业的市场获利动机和积累动机，减少其行政动机；要素移动的“双轨制”和增量改革，居民收入和消费的进一步商品化和货币化等。在这一阶段有两个重要方面的问题值得提出：一是政府自身有没有彻底的市场取向的改革决心和设计精密的措施；二是直接控制形式的削弱与市场形成的调节功能增强要基本对称。缺乏第一个方面，改革就无法正常启动，缺乏第二个方面，改革一开始就会陷入混乱。

（2）转换政府的职能，规范政府的行为，进一步减少政府对经济运行中过多的直接性的行政干预，使商品经济关系在经济运行中不断地取代实物经济的职能，即实现“市场造市场”的机制转换。①这一进程中的难度最大，因为它会遇到原有行政体制的抵抗。②这一进程中的混乱最大，因为一方面市场机制并没有完善，其正常的调节功能并没有能充分有效地发挥；另一方面也会出现各种“行政扰市场”和“市场扰行政”的现象，如行政权力货币化、市场运行贿赂化等，就是在市场因素介入、原有行政体系管制松弛以及缺乏有效的监察机制的前提下，市场力量与行政力量交互渗透、双向摩擦的典型表现。③这一进程最为关键，因为如果害怕混乱的现象，又找不到进一步改革的思路及契机，则很容易形成行政控制体系的恢复，倒退到旧的经济统治体系，如果能及时地转换政府职能，规范政府与企业的双重行为，制定有效的市场规则等，则可以变困难及挑战为机遇，使市场化改革真正成功。

（3）计划在市场的基础上形成并调节市场。这一进程到来的前提在于企业制度、市场体系、宏观计划配套改革的成功，因而是一种目标的新型宏观管理模式。目前我国市场取向的改革，已由单纯的行政造市场阶段，进入了由行政造市场与市场造市场对接的关键阶段，国民经济运行机制已发生了实质性转换和变革。如何抓住各种有利的时机大踏步地推进这种改革的步伐，是一项异常复杂和庞大的改革系统工程，因此超前的理论研究是断然不可少的。就建立商品型计划经济体系这一宏大而又艰巨的任务来说，需要我们在发展社会主义公有制为基础的商品经济的理论和实践的前提下，对中国宏观管理中的理论和实践问题进行系统分析和评价，多角度、多方位地探索计划与市场调节相结合的途径、领域和方法。具体来说，就是要站在发展社会主义商品经济、建立市场体系的高度，至少从以下方面探讨建立商品型计划管理系统这一重大的改革问题：

①如何从现有的改革起点出发，进一步发育和建立社会主义市场体系的问题。既然我们肯定了计划经济体制改革的目标是要建立商品型计划管理体系，肯定了现有的改革取向是市场取向，那么进一步发育和建立社会主义市场体系就是改革能否成功的前提，没有市场体系的建立和完善，转换计划管理机制势必会成为空谈。

②如何在既有的经济发展格局和经济肌体的框架中，既充分发挥计划调节的优势，又发挥市场调节的灵活作用，使其互补优势更好地促进改革与发展？这是建立商品型计划管理机制的重大理论和实践课题。

③商品型计划管理的具体的运行机制如何建立？诸如商品经济条件下的计划的决策机制、信息机制、动力机制、组织机制、调节机制等问题，都是极其复杂的系统工程问题。

④商品型计划管理的工作原理和工作方法。如何适应商品经济发展的要求，

改进计划的综合平衡方法，制定计划的目标和指标体系，转变计划的工作重心，完善制订计划的方法、实施计划的方法以及评价、修正计划的方法等。

以上所列，远没有穷尽建立商品经济计划管理体系这一重大课题所需要研究的诸多问题。中国的计划经济改革是整个人类历史上特别是20世纪的重大事件，成功与否直接关系到中华民族的发展和强盛，必须经过我国人民长期不懈的努力。

刘志彪

2018年3月

目　录

第一篇　总论 …………………………………………………………（ 1 ）

论我国新一轮经济改革的方向和中心环节 …………………………（ 3 ）

全面深化改革：基于纵横两条基本路径的战略思考 ………………（ 12 ）

全面深化改革：以政府改革为出发点的一个逻辑框架 ……………（ 22 ）

第二篇　增长发展篇 ……………………………………………………（ 31 ）

中国经济发展效率演进及高质量发展的路径研究 …………………（ 33 ）

改革开放与经济体系升级：一个专业化分工演进视角 ……………（ 47 ）

中国经济增长源泉的动态演进和区域差异 …………………………（ 58 ）

中国改革开放以来的需求供给转换与经济持续均衡增长 …………（ 72 ）

第三篇　开放发展篇 ……………………………………………………（ 87 ）

要素分工、开放发展与长江三角洲全面小康建设的基本经验 ………（ 89 ）

推动全面开放新格局：从货物贸易开放走向服务贸易开放 …………（100）

中国的全球化道路与人类命运共同体研究 …………………………（108）

第四篇　产业发展篇 ……………………………………………………（123）

中国服务业发展的轨迹、逻辑与战略转变 …………………………（125）

互联网金融背景下金融产业集聚对区域经济增长的影响 …………（137）

中国电影市场开放：历程、影响及进一步开放的意义 ……………（151）

第五篇　财税改革篇 ……………………………………………………（161）

财税关系：全面深化改革的突破口和关键环节 ……………………（163）

改革开放 40 年地方政府债务发展历程：历史与逻辑 ……………（173）

第六篇　金融发展篇 ……………………………………………………（185）

改革开放以来中国经济增长中的高货币化：趋势及其纠偏 ………（187）

40 年回眸：中国金融体系的改革与开放 …………………………………………（199）

第七篇 制度发展篇 …………………………………………………………（215）
中国国有企业公司治理改革的进程与前景 ……………………………………（217）
党组织、治理协同与研发投资：来自中国民营企业的证据 …………（233）
民营经济在改革开放中的标志性意义：以江苏省为例 ………………（263）
集体林权制度改革 40 年—— 回顾、评价与展望…………………………（270）
改革开放 40 年来的军民融合实践探索及展望 ……………………………（282）

第八篇 区域发展篇 …………………………………………………………（297）
区域合作创新发展新机制：产品联系的创新效应 …………………………（299）
改革开放以来中国区域发展战略：回顾、评估与展望 ……………………（337）
当代中国城市发展动力机制研究 ……………………………………………（352）

第九篇 民生发展篇 …………………………………………………………（361）
40 年民生发展得失与新时代的扬弃 …………………………………………（363）
我国农村消费品流通市场发展回顾 …………………………………………（373）

第一篇 总论

论我国新一轮经济改革的方向和中心环节[①]

一、引言

党的十八届三中全会以来，面对复杂的国内外形势，为应对新的挑战，中国社会各界比较一致的看法是，已经基本停止的中国经济改革急需要重新摆上议事日程，开启全面深化改革的新一轮战略取向和实际行动。改革开放是中国经济成长的主要动力，现在这个“双引擎”需要重新设计，如果没有高屋建瓴的顶层改革设计，不仅难有可持续发展，还极有可能使中国经济成长陷入发展中国家经历的“中等收入陷阱”，并付出代价高昂的社会成本。

关注中国经济发展进程的学者对目前的中国经济社会现状有两个基于事实的基本判断：一是“如果说上世纪 80 年代的特征是改革，90 年代的特征前期是改革后期是开放，而最新的这 10 年，维稳则成了最基本的基调”。[②] 二是世界金融危机的残酷事实说明，中国从第一波以出口导向为特征的经济全球中取得的“全球化红利”已经透支，中国需要与世界进行再平衡，扩大内需成为下一轮经济结构调整、发展方式转型的重点。其中，第一个事实判断表明，中国目前在改革方面最需要警惕的是如何避免陷入“转型陷阱”，即如何防止在改革和转型过程中所形成的既得利益者出于把其利益定型化和最大化需要而阻止进一步变革，从而避免经济社会发展矛盾不断积累和冲突。第二个事实判断表明，中国在开放方面最需要警惕的是如何避免陷入“全球化陷阱”，即如何防止中国进入被西方发达国家长期锁定在低端轨迹的全球价值链上，如何避免产生对西方市场、技术和长期的过度依赖以及俘获，从而主要依靠内需而不是外需实现中国经济的真正起飞。

---

① 本文作者刘志彪，最初发表于《学习与探索》2012 年第 3 期。

② 具体请详见清华大学社会学系社会发展课题组发布的 2011 年度“社会进步系列研究报告”，下载地址为：http：//www. 022net. com/2012/1 －9/412762192280204. html。

本文重点分析新一轮经济改革的重点问题和中心环节。至于新一轮经济全球化战略的内容和方向问题，留到下一阶段的研究中去。[①] 文中的观点出于我最近不成熟的思考，现在抛出供同仁批评。

二、新一轮经济改革仍然要坚持市场化取向的大方向

起源于30多年前我国的第一波改革，坚持的是用市场化取向改革行政命令经济，主要表现为中央对地方和企业的放权让利，中心环节是按照形成市场的原则进行价格改革和产权改革。体制转型造就了中国发展的奇迹。[②] 之所以取得巨大的“体制转型红利”，是因为这一时期体制转型的主要特征，是在绝大多数人的既得利益之上做“加法”，或者是以不触动绝大多数既得利益者的利益所进行的边际改革。改革释放了长期被体制压抑的生产者努力的热情，扩大了经济增长的可能性边界。

人们十分敏感地看到，近10年以来，我们讲发展多了，改革的口号提得少了，改革的步伐放慢了，甚至于专门从事改革的机构也被撤并了。是不是我们的改革已经基本完成了，不需要进行新的改革了呢？事实并非如此。种种现实说明，我国从2000年左右开始，改革已经进入到了深水区，表现为不对某些人的既得利益“做减法”，就不可能进一步解放生产力，因此进一步改革所触及的矛盾更深，涉及的利益更广，推进的难度更大。这些都说明，这一波的以增量改革为特征的“体制转型红利”基本释放完毕。

新一轮经济改革的方向，我们认为仍然要坚持市场化取向，以形成市场机制配置资源为主的格局目标。之所以这么说，是因为我们认为目前影响中国经济运行的严峻的现实问题和潜在的冲突和危机，都是与市场化改革取向不足和市场化取向不当有直接的因果关系，主要表现在：

第一，就市场门类来看，中国的产品市场发育程度远高于要素市场的发育程度，产品市场竞争程度高，但要素市场却没有充分开放，在逐步市场化中与行政权力纠结在一起，成为腐败猖獗、既得利益者集聚、收入分配不公、社会矛盾尖锐的主要来源。如土地市场和资本市场的制度缺失和高度的权力参与，是不正常的急速造就大批富翁的摇篮，是社会腐败的主要场所，是民众痛恨的主要根源；

---

① 后续文章可见刘志彪：“基于内需的经济全球化——中国分享第二波全球化红利的战略选择”，《南京大学学报（哲学·人文科学·社会科学版）》2012年第2期；刘志彪：“战略理念与实现机制——中国的第二波经济全球化”，《学术月刊》2013年第1期。

② 樊纲等的研究表明，即使在发展外向型经济为主的1997—2007年，市场化指数对中国经济增长的贡献仍然达到接近40%，如果考虑到这期间要素投入和科技进步的加速，以及基础设施条件的改善也都与市场化有密切的关系，市场化对中国经济增长实际的贡献更大。参见“中国市场化进程对经济增长的贡献”，《经济研究》2011年第9期。

劳动力市场方面由于缺少对处于弱势地位的劳动参与者的有效保护，使其收入分配、劳动条件方面处于非常不利的地位，它是中国国民收入中劳动者收入比重过低的主要原因，已经严重地影响到了扩大内需、民生幸福和社会和谐；在自然资源、金融资源等方面，政府的高度垄断和非市场化定价，保护了这些垄断行业的从业者，从而转移了民众大量的财富等。

第二，就产业类别来说，存在着制造业、商业和建筑业等竞争激烈，而资源型产业（如矿业、石油、天然气、房地产业等）竞争不足、半公共服务属性的现代服务业（如金融、医疗、教育、文化等）和具有垄断属性的产业（如电信、电力、铁路等）市场发育程度过低的问题，既是腐败滋生的温床，又是这些行业产出的供给质量偏低、供给不足、人民生活感到不幸福的根源所在。大量竞争性企业大面积亏损倒闭，与一些行政垄断性企业获取暴利的现象同时并存，更为严重的是，这种现象与政府对国有企业提供不适当的、特殊的优惠措施有直接的关系。如据国家烟草专卖局公布的数据，2011 年全国烟草行业共实现工商税利 7529.56 亿元，上缴国家财政 6001.18 亿元。而 2000 年烟草业利税为 1000 多亿元，利税一直高增长的主因是卷烟价格不断攀升。[①]。比烟草业利润高的行业是银行业，按《银监会 2010 年报》，2010 年中国银行类金融机构实现税后利润 8991 亿元。2011 年则在万亿元以上。[②] 这些数据是在全球金融危机背景下、中国实施严厉的宏观调控和经济下行趋势下取得的，因此更显得问题的严重性和复杂性。

第三，就政企关系看，最近 10 年以来，政府的边界不断扩张，规模不断扩大，市场中有形的手无处不在，压缩了市场的边界。主要表现一是中国的宏观税负率不断上升，目前已经超过了 30%，这还不包括各部门对企业的乱收费和乱罚款以及各种隐性负担。它不仅大大高于很多发展中国家，与欧美等发达国家比较也不算低。如果说建设和谐社会需要有更多的政府收入用于养老、医疗、住房等民生，而宏观税负率上升有一定的合理性的话，那么中国目前的宏观税负率偏高，除了反映政府收入增长过快，国民收入分配的大“蛋糕”政府切割太多之外，更大的问题在于，宏观税负率的不断上升并没有逻辑地促使政府把大多数的钱直接用于民生福利的支出，而是在基础设施投资和行政费用上支出过多，在中央各部委办局花费太多，挤压了地方的发展空间，挤压了居民的幸福感。表现之二是政府规模不断加大，1997—2007 年，国家机关、党政机关和社会团体工作人员，从 1093 万人增加到 1260 万人，占总人口的比例从 0.88% 上升

---

① 参见 http：//www.chinamrc.com/shichangfenxi/2012/0112/18632.html。

② 参见 http：//news.cntv.cn/20110401/108761.shtml。

到0.95%。[①]

很多人在谈及改革时，都会明确指出利益集团是中国改革的阻碍。如果我们把那些攫取了改革开放的大部分收益、同时对改革持消极态度并将改革带来的危机和不利转嫁出去的群体，叫作利益集团的话[②]，那么显然中国市场化改革取向的不足，在既得利益群体崛起和形成规模的过程中，起到了至关重要的决定性作用，如价格双轨制下的“官倒”、国企改制、矿产资源开发、房地产开发、资本市场发育等，既得利益集团在这些过程中支配了包括土地、矿产、金融资源等在内的各种资源。吴敬琏教授曾经说，是什么导致了中国社会严重的贫富差距？主要是两项：第一，腐败；第二，垄断。这都和政府权力有关。这种垄断，不是经济自由竞争的结果，而是行政权力造成的。[③] 如果说“腐败和垄断是导致贫富差距的主要原因”这个命题成立的话，那么不如直接说是不彻底的改革和不受制约的政府权力导致了贫富差距。因为，在转轨经济中谁有权力腐败和垄断？只有不受制衡的政府机构。其中，腐败是权力与财富的交换，垄断是指政府的行政垄断。因此，中国利益集团在市场取向改革不足，政府行政能力继续强化的前提下，通过把市场体制打碎为市场因素，通过权力来重组市场因素，从而实现了对资源的高度垄断。

另外，需要指出的是，中国市场化改革不足与某些领域的市场化取向过度问题是紧密联系在一起的一个问题的两个方面，如医疗卫生、教育、基本住宅、养老保险等，都存在着不该市场化而片面市场化的倾向。这些问题并不能构成反对市场化取向的改革的理由，而恰恰只能说明在应该市场化的领域中的改革不足，以及在不该市场化的领域中市场取向的改革过度，以及需要纠偏政府的功能界定。只有坚定地推行市场化取向的改革，才能够把偏离的政府功能主要界定在公共领域，把政府权力限制在公共领域中，使其成为服务型政府。

三、新一轮经济改革的中心环节是政府改革

如果说中国第一波经济改革的中心环节，是在计划经济的背景下以放权让利为特征，是按市场原则进行价格改革和产权改革，那么新一轮经济改革的中心环节，就是要在转轨经济的大背景下，在坚持市场取向的总体原则下，以政府自身的改革为中心来展开。

之所以这么说，是因为中国的转轨经济发展到今天，经济体制已经发生了翻

① 樊纲等，“中国市场化进程对经济增长的贡献”，《经济研究》2011年第9期。

② 邓聿文：“谁是中国改革的既得利益集团”，中国新闻周刊，http：//viewpoint.inewsweek.cn/columns/columns－1123.html。

③ 参见吴敬琏：“腐败和垄断是导致贫富差距的主要原因”，http：//url.cn/1bzKUq#第一时评#。

天覆地的根本性变化，国家的经济实力也早已是今非昔比，价格改革和产权改革虽然不能说已经全部完成，但是它们已经不是影响和决定中国经济下一步发展的中心问题，最起码已经不是解决问题的“牛鼻子”。现在矛盾的焦点，主要来自各种权力对经济活动的不正当干预并使其制度化和固化。因此只要我们正确、清晰地界定政府这个“看得见的手”在市场经济中的作用范围，以制度化、法制化的方式管住政府这只“看得见的手”对市场活动的权力干预，限制政府权力在市场领域中的不正常的扩张，以有效地保障市场主体、经济自由与社会公正，那么要素价格体系自然会在竞争中逐步形成，各类做强国企的过程，就会界定在控制国民经济命脉的战略性行业，腐败和垄断这类导致民众深恶痛绝的问题，就有迎刃而解的希望。

以政府自身的改革为中心环节推进第二波的经济改革，根据现实的中国国情和发展的需要，我们认为除了要推行中国特色的政治改革外，主要涉及两个最重要方面的工作：一是政府与市场关系。根据建设一个现代的“服务型政府”的要求，重新界定政府（包括中央政府和地方政府）的职能、作用、范围、规模等因素，以自觉地限制政府权力的扩张。在这个过程中，自然包括要重新界定“央企”的功能，对目前处于不断扩张中的“央企”进行必要的功能界定。二是政府内部的关系。根据事权与财权相对称的基本原则，调整中央政府与地方政府之间目前存在的严重的不对称关系。关于第一个方面的工作这里不予论述，我们主要论述第二个方面的工作。

中国第一波经济改革的一个重要的特征是，我们在放权让利的整个进程中，并没有把参与经济竞争的权力和责任全部交给企业，并没有真正形成以市场配置资源的基础性体制，而是一方面在把参与竞争的权力交给一部分规模巨大的国有企业的同时，另一方面在“调动两个积极性”“分权让利”的分散化改革中，造就了“为发展而竞争”的、以地方政府为主导的经济运行体制。因此目前中国经济体制中有两个独特的层面：一是企业主体，其中包含大量参与竞争的省级以上的国有企业和国有控股企业（地方所有的国有企业除了省一级政府外，基本上都改制完毕），它们主要听命于中央政府和省政府的行政决策，是政府实现自身在市场中的意图的最要工具；二是地方政府主体，它的职能除了被界定为需要行使地方性公共职能外，还有参与市场竞争的强大的经济功能，在一定程度上可以称为“准市场主体”和“准竞争主体”。现在大量的研究成果已经揭示了[①]这种地方政府参与竞争的运行体制，既是中国经济发展充满动力的源泉，是中国经济

① 如张军：“中国经济发展：为增长而竞争”，《世界经济文汇》2005 年第 4 期；再如姚洋：“地方性创新和泛利性执政党的成功结合”，载史正富、张军主编《走向新的政治经济学》，上海人民出版社 2005 年版，第 397—402 页。

奇迹的来源之一，也是导致中国经济发展方式粗放性的主要根源。

那么为什么我们说第二波经济改革的中心工作之一，是要进行中央和地方财权和事权关系的对称性调整呢？因为现在这个问题已经成为影响和制约中国进一步发展的主要问题。以“准市场主体”地位出现的地方政府，虽然主导我国的经济发展格局，但是其在运行中的财权与事权的严重不对称性，使其在造就世界经济奇迹的同时，还产生了一系列的问题，其中最严重的问题在于：出于追求政绩的需要，地方政府在财政资金大量上缴中央、发展资金严重匮缺的条件下，以加速发展的口号借助于土地资产进行大量的举债和融资，形成了依靠“土地经济”生存和发展的财政格局。可以这样说，地方政府间的竞争所形成的“中国经济奇迹”，主要基于“土地财政”的支持。在预算内成为“吃饭财政”的条件下，地方政府依靠土地出让费收入发展，已经成为中国地方政府发展竞争的经典模式。包括所谓发展“战略性新兴产业”的资金，也主要依靠这一渠道融资。

这是中国经济进入“土地财政”时代后经济泡沫和经济风险的主要来源，也是这种发展方式难以持续的主要表现。一方面，中国地方政府的负债累积规模，已经占到 GDP 的 30%，财政将面临政治风险[①]；另一方面，中国经济的增长对房地产业的依赖越来越严重，这也相当危险。

其一，房地产目前占据了中国广泛的社会资本、金融资本、土地资源和最具竞争力的人力资本。“百业兴衰皆地产”的恶果的表现之一，就是引诱实业界不断投入地产，泡沫经济和虚拟经济吞噬了本该投入实体经济的资源。如原为中国实业先锋的温州资本，已经沦为只能依靠民间借贷、炒房、炒农产品生存的“寄生者”。而在更多地区，房地产因暴利而吞噬应流入实业和中小企业的资金。

其二，这些年来，我国宏观经济中累积的流动性被房地产领域的高回报所吸纳，在造成严重的地产泡沫、挤压了其他领域的空间的同时，高房价下所形成的高生活成本，正在向整个社会传导和蔓延，直接引致了成本推动型的高通货膨胀，使我们在今后很长的一个时期中，都要直面高通胀的威胁，更要防止经济运行进入高通胀和低增长的“滞涨”格局。

其三，从社会危害看，日益高涨的房地产价格是毁坏中国青年创新精神的主要“鸦片”之一；是中国民生社会建设的主要障碍之一；是地方政府具有变相货币发行权的“印钞机”；是影响中国经济社会稳定的一颗主要的“定时炸弹”；是导致中央政府政策信用度剧烈降低的主要因素之一。

---

① 最近我与一刚卸任的经济发达地区的市长交谈后感到很震惊。他认为中国经济发展中最大的风险来自于地方政府构建的以融资为目的“城建平台”。这些平台为满足地方发展融资的需要，往往在政府授意下重复抵押有限资产，由此延伸出巨大的建立在虚无基础上的银行债务。更危险的在于，我们无法统计到准确数额。

其四，国民经济依赖房地产业的风险，还表现为房地产泡沫被猛然刺破的风险：如果房地产崩盘，中国经济肯定崩盘。（1）房价下跌，地价下跌，地方“土地财政”也会垮塌；（2）各种城投平台的负债“地雷”会被引爆；（3）与房地产有关的前向、后向和侧向关联的产业达50多个，房地产不行其他行业也不振；（4）房价下跌50%，意味着资产缩水和消费缩减，直接影响扩大内需战略实现。在解决地方“土地财政”前，房地产价格猛烈下跌会引发“地方财政”困境，造成新的严重的社会矛盾。

因此解决地方政府的对“土地财政”的依赖问题，既是防止地方发展风险的需要，也是整个国家经济转变发展方式、实施科学发展的要求。房地产业再也不能成为我国国民经济支柱产业。这不是难判断的问题，问题是谁来代替这个支柱？谁来解决地方发展的资金问题？中国经济如何既不减速又能顺利实现支柱产业转换？根据地方政府在经济发展中的主体地位，我们认为需要运用智慧去逐步推倒中国的房地产支柱地位，而不是猛然推倒它：这就是在房地产支柱边上重新建立一个新支柱，让其逐步成为新的财政的主要来源。这根新支柱就是战略性新兴产业和现代服务业。在中国现有背景下大力发展战略性新兴产业和现代服务业，我们认为较好的办法是要尽快启动中央和地方的分税制改革，利用分税制进一步调动地方发展新兴产业的积极性。具体来说就是：把发展战略性新兴产业和现代服务业的税收主要交给地方政府，把土地出让费交给中央，按适当把财力向地方倾斜而非继续向中央集中的原则，进行两者置换。这既可迅速提高战略性新兴产业和现代服务业的比重，转换我国的发展方式，又可降温房地产市场，挤压其泡沫，提高人民福利。

从上述论述中不难看到，我们提出中国第二波经济改革的中心环节是政府改革，并没有因此否定地方政府在体制转轨和市场经济中的作用，更不是认为中国经济增长过程可以摆脱地方政府。恰恰相反，我们认为在中国的国情下，还要充分发挥地方政府作为“准市场主体”的竞争或者竞赛的作用。关于这个问题，我们再稍微详细地做一点分析。

众所周知，西方经济学总结和提炼了西方发达市场经济国家的实践。其中，标准的微观经济讲述了市场竞争的效率性，而宏观经济学则反映了其精英治国的思想。在这两者中，我们是看不到任何地方政府的影子的，即它既不是微观经济学中的微观主体单元（如个人、家庭和企业），也不是处于宏观调节地位的中央机构（如中央政府或中央银行）。经济学的学生学过这样抽象的理论之后，就很难理解地方政府在市场经济中的功能和作用，尤其难以用标准的教科书来理解中国经济的运行机制。

西方经济学中缺少对地方政府这一中间性组织的作用和功能的研究，虽然与西方市场经济的实践具有一定的相关性①，如在这些国家中地方政府只承担一些辖区内的公共职能，基本不承担经济功能，但是却与中国国情严重背离。由于中国特殊的国情，如人口多、底子薄、区域分布广、经济社会发展不平衡、区域间文化多元化且差距大，地方政府是管理经济社会文化环境等发展事物的主要力量，而不可能都依赖于中央政府。尤其是第一波经济改革以来，我国地方政府在地区竞争或竞赛中，其力量得到了迅速的强化。可以这样说，离开了地方政府的作用，我们是不可能把中国的事情办好的。这就是为什么西方经济学难以解释中国经济，为什么我们不能把西方经济学的结论简单地运用到中国经济中的一个具体原因。可以毫不犹疑地说，有关中国的经济发展研究不注重地方政府的作用，是没有解释力的，也是缺乏政策含义和实际意义的。

正视地方政府在经济发展中的作用，引导其自我纠正不利于科学发展的行为机制，是一个具有相当大的研究价值和实际发展意义的问题。例如，跟中国人口和发展条件类似的印度，其经济发展之所以不如中国，其中很大的一个原因是印度缺少像中国这样的地方政府之间的竞争或竞赛体制，它较早地照搬了西方体制，使地方政府很少在经济发展中有所作为。正是在这个意义上，我们认为中国第二波的经济改革的重要的目的和取向之一，不是要限制地方政府作为准市场主体的地位发挥效能，而是要在继续发挥其作用的同时，通过中央和地方之间财权和事权的调整，强化其经济发动机作用，最大限度地消除地方政府的发展行为给整个中国经济所带来的风险和问题。这是中国在全面高水平小康社会建设阶段以及发达地区率先进入基本现代化战略后必须解决的主要问题。

四、结论与建议

中国新一轮的经济改革应该尽快启动，早点启动可以避免进一步的被动。新一轮的经济改革应该在坚持市场化取向的基本方向下，以政府自身的改革作为中心环节和主要问题。政府改革除了涉及政治体制改革外，主要需要解决两个问题：一是政府与市场关系；二是政府内部的关系。目前急需要根据事权与财权相对称的基本原则，调整中央政府与地方政府之间存在的严重的不对称关系，增强中国经济的可持续发展能力，避免发展中的风险。

调整中央政府与地方政府之间存在的严重的事权与财权不对称关系，在中国现有背景下应该与发展战略性新兴产业和现代服务业结合起来考虑，而不能变成仅仅是权力关系的调整，即在中央政府保持必要的宏观调控能力的前提下，既要保持持续的经济增长能力和预防中国发展的风险，又要能够增强地方政府的发展

① 缺少地方政府概念的西方经济学，其实也是它对现代经济运行的解释能力差的一个重要的原因。

能力，通过发挥地方政府的主动性和积极性，尽快用战略性新兴产业和现代服务业代替现有的房地产业支柱地位。为此一是要在原则上继续强化和开发地方政府的发展功能，同时纠正和防止其不利于转变发展方式、不利于科学发展的行为机制，如上级政府应该用一系列经过科学论证的指标体系去考核地方政府官员的政绩，即要用科学的指标体系诱导其科学发展行为；二是在具体的战术上，我们不能选择猛然刺破房地产泡沫的办法，而是要在一个较长的周期中慢慢地把其刺破，以防止房地产猛然下跌给经济造成的风险；三是要尽快启动中央和地方的分税制改革，把发展战略性新兴产业和现代服务业的税收主要交给地方政府，把土地出让费交给中央政府，并按适当把财力向地方倾斜而非继续向中央集中的原则，进行两者的置换。这既可迅速提高战略性新兴产业和现代服务业的比重，转换我国的发展方式，又可降温房地产市场，挤压其泡沫，提高发展的质量和人民福利。

全面深化改革：基于纵横两条基本路径的战略思考[①]

党的十八届三中全会启动的全面深化改革是新的时代条件下的一场新的伟大革命。1992 年邓小平同志南方谈话解决的是“社会主义也可以搞市场经济”的大是大非问题，而党的十八届三中全会解决的是“怎样搞好社会主义市场经济”的路径选择和机制设计问题。这次改革的总目标是“坚持中国特色的社会主义，使国家治理体系和治理能力现代化”，使社会主义市场经济实现效率与公平的统一，使之既激发活力，也便于治理。为了达到这个宏伟目标，全面深化改革决议部署了 336 条具体的改革任务，不仅内容繁多，任务艰巨，而且离在 2020 年“使各方面制度更加成熟更加定型”的要求来说，时间非常紧迫。因此从纷纭复杂的改革任务中梳理出全面深化改革的基本路径，并对其特点、演进轨迹、循序渐进的方式和相互之间的关系等问题进行历史、逻辑和现实地分析，对于从战略上顺利推进全面深化改革具有十分重要的理论和实践价值。

一、两条基本的改革路径

经济体制改革是全面深化改革的重点，核心是处理好政府与市场的关系，使市场在资源配置中起决定性作用和更好地发挥政府作用。这个基本的改革原则使我们可以在面临着千头万绪、牵一发动全身的改革任务挑战的前提下，仍然可以从改革的主体与客体之间的交互关系中，梳理出两条脉络清晰的基本改革路径：

一个是政府内部的集权与分权、放权与收权、分散与集中等关系的纵向改革，主要是要在政令统一的前提下，对各种复杂的财权、事权和调控权进行对称化的配置和重新调整，通过权责利统一化、财权与事权的对称化，理顺上下级政府机构之间的“命令—执行”关系，达到提升行政效能和政府治理能力的目的。

① 本文作者刘志彪，文章最初发表于《南京政治学院学报》2014 年第 5 期。

另一个是政府与社会、民间、市场、企业、家庭、个人等之间的横向关系改革，主要是通过理顺政府与这些主体之间的“委托—代理”关系，让政府这个代理者更好地为作为公权来源的委托人服务，让委托人可以更好地行使公民权利，更好地监督代理人。改革的基本要求是：要把以往过于集中在封闭垂直系统的各级政府手中的权力，向处于横向地位的各类主体进行适当地转移和分散，以增强社会民众对公共事务的知情度、参与度、意愿表达和监督度，增强其活力，体现公平和正义。

上述这两条改革路径构成了我国全面深化改革的主要内容。三中全会决议部署的336条具体的改革任务，都可以根据所涉及的主体，很清晰地把它们分别归入这两种不同的改革路径，如财税改革、纪检和司法改革等主要是纵向路径的改革，而所有制改革、户籍制度改革等，则主要是横向改革。总体来看，中国未来面临的改革任务，横向改革是重点，横向改革的具体任务数量和难度都要大大高于纵向改革。

但是这两类改革之间是相互补充的，缺一不可。缺少任何一个方面，都不可能真正实现“国家治理体系和治理能力现代化”的全面深化改革的总目标。因为很简单，从国家是江山（领土）、人民、社稷（典章制度）“三合一”的意义上来说[①]，国家概念大于政府概念，纵向的改革路径解决的是构成国家的一个主体部分的政府内部的治理体系和政府治理能力的问题，并不是“国家治理体系和治理能力现代化”的全部内容。而横向改革路径所涉及的市场治理、社会治理、文化治理、环境治理等，才是全面深化改革真正要彻底解决的主体内容。例如，市场取向的改革所形成的市场体系和运用市场调节的能力以及社会制度建设和社会公平正义等，都只是“国家治理体系和治理能力”总集合中的子集合。因此纵向的改革路径要解决政府治理失衡以及由此引起的其他领域的急需要解决的失衡问题，如增长失速、结构失衡等问题，横向改革路径要解决政府与社会、政府与企业、政府与个人等复杂的失衡问题，目的是完善社会制度和机制建设以及完善市场治理机制等。由此也不难看出，横向的改革路径才占有全面深化改革的主要内容，也是涉及面广、最难改革之处。

可以这样说，中国20世纪80年代前也有各种各样的改革，但是这些改革绝大多数只是局限于政府内部关系的纵向权力调整，或者局限于横向政府部门的分工或撤并，并不真正涉及“政府—社会（市场）”层面的改革。因此对整个社会来说，改革的游戏只是政府权力在内部的结构调整，并不真正发生权力在“政府—社会（市场）”之间的结构调整。在计划经济年代更为普遍的是，社会（市

---

① 周其仁：“国家能力再定义”，《新世纪》2014年第3期。

场）的权力空间被越压越小，选择度越来越低，政府权力和规模却被越做越大，社会活力越来越低。

因此不难判断，1978 年之后尤其是 1992 年邓小平南方谈话之后，中国经济之所以取得了连续 30 多年的超高速增长的世界奇迹，其实质性的原因在于简政放权、市场取向的改革开放，使政府内部的纵向权力调整，开始向“政府—社会（市场）”层面调整，由此激活和点燃了蕴藏在全社会和民众深层的创业、创新、创优热情，各类创造社会财富的源泉得以充分涌流，各种生产要素的活力竞相迸发。

二、纵向路径改革：全面深化改革的首选突破口

根据两条改革路径在性质上的差异，改革战略必须解决先后次序的选择问题，即改革必须有阶段的意识和步骤设计。一般来说，改革的第一步或突破口是选择纵向关系尤其是中央与地方财税改革，在此基础上的后一步改革，才可能是纵向分权逐步向横向分权过渡，让权力在政府内部由少数人掌控的游戏转向由民间、市场、社会等众多人参与的游戏。

之所以要在时间上做上述的战略选择，主要是因为，系统性、整体性、协同性的全面深化改革，其顶层设计必须是先易后难、重点突出的原则，首先解决如何选择改革的突破口、改革的技术路线和措施安排等问题。基于党的十八届三中全会决定所确定的基本改革判断和线路，着眼于经济、社会、文化、政治、生态“五位一体”联动改革的逻辑性，结合我国目前社会经济发展中需要解决的突出问题，本文认为政府内部的纵向改革尤其是涉及政府间经济利益关系调整和重新分配的财税体制改革，才是全面深化改革的突破口和关键环节。①

做出这样的结论首先与我们对政府与市场关系的理解有直接的联系。在现实中，这一经济体制改革的核心问题有两种基本的表现形式：一是一般意义上的政府与作为微观主体的企业之间的关系；二是中国体制背景下的中央与地方的经济关系。我们的基本判断是：在中国社会主义市场经济体制中，最重要的政府与市场的关系，不是表现为政府与企业之间的关系，而是表现为中央与地方即政府内部的经济关系。

为什么政府内部的经济关系是另外一种最重要的“政府与市场关系”？因为与西方经济学可以舍弃地方政府层次，直接研究中央政府及其机构与企业的关系不同，中国宏观经济研究必须纳入地方政府这个在经济领域中具有巨大发展功能和作用的中间层次。1993 年之后，中国地方政府更像一个准公司，各省、市、

① 刘志彪：“财税体制：全面深化改革的突破口”，《新华日报》（思想界）2014 年 6 月 20 日。

自治区的主要领导人一个像集团公司的董事长，一个像总经理（省以下的市、县、区，党委与政府主要领导人的分工也是大致如此）。国外学者称之为地方法团主义。一般认为，地方政府之间就经济指标（如 GDP、财政收入等）的经济竞争，是中国经济增长的主要动力来源。因此从中央的角度来看地方政府，后者更像是一个企业集团；中央与各地区之间的经济关系，更像是政府与市场之间的关系，与此同时，两者还分别对应全国市场与区域市场。

可以这样说，中央与地方的经济关系尤其是财税关系是当今中国经济体制的所有症结所在。如果全面深化改革战略不对地方政府这个“准公司”的经济行为尤其是财税行为进行深入的研究，就很难理解中国经济奇迹和运行机理，也很难厘清改革的内在逻辑，很难找到改革的突破口和出路。这是我们在对中国特色社会主义和基本国情做了分析后所做出的基本理论判断和政策结论。我们认为，把解决中央与地方的经济关系，尤其是以财税关系为核心的经济利益关系作为推进治理体系改革的枢纽环节和优先选择，是全面深化改革战略必须审慎地给予顶层设计的最重要内容之一。上述论述的内容是我们认为改革必须首先从纵向关系调整开始，通过财税利益关系重新调整校正地方政府行为，从而正确处理政府与市场关系的第一条理论依据。

改革的第一步或突破口必须选择纵向关系尤其是中央与地方财税改革，我们的第二条依据是，这种选择还与财政是国家治理的重要基础和支柱这个重要命题有关。深化财税体制改革，不仅是全面深化改革系统部署中的一个重要组成部分，而且还关系到“推进国家治理体系和治理能力现代化”的战略高度，具有特殊的枢纽地位和优先选择的环节。这主要是因为：其一，财政作为政府履行基本职能的经济基础，处于国家治理结构中的主体地位。财政收支活动就是作为国家治理主体的政府履行职能的活动，财税活动一方面是国家宏观经济运行的“生成调节器”和“稳定器”，又是构成各类企业和非企业机构的主要环境变量。只要我们抓住了财政这个“牛鼻子”，就等于抓住了实现政府治理职能、发挥市场和社会治理能力以及调节经济社会运转的几乎全部的关键问题和核心内容。其二，财税体制改革将会对“五位一体”的全面深化改革产生牵引效应。如环境问题，看起来是在工业领域中出现，但实质上却有财政治理不当引起。对财税的不当追求诱使地方政府对某些污染性重化工业趋之若鹜。通过生态功能分区、分类管理的办法，表面上看是一个国土和空间规划问题，其实实质上是一个生态财税转移和财政补偿问题。再如过去我们在民生、社会发展和公共文化方面欠账太多，乃至引起现在比较严重的社会公正、不平等和贫富差距等问题，主要是因为过去我国发展型财政把钱都用于搞经济建设了，所以解决中国社会、文化发展滞后等问题，必须首先扭转财政的基本性质，才能根本地解决社会体制和公共文化的发展问题。还有，财政公开透明是政府透明化运作的主要内容和形式，是政治民主的基础和前提。一个政府如果不仅敢于把财政透明，让民众知道钱从哪里来、都用到哪里去，为什么要花这些钱，而且敢于面对民众的质疑、不断纠正自己的行为，这个政府就一定是民主政府、阳光政府、法治政府和服务型政府。从"阳光财政"开始，中国的民主才有希望。

改革的第一步或突破口必须选择纵向关系，尤其是中央与地方财税改革，我们的第三条依据是来自实践方面的。我国现行的财税体制弊端，是导致中国现实经济中几乎一切问题的根源。当今中国现实的经济问题可以概括为"六个失"，即"增长失速，结构失衡，货币失序，债务失当，产能失度，房价失控"。这些问题都有其内在的财税体制安排不当的原因。如房价失控的根本原因是地方政府的财政来源出了问题，并借助于房地产问题表现出来。产能失度问题，背后的原因是现行的税制缺陷下，地方政府追求财税利益的阴影在起主导作用。债务失当问题，源于中国地方政府没有除信贷资金以外的、长期稳定的融资渠道，无法保证地方发展的资金来源。货币失序的问题，是因为过量发行的货币被用于解救"僵尸企业"、填补政府投融资平台窟窿以及用于房地产交易、利率的飙升等，根本没有用于实体经济发展。这些问题最终表现为经济结构失衡和增长失速。

三、改革取得决定性成果：从纵向分权逐步向横向放权过渡

一般来说，纵向改革尤其是作为突破口的财税关系改革，相对比较容易取得决定性的成果或突破性成就。这主要是因为，一方面这类改革是在政府部门内部进行的，改革表现为财权事权和调控权在上下级政府之间的重新配置和调整，所涉及的利益并没有发生任何外溢，而且在统一政体下，官员的位置经常发生变动，特定位置与个人利益的关系不具有"一对一"的长期紧密联系；另一方面，政府内部具有令行禁止、下级服从上级的科层特征，自上而下的改革可以用行政命令方式顺利推动，抵制成本和摩擦成本都比较小。这一特征已经为历次改革的实践所证明。

回顾分析中国历史上几次重要的改革教训，可以发现：政府之间财权事权的重新配置和调整、集权抑或分权问题，一直是历来的改革首先要解决的问题①，过去中国几千年的封建社会，都没有真正解决好皇权统治下政府纵向权力的最佳配置问题。②《三国演义》里对古代中国政府纵向权力配置的动态变迁有精彩的

---

① 从某种程度上说，5000 年的中华文明史就是一部处理中央和地方关系的历史。参见辛向阳：《大国诸侯：中国中央与地方关系之结》，中国社会出版社 2008 年版，第 9 页。

② 在横向改革不能突破的前提下，仅仅进行纵向改革，一定是无解的难题，这也是困扰历代中国中央政府的悬而未决的难题和核心。

概括，即“合久必分，分久必合”。新中国成立之后，毛泽东同志提出了发挥两个积极性的总体原则，总体性设想是在保证中央的统一领导下扩大地方权力。他指出：“为了建设一个强大的社会主义国家，必须有中央的强有力的统一领导，必须有全国的统一计划和统一纪律，破坏这种必要的统一，是不允许的。”地方的特殊则表现为“为了加强全国统一所必要的特殊”。[①] 但是回顾中国当代历次改革，可以发现没有一次真正走出“一统就死、一放就乱、一乱就收、一收又死”的恶性因果循环的陷阱和巢穴。

总的来看，中国经济体制中的集权与分权问题的根源，不在于中央权力大一些还是地方权力大一些的替代选择，而在于集权和分权的调整和改革过程，往往只是涉及权力关系在垂直性的、封闭的政府系统内部进行调整。传统政体推行改革的主要措施和方针，就是重建中央与地方的关系，即所谓“放权让利”，实质上是中央向地方的纵向分权。这种分权的形式主要表现为：一是中央向地方主动放权；二是地方向中央主动要权。[②] 在纵向改革取得突破性成就之后，都没有紧接着由纵向改革路径转向横向改革路径，没有使改革转型实现从纵向分权逐步向横向放权过渡，没有使改革的主要措施和方针真正涉及政府与社会、政府与市场、政府与企业、政府与公民个人的关系，没有把发展权力放给社会、民间、市场、企业和个人，因而这些受到严重压抑的主体的活力不可能充分发挥，既缺少来自社会、民间、市场、企业的发展动力支持，也使政府规模在若干次非实质性改革中越做越大。这是过去纵向改革中集权与分权问题无解的本质原因，也为我们找到破解这个千古难题提供了正确的方向和实质性措施。

发展权既要在中央政府和地方政府之间进行适当的配置，也要向社会、民间、市场、企业、个人不断下放，这样才能塑造出社会和民众的发展能力，才能说全面深化改革取得了真正的实质性的、突破性的成就。就此标准来看，无论是中国体制改革走向地方政府主导的分散体制，还是今后逐步走向中央高度集权的威权主义体制，也只能说明改革并没有真正解决上述实质性问题，都不是成功的改革。

究竟是长期以来人们认识不到这个问题，还是因为别的什么原因难以使我们顺利地进入横向分权改革？应该说，改革的这种道理并不深奥。过去我们不是不知道，而是在实际的运行中，可能由于长期的大一统政体统治，政府力量过于强大，使民间、市场、社会组织形式趋于消失，功能不断弱化，因而在其发育不足、功能残缺的条件下，中央集权体制难以放手实施这种本质性的调整和改革，

---

① 《毛泽东文集》（第 7 卷），人民出版社 1999 年版，第 32 页。

② 董琦：“中央集权与地方分权：对转型期政府权威及合法性危机的思考”，《理论探讨》2000 年第 1 期。

无法让其承担资源配置和各种治理的功能，最后只能再次由政府承担起它自身不应该、不能够和不足以承担的各种社会经济职能。这大概是现在的政府“越位、错位、不到位”现象普遍盛行、难以克服的真正原因。

如果上述这个猜想是对的，那么促使纵向改革转向横向改革的基本对策，就应该是选择改革政府职能和机构、放松市场和社会管制、培育替代政府配置资源功能的各种横向组织和机制等重要方面，即在推进市场取向改革的前提下，斩断政府与其千丝万缕的包办型联系，努力发育社会组织、民间机构、市场机制和企业家群体。显然，推进这些改革与推进国家治理体系和治理能力的现代化的改革总目标是一致的。因为，与过去强调“国家统治”“国家管理”等完全纵向的控制关系不同，现代国家治理的关键在于要从政府单方面支配社会，转变到政府与社会的有效互动与互相制衡。这需要重构政府与社会、政府与公民、政治权力与经济权力等各种治理关系。这是一个需要长期探索和建设的任务。

在政府纵向控制的范围和程度逐步降低的改革过程中，一个可能引起人们担心的主要问题是可能引起社会动乱。确实，在社会和民间的自组织机构和功能稀缺的前提下，放权的过程可能就是乱的过程。由于人类社会不像自然科学那样可以在这个问题上进行大范围的试验，因此这就制约了纵向改革转向横向改革的现实可行性。对于此问题的担心，我们的回答是必须把依法治国的大政方针摆到全面深化改革的第一线中来。只有在法治框架下发展社会、市场和民间的自组织，才能够使整个国家具有健康的微观基础，也才能够反过来促进现代社会的契约精神、法制观念和法律实践的成长。

四、政府功能重塑：权力结构重整与负面清单管理

政府发动改革要革自己的命，这非常不容易，但是如果没有政府首先改革，就没有未来的全面深化改革。做出这种选择并不意味着对其他问题的讨论不重要。

让市场在资源配置中起决定性作用同时更好地发挥政府的作用，需要重新塑造政府的功能，使统治、管理型政府演变为服务型政府和法治型政府。其中最重要的问题主要可以概括为集权、分权、放权、减权、限权、监权等几个方面：

第一，集权。即对需要往中央集权的地方，要坚决实施集权取向的改革。不仅仅分权是改革，有时集权也是改革的内在需要。在社会改革转型的复杂年代，强大的中国必须要进行适度的集权。适度的中央集权是强大国家的基本特征。党的十八届三中全会决定要求在中共中央层面上建立两个不受部门和地方利益干扰的重要组织：首先是成立全面深化改革领导小组，负责改革的总体设计、统筹协调、整体推进、督促落实，它集中的是国家层面的经济改革和发展权力；其次是

设立国家安全委员会，负责完善国家安全体制和国家安全战略，确保国家安全，它集中的是国家的非经济权力。这两个集中，无疑是中国人民的福音。

第二，分权。即对需要向地方分权的地方，要坚决实施分权取向的改革。主要方面是：一是对地方政府在职能和信息上具有管理优势的公共服务、市场监管、社会管理和环境保护等活动，一律要下放地方和基层管理；二是要在“财政是国家治理的基础和重要支柱”这一重要的理论命题的指导下，按照“完善立法、明确事权、改革税制、稳定税负、透明预算、提高效率”的要求，从改进预算管理制度、完善税收制度以及建立事权和支出责任相适应的制度等三个方面，重点对现有财政体制进行改革，尽快建立现代财政制度。

第三，减权。即对于政府机构通过行政办法和行政手段做不好的事务，要坚决地从自己手中减掉，交给其他社会主体（如行业协会、各种基金会、咨询组织、法律服务机构、非政府组织等）承担。有时，某些事务虽然重要，但是它们往往具有十分强烈的专业性和时效性，对于追求稳定为目标的政府来说，完全由自己独自承担十分的不合适，往往弄巧成拙，造成比较大的社会矛盾甚至冲突。如重大项目的环境的评估和检测等。这个时候应该发动专业性生产者服务机构或社会服务机构，让它们为政府排忧解愁，而不需要事事由政府出面，没有任何的回旋余地。

第四，放权。即对该放权的地方坚决放权，最大限度地减少政府对微观事务的管理，减轻政府负担的同时大幅度提升微观企业、市场、个人的活力和创造力。在这方面，三中全会的决议用了许多像“一律由……”“一律取消”“一律下放”等明晰的、毫不含糊的命令词汇，表明了新一届政府减少经济权力的决心，如提出“市场机制能有效调节的经济活动，一律取消审批”；要“让一切劳动、知识、技术、管理、资本的活力迸发，让一切创造社会财富的源泉涌流”。放权既有上级向下级放权，也有政府向社会、民间、市场、企业、个人放权。显然，前者意义上的放权是政府内部的权力调整，不影响政府权力总和不变的特征；后者意义上的放权，才是这次全面深化改革与过去历次改革的不同之处，它的主要方法就是实行彻底的“负面清单管理”，因而是比较彻底的改革。

第五，限权和监权。即限制权力的不适度扩张，把权力的范围和影响控制在监督体系可以介入到的区间内。权力内在所具有的支配和被支配性质，会使权力在运作过程中呈现出不断地脱离控制和自我扩张的倾向。尤其是在规则和法律模糊的地带，权力所带来的利益会驱使当事人铤而走险攫取权力并为自己谋取私利。如果没有监督体系的介入，如果不建立明晰的规则限制模糊地带的权力的不适度扩张，权力当事人就会自我膨胀并最终侵犯社会和民众的利益。我国地方政府、国有企业、高等学校等机构因内部治理结构的不完善，经常发生所谓的“一把手”贪腐无人监督的现象，就与这种权力结构下缺少限制权力的均衡力量有密切的关系。因此，“一把手”的“班长效应”必须形成制衡和监督。这是现代民主社会的基本要求，也是我国政府和政治制度改革的重点所在。

负面清单管理是解决政府与市场关系、更好地发挥政府作用的一个重要方式和措施。从地方政府转变职能的改革要求来看，最起码要列出这么几张清单：

第一，政府行政审批目录清单。政府简政放权，审批制度改革是“当头炮”。政府行政审批清单目录需要明确的是：凡是与投资、创业、就业密切相关的，以取消和下放为主，以激发主体活力；凡是直接面向民生和社会事务的，以下放为主，给群众服务越贴近越好；凡是需要保留的，尽量把前置审批改为取消或后置，如把工商登记前置审批改为后置；非保留不可的，也要理顺关系、优化流程、从严监管，让权力在阳光下运行。经过这样的调整和改革，今后凡未列入目录的行政审批事项，将不再行使，真正实现“目录之外无审批”。

第二，政府行政权力清单。弄清楚各级政府究竟有多少权力，是简政放权的基础性工作。只有把这个底摸清了，才能真正做到“清单之外无权力”和“法无授权不可为”。公布和“晒”出权力清单，并不是一件容易做到的工作。这其中除了有权力系统自身天然的抵制因素外，还与人们对相关文件的理解有关。有时，文件对权力的规定可能并不十分明晰，即使界定是清晰的，也可能有新的办法避开或者绕过去。堵住这些漏洞可能需要行使新的权力。

第三，投资审批“负面清单”。过去，企业大多是国有的，国有企业进行投资，作为政府似乎应该对其进行一定的审批和控制，以抑制其投资冲动和可能的低效率行为。现在，非公有制企业占到“三分天下有其二”，即使是国有企业，也要按照现代企业治理制度由其独立自主决策，因此下放投资决策权就是一个很自然也很紧迫的事情。况且，企业的资金投向哪，市场前景、经济效益好不好，企业比政府更关心、更懂行，市场比政府更敏感，完全应该交给它们自主审查和决策。政府的职责是做好前期服务和后续市场监管，项目核准机关不能干预企业的投资自主权。根据上海自贸区所探索的负面清单管理经验，我国各地应该尽早梳理禁止和限制内外资企业进入的投资领域的“负面清单”，保证清单之外领域的各类市场主体可依法平等进入。

第四，政府部门专项资金管理清单。现在各级政府有权部门的各个处室都拥有直接向企业拨付资金的权力。这不仅会导致有限资金的分散化使用和胡乱拨款，也会导致眼中的、普遍的寻租性腐败。改革的基本方向是最大幅度地减少省级纵向部门直接向企业拨款的权力。同时，根据党的三中全会报告，财政改革要减缩专项转移支付资金的要求，财政部门要将专项资金改为一般转移支付，推行“因素分配法”，即把原来专项资金直接拨付企业的方法，改为定向投入某一领域，由省以下政府自主决定投到该领域的好项目上去。这一资金转移方法的重要转变具有巨大的改革价值。这不仅可以提高一般转移支付资金使用的绩效，而且可以大幅度减少因专项资金分配可能引发的腐败。

第五，行政事业性收费目录清单。行政性收费指根据法律、法规等有关规定，在履行政府行政管理职能时，向公民、法人和其他组织收取的费用。事业性收费指根据法律、法规等有关规定，在向公民、法人和其他组织提供特定服务时，收取的费用。名目繁多的收费目前依然是民众和企业不小的负担。行政事业性收费属于非税收入，现在主要的问题是“政出多门”，不仅名目繁多，而且存在着乱收费、高收费的问题。如何减轻企业不合理收费？这要求对行政事业收费进行全面清理，取消不合法、不合理的收费项目，并及时将收费目录清单向社会公布并实施，实行“目录之外无收费”。保证上述清单顺利执行，还需要建立受到民众、企业和社会监督的保障平台。

全面深化改革：以政府改革为出发点的一个逻辑框架[①]

党的十九大报告指出，不断推进国家治理体系和治理能力现代化，坚决破除一切不合时宜的思想观念和体制机制弊端，突破利益固化的樊篱。不合时宜的思想观念、体制机制和利益固化的樊篱，在我国经济运行中表现出来的突出矛盾和问题，就是重大的结构性失衡。目前中国经济的主要问题不是总量问题，也不是周期性问题，而是结构性问题，且结构性问题的主要方面在供给侧，导致经济循环不畅、配置扭曲、效率低下，如严重的产能过剩影响市场出清，企业过高的杠杆导致被沉重的债务压垮，成本居高不下影响竞争力等，必须从供给侧、结构性改革上想办法，努力实现供求关系新的动态均衡。

缓解中国经济运行中的“重大结构性失衡”，关键在于要用改革的办法推进供给侧的结构性改革，矫正要素配置扭曲，扩大有效供给，提高供给结构对需求变化的适应性和灵活性。这里关键有两个问题需要强调，以消除不必要的误解：[②] 一是供给侧的结构性改革不是要实行需求紧缩，而是要营造稳定的宏观环境，在需求政策上，既不搞强刺激、大水漫灌，也要防止顺周期的紧缩；二是供给侧的结构性改革不是要搞所谓的“新计划经济”，不是要塑造新的强势政府和赋予其过多的职能，而是要充分发挥市场在资源配置中的决定作用，矫正以前过多依靠行政手段配置资源带来的要素配置扭曲。

中央对供给侧结构性改革如何在工作层面的推进总结出了五句话，即宏观政策要稳、产业政策要准、微观政策要活、改革政策要实、社会政策要托底。这是一个原则性的要求，具体工作从哪里着手还需要深入探索。近些年来，理论界对于如何用改革的办法推进供给侧的结构性改革的问题，进行了大量的相关分析和研究，其代表性的研究主要有两种视角：一是认为这种改革的办法就是要加强竞

---

① 本文作者刘志彪，最初发表于《探索与争鸣》2017 年第 2 期。

② 《人民日报》独家专访：“七问供给侧结构性改革”，人民出版社 2016 年版。

争，弱化产业政策的作用，要用竞争政策来促进结构调整，保证市场在资源配置中起决定性作用。[①] 二是认为改革的办法就是需要系统性的制度创新。这个创新主要是指两方面：一个是基本制度层面，一个是宏观调控方式层面。其中基本制度层面，是要通过深化改革，解决国家、市场、企业的职能定位以及它们之间的相互关系。[②] 前一种视角强调的是通过竞争而不是政府规划来提升供给质量并更好地适应需求结构变化的关键问题。但是应该看到，我国经济运行中存在着“重大结构性失衡”问题，不是因为没有或者缺乏竞争，而是因为存在着包括竞争过度、竞争不充分在内的更为复杂的因素。后一种研究视角，其观点基于理论分析和改革战略描述，并没有为实际操作找到可行的路径和具体的方法。

在一个较为稳定的宏观经济环境下，扭转经济运行的“重大结构性失衡”，必须通过改革找到解决问题的源头、路径和动力。这个源头、路径和动力，就在于真正地推动政府改革。从供给侧、结构性改革上想办法，首先取决于政府对自身改革的决心和行动。政府是结构性改革中制定规则、创新规则、修正规则的主体，推动经济转型升级中，政府的职能不是如何去选择产业和补贴企业，而是要突出制度创新和制度供给的能力。因此政府只有从干预微观经济活动和充当市场主体的现实状态，转向为个人、企业和市场机构提供高质量的制度供给，进而以制度创新为核心进行职能改革，大力调整政府的管理方式和提高调控能力，才能在减税费、减负担、松管制的同时，使供给侧结构性改革产生出刺激扩大内需、增进发展信心和促进新动能崛起的作用，从而使经济体系出现新一轮的良性循环格局，达到新的动态均衡。

一、以政府改革推进供给侧结构性改革的基本逻辑

我国近40年改革开放的经验和教训一再证明，政府放松对企业和市场的管制，就能释放和激发民间的经济活力和动力。国强源于民富，民富来源于百姓的辛勤劳动和丰富的创造力。可以毫不夸张地说，什么时候政府愿意放松管制，什么时候市场动力、活力就涌现；政府放权让利于民到什么程度，个人和企业的动力和活力就会充足到什么程度。

当前正值经济运行态势面临L形的压力，而且这种运行态势是一种新常态，不是短时间就会改变的。在这种增长结构剧烈调整的过程中，值得中央政府高度警惕的问题是，不仅要防控潜在的、可能发生的金融危机因素，而且要清晰地看到，这些年中国经济运行中的某些微妙的变化，即在经济运行的底部阶段，出现

---

① 吴敬琏：“加强竞争是供给侧结构性改革的重要方面”，见微信号“后EMBA教学中心”，2017年2月20日。

② 刘伟：“供给侧结构性改革要求制度创新”，微信号“经济学原理”，2016年10月20日。

了行政力量急剧膨胀、公共投资（如市政、地铁）和公共支出（如社保等）急速增加的趋势，一方面这种力量抑制企业尤其是民营企业的成长空间；另一方面大量的支出使地方政府的财政收入处于捉襟见肘的窘境。在增长下行的压力下，企业更加感到负担沉重，各界人士由此纷纷发出强烈的减负呼声。

党的十八届三中全会以来，党中央、国务院提出的“三期叠加”理论，解决了对当前中国经济怎么看的问题；经济发展进入新常态后的新发展理念，则解决了深层次的怎么看以及怎么干的方向问题；推进供给侧结构性改革，则进一步具体地明确了未来经济工作的主攻方向、工作目标和重点任务。当前，推进供给侧结构性改革，振兴实体经济，面临着如何进一步放松对经济的管制，如何大幅度地降低企业负担这两个重大问题，它们是中国经济未来可持续发展的基本保障和改革的基础性方向。

考虑到本文提出的进一步改革的逻辑和框架问题的宏大性，我先对本文主张的改革理论依据和改革逻辑进行粗线条的描述。

第一，本文依据的基本改革理论，是党的十八届三中全会以来一直坚持的深化经济体制改革的主线，即要让市场在资源配置中起决定性作用，同时更好地发挥政府作用。供给侧结构性改革，虽然涉及微观的要素组合和有效供给问题，但是其本质却是通过宏观和微观的制度改革，释放市场主体的活力，充分发挥市场的决定性作用。而更好地发挥政府的作用，则需要在明确政府权力边界和基本职能的基础上，为市场高效率运行创造良好的制度环境。这就是要在供给侧结构性改革中，大力强化政府的制度创新和制度供给能力，把制度改革放在重要的地位，不断完善行为规则，通过法定程序为社会组织和成员、市场主体等设立和创新行为规则。经济发展进入新常态的一个重要内容和表现，就是政府从一个过去的“准市场主体”，转变成为市场运行和社会发展设立、修改和创新的行为规则，以此推动经济进入转型升级新阶段。从这个意义上看，在结构性改革中制定规则、创新规则、修正规则，就是改革，就是推动经济转型升级。①

具体来说，政府层面的制度创新和制度供给能力，就是把新理念、新思想、新方法、新机构、新法规、新政策和新工作载体等，引入原有的制度体系、政策体系和工作体系，实现新的发展组合的能力。在供给侧结构性改革的背景下，政府层面的制度创新和制度供给，需要紧扣转型升级的主线，重点解决发展中存在的结构性、体制性和素质性的矛盾和问题。

第二，本文依据的基本改革逻辑大致是：

1. 政府行政和事业单位改革（产生管制放松效应和减税可能性空间，这是

① 刘志彪：“政府的制度供给和创新：供给侧结构性改革的关键”，《学习与探索》2017 年第 2 期。

供给侧结构性改革中的两个关键问题）；

2. 刺激内需扩大（降税费、降负担、惠民生；增强企业的投资能力和信心）；

3. 消化产能过剩，刺激投资，减少资本外流，恢复净流入；

4. 增强发展信心、助推自主创新和产生发展新动能。

这一基本的改革逻辑如果要正常运转，当然每一步都需要许多内在和外在的条件和基础，如政府怎么产生自我改革的刺激动力，减税降费的可能性空间在哪里呢？等。从此意义上看，推进供给侧结构性改革是一个庞大的、具有内在联系和制约关系的系统工程，远非本文可以阐述清楚。本文主要目的，是为了阐述深化供给侧结构性改革的理念和路径，而不是为了设计详细而具体的改革路线图。因此在下文中，我将用非常简化的逻辑和语言，大致描述一下我设想的改革逻辑的基本框架和基本内容。

二、以政府改革推进供给侧结构性改革的框架和内容

（一）简化职能、精兵强体

根据要让市场在资源配置中起决定性作用改革要求，首先要大力压缩政府职能和机构。减税先要精兵，精兵必须简政。如果继续维持现有规模巨大的政府职能，由于支出刚性的作用，就不可能有较大规模的、又有实质性的减税降费举措。打破目前这种“减税官困，不减民疲”的两难局面，需从政策安排和改革推进两个层面同时发力，这是事关供给侧结构性改革的重大举措。① 一方面可以先从政府改革这一头做起，压缩应该放给市场调节、企业自主、民间自管的多余机构；另一方面，还应该通过大刀阔斧的改革，大力裁撤并那些吃公共财政饭的事业单位机构。有人认为，政府机构和人员改革方案很难实施，确实如此。过去有多次政府改革，最后不仅没有改彻底，反而越改，规模膨胀越大。不过我们应该看到，党的十八大以来的反腐败斗争，已经取得了巨大的成效，它不仅纯洁了党的队伍、净化了社会风气，也为政府改革提供了一个极其重要的时间窗口和决策契机。另外，目前我国吃财政饭的事业单位太多太烂，让各种可面向市场的事业单位、中介机构与政府彻底脱钩，让其参与市场竞争，也是可以尝试的重要的降税减费手段。这方面的潜力最大。

（二）降低税费、分配改革

客观来看，在全球范围内，虽然我国的综合税负率并不能算最高，只能说是

---

① 高培勇：“减税：中国的复杂性”，《国际税收》2016 年第 1 期。

属于中等偏高的水平，但是如果我们考虑到土地出让收入，以及大量的无法比较的非税收入即费的问题（如各种地方政府附加收取的费用，以及社保缴费等），中国的总体税负并不低。在此意义上，正如李克强总理在2016年11月28日的国务院常务会议上强调，各部门一定要统一思想，财政收支压力再大，也要积极为企业减税减负。要让企业过好日子，政府就要过紧日子。降低税费有两层含义：一是把与精兵简政对应的、可能节流开源下来的财政收入，作为降低税费幅度的可选择空间；二是实施结构性减税，把政府部门多拿的部分，向企业和居民转移，这事实上是实施分配改革，目标是增加居民收入，扩大消费能力，同时让实体经济企业取得社会平均回报率，增加其投资能力。两者都可以产生刺激内需的效应。

（三）放松管制、提高效率

精兵简政除了会带来降税负的明显效应外，另外，随着大量的冗员机构和人员的裁并，也必然会在供给侧上产生放松管制的直接效应。同时，要积极推进国有经济退出一般竞争性领域的投资与经营活动。这一方面是为了鼓励民营经济的进入，给更高效率的民间经济腾出发展天地；同时另一方面，也是为了严格控制地方政府的投资规模，降低其“土地财政”和加大收费的内在冲动。目前诸如地铁之类的公共投资，已使地方财政不堪重负，实际上已经沦为信贷扩张和货币投放的又一个隐形渠道。而政府主导的投资主要是靠借债，地方投融资平台虽然不允许增加借债，但是各种借道融资或者变相融资的做法层出不穷。如果加强对政府资产负债表的考核，加强对投资绩效的考核，就可以适当减少投资的冲动。同时，如果放松管制、减少职能，同时转换政府投资的使用方向，如用政府的资产来适当地降低社会保障缴费，就可以降低目前居高不下的社保缴费率，从而降低企业的负担。从支持投资到支持社保，是政府民生建设的一个善举，有利于改进收入分配的公平性和扩大内需。

（四）扩大内需、产业升级

我国内需长期不足的根源，是收入分配与高速的经济增长过程不协调，同时收入分配改革不到位，居民家庭总体收入过低。经济虽然增长了，居民收入总体上也有了增长，但是在分配端，长期没有解决社会成员之间的公平问题。[①] 因此一方面，高收入者的国内消费边际倾向递减，高收入者的消费增长带动经济增长的潜力有限；同时另一方面，农村和一部分城市中低收入家庭的需求没有及时跟

---

① 何代欣：“结构性改革、扩大内需与财税政策的互动机制——一项由理论迈向实践的中国式探索”，《中国社会科学院研究生院学报》2016年第5期。

上来，这部分边际消费倾向递增的人群，其收入不足以支持国内产业的不断扩张。另外一个比较严重的问题，是实体经济部门与虚拟经济部门发展失衡，前者往往盈利过低，导致大批实体经济企业处于破产倒闭状态或者游离于它的边缘状态。这极大地影响了实体经济企业的投融资能力。因此，实质性的减税费行动，将从两方面产生扩大内需的效果：一是增加的居民收入，必然会变成居民尤其是中低收入者的购买力；二是降低税费后的实体经济企业，得到了休养生息的机会，必然会提升其实际的投融资能力。

过去由于内需一直严重不足，中国企业只能长期依赖对国际市场，依赖出口导向解决产能扩张问题。这种发展格局的一个大问题，就是会抑制国家的自主技术创新能力，从而影响创新驱动发展战略的有效实施。因为为全球跨国公司进行代工，做的是人家研发、设计好了的订单业务，自己专注于加工制造装配生产环节，获取一定的加工生产手续费，往往会被国际大买家长期锁定在产业链的低端，而不能独立进行自主创新。在这种发展模式下，不仅跨国公司会千方百计地封锁、限制和阻挠代工企业的功能升级，而且也会采用较高的“加工费”麻醉专业代工商，让其放弃产业升级的战略和行动。

从另一方面看，如果国内自主创新不足，即使内需有所扩大，国内企业也不能为这种增长的需求提供较为匹配的高质量的有效供给，由此增长的需求将大概率、大面积地转向海外市场，出现所谓的“内需外溢”的现象。2015 年，我国实现社会消费品零售总额达到 30.1 万亿元，消费对社会经济增长的贡献率达到 66.4%，比 2014 年提高了 15.4 个百分点，成为经济增长的第一驱动力。同时当年我国居民在境外消费 1.5 万亿元人民币，其中至少 7000 亿至 8000 亿元用于购物。中高收入阶层境外购物占相当大的比例，并从主要购买奢侈品牌、高档品牌转向高质量的、性价比合适的日用消费品。这折射出当前我国消费尤其是中高端消费供需结构矛盾。加快推动供给侧结构性改革，成为解决消费市场供需错配问题、促进消费结构加快升级，释放内需带动增长潜力的唯一选择。

（五）内需平台、新型动能

以强大的内需促进创新驱动和产业升级，采取的是基于内需的经济全球化模式。[①] 建设创新驱动国家，必须基于中国庞大的内需市场，构建基于内需的、以我为主导新的全球价值链。过去中国加入出口导向的全球价值链，利用的是世界发达国家的市场，与之对应的是为其进行无自主品牌、无自主知识产权的国际代工活动，做别人早已研发好、设计好的外包订单，高附加值环节的产业活动掌控

① 刘志彪：“基于内需的经济全球化：中国分享第二波全球化红利的战略选择”，《南京大学学报》2012 年第 2 期。

在西方发达国家的跨国企业手里，自己只能做低附加值的加工贸易，成为人家零部件的廉价供应商。在新的国际形势和发展新阶段中，加速进行战略转型和产业升级的一个重要含义，就是要把利用国内低端要素进行国际代工的外向型发展模式，改造为面向国内外市场的自主创新发展模式。这一战略的内涵特征，主要包括两个方面：

一是要基于我国不断成长的庞大的内需优势，把各种生产要素“高水平地引进来”。即要通过国内各种发展平台的建设和制度环境的优化，利用国内巨大的内需为磁铁般的吸引力，大力虹吸全球的人力资本、技术资本和知识资本，让其成为驱动我国创新发展的投入品，成为我国建设创新型国家的生产要素。

二是以服务于全球市场（包括中国自身市场的）需求为出发点，“大规模地走出去”，主动地利用全球生产要素。“走出去”不仅是为了消化国内的过剩产能，也不仅是为了获取所在国的自然资源，而是要依托于服务国内市场需求，利用我国巨额的外汇储备资源，在全球范围内大力吸收和就地利用各种先进的生产要素，尤其是我国匮缺的人力资本、技术资本和知识资本。

三、以政府改革推进供给侧结构性改革的条件和前提

以政府改革推进供给侧结构性改革的战略思路，客观上需要一些比较严格的保障这种改革启动和有效推进的条件和前提。这些条件和前提，也就是实施这一改革框架的重点和难点：

（一）新一轮政府改革要敢于啃“硬骨头”

20 世纪末以来的中国政府职能和机构改革，总的来看其过程和结果并不顺利，经历了“收缩—膨胀”的反复，现在似乎又到了政府不进行自身改革，全面深化改革就很难推进的地步。之所以会出现这一情况，主要还是在于发动改革的政府，在进行自身革命时遇到了难以避免的阻碍。2017 年政府工作报告指出，简政放权、放管结合、优化服务，这是政府自身的一场深刻革命，要继续以壮士断腕的勇气，坚决披荆斩棘向前推进。总的原则是要在稳中求进的工作总基调下，即在稳增长、保就业、防风险等方面的底线制约下，向政府职能改革和调整要发展的新动能，如全面实行负面清单管理制度，制定国务院部门权力和责任清单，扩大市场准入负面清单试点，减少政府的自由裁量权，增加市场的自主选择权，目的是推进政府职能转变，使市场在资源配置中起决定性作用和更好发挥政府作用。

（二）在央地政府职能改革的基础上，进行财政分权改革和减税让利改革

央地政府职能改革，是进行财政分权改革和减税让利改革的前提和基础。只

有事权划分好了、具体化科学化了，才能进行财政分权改革，才能决定减税让利的幅度和空间。现在的问题是，我们的地方政府在经济活动中，一直持续地带有“准市场主体”的特征，这既是市场竞争环境不公允的原因，也是地方政府债台高筑、风险频发的根本原因，还是各级政府向企业收费名目繁多、使企业不堪重负的根本原因。[①] 让地方政府逐步回归其公共职能，减少其经济发展职能和市场运营主体的职能，是进行财政分权改革和减税让利改革的重要内容。由此才能营造简洁透明、更加公平的税收环境，进一步减轻企业税收负担。并在此基础上，推进中央与地方财政事权和支出责任划分改革，加快制定收入划分总体方案，健全地方税体系，规范地方政府举债行为。

（三）实施内需主导、创新驱动的经济发展战略

基于内需提升我国的开放型经济发展水平，在新的全球化态势下，其主要目的是为了得到更多的全球智慧和资源为我所用。全球智慧和资源主要是人力资源。创新驱动实质上是人才驱动。因此服务于创新驱动的高水平开放型经济格局的构建，也要紧紧围绕科技产业这一中心活动，以人才这个第一资源进行国际争夺战。

人才作为生产力中最积极主动的要素，其特殊性在于：他（她）由于受国境线、文化、习惯等限制，其跨区域的可移动性或流动性相对不足。人才的相对不可移动性，是导致国家之间在生产率、产业结构和收入福利等方面存在巨大差异的主因。因为如果人才可以像资本等要素那样，相对快速的低成本甚至无成本移动，那么国家之间就不存在产业结构方面的差异，生产率鸿沟和收入福利差距很快就会自动填平。因此，千方百计提高我国对全球创新资源的集聚能力，推进全球优秀人才向中国移动和流动，是在开放型经济条件下推进创新驱动发展的首要政策目标。

从国际代工型的模仿发展，转向自主创新发展，尽快形成具有引领示范效应的创新模式，需要有不同于过去我们所习惯的工作思路和方法。过去的模仿发展相比较于现在的创新发展，在科技创业、人才建设等方面是完全不同的思路。主要表现为：（1）在动力上，前者是依据于外需由外商直接投资主导，后者是本土企业依据于内需的创新驱动；（2）在要素上，前者是引进资本、机器设备、技术为焦点，而后者是以人力资本投资和人才制度创新为焦点；（3）在抓手上，

---

① 许多企业家都公开抱怨过民营企业税收和各种收费负担沉重。著名的案例如娃哈哈的宗庆后和福耀集团曹德旺。2017 年 1 月 18 日，财政部和国家发展和改革委员会有关负责人在答记者问时表示，娃哈哈集团提供了所属 131 家企业 2013 年以来曾发生过的缴费项目共 533 项。经核，2015 年有支出数据的实际缴费项目为 317 项，与企业提供的缴费项目相差 216 项。

前者重点是建设外向型开发区，而后者则要以科技创业、建设创新平台和优化创新环境为主；（4）在政策上，前者主要是针对物质资本的引进实施包括土地利用、税收、信贷等在内的各种优惠政策，而后者则是针对人力资本创新，进行物质和精神、文化的鼓励和诱导。

总之，在创新格局中发挥引领性作用，需要我们从被动嵌入全球价值链，转向积极融入全球创新网络。为此要坚持“引进来”和“走出去”相结合，全面提高我国利用全球“大脑”即全球智慧和资源的国际能力。基于内需的经济全球化模式，并不是新的全球经济现象，而是人口和市场规模较大的国家的经济常态模式。与小国必须采取出口导向战略不同，典型的大国经济如美国，从来就是基于内需、享受内需红利的全球化经济体系。第一，美国民众的收入水平高，购买力强，加上人口众多，这使美国在最终需求规模傲立全球老大的基础上，形成了处于全球价值链高端的市场治理者的地位；第二，强势的国内市场需求，加上其他非经济因素，塑造了长期的强势美元地位，诱使全球生产要素向美国流动，导致了全球其他奉行出口导向战略的国家对其进行大量的出口，使美国可以长期获得低成本的要素和产出品；第三，美国因国内市场巨大和吸引力强，成功机会众多，也是吸收全球各种要素，尤其是高级人才的力度最大的国家。

2016 年，我国经济总量已经达到将近 80 万亿元人民币，达到美国经济总量的 2/3。国际上很多机构估计，在未来 10 多年内，中国经济即将全面超越美国。客观地说，像中国这样有着巨大市场潜力的大国经济，不可能长期依靠出口获取发展动力，不可能仅选择进出口贸易来实施全球化战略，世界上也没有哪一个国家的市场可以容纳中国这么巨大的生产能力，更不可能无条件地赞同自由贸易原则放任中国与其展开长期的竞争。因此中国经济转型为基于内需的全球化经济，是未来我国经济发展中客观的、必然的、无法回避的战略选择。

综上所述，我国未来只有进行彻底的政府改革，大幅度放松政府管制和大规模减税，才能真正实现市场机制配置资源的决定性作用，才能让老百姓分配到更多的财富，才能形成内需驱动的全球化经济，从而在新一轮全球化条件下实现真正的内生性经济增长。显然，以政府改革推进供给侧结构性改革的启动点、重点和难点，表面上在减税降费，其实根本上还在于政府如何自觉地推行自身的改革。这是中国共产党在改革开放的新的时代条件下，带领全国人民进行的一场深刻的、具有许多历史特点的伟大斗争之一。

第二篇

增长发展篇

中国经济发展效率演进及高质量发展的路径研究[①]

改革开放40周年，中国成为名副其实的世界第二大经济体。党的十九大报告中指出“我国经济已由高速增长阶段转向高质量发展阶段，正处在转变发展方式、优化经济结构、转换增长动力的攻关期。必须坚持质量第一、效益优先，提高全要素生产率，不断增强我国经济创新力和竞争力”。并进一步说明“创新是引领发展的第一动力，是建设现代化经济体系的战略支撑”。

在增长动力源方面，现代经济理论认为，它主要来自于要素投入、生产率提升这两个方面。由于要素收益存在递减规律，因而要素投入只能够在短期内推动经济增长，具有不可持续性。所以，经济增长的长久动力只能通过不断提升生产率来实现，这也与中国积极推进的经济高质量发展目标相吻合。刘志彪（2015）指出从国家发展上看，主导着国家发展命运的最为关键性决定因素是劳动生产率提高和社会生产力发展，因而“提高生产率”才是政府推动经济转型升级的政策标准和依据。

一、文献综述

研究和探讨中国经济增长模式始终是近年来国内外学者关注的焦点。而全要素生产率（TFP）是衡量一国经济增长质量和可持续性的核心指标（朱承亮等，2011）。Chow和Lin（2002）研究发现，1952—1978年中国TFP基本维持不变，1978年之后TFP每年增长大约2.7%，1978—1998年TFP对经济增长的贡献为28%。在考虑了人力资本因素以后，研究发现中国改革开放之前的TFP对经济增长的贡献为负，但改革开放后的1978—1999年，TFP对经济增长的贡献提升到25.4%（Wang和Yao，2003）。颜鹏飞和王兵（2004）运用DEA方法测算了中

① 本文作者任保全。

国1978—2001年30个省份的Malmquist指数，分析后发现，从总体上看中国TFP是增长的，其主要是受到技术效率提升的影响，而由于技术进步的减慢，1997年之后的TFP增长呈现了递减趋势。有学者研究认为，如果中国经济增长“奇迹”中缺乏足够多的生产率内容，那么中国经济将会出现增长速度下降甚至增速停滞的风险，从而使得中国无法跨越“中等收入陷阱”（Krugmam，1994；刘伟和张辉，2008）。蔡昉（2013）指出，在中国“人口红利”面临消失的背景下，伴随着以工资持续提高和劳动力资源短缺为特征的“刘易斯转折点”的到来，仅仅依靠生产要素投入的经济增长模式将会难以为继，因而需要推动中国经济增长向全要素生产率支撑型模式转变。基于一两部门经济增长模型的研究也发现，全要素生产率提高不仅是中国未来经济的主要动力，也是有效化解产业结构调整对经济增长带来负向影响的重要途径（于斌斌，2015）。因此，对于正处于由创新追赶型国家向创新领导型国家转变的中国而言，创新政策的重点应放在推动各类创新资源的有效配置、加快全要素生产率的提高上（程惠芳和陈超，2017）。

改革开放40年中国经济高速发展的经验是什么？经济增长质量如何？呈现出什么样的演变趋势？为了回答这些问题，需要对中国自改革开放以来经济进行定量化的测度和评估。本文通过测度和解析全要素生产率变化率及其分解指标，在研究总结中国经济发展既有经验的同时，也可以反映出中国经济发展的演变趋势、增长质量及包含的内在机理，将有助于探索和审视中国经济高质量发展的路径及模式，因而具有重要的理论和现实意义。

二、经济发展效率和增长质量的指标测度

借鉴颜鹏飞和王兵（2004）的方法，采用基于DEA的非参数Malmquist指数法测算中国经济发展效率（全要素生产率变化率及其分解指标）。选择该测算方法主要出于以下考虑：一是不需要设定投入产出指标的具体生产函数形式，这将有效避免函数形式设定错误造成的偏差；二是该方法不受投入产出指标数据所选单位的影响；三是采用Malmquist指数方法是一种非参数估计方法，不仅可以避开前面这些问题和规避参数估计方法的多种限制，而且还能够对全要素生产率进行分解，进而能够深入探讨生产率变化的内在机理和背后原因。

（一）Malmquist生产率指数及其分解

本文采用Färe等（1994，1997）定义的以产出为基础的Malmquist生产率指数，表达式为：

$$TFPCH = M_O(y_t, x_t, y_{t+1}, x_{t+1}) = \left[\frac{D_o^t(x_{t+1}, y_{t+1})}{D_o^t(x_t, y_t)} \times \frac{D_o^{t+1}(x_{t+1}, y_{t+1})}{D_o^{t+1}(x_t, y_t)}\right]^{1/2} \quad (1)$$

其中 D_o^t 为基于产出的距离函数；x 和 y 分别表示投入和产出。该式表示以时期 t 为基期的 t+1 期的全要素生产率的变化。若 *TFPCH* 值大于 1，则表明全要素生产率呈增长趋势，反之则为下降趋势。

公式（1）全要素生产率变化率（*TFPCH*）可进一步分解为技术进步率（*TECHCH*）和技术效率（*EFFCH*）：

$$TFPCH = M_O(y_t, x_t, y_{t+1}, x_{t+1})$$

$$= \frac{D_o^{t+1}(x_{t+1}, y_{t+1})}{D_o^t(x_t, y_t)} \times \left[\frac{D_o^t(x_{t+1}, y_{t+1})}{D_o^{t+1}(x_{t+1}, y_{t+1})} \times \frac{D_o^t(x_t, y_t)}{D_o^{t+1}(x_t, y_t)}\right]^{1/2} \tag{2}$$

其中，$TECHCH = \left[\frac{D_o^t(x_{t+1}, y_{t+1})}{D_o^{t+1}(x_{t+1}, y_{t+1})} \times \frac{D_o^t(x_t, y_t)}{D_o^{t+1}(x_t, y_t)}\right]^{1/2}$　　(3)

$$EFFCH = \frac{D_o^{t+1}(x_{t+1}, y_{t+1})}{D_o^t(x_t, y_t)} \tag{4}$$

当 *TECHCH* 大于 1，则表示存在技术进步，即生产边界提升，反之则存在技术退步；当 *EFFCH* 大于 1，表示存在技术效率提高，反之则存在技术效率退步。

Färe 等（1994）、Ray 和 Desli（1997）指出，技术效率指数（*EFFCH*）是在规模报酬不变（CRS）假设下测度的，它可以分解为规模效率指数（*SECH*）和规模报酬变化（VRS）假设下的纯技术效率指数（*PECH*）。那么，公式（4）可以分解为：

$$EFFCH = \frac{D_o^{t+1}(x_{t+1}, y_{t+1})}{D_o^t(x_t, y_t)}$$

$$= \left[\frac{SE^t(x_{t+1}, y_{t+1})}{SE^t(x_t, y_t)} \times \frac{SE^{t+1}(x_{t+1}, y_{t+1})}{SE^{t+1}(x_t, y_t)}\right]^{1/2} \times \frac{D_{ov}^{t+1}(x_{t+1}, y_{t+1})}{D_{ov}^t(x_t, y_t)} \tag{5}$$

其中，v 代表 VRS，c 代表 CRS；D_{ov}^t 为规模报酬变化假设下，基于产出的距离函数；D_{oc}^t 为规模报酬不变假设下，基于产出的距离函数。

公式（5）中，

$$SE^t(x_{t+1}, y_{t+1}) = \frac{D_{ov}^t(x_{t+1}, y_{t+1})}{D_{oc}^t(x_{t+1}, y_{t+1})} \tag{6}$$

$$SE^{t+1}(x_{t+1}, y_{t+1}) = \frac{D_{ov}^{t+1}(x_{t+1}, y_{t+1})}{D_{oc}^{t+1}(x_{t+1}, y_{t+1})} \tag{7}$$

$$SE^t(x_t, y_t) = \frac{D_{ov}^t(x_t, y_t)}{D_{oc}^t(x_t, y_t)} \tag{8}$$

$$SE^{t+1}(x_t, y_t) = \frac{D_{ov}^{t+1}(x_t, y_t)}{D_{oc}^{t+1}(x_t, y_t)} \tag{9}$$

$$SECH = \left[\frac{SE^t(x_{t+1}, y_{t+1})}{SE^t(x_t, y_t)} \times \frac{SE^{t+1}(x_{t+1}, y_{t+1})}{SE^{t+1}(x_t, y_t)}\right]^{1/2} \tag{10}$$

$$PECH=\frac{D_{ov}^{t+1}(x_{t+1},y_{t+1})}{D_{ov}^{t}(x_t,y_t)} \tag{11}$$

当 *SECH* 大于 1，则表明规模效率提升，反之规模效率降低；当 *PECH* 大于 1，表明纯技术效率提高，反之则纯技术效率退步。

因此，基于以上模型分析，得出全要素生产率变化率及其分解指标的两个等式：$TFPCH = TECHCH \times EFFCH$，$EFFCH = PECH \times SECH$。其中，*TFPCH* 反映的是技术进步的程度和要素效率的提高，体现了经济整体的生产率变化程度。*TECHCH* 上升反映的是由技术创新所带来的，体现在研发能力、技术革新等方面的技术水平的提升。*EFFCH* 反映的是在既定技术水平下，要素投入所带来的实际产出水平与最大前沿技术产出水平间的差距，体现了包括厂房、生产设备和劳动等要素的利用程度，是影响生产率变化的重要因素之一。*PECH* 反映的是在既定技术水平和资源投入下，经济社会提供产出的能力，体现了资源配置的利用效率和闲置生产要素的利用程度，是影响技术效率的重要因素之一。*SECH* 反映的是在既定技术水平下，资源投入的增加所带来的经济社会规模效益水平的变化。

（二）指标选取和数据来源

研究样本数据来源于《新中国六十年统计资料汇编》以及历年的《中国统计年鉴》，为了保持研究口径的一致性，东部地区包括北京、上海、天津、广东、福建、江苏、海南、辽宁、浙江、山东、河北；中部地区包括吉林、湖北、黑龙江、湖南、山西、河南、江西、安徽；西部地区包括内蒙古、广西、陕西、新疆、甘肃、宁夏、青海、四川、云南、贵州、西藏，其中四川省的数据包括重庆市，样本研究期间为 1978—2016 年。针对投入产出指标的选取：第一，产出指标选取各地区国内生产总值（亿元），并且按 1978 年不变价格为基期进行换算。第二，投入指标的劳动投入，选取各地区就业人数（万人）。第三，投入指标的资本投入，选取各地区资本存量（亿元），并且按 1978 年不变价格为基期进行换算；但是难点在于如何估算各地区资本存量。借鉴颜鹏飞和王兵（2004）、单豪杰（2008）和朱承亮等（2009）的方法，针对各地区资本存量的测算，使用“永续盘存法”，该方法主要涉及三方面，一是基期资本存量的确定；二是固定资产投资的平减指数；三是选择适宜的折旧率。并且由于统计年鉴中只能查到 1992 年以后的固定资产投资平减指数，那么其他年份采用相应的各省 GDP 的价格指数进行平减，而在折旧率选取上，采用单豪杰（2008）的 10.96% 设定。资本存量测算公式为 $K(t)=K(t-1)(1-\delta)+I(t), t=1,2,\cdots,T$，其中 K 为各省份 t 年度的年均固定资产存量；δ 为折旧率。由于 Malmquist 指数方法测度的是相邻两期之间的变化率，所以虽然使用的是 1978—2016 年的投入产出数据，但只能够得到 1979—2016 年，这 38 年的计算结果，详见表 1—表 4。

三、中国经济整体的发展效率及演进趋势

为了深入研究改革开放以来中国经济整体的发展效率及内在演变趋势，将测度的 1979—2016 年的指标，划分为四个阶段：1979 年至 1988 年为改革开放后第 1 个十年；1989 年至 1998 年为改革开放后第 2 个十年；1999 年至 2008 年为改革开放后第 3 个十年；2009 年至 2016 年为改革开放后第 4 个十年。虽然 2009 年至 2016 年仅有 8 年，但是为了便于表述，仍然将该时间段表述为改革开放后第 4 个十年。

表 1　　1979—2016 年中国经济整体的发展效率及演进趋势

年份	技术效率	技术进步率	纯技术效率	规模效率	TFP 变化率
第 1 个十年：1979—1988 年	1.041	0.994	1.022	1.019	1.035
第 2 个十年：1989—1998 年	0.996	1.020	1.000	0.996	1.015
差值 1	-0.046	0.026	-0.022	-0.024	-0.019
第 3 个十年：1999—2008 年	0.981	1.025	0.993	0.988	1.006
差值 2	-0.015	0.005	-0.007	-0.008	-0.009
第 4 个十年：2009—2016 年	0.985	0.997	0.988	0.997	0.982
差值 3	0.004	-0.028	-0.005	0.009	-0.024
全样本年均值（1979—2016 年）	1.001	1.009	1.001	1.000	1.011

注：（1）各指数都为相应年份区间的几何平均值；（2）差值 1、差值 2 和差值 3 分别为改革开放后第 2 个十年与第 1 个十年、改革开放后第 3 个十年与第 2 个十年、改革开放后第 4 个十年与第 3 个十年相应的差值；（3）全要素生产率变化率 = 技术进步率 × 技术效率，技术效率 = 纯技术效率 × 规模效率；（4）为了表述方便，改革开放后第 4 个十年，其实只有 8 年；（5）限于篇幅，省去每一年的具体数据，可向作者索要全套资料。

（一）全要素生产率的演进趋势

表 1 中，全样本年均值表明中国经济整体的全要素生产率呈现年均 1.1% 的增长，并且这主要是由技术效率年均 0.1% 的增长和技术进步率年均 0.9% 的增长带来的。进一步分解后发现，中国经济整体技术效率的年均正增长又是由纯技术效率增长带来的。但是，将改革开放近 40 年划分为 4 个时间段，可以发现，中国经济整体的全要素生产率变化率由改革开放后第 1 个十年的年均增长 3.5%，下降至改革开放后第 2 个十年的年均增长 1.5%，然后再降至改革开放后第 3 个十年的年均增长 0.6%，而到改革开放后第 4 个十年的年均增长却下滑至 -1.8%。显然，中国经济整体的生产率增长呈现逐步下滑趋势。因此，中国经

济整体的增长质量在不断下降，这将不利于中国经济竞争力的提升和经济的可持续发展，应引起足够重视。那么，导致中国经济整体增长质量下滑的原因是什么，下面将对中国经济整体的全要素生产率变化率进行分解，从而探究其背后的根源。

（二）生产率下滑的内在原因和机理

全要素生产率变化率是由技术进步率和技术效率决定的，而技术效率又是由纯技术效率和规模效率决定的，因此，将中国经济整体的生产率分解后发现：

第一，差值1表明，改革开放后第2个十年相对于改革开放后第1个十年的生产率的下滑，主要是由技术效率下降导致的，技术效率由改革开放后第1个十年的年均4.1%的增长，下滑到改革开放后第2个十年的年均-0.4%的增长，进一步分解后发现，技术效率的下滑又是由纯技术效率和规模效率的共同下降导致的，其中纯技术效率由改革开放后第1个十年的年均2.2%的增长，下降至改革开放后第2个十年的增长停滞，而规模效率由改革开放后第1个十年的年均1.9%的增长，下降至改革开放后第2个十年的年均-0.4%的增长。

第二，差值2表明，改革开放后第3个十年相对于改革开放后第2个十年的生产率的下滑，主要是由技术效率下降导致的，技术效率由改革开放后第2个十年的年均-0.4%的增长，下滑到改革开放后第3个十年的年均-1.9%的增长，进一步分解后发现，技术效率的下滑又是由纯技术效率和规模效率的共同下降导致的，其中纯技术效率由改革开放后第2个十年的增长停滞，下降至改革开放后第3个十年的年均-0.7%的增长，而规模效率由改革开放后第2个十年的年均-0.4%的增长，下降至改革开放后第3个十年的年均-1.2%的增长。

第三，差值3表明，改革开放后第4个十年相对于改革开放后第3个十年的生产率的下滑，主要是由技术进步率和纯技术效率共同下降导致的，其中技术进步率由改革开放后第3个十年的年均2.5%的增长，下滑至改革开放后第4个十年的年均-0.3%的增长，而纯技术效率由改革开放后第3个十年的年均-0.7%的增长，下滑至改革开放后第4个十年的年均-1.2%的增长。

（三）中国经济整体的增长质量评价

综合上述分析，可得出以下判断：第一，中国经济整体的全要素生产率变化率，近年来，一直处于不断下滑的趋势，尤其在改革开放后第4个十年呈现年均负增长；第二，差值1与差值2的对比中可发现，中国经济整体的全要素生产率变化率的下滑趋势，都是由技术效率下滑导致的，其中技术效率的下降又都是由纯技术效率和规模效率的同步降低导致的；第三，在全要素生产率变化率及其分解的五组指标中，从改革开放后第1个十年、第2个十年、第3个十年和第4个十年的五组指标小于1（呈现负增长）的个数，依次为1个、2个、3个和5个，显然中国经济整体的增长质量呈现不断恶化的倾向；第四，改革开放后第2个十年、第3个十年和第4个十年的技术效率指标都小于1，这表明该三个时间段的中国经济整体的技术效率呈现不断下降趋势，而与之对应的是，这三个时间段的规模效率指标也都小于1，呈现下滑趋势，这说明中国经济整体的规模效益水平正在不断下滑。

总之，中国经济整体呈现出生产率不断下滑的趋势，尤其“低规模效率”的发展趋势长期存在，极大地抑制了中国经济增长质量的提升，应引起重视。

四、三大区域的经济发展效率及比较

基于前文针对中国经济整体的分析，下面将分别对东部地区、中部地区和西部地区的经济发展效率进行研究，并且跟前文一样，将测度的1979—2016年的指标，划分为四个阶段。

表2　　1979—2016年东部地区经济发展效率及演进趋势

年份	技术效率	技术进步率	纯技术效率	规模效率	TFP变化率
第1个十年：1979—1988年	1.019	0.997	1.007	1.012	1.016
第2个十年：1989—1998年	0.979	1.022	0.991	0.988	1.000
差值1	-0.040	0.024	-0.016	-0.024	-0.016
第3个十年：1999—2008年	0.985	1.037	1.000	0.985	1.022
差值2	0.007	0.015	0.009	-0.003	0.022
第4个十年：2009—2016年	0.986	1.008	0.987	0.998	0.994
差值3	0.001	-0.029	-0.013	0.013	-0.028
全样本年均值（1979—2016年）	0.992	1.016	0.997	0.996	1.008

注：（1）各指数都为相应年份区间的几何平均值；（2）差值1、差值2和差值3分别为改革开放后第2个十年与第1个十年、改革开放后第3个十年与第2个十年、改革开放后第4个十年与第3个十年相应的差值；（3）全要素生产率变化率=技术进步率×技术效率，技术效率=纯技术效率×规模效率；（4）为了表述方便，改革开放后第4个十年，其实只有8年；（5）限于篇幅，省去各个省的具体数据，可向作者索要全套资料。

（一）东部地区经济发展效率演进及内在机理

表2中，全样本年均值显示出，改革开放后的1979—2016年的东部地区全要素生产率变化率呈现年均0.8%的增长，这主要是由东部地区技术进步率的年均1.6%的增长带来的，而东部地区技术效率却呈现年均-0.8%的增长，进一步

分解后发现，东部地区技术效率的年均负增长，是由纯技术效率年均 -0.3% 的增长和规模效率年均 -0.4% 的增长导致的。为探究导致该现象的内在原因及机理，划分改革开放后的 4 个时间段，并将生产率分解后发现：第一，差值 1 表明东部地区改革开放后第 2 个十年相对于改革开放后第 1 个十年的生产率下滑 1.6%，主要是由技术效率下降 4% 导致的，进一步分解后发现，技术效率的下滑又是由纯技术效率和规模效率的共同下降导致的，其中纯技术效率下滑 1.6%，而规模效率下滑 2.4%。第二，差值 2 表明东部地区改革开放后第 3 个十年相对于改革开放后第 2 个十年的生产率上升 2.2%，主要是由技术效率上升 0.7% 和技术进步率上升 1.5% 带来的，进一步分解后发现，技术效率的上升又是由纯技术效率上升 0.9% 引起的。第三，差值 3 表明东部地区改革开放后第 4 个十年相对于改革开放后第 3 个十年的生产率下滑 2.8%，主要是由技术进步率下降 2.9% 和纯技术效率下降 1.3% 导致的。

表 3　　1979—2016 年中部地区经济发展效率及演进趋势

年份	技术效率	技术进步率	纯技术效率	规模效率	TFP 变化率
第 1 个十年：1979—1988 年	1.034	0.986	1.029	1.005	1.019
第 2 个十年：1989—1998 年	0.997	1.019	0.999	0.998	1.016
差值 1	-0.037	0.033	-0.030	-0.007	-0.003
第 3 个十年：1999—2008 年	0.981	1.017	0.990	0.991	0.998
差值 2	-0.016	-0.002	-0.009	-0.007	-0.018
第 4 个十年：2009—2016 年	0.993	0.990	0.991	1.003	0.983
差值 3	0.012	-0.027	0.001	0.012	-0.015
全样本年均值（1979—2016 年）	1.002	1.003	1.003	0.999	1.005

注：（1）各指数都为相应年份区间的几何平均值；（2）差值 1、差值 2 和差值 3 分别为改革开放后第 2 个十年与第 1 个十年、改革开放后第 3 个十年与第 2 个十年、改革开放后第 4 个十年与第 3 个十年相应的差值；（3）全要素生产率变化率 = 技术进步率 × 技术效率，技术效率 = 纯技术效率 × 规模效率；（4）为了表述方便，改革开放后第 4 个十年，其实只有 8 年；（5）限于篇幅，省去各个省的具体数据，可向作者索要全套资料。

（二）中部地区经济发展效率演进及内在机理

表 3 中，全样本年均值显示，改革开放后的 1979—2016 年的中部地区全要素生产率变化率呈现年均 0.5% 的增长，这主要是由中部地区技术效率年均 0.2% 的增长和技术进步率年均 0.3% 的增长带来的，进一步分解后发现，中部地区技术效率的年均正增长，是由纯技术效率年均 0.3% 的增长引起的，而规模效率却呈现年均 -0.1% 的增长。为探究导致该现象的内在原因及机理，划分改革

开放后的4个时间段，并将生产率分解后发现：第一，差值1表明中部地区改革开放后第2个十年相对于改革开放后第1个十年的生产率下滑0.3%，主要是由技术效率下降3.7%导致的，进一步分解后发现，技术效率的下滑又是由纯技术效率和规模效率的共同下降导致的，其中纯技术效率下滑3%，而规模效率下滑0.7%。第二，差值2表明中部地区改革开放后第3个十年相对于改革开放后第2个十年的生产率下滑1.8%，主要是由技术效率下降1.6%和技术进步率下降0.2%导致的，进一步分解后发现，技术效率的下滑又是由纯技术效率和规模效率的共同下降导致的，其中纯技术效率下滑0.9%，而规模效率下滑0.7%。第三，差值3表明中部地区改革开放后第4个十年相对于改革开放后第3个十年的生产率下滑1.5%，主要是由技术进步率下降2.7%导致的。

表4　　　1979—2016年西部地区经济发展效率及演进趋势

年份	技术效率	技术进步率	纯技术效率	规模效率	TFP变化率
第1个十年：1979—1988年	1.070	0.996	1.032	1.038	1.066
第2个十年：1989—1998年	1.012	1.019	1.010	1.002	1.031
差值1	-0.059	0.023	-0.022	-0.036	-0.035
第3个十年：1999—2008年	0.976	1.020	0.987	0.989	0.996
差值2	-0.036	0.001	-0.023	-0.013	-0.035
第4个十年：2009—2016年	0.979	0.990	0.986	0.993	0.969
差值3	0.003	-0.030	-0.001	0.004	-0.026
全样本年均值（1979—2016年）	1.010	1.007	1.004	1.006	1.017

注：（1）各指数都为相应年份区间的几何平均值；（2）差值1、差值2和差值3分别为改革开放后第2个十年与第1个十年、改革开放后第3个十年与第2个十年、改革开放后第4个十年与第3个十年相应的差值；（3）全要素生产率变化率＝技术进步率×技术效率，技术效率＝纯技术效率×规模效率；（4）为了表述方便，改革开放后第4个十年，其实只有8年；（5）限于篇幅，省去各个省的具体数据，可向作者索要全套资料。

（三）西部地区经济发展效率演进及内在机理

表4中，全样本年均值显示出，改革开放后的1979—2016年的西部地区全要素生产率变化率呈现年均1.7%的增长，这主要是由西部地区技术效率年均1.0%的增长和技术进步率年均0.7%的增长带来的，进一步分解后发现，西部地区技术效率的年均正增长，是由纯技术效率年均0.4%的增长和规模效率年均0.6%的增长引起的。为探究导致该现象的内在原因及机理，划分改革开放后的4个时间段，将生产率分解后发现：第一，差值1表明西部地区改革开放后第2个十年相对于改革开放后第1个十年的生产率下滑3.5%，主要是由技术效率下降

5.9%导致的，进一步分解后发现，技术效率的下滑又是由纯技术效率和规模效率的共同下降导致的，其中纯技术效率下滑2.2%，而规模效率下滑3.6%。第二，差值2表明西部地区改革开放后第3个十年相对于改革开放后第2个十年的生产率下滑3.5%，主要是由技术效率下降3.6%导致的，进一步分解后发现，技术效率的下滑又是由纯技术效率和规模效率的共同下降导致的，其中纯技术效率下滑2.3%，而规模效率下滑1.3%。第三，差值3表明西部地区改革开放后第4个十年相对于改革开放后第3个十年的生产率下滑2.6%，主要是由技术进步率下降3.0%和纯技术效率下降0.1%导致的。

（四）东部、中部和西部地区经济发展效率的比较

结合表2—表4，分别从全要素生产率变化率及其分解指标看，可发现：

1. 针对全要素生产率变化率，改革开放后第1个十年，西部地区增长幅度最大，实现年均6.6%的增长；改革开放后第2个十年，仍然是西部地区增长幅度最大，达到年均3.1%的增长；改革开放后第3个十年，只有东部地区呈现正增长，达到年均2.2%，而中部和西部地区都呈现负增长；改革开放后第4个十年，东部、中部和西部都呈现负增长趋势，其中西部地区下降幅度最大，达到年均3.1%的负增长。

2. 关于技术效率，改革开放后第1个十年，西部地区的增长幅度最大，实现年均7%的增长；改革开放后第2个十年，仍然是西部地区的增长幅度最大，达到年均1.2%的增长；改革开放后第3个十年，东部、中部和西部都呈现负增长趋势，西部地区下降幅度最大，达到年均2.4%的负增长；改革开放后第4个十年，东部、中部和西部都呈现负增长趋势，西部地区下降幅度最大，达到年均2.1%的负增长。

3. 针对技术进步率，改革开放后第1个十年，东部、中部和西部都呈现负增长趋势，而中部地区的下降幅度最大，达到年均1.4%的负增长；改革开放后第2个十年，东部、中部和西部都呈现正增长趋势，其中东部地区增长幅度最大，达到年均2.2%的增长；改革开放后第3个十年，三地区都呈现增长趋势，其中东部地区增长幅度最大，达到年均3.7%的增长；改革开放后第4个十年，只有东部地区呈现正增长趋势，达到年均0.8%的增长，但是中部和西部地区都呈现年均负增长。

4. 关于纯技术效率，改革开放后第1个十年，西部地区的增长幅度最大，实现年均3.2%的增长；改革开放后第2个十年，仍然是西部地区的增长幅度最大，达到年均1.0%的增长；改革开放后第3个十年，东部呈现增长停滞，而中部和西部地区呈现负增长趋势，西部地区下降幅度最大，达到年均1.3%的负增

长；改革开放后第 4 个十年，东部、中部和西部都呈现负增长趋势，西部地区下降幅度最大，达到年均 1.4% 的负增长。

5. 针对规模效率，改革开放后第 1 个十年，西部地区的增长幅度最大，实现年均 3.8% 的增长；改革开放后第 2 个十年，仍然是西部地区的增长幅度最大，达到年均 0.2% 的增长；改革开放后第 3 个十年，东部、中部和西部地区都呈现负增长趋势，而东部地区下降幅度最大，达到年均 1.5% 的负增长；改革开放后第 4 个十年，只有中部地区呈现正增长，达到年均 0.3% 的增长，而东部和西部都呈现负增长趋势。

（五）东部、中部和西部地区经济增长质量评价

基于以上分析，可得出以下判断：第一，从东部、中部和西部地区的差值 1—3 的全要素生产率数值可以看出，三大区域的全要素生产率大多呈现不断下降的趋势。第二，分析三大区域全要素生产率下滑背后的缘由可以发现，对于东部地区的差值 1、中部地区的差值 1 和差值 2，以及西部地区的差值 1 和差值 2 所呈现出的全要素生产率的下降，主要是由纯技术效率和规模效率同时下降引起的技术效率下滑导致的；而对于东部、中部和西部地区差值 3 所呈现出的全要素生产率的下降，主要是由技术进步率下滑引起的。第三，五组指标所呈现的负增长指标数目中，改革开放后第 1 个十年，东部、中部和西部地区依次都出现 1 个，改革开放后第 2 个十年，东部、中部和西部地区依次出现 3 个、3 个和 0 个，改革开放后第 3 个十年，东部、中部和西部地区依次出现 2 个、4 个和 4 个，改革开放后第 4 个十年，东部、中部和西部地区依次出现 4 个、4 个和 5 个，呈现逐步恶化趋势。

总之，针对东部、中部和西部地区经济发展效率的研究表明，三大区域的经济增长呈现“全要素生产率不断下滑，技术进步率增长乏力，规模效率持续下降”的发展趋势，严重制约了三大区域经济增长质量的提升。

五、结论及政策建议

基于上述研究可得出，中国经济整体的全要素生产率增长率呈现出不断下降的发展趋势，其主要是受到技术效率和技术进步率共同下滑的影响。在分地区的研究中，虽然表现出了一定的差异，但也都显著地存在着全要素生产率不断下滑，技术进步率增长乏力，规模效率持续下降的与“高质量增长”相悖的发展趋势。因此，推动中国经济高质量增长，必须从提高全要素生产率水平上入手，而技术进步率和技术效率的提升是实现中国经济高质量发展的两条重要路径。为此，我们提出以下政策建议：

（1）鼓励兼并重组，消化过剩产能。第一，国内的并购重组将有利于产能过剩行业释放过剩产能，避免了企业间的恶性竞争和低端化发展，提升了资源使用效率，通过资源整合优化了产业组织结构，有利于构建高效、稳定的产业链体系，并通过“母市场效应”的发挥做大做强中国经济。第二，国外的并购重组不仅使中国获得了先进的生产技术、专利及相关产品，而且也使中国并购企业获得进入国外市场的条件，规避了各种壁垒限制。总之，通过并购重组会给中国经济的技术进步率、规模效率和纯技术效率带来提升作用，提高了中国的国际竞争力和影响力，有利于中国产业链构建和价值链的攀升。

（2）增加高端供给，实现供需匹配。为了满足消费者日益增长的高端需求，增加本土市场的高端供给迫在眉睫。例如，中国信息消费持续多年高速增长、新能源汽车产销量位居世界第一、新型智能硬件（医疗健康、个人穿戴、家居生活等）的需求“井喷”，新兴热点带动了消费潜力的释放，而这些高端需求的实现都需要相关高端产品的供给作为支撑。只有需求端和供给端的有效对接、完美匹配，才能够实现本土市场的稳定健康发展，从而将高端需求的增长转化为实实在在的经济高端发展动能。当前，中国本土市场供给端的创新能力、技术含量和产品质量还无法完全满足本土市场需求端升级消费结构的需要。因此，政府必须继续深化供给侧结构性改革，通过“中国制造2025”、大众创业万众创新等国家战略的实施，创新和改造供给端，增加高端供给，满足国内中高端市场的消费需求，努力实现中国经济由“制造”向“智造”和“创造”转变，这将有利于中国技术进步率的提升，促进中国竞争新优势的形成，进而实现价值链的高端攀升。

（3）构建创新平台，整合创新资源。中国经济持续增长的关键在于创新，研发创新活动是一个复杂、多样的系统工程，早已经不是依靠企业本身所能自担的，政府需要不断丰富研发创新活动的边界范围，积极引导和推进产业协同创新平台体系的建设，促进社会各类创新资源的有效整合、通力合作。由于研发创新活动本身具有投资高、周期长、风险大的特性，所以应该搭建起包含政府、高校、科研院所以及企业的综合协同创新平台体系，这将会有利于推动研发创新资源的供给方与需求方的有效对接，减少各类创新资源整合中产生的时间成本和效率损失，分担创新活动的各类风险。

（4）配套扶持政策，改进创新环境。第一，制定严格的知识产权保护政策法规。研发创新成果具有知识产品的属性，带有公共物品的性质，具备非排他性的特征，容易产生“搭便车”现象，进而损害研发创新成果所有方的合法权益。当前，中国保护知识产权的政策法规仍不健全，会抑制研发创新活动的积极性，不利于中国全要素生产率的提升。所以，政府需要制定更加严格、更具可操作性的知识产权保护政策法规，对侵权者予以严惩。第二，鼓励行业制定科学、规范的规章制度。政府尤其是要促成产业发展标准的制定，避免标准不统一所导致的产业无序发展，这会增加产业研发创新的风险和产业发展的不确定性，造成社会资源的浪费。产业标准的制定不仅有利于行业的规范化发展，也有利于创立中国标准，同时，使得中国标准成为世界标准成为可能，促进中国经济竞争新优势的培育。第三，为创新发展提供配套政策。例如，在税收上，政府可以给予核心产业或项目税收优惠；在产业建设选址和审批手续办理等方面，提供政策便利。总之，上述相关政策、法律、法规的配套与实施能够为经济带来创新动能，提高技术进步率，实现由产业“制造”向产业“创造”的转变。

（5）发展服务产业，促集聚提势力。推动服务性产业的配套发展，将会提升中国核心产业聚集区的凝聚力、创新力和竞争力，助力本土产业向高端价值链攀升。众所周知，高端服务产业的发展尤其是生产性服务业的成长将直接影响到经济的发展质量和水平，可以提升中国的整体竞争力，是推动经济结构优化和产业创新升级的不可或缺力量。当前，中国生产性服务业的发展存在明显不足，因此政府应积极出台支持生产性服务业发展的配套政策，鼓励社会资本更多地流向生产性服务业领域，为生产性服务业的发展提供更好的发展空间和生存环境。该产业更好、更快地发展必然会带动中国全要素生产率的提升，促进中国经济的持续健康发展。

此外，在东部、中部、西部生产率提升上，应在政府和市场的科学有效引导下，避免各地区间的要素价格扭曲和要素市场分割，促进各创新要素的自由流动，提高资源利用效率，减少各区域间的无序竞争和在产业链低端环节上的过度投入，结合各地禀赋优势，整合和构建起稳固高效的产业链，构建起以本地区大型链主企业为中心的国内价值链（NVC）以及培育以自主创新和品牌构建为核心的国际竞争力，使得中国的技术实力和科技水平得到提升，成为高端产业高端环节的设计制造工厂，而不是高端产业低端环节的国际代工厂。从而促进中国经济中的技术进步率和技术效率的双提升，进而实现全要素生产率的持续增长和经济的高质量发展。

参考文献

［1］Chow G, Lin A L. Accounting for Economic Growth in Taiwan and Mainland China: A Comparative Analysis [J]. Journal of Comparative Economics, 2002, 30 (3): 507—530.

［2］Färe R, Grosskopf S, Norris M, et al. Productivity Growth, Technical Progress, and Efficiency Change in Industrialized Countries [J]. The American Economic Review, 1994, 84 (1): 66—83.

［3］Färe R, Grifell - Tatjé E, Grosskopf S, et al. Biased Technical Change and the Malmquist

Productivity Index [J]. The Scandinavian Journal of Economics, 1997, 99 (1): 119—127.

[4] Krugmam P. The Myth of Asia's Miracle: A Cautionary Fable [J]. Foreign Affairs, 1994, 73 (6): 62—78.

[5] Ray S C, Desli E. Productivity growth, technical progress, and efficiency change in industrialized countries: comment [J]. The American Economic Review, 1997, 87 (5): 1033—1039.

[6] Wang Y, Yao Y. Sources of China's Economic Growth 1952 - 1999: Incorporating Human Capital Accumulation [J]. China Economic Review, 2003, 14 (1): 32—52.

[7] 蔡昉:“中国经济增长如何转向全要素生产率驱动型”,《中国社会科学》2013 年第 1 期,第 56—71 页。

[8] 程惠芳、陈超:“开放经济下知识资本与全要素生产率——国际经验与中国启示”,《经济研究》2017 年第 10 期,第 21—36 页。

[9] 刘伟、张辉:“中国经济增长中的产业结构变迁和技术进步”,《经济研究》2008 年第 11 期,第 4—15 页。

[10] 刘志彪:“提升生产率:新常态下经济转型升级的目标与关键措施”,《审计与经济研究》2015 年第 4 期,第 77—84 页。

[11] 单豪杰:“中国资本存量 K 的再估算:1952—2006 年”,《数量经济技术经济研究》2008 年第 10 期,第 17—31 页。

[12] 于斌斌:“产业结构调整与生产率提升的经济增长效应——基于中国城市动态空间面板模型的分析”,《中国工业经济》2015 年第 12 期,第 83—98 页。

[13] 颜鹏飞、王兵:“技术效率、技术进步与生产率增长:基于 DEA 的实证分析”,《经济研究》2004 年第 12 期,第 55—65 页。

[14] 朱承亮、岳宏志、李婷:“中国经济增长效率及其影响因素的实证研究:1985—2007 年”,《数量经济技术经济研究》2009 年第 9 期,第 52—63 页。

[15] 朱承亮、岳宏志、师萍:“环境约束下的中国经济增长效率研究”,《数量经济技术经济研究》2011 年第 5 期,第 3—20 页。

改革开放与经济体系升级：一个专业化分工演进视角[①]

一、引言

纪念改革开放 40 周年，深化改革开放，建设现代化经济体系，有三个值得思考的逻辑问题：改革开放促进经济体系建设的学理逻辑是怎样的？经济改革伟大成就及现实难题的逻辑根源是怎样的？建设现代化经济体系，深化改革的逻辑应该是怎样的？回答上述问题，需要秉持系统观、历史观和发展观，而分工演进即是具备“三观”特质且极为特殊的视角。这是因为，人的发展需要是分工的逻辑起点和终点，也是经济建设的逻辑起点和终点，同时也是改革开放的逻辑起点和终点；改革开放作用于生产力和生产关系，生产力与生产关系内化于社会分工并通过其矛盾互动推动分工演进，进而推动社会发展，最终实现人的发展。本文将分工演进视为中介变量，构建“改革开放→分工演进→经济体系升级”分析逻辑，其意义在于通过马克思分工理论与西方分工理论的学理融合，将改革开放与经济体系建设这个宏大命题具象化、微观化、系统化。具体说，即是紧扣专业化这个分工理论的硬核，将生产力、生产关系变革具化为专业化分工水平提升导向的技术性、体制性变革；将经济体系升级机理具化为基于人的需要与发展目标的内生专业化分工演进机理。借助这个逻辑，可以从需求与供给、经济组织与资源配置、增长与结构、政府与市场等维度，更清晰地理解以人民为中心的发展思想的制度特征，更系统地解读改革开放铸造的中国经济奇迹，更深刻地理解新时代的社会主要矛盾，更透彻地认识增长乏力和结构失衡难题，更高效地发挥政府与市场在经济建设中的协同效应，更精准地推进现代化经济体系建设。

---

① 本文作者王修志、谭艳斌。国家社会科学基金项目：“从单一价值链到复合价值链：区域协调的机制创新与模式构建研究”（批准号 16BJL034）。

二、对专业化、分工及分工演进的认知

马克思经济学以及古典、新古典（以及新制度经济学、新产业组织理论、新经济增长理论、新经济地理学等）、新兴古典学说，都充分肯定了分工对于经济和社会发展的本源意义。

从学说史考察，斯密围绕国民财富的原因问题最早较为系统地研究了分工命题，认为分工是提高生产力的主要手段。他批判地继承了色诺芬、柏拉图等古希腊哲学家的分工思想——分工起源于人的需要之多样性，在此基础上提出了市场范围决定分工水平的重要论述。斯密还从分工提高劳动者熟练程度、分工节约工作转换时间以及分工带来机器发明等角度，分析了分工提高生产力的机理——知识溢出、报酬递增，形成了生产视角的分工理论（钱书法等，2013，第5页）。遗憾的是，以斯密为代表的古典学派并未真正解决分工的内核——专业化（及经济组织）的内在机理。

其后，以马歇尔为代表的新古典学派则几乎完全回避了专业化（及经济组织）演进命题，而是将研究视角聚焦于既定专业化分工体系下的资源配置，以规模经济取代专业化经济（杨小凯、黄有光，1999）。此后的新制度经济学、新产业组织理论、新经济增长理论、新经济地理学等，可以看作是对新古典分工理论的修补，但同样没有系统地触及专业化（及经济组织）这个理论硬核。直到以杨小凯（1999）为代表的新兴古典经济学派出现，通过引入超边际分析工具和角点解模型，从方法论上破解了专业化经济与交易费用的两难选择，使古典分工思想重放光芒。杨小凯还进一步论述了专业化基础之上形成的分工网络（实质上涉及经济组织命题），刻画了分工内生演进机制，对国际贸易、专业中间商、城市化、企业产生、迂回生产、工业化、货币产生、景气循环和失业等几乎所有经济现象给出了颇具说服力的解释，极大地丰富了分工的理论内涵，清晰地刻画了分工演进及其经济效应——专业化和组织创新基础上的增长效应和结构效应。

马克思经济学的分工理论，则更加关注生产力与生产关系的矛盾运动，进而寻求生产力、生产关系和分工的互动演进。“与不区别分工形态，仅关注分工与专业化的斯密传统不同，马克思以更高的理论境界，从人类所固有的社会属性出发，把分工的效率源泉归结为整个社会分工制度内部协作所创造的社会生产力”（洪银兴，2013）。就此而言，马克思更强调分工的社会协作特质。“这里的问题不仅是通过协作提高了个人生产力，而且是创造了一种生产力，这种生产力本身必然是集体力”（马克思，1975，第362页）。沿此思路，马克思把人类经济进步当作社会分工协作网络系统的自我演进，其内生动力源自生产力与生产关系的矛盾运动，新兴古典分工理论中经济主体专业化选择进而形成分工网络的观点为此

提供了微观支持。总体看，通过区分社会内部分工和企业内部分工，马克思在斯密分工思想基础上，着重分析了社会分工制度对生产力的促进作用，认为社会分工制度具有技术溢出和报酬递增效应，并最终促成社会产品和部门的内生扩张（钱书法等，2013，第5页）。这种社会产品和部门的内生扩张，与新兴古典学派提出的专业化分工形成的经济组织创新，本质和内涵高度统一。

从实践看，分工演进及其经济效应的影响因素主要包括：（1）技术，决定专业化动力机制和水平的核心元素，驱动专业化分工的直接动能。（2）资源，由技术驱动的劳动资源、自然资源等，是决定与专业化匹配的资源配置水平的客观条件。（3）需求，需求是专业化分工的动力源泉，也是专业化分工的终极目标指引。需求水平决定市场规模，影响专业化选择的交易费用，进而影响分工水平。（4）制度，为专业化和资源配置提供体制环境，影响专业化分工中的交易费用和成本，其核心意义主要表现为市场化。在分工形态上，现代分工日益呈现出以前述要素为支撑的专业化纵向延伸（专业深化）趋势，从早期的产业间分工、产业内分工，发展到当前以价值为纽带的、覆盖产品技术研发到终端售后服务不同环节的产品内分工，进而形成不断延伸的产业链条、更趋紧密的经济关联和更加庞大复合的经济体系。全球和国别分工中凸显的上述特征，也有力地支撑了马克思关于“生产力↔生产关系”矛盾互动推动分工发展和社会协作特质的洞见。

比较而言，古典学派及其后的分工学说，刻画了基于个体需要与生产能力矛盾的专业化生产及交换，廓清了分工演进的微观机理，以及专业化分工之于经济发展的作用机理（图1）；马克思分工理论则描述了由经济个体所组成的社会整体分工状态及其经济效应，强调以生产关系变革适应生产力发展，进而推动社会分工演进（图2）。马克思分工理论可视为对古典学派及其后分工理论的高度升华，而古典学派及其后的分工学说，则是对马克思分工理论的微观具象，两者辩证统一。在此基础上，可以提炼出关于分工演进的共性结论：（1）人是分工演进中本源性的因素。人的发展需要是分工演进的动力源，是分工演进的逻辑起点和终点，也是各类分工相关的经济活动的主体。（2）专业化是分工理论的硬核，决定着分工演进质的特征，经济组织创新和资源配置优化是专业化延伸的两条路径，两者相互作用。因专业化而形成分工网络（经济组织），进而形成普遍的社会协作。（3）分工演进既带来专业化基础上的技术（知识）溢出和报酬递增，也促成专业化基础之上的经济组织创新，即社会产品和部门的内生扩张。因此，分工演进从增长和结构两个维度推动经济进步。（4）增长效应和结构效应具有内生互动增进机制，形成分工演进的新动能，经济发展和分工演进良性循环。

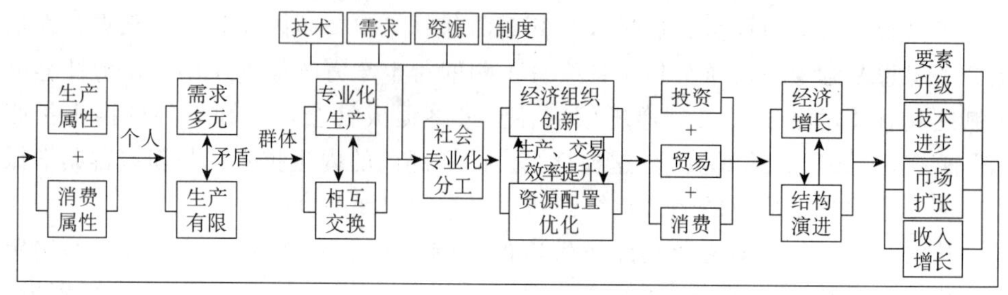

图 1　古典学派及其后学说内生分工演进机理简图

注：笔者以为，在分工演进过程中，技术、需求、制度、资源以及资源配置等，均兼具内生和外生特征。

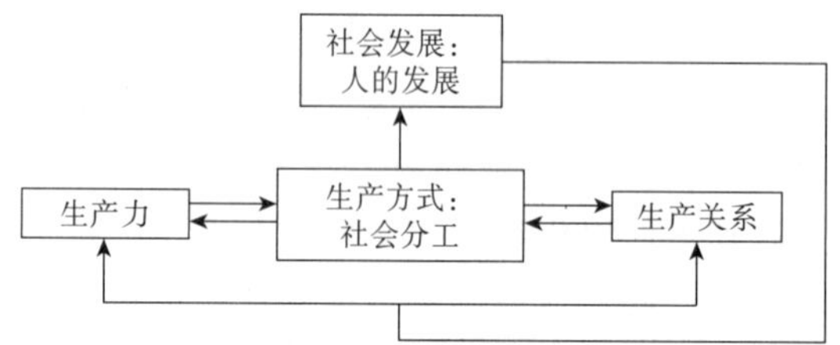

图 2　马克思经济学内生社会分工演进机理简图

注：社会发展是一个多元概念，人的发展应该是其中最能体现发展价值的一部分，从这个意义讲也是最重要的一部分。当然，科技发展也是至为重要的。作为生产力与生产关系矛盾互动中介的生产方式，核心是生产活动中形成的技术组合关系，专业化分工是其主要表现形式。

三、40 年“改革开放→经济体系升级”的分工演进逻辑

以分工演进为中介变量建构改革开放与经济体系升级之间的分析逻辑，主要是基于：其一，经济体系根本上是经济元素基于专业化分工而形成的有机整体。关于经济体系的概念，学界迄今尚无统一、深入明确的界定。百度百科的解释是：一群经济个体之间具有相互联系关系，个体间的通货可以互相兑换，任一个体的变动都会对总体造成影响。与之相似的概念是经济系统，即“由相互联系和相互作用的若干经济元素结合成的，是具有特定功能的有机整体”。笔者认为，经济元素（个体）之间相互联系、相互作用而形成有机整体，是体系或系统的本质特征，而这个相互联系、相互作用的实质，即是专业化分工关系。其二，改革开放、中国特色社会主义经济体系升级、社会分工演进的本源与目标内在统一。以人民的发展为中心，是中国特色社会主义经济体系建设的制度特征。历史地看，改革开放之初，人民群众日益增长的物质文化需要，则面临着落后的社会生产这个现实制约，必须要通过内化于社会分工的生产力与生产关系变革来化解。如前所述，人民的发展需要，既是专业化分工的逻辑起点和终点，也是改革

开放与社会主义经济体系升级的逻辑起点和终点。

回望40年实践，以改革开放促经济体系建设的历程，实质就是以体制性、技术性变革推动专业化分工演进，进而从增长和结构两个维度推动经济进步。就GDP规模指标看，已由1978年的3645亿元人民币，增长到2016年的744127亿元人民币，一跃成为全球第二大经济体。从结构维度看，主要表现在产业门类和产品种类两个方面，1978年的国民经济行业门类为13类，四位数小类600多类；到2017年国民经济行业门类已达20类，四位数小类900多类。需要特别指出的是，我国是目前全球唯一拥有联合国产业分类目录中全部工业门类的国家。① 改革开放的巨大成就，表征是经济规模和经济结构的突破，实质则是专业化分工演进的长足进步。这个分工演进的过程，既遵循了基本的学理逻辑，也结合了中国的国情特征，其要点大致包括：

1. 以体制转轨为前提，塑造分工环境。与古典学派为代表的西方分工理论和马克思分工理论所研究的分工不同，改革开放之初的分工首先面临着经济体制束缚。在行政指令特征的计划经济体制下，尽管也存在分工关系，但这种分工属于行政指令性分工，无法反映客观经济规律。党的十一届三中全会提出全党工作重心转移，开启了经济体制机制改革的进程，从有计划的商品经济到社会主义市场经济，总体上是分工制度环境建立并优化的过程，这是分工经济发展的制度前提。

2. 以下放权力为重点，培育分工主体。市场主体间内生的供需关系，成为分工演进的动力源，这种供需关系必须以明确分工主体的经济权力为前提。在高度中央集权的计划经济体制下，企业、家庭、个人乃至地方各级政府在经济活动中并无经营决策权，有经济主体之形而无主体之实，经济意义上的分工也就无从谈起。改革开放，正是从放权开始。在十一届三中全会报告中，邓小平（1978）同志即提出："现在我国的经济管理体制权力过于集中，应该有计划地大胆下放，否则不利于充分发挥国家、地方、企业和劳动者个人四个方面的积极性，也不利于实行现代化的经济管理和提高劳动生产率。应该让地方和企业、生产队有更多的经营管理的自主权。"此后，农村、城市、农业、工业和服务业领域，真正拥有经营决策自主权的经济主体大量涌现，成为社会分工的实践者、推动者。

3. 以利用外资为抓手，引进分工动能。工业革命以来，技术及其背后的资本成为驱动分工的关键元素。科学技术是第一生产力，是对技术在分工中至关重要地位的真实写照。党的十一届三中全会提出全党工作重心转移，社会主义生产领域面临的最大难题就是缺技术、缺资金。解决难题的根本出路是对外开放。在

① 据国家统计局官网相关数据整理。

党的十二大开幕式讲话中，邓小平（1982）同志提出："我们坚定不移地实行对外开放政策，在平等互利的基础上积极扩大对外交流。"到20世纪90年代中期，我国正式实施"以市场换技术"战略。通过利用外资，化解了资金和技术两大缺口。技术和资本的引入，为国内分工注入了强大动能，极大地推动了国内产业和地区的分工发展。

4. 以资源优势为依托，参与国际分工。通过从农村到城市的一系列改革，特别是实施家庭联产承包责任制，极大地释放出以农村劳动力为主的劳动力资源。而战后由跨国公司资本和技术驱动的经济全球化，在国际分工层面急需大量的廉价劳动资源。改革开放，打通了国内要素与国际分工对接的渠道，中国的企业和要素资源空前广泛地融入国际分工体系，并成为战后经济全球化的重要组成部分。在经济全球化进程中，国内分工成为国际分工的组成部分，国际资源成为国内分工演进的重要推动力量。

5. 以增长效应为导向，两手配置资源。资源配置作为分工经济的重要组成部分，既反映专业化决策，也决定着分工经济量的特征。改革开放之初，我们面对的是人民群众日益增长的物质文化需要与落后的社会生产之间的矛盾。经济增长成为化解矛盾的关键，也成为各级政府和各类企业决策的目标导向。在此背景下，政府与市场两只手都参与到资源配置活动之中。事实上，在既定分工模式下，单就经济增长目标而言，政府与市场两手配置资源的模式，其分工经济效应在量的特征方面更为明显、更为高效。

6. 以两个市场为支撑，提供需求保障。市场规模和水平，是专业化和资源配置的外部约束条件，直接影响与专业化分工相关的交易费用和交易效率。如古典学派分工理论所述，分工受制于市场，但分工也会促进市场拓展。改革开放，首先是承认了国内商品市场的客观存在和发展必要性、重要性，并通过一系列体制机制改革激活了市场需求。其次，则是联通了国际市场，借助外贸出口等形式拓展了海外需求。依托国际、国内两个庞大而且不断扩张的市场，中国专业化分工基础上的规模优势得到充分发挥，以经济增长指标评测的分工经济报酬递增效应尤为突出。

紧扣分工演进视角，我们还可以从需求与供给、增长与结构、政府与市场、技术与资源、经济组织与资源配置等多个维度，对改革开放与经济体系建设之间的内在逻辑做更为系统地学理解读。此外，更应该深刻把握中国分工演进的体制和国情特征。40年来，在技术性束缚较为严重的背景下推动专业化分工演进，最可宝贵的正是坚持以"解放思想，实事求是"的指导思想推动经济体制改革。就分工演进基本原理而论，这一思想和改革的最重要意义在于：（1）以市场化为取向的制度激励，解放和激活了分工中最重要的元素——人，使各级政府、各类企业、家庭和个人成为分工中的经济人，释放了各类经济人的需要多样性和生产选择性；（2）以对外开放为抓手，通过利用外国资本、外资技术和国外市场，从生产力维度解决了驱动专业化分工演进的技术性动能问题，并进一步推动了生产关系的变革。

四、从分工演进看新时代的社会主要矛盾

经过改革开放特别是新世纪以来经济持续高速增长，中国特色社会主义已经进入新时代，人民群众日益增长的美好生活需要与不平衡、不充分发展的矛盾成为社会主要矛盾。就分工演进而论，需要从正反两个方面研判新的发展阶段和新的社会矛盾：一方面，日益增长的美好生活需要取代日益增长的物质文化需要，反映了以品质为诉求的人民群众发展需要的升级，这个升级是推动分工演进的原动力；不平衡不充分发展取代落后的社会生产，则反映了过去40年分工演进累积了巨大的生产能力，包括要素储备、技术储备等，这是驱动分工演进的新动能。另一方面，社会矛盾的变化，也凸显了过去40年分工演进累积的问题，其中最核心的就是低质量增长和结构性失衡，前者包括低端产能过剩、资源浪费、环境损害等，后者包括供需结构失衡、地区结构失衡、产业结构失衡等。由此引出两大疑问：其一，经济长期高速增长带来的庞大需求为何未能有效拉动分工提质升级？其二，经济长期高速增长内生的技术进步和要素升级，为何未能有效转化为驱动分工提质升级的新动能？对此，必须立足中国的国情特征，从分工演进的基本原理出发，探究其逻辑根源。

从改革开放以来我国的分工演进动力机制看，其需求和供给两个维度的动能在初始阶段均主要来自国外。因此，我国的国内分工本质上依附于国际分工，是国际分工体系的一个组成部分。在需求侧，尽管国内有超过10亿人的庞大人口规模，但受制于收入水平过低，短期内难以形成从需求端驱动分工的现实动能，从而导致在分工初期即形成国外市场依赖。在供给侧，则主要表现为资本和技术缺口制约下，对国外资本和技术的依赖。由此形成以“国外市场需求+外国资本、技术+国内优势资源”为特征的分工演进动能组合模式。

从改革开放以来我国的分工演进特征看，受制于人民日益增长的物质文化需要与落后的社会生产之间的矛盾，分工演进的路径主要是沿着分工广度发展，以迅速扩大生产规模为导向，更为关注的是基于资源投入的规模化增长和产业结构演进，分工形态更多表现为产业之间、地区之间的分工。但是在以迂回生产和经济组织创新为特征的分工深度方面，则始终未有实质性提升，即产业内部的分工程度较低，代表分工演进趋势的产品内分工程度更低。

从分工演进视角看当前经济领域呈现的低质量增长和结构失衡问题，实质是

分工固化与分工异化的结果。分工固化表现为：伴随着开放进程的逐步深入，以产业门类为主要指标的分工广度增量空间日益缩小，目前已经形成全产业体系；以迂回生产为特征，以同一产业内产品分类为主要指标的分工深度并无实质突破。其结果必然导致低水平重复投资，低端产能日益膨胀。分工异化表现为：生产（供给）领域的产业分工失衡、区域分工失衡。包括三次产业失衡导致的城乡差距加大；在各产业内部（尤其是第二产业内部），部分行业（特别是上游资源类行业）产能过剩；金融业与实业背离，金融与地产加速融合，进一步挤压实业发展空间；东中西部地区之间的发展差距以及各地区之间的同构竞争。必须意识到，分工固化与异化相互交织，会进一步加剧低质量增长和结构失衡矛盾，继而形成恶性循环。

至于分工固化和异化的根源，我们认为是传统分工模式中体制性、技术性障碍的复合加成。从技术性障碍看，根源在于未能及时有效地摆脱分工初期的外部动能依赖，继而形成外部动能主导下的资源配置和组织演进，最终导致产业锁定和增长路径锁定。在由跨国公司资本、技术和市场驱动的专业化分工中，我国的国内分工被置于全球分工的价值体系之中，处于整个价值体系的最底层。产业、产品层面的分工组织演进，以及资源配置，均按此分工路径推进。由于分工被内置于国际分工体系，由此导致国内创新技术所依附的产业活动缺乏足够的价值支持，造成技术闲置和要素错配。换言之，在既有的国际产业分工体系中，国内技术创新很难形成由点及面的根本性突破。在此情况下，国内需求也被纳入国际分工体系，其引导作用主要体现在国外的产业高端，难以对国内的生产和产业升级形成动能。

体制性障碍则主要集中于：（1）市场化的营商环境存在制度性缺陷，阻碍了经济组织和技术创新。包括且不限于：市场主体的经济主权还受到诸多政策性制约，比如对非公资本的行业准入门槛限制，抑制了产业组织演进和技术创新空间；市场主体的经济权益无法得到充分有效的法律保护，比如财产权、知识产权的法律保护长期缺位，抑制了创新的主动性；统一、开放、健全的市场体系受制于部门、地区利益制约，迟迟难以建立，极大地增加了交易费用和创新成本；市场化的退出机制未能有效执行等。（2）在资源配置维度，政府与市场关系长期未能理顺，加剧了基于部门和地方利益的资源错配。长期的 GDP 增长政绩目标，主观上促成了政府配置资源的冲动，这是资源错配的大背景；在不少地区和领域，政府决策事实上直接代替了企业决策，经济意义上的专业化决策机制并未普遍形成，更难以真正高效运转；在地方政府和部门之间，也存在基于自身利益的资源配置权力矛盾，这是造成地区差距、产业同构的重要原因。此外，收入分配制度、社会保障制度、住房制度、医疗制度、教育制度等制度性缺陷，也制约了民众发展需要的升级，从而抑制了分工内生演进。所以，体制性约束的核心问题，实质上就是政府的越位与缺位。分工内生演进的制度性环境不佳，这是制约构建市场化分工机制的牛鼻子。

五、面向现代化经济体系的分工演进机制及改革建议

40年的伟大实践证明，以改革开放推动的中国特色社会主义经济体系建设，有着鲜明的分工演进逻辑："目标指引+问题导向+国情特征"，是推动分工演进的基本经验；体制性、技术性变革，是推动分工演进的基本路径。在中国特色社会主义新时代，面对新的目标任务、新的社会矛盾和新的国情特征，必须要进一步发展和完善分工演进的逻辑，其基本方略就是要聚焦自主分工水平提升，通过体制性技术性变革，构建以内需和自主技术为基础支撑的分工演进逻辑，以"主体活力+内需引力+创新动力+要素推力+制度助力"合力驱动自主内生分工演进。在推进面向现代化经济体系的分工演进思路上，鉴于改革开放40年已在供需两侧储备了较为可观的驱动分工演进的存量动能（包括市场需求、创新技术、人力资本等），以及现阶段我国经济领域体制性技术性国情特征，建议坚持激活存量分工资源优先于培育增量分工资源、体制性变革优先于技术性变革的"双优先"策略。所谓激活存量分工资源优先于培育增量分工资源，主要是通过体制性变革，如技术转化、人才流动、需求矫正等，使存量资源率先在实践中发挥作用，而不是急于拓展新的需求、新的技术、新的人才，存量资源的高效利用和价值体现，才能为增量资源培育提供示范效应；所谓体制性变革优先于技术性变革，则是因为就现有的分工条件和分工模式而言，理顺体制机制才能更高效地使用和创造技术性条件。具体来说：

其一，以确权、减负、让利为重点，创新激励约束机制，增强分工主体活力。人是分工中最活跃、最关键的因素，激发各类分工主体的活力是基础和前提，这是40年改革开放的宝贵经验。当前，急需在依法治国大背景下，建立健全面向各类企业和企业家权利与权力的法律法规。其核心，主要是各类主体在经济活动（除关系国家安全的领域外）中平等的市场地位、独立自主的经营决策权利、受法律保护的财产权利。建议以贯彻执行《中共中央　国务院关于营造企业家健康成长环境　弘扬优秀企业家精神　更好发挥企业家作用的意见》为契机，推动关于分工主体权责问题的相关立法。同时，以财税体制改革、行政体制改革、法治化营商环境建设为抓手，切实降低企业经营的成本费用，真正让利于民。

其二，以消费需求提质升级为重点，增强国内需求引力。人的需要而形成的市场需求，是社会分工的本源引力，牵引着社会分工向前发展。新时代人民群众

日益增长的美好生活需要，为国内市场需求转型升级提供了契机。当务之急，需要通过一系列改革举措，矫正因体制性障碍导致的需求错配，将潜在需求转化为现实需求。一方面，要通过收入分配制度改革，有效增加居民可支配收入。另一方面，要深化教育、医疗、养老、住房、社保等基础性民生领域的改革，有效降低居民家庭负担。

其三，以存量创新资源转化利用为引导，增强自主创新动力。在驱动分工的技术动能方面，要更多基于自主技术，特别是40年改革开放累积的创新技术。通过技术转化和应用领域的体制机制改革，使存量创新技术与产业发展实践充分融合，军民融合即是一个很好的突破口。此外，要充分抓住科技革命新周期和产业革命转型的契机，集中精力在新一轮科技革命的硬技术领域实现创新突破，并基于国内市场形成以我为主的新型产业体系。为此，一方面要在技术创新、技术转化领域加快相关立法，保障创新者的知识产权和合法权益，激活市场主体的创新活力，推进创新技术的市场化应用。另一方面，要充分发挥社会主义制度的优越性，整合科研院所和高校等领域的创新资源，从国家层面进行基础性、战略性技术攻关。

其四，存量人力资源开发利用与增量人才培养相结合，增强新要素支撑力。高质量的要素供给，是实现高水平专业化分工的重要支撑。经过40年改革积累，我国人力资源存量状况已大为改观，其中高校毕业生每年以数百万的规模进入市场。当前应从存量利用和增量培育两方面推进改革：一方面建立健全人才流动体制机制，促进人力资源存量的高效流动；另一方面，加大政府投入，鼓励民间资本进入，建立健全各类学历和职业教育体系，加大增量人力资源培育。

最后，以规范和提升政府在分工演进中的作用为重点，增强制度供给助力。政府高效调控，是中国特色社会主义经济应有的制度优势。以质量和水平提升为导向推进自主内生分工演进，必须要着力解决政府的越位与缺位问题。从分工演进机理和中国特色社会主义的制度特征看，政府的作用主要在于：（1）优化分工的市场环境，有效降低社会分工的交易费用；（2）优化社会分工协作的公共服务，构建风险防控体系；（3）为微观主体应用技术创新提供基础性、战略性支撑；（4）为分工演进提供高素质的要素资源；（5）规范分工主体的市场行为，矫正市场分工中不合理的资源配置。建设法治化、国际化、便利化的营商环境，打破地区之间、行业之间的行政性资源垄断，提高欠发达地区和广大农村的公共服务水平，以品质为标准建立健全市场进入和退出机制，制定政府行为的“正面清单（必须做）”和“负面清单（禁止做）”等，是当前增强制度供给助力的着力点。

参考文献

[1] 邓小平在中国共产党第十二次全国代表大会开幕的讲话，1982 年。

[2] 马克思：《资本论》，人民出版社 1975 年版，第 362 页。

[3] 梁琦：《分工、集聚与增长》，商务印书馆 2009 年版。

[4] 刘志彪：《经济全球化与中国产业发展》，译林出版社 2016 年版。

[5] 钱书法等：《分工演进、组织创新与经济进步——马克思社会分工制度理论研究》，经济科学出版社 2013 年版。

[6] 习近平：《决胜全面建成小康社会　夺取新时代中国特色社会主义伟大胜利》，中国共产党第十九次全国代表大会报告，2017 年。

[7] 杨小凯、黄有光：《专业化与经济组织——一种新兴古典微观经济学框架》，经济科学出版社 1999 年版。

[8] 周绍东等：《分工与创新：发展经济学的马克思主义复兴》，经济科学出版社 2015 年版。

中国经济增长源泉的动态演进和区域差异[①]

一、引言

自1978年改革开放以来，中国经济以接近10%的年均增长率高速增长，经济总量已经超过了日本和德国等传统发达国家，成为当今仅次于美国的世界第二大经济体。中国经济在取得举世瞩目的成就之时，其经济增长的可持续性也吸引了众多学者的关注。王（Wang等，2009）指出，一个经济体经历过高速增长后终将要减速，过去100年间有40个经济体达到人均7000美元的经济拐点，其中31个经济体在拐点后平均减速2.8个百分点。Eichengreen等（2011）利用1957年以来各国经济数据处理后同样发现，当一个高速增长的经济体在人均GDP达到16740国际元（2005年价格）时，年均经济增长速度将会平均从5.6%下降到2.1%。因此，对于中国而言一个很自然的问题就是，推动中国经济长期以来高速增长的动力源泉是什么？这些动力源泉会何时消失？届时中国经济增长速度会出现较大幅度的下降吗？

索罗（Solow）等提出的经济增长核算方法是解答以上问题的有力工具。在经济活动有效率假设前提下，经济增长被分解为资本、劳动力等要素投入及技术进步等相关部分，其中全要素生产率可以用索罗余值来表示，即经济增长中不能被要素投入所解释的部分。在索罗（Solow，1957）的开创性工作以来，全要素生产率（TFP）被广泛应用于经济增长核算框架之中，并被视为要素投入之外驱动经济增长的重要引擎，经济学家们普遍将全要素生产率视为判断经济发展是否具有可持续性的重要指标，如果一个经济体中的经济增长主要依靠生产要素投入驱动，说明经济处于粗放式发展阶段且不具有可持续性，相反，如果全要素生产率对于产出做出较大贡献，则表明该经济体具有可持续发展的特征。

---

① 本文作者刘瑞翔、夏琪琪、丁爽，受到国家自然科学基金项目“中国经济新常态阶段增长动力转换的机理、障碍与对策”（批准号：71573137）、江苏高校优势学科建设工程二期项目（PAPD）的资助。

20 世纪八九十年代，韩国、新加坡以及我国香港、台湾地区成为当时经济增长的明星。这些经济体取得成功的共同特征，在于采用了广为人知的“东亚增长模式”，即政府广泛干预经济，并主要采取投资和出口驱动等发展战略。很多学者对于“东亚模式”的可持续性抱有怀疑态度，Krugman（1994）撰文指出，东亚地区经济增长与苏联经济增长模式相似，主要是通过要素投入驱动的，全要素生产率对其贡献度较小，是一种粗放式经济增长方式，因此并不具有可持续性。Young（1995）通过实证分析发现，亚洲“四小龙”的增长奇迹源于要素积累的增加，投资增长、劳动参与率以及教育水平等要素是增长的基础，而不是依靠效率的提高推动经济增长。

由于中国自身也是东亚奇迹的一部分，因此对于东亚增长模式的质疑很快延伸到中国身上，国内外学者对此展开了激烈的讨论。Hu 和 Khan（1997）发现1978—1994 年间生产率年均增长率达到 3.9%，整体上高于“亚洲四小龙”1966—1991 年平均 2% 的水平，并将经济效率的提高归因于市场经济形成过程中的利益驱动机制。Wang 和 Yao（2003）在考虑人力资本之后，发现在改革开放之后，全要素生产率对于增长的贡献度达到了 25.4%。早期增长核算研究主要采取索洛残差法或 CD 生产函数（或超越对数生产函数）回归法，在经济活动有效率的假设前提下，这两种基于 Slow - Swan 模型的核算方法将经济增长归因于要素投入和外生的技术进步。但新经济增长理论认为，技术进步是内生的且受到制度、外溢以及研发的影响，生产活动效率提升一方面与技术前沿外移有关（技术进步），另一方面与技术前沿间距离缩小（效率改善）有关。

近年来，随着研究方法进一步发展和数据质量得到改善，前沿技术分析（frontier productivity analysis）被广泛应用于增长核算之中，其中数据包络方法由于在应用过程中不需要对生产函数和误差项进行设定，因此大量相关文献如雨后春笋般涌现。Kumar 和 Russal（2002）首次运用 DEA 方法，将劳动生产率增长分解为与技术进步、效率改善以及资本深化相关的三部分，并从地区经济发展差异和收敛角度，分析了以上相关因素对于劳动生产率的影响。在此基础上，Badunenko 和 Zelenyuk（2004）使用了最新数据并进一步扩大数据样本容量，发现20 世纪 90 年代以来是技术进步而非资本深化在经济增长中扮演了更为重要的角色。针对中国改革开放以来的经济增长，刘瑞翔（2013）在一个绿色增长核算框架下，分析了生产要素、全要素生产率以及环境消耗对中国经济增长的贡献。

综上所述，在经济增长核算研究领域，大量的学者已经利用多种方法和工具，对中国改革开放以来的经济增长源泉进行了分析。但已有文献主要不足之处在于，主要采用总量数据或某一阶段的面板数据，分析要素投入以及 TFP 对于经济增长的贡献程度。但事实却是，随着改革开放的深入，在不同的发展阶段，驱动经济增长的动力源泉也在不断发生变化，只有了解这些源泉的变化趋势，才能对中国经济未来发展给出客观判断。除此之外，现有文献在分析我国各省、市间经济发展差距时，一般都采用的是传统的参数核算方法，争论的焦点主要集中在生产函数具体形式和参数设定上面，与以往研究不同的是，本文采用非参数增长核算方法，从而避免了由于使用参数核算方法带来的争论。

二、研究方法与数据来源

（一）研究方法

构建有效且准确的技术边界，是进行技术效率和生产率分析的前提。对于本文来说，考虑每一个省份使用劳动要素投入 $l \in \mathrm{R}^+$，资本要素投入 $k \in R^+$，生产出经济产出 $y \in R^+$。在每一个时期 t（$t=1$，…，T），第 i（$i=1$，…，I）个省份的投入产出值为(x_i^t, y_i^t)，其中 $x_i^t = (l_i^t, k_i^t)$。首先假设存在一个规模报酬不变的生产技术 T，能够将投入 $x^t = (l^t, k^t)$转化为产出 y^t，可以将其表示为：

$$S = \{(x^t, y^t): x^t \text{ 能生产出 } y^t\} \tag{1}$$

距离函数被广泛用来描叙多投入、多产出生产技术，具体包括投入和产出两种距离函数，本文主要涉及产出距离函数的应用。在本文的分析框架下，某省份的产出距离函数可以定义为：

$$D_o^t(x^t, y^t) = \min\{\theta \mid (x^t, y^t/\theta) \in S\} \tag{2}$$

公式（2）表示在给定投入向量 x^t 下，产出距离函数描述了生产决策单元产出 y^t 最大能够扩张的程度（用其倒数表示）。此时，(x^t, y^t)可以达到的最大产出可以用下列公式表示：

$$Y^t(x^t, y^t) = y^t / D_o^t(x^t, y^t) \tag{3}$$

如果参考的是 t+1 期的技术水平，则相应的产出距离函数可以表示为：

$$D_o^{t+1}(x^t, y^t) = \min\{\theta \mid (x^t, y^t/\theta) \in S^{t+1}\} \tag{4}$$

需要指出的是，当使用 t 期的生产点(x^t, y^t)与 t+1 期技术前沿进行比较时，$D_o^{t+1}(x^t, y^t) \leqslant 1$ 并不再一定成立。如果 $D_o^{t+1}(x^t, y^t) > 1$，说明(x^t, y^t)位于 $t+1$ 期技术边界的外部，此时生产点相对应于 $t+1$ 期技术边界而言是超效率的。此时，与(x^t, y^t)相对应的技术边界可以用下列公式表示：

$$Y^{t+1}(x^t, y^t) = y^t / D_o^{t+1}(x^t, y^t) \tag{5}$$

与 Malmquist 指数表示的生产率求解过程相似，$t+1$ 期生产点(x^{t+1}, y^{t+1})相对应于 t 期和 $t+1$ 期技术边界的距离函数可以表示为：

$$D_o^t(x^{t+1}, y^{t+1}) = \min\{\theta \mid (x^{t+1}, y^{t+1}/\theta) \in S^t\} \tag{6}$$

$$D_o^{t+1}(x^{t+1}, y^{t+1}) = \min\{\theta \mid (x^{t+1}, y^{t+1}/\theta) \in S^{t+1}\} \tag{7}$$

同样的，与生产点(x^{t+1}, y^{t+1})相对应的 t 期和 $t+1$ 期技术边界位置可以表示为：$Y^t(x^{t+1},y^{t+1}) = y^{t+1}/D_o^t(x^{t+1},y^{t+1})$ 和 $Y^{t+1}(x^{t+1},y^{t+1}) = y^{t+1}/D_o^{t+1}(x^{t+1},y^{t+1})$

为了将产出与距离函数联系起来，从而得到全要素生产率、要素投入与经济增长之间的关系，我们首先将同一生产单元 t 期产出 y^t 和 $t+1$ 期产出 y^{t+1} 进行比较并得到以下的公式：

$$\frac{y^{t+1}}{y^t} = \frac{D_o^{t+1}(x^{t+1},y^{t+1})}{D_o^t(x^t,y^t)} \times \frac{Y^{t+1}(x^{t+1},y^{t+1})}{Y^t(x^t,y^t)} \tag{8}$$

为引入技术进步因素，将公式（8）分子分母分别同时乘以 $Y^t(x^{t+1},y^{t+1})$ 和 $Y^{t+1}(x^t,y^t)$，并稍做调整后得到下面一组公式：

$$\frac{y^{t+1}}{y^t} = \frac{D_o^{t+1}(x^{t+1},y^{t+1})}{D_o^t(x^t,y^t)} \times \frac{Y^{t+1}(x^t,y^t)}{Y^t(x^t,y^t)} \times \frac{Y^{t+1}(x^{t+1},y^{t+1})}{Y^{t+1}(x^t,y^t)} \tag{9}$$

$$\frac{y^{t+1}}{y^t} = \frac{D_o^{t+1}(x^{t+1},y^{t+1})}{D_o^t(x^t,y^t)} \times \frac{Y^{t+1}(x^{t+1},y^{t+1})}{Y^t(x^{t+1},y^{t+1})} \times \frac{Y^t(x^{t+1},y^{t+1})}{Y^t(x^t,y^t)} \tag{10}$$

考虑到 $Y^{t+1}(x^t,y^t) = y^t/D_o^{t+1}(x^t,y^t)$ 和 $Y^t(x^{t+1},y^{t+1}) = y^{t+1}/D_o^t(x^{t+1},y^{t+1})$，则将公式（9）和公式（10）取几何平均后得到：

$$\frac{y^{t+1}}{y^t} = \frac{D_o^{t+1}(x^{t+1},y^{t+1})}{D_o^t(x^t,y^t)} \times \left[\frac{D_o^t(x^{t+1},y^{t+1})}{D_o^{t+1}(x^{t+1},y^{t+1})} \frac{D_o^t(x^t,y^t)}{D_o^{t+1}(x^t,y^t)}\right]^{\frac{1}{2}}$$

$$\times \left[\frac{Y^t(x^{t+1},y^{t+1})}{Y^t(x^t,y^t)} \frac{Y^{t+1}(x^{t+1},y^{t+1})}{Y^{t+1}(x^t,y^t)}\right]^{\frac{1}{2}} \tag{11}$$

在公式（11）中，右边第一项和第二项分别为全要素生产率指数中的效率变化和技术进步两部分，第三项则表示同一生产单元在不同时期所对应技术前沿位置变化的几何平均。为分析不同要素投入对于产出增长带来的影响，则有：

$$\frac{Y^t(l^{t+1},k^{t+1})}{Y^t(l^t,k^t)} = \left[\frac{Y^t(l^{t+1},k^{t+1})}{Y^t(l^t,k^{t+1})} \frac{Y^t(l^{t+1},k^t)}{Y^t(l^t,k^t)}\right]^{\frac{1}{2}} \times \left[\frac{Y^t(l^t,k^{t+1})}{Y^t(l^t,k^t)} \frac{Y^t(l^{t+1},k^{t+1})}{Y^t(l^{t+1},k^t)}\right]^{\frac{1}{2}} \tag{12}$$

观察公式（12）可发现，为了分析不同要素投入变化对于产出带来的影响，我们沿着两个方向进行了分解，再取其几何平均值，保证了结果的准确性和公正性。公式（12）第一项表示了劳动投入变化对于技术边界带来的影响，第二项则表示了资本投入变化对于技术边界带来的影响。为简单起见，我们分别用 *eff*、*tech*、*labor*、*capital* 分别表示公式（11）中效率变化、技术进步、劳动力要素投入、资本投入对于产出变化带来的影响，则此时公式（11）可以表示为：

$$\frac{y^{t+1}}{y^t} = eff \times tech \times labor \times capital \tag{13}$$

为了与传统经济增长核算公式保持一致，我们将在变量左边加上“Δ”来表示该变量的增长率，用 α_{eff}、α_{tech}、α_{labor}、$\alpha_{capital}$ 表示各要素之前的系数，则公式

（13）即可表示为：

$$\frac{\Delta y}{y} = \alpha_{eff}\Delta eff + \alpha_{tech}\Delta tech + \alpha_{labor}\Delta labor + \alpha_{capital}\Delta capital \tag{14}$$

公式（14）说明，只要经过一个巧妙地变换，我们就可以在非参数框架下准确测度经济增长率中 TFP 和各要素投入所做出的贡献比例，寻找到中国经济增长的源泉。正如我们在综述部分所指出的，近年来国内学者在各省、市经济增长差异的成因上存在不同观点，争论的焦点集中在生产函数形式和具体参数设定上，本文由于采用非参数增长核算方法，因此避免了以上争论的产生。

（二）数据来源

本文的研究主要集中在 1978—2015 年共计 38 年期间。我们的数据集合中并没有包括高度自治的香港、澳门以及台湾地区，也没有包括数据不全的西藏地区产出，正常要素投入数据主要来源于历年的《中国统计年鉴》。产出选用各省份以 1978 年为基期的实际地区生产总值，正常要素投入包括资本存量和劳动力，其中劳动力选择了历年《中国统计年鉴》中的就业人员数。资本存量采用常见的“永续盘存法”来估算得到，参照张军等（2004）和单豪杰（2008）给出的方法，具体包括：（1）从历年《中国统计年鉴》以及相关数据测算得到固定资本投资价格指数；（2）选择固定资本形成总额作为当年投资指标，并用固定资本价格指数进行平减，从而得到以 1978 年为不变价格的各省实际投资序列数据；（3）1978—2015 年各省折旧率统一设定为 10.96%；（4）1978 年物质资本存量为当年投资/（折旧率 + 投资平均增长率）。

三、改革开放以来中国经济增长源泉的演变历程

改革开放以来，中国 GDP 总量从 1978 年的 3465 亿元增长到 2015 年的 116405.6 亿元（1978 年价格），在 38 年内增长了大约 33.6 倍，创造了举世瞩目的中国经济增长奇迹。为了探寻增长奇迹背后的动力源泉，本部分采用上文介绍的增长核算框架，对中国各省、市 1978—2015 年经济增长率进行分解，表 1 中进一步给出了相应部分在整体中的份额比例。

表 1　1979—2010 年中国区域经济增长平均变化率及相关源泉分解

年份	年平均增长率（%）	全要素生产率（%）		要素投入（%）	
		效率变化	技术进步	资本	劳动
1978—1990	8.71 （100%）	4.46 （51.17%）	-2.36 （-27.04%）	5.88 （67.53%）	0.73 （8.35%）

续表

年份	年平均增长率（%）	全要素生产率（%）		要素投入（%）	
		效率变化	技术进步	资本	劳动
1991—2000	11.1 （100%）	0.27 （2.46%）	0.54 （4.89%）	10.29 （92.74%）	-0.01 （-0.09%）
2001—2010	11.51 （100%）	-0.7 （-6.12%）	0.07 （0.61%）	11.47 （99.62%）	0.68 （5.88%）
2011—2015	7.68 （100%）	-0.61 （-7.91%）	-2.47 （-32.2%）	10.12 （131.78%）	0.64 （8.33%）
1978—2015	9.96 （100%）	-0.23 （-2.32%）	-1.06 （-10.65%）	10.67 （107.1%）	0.58 （5.86%）

数据表明，1978—2015年中国整体经济年均增长率为9.96%①。在影响中国经济增长的诸多动力源泉中，与资本投入相关的经济增长率约为10.67%，约占到中国经济增长总量的107.1%，这就说明改革开放以来中国经济增长主要是通过投资推动的。与投资相比，劳动力对于经济增长的影响要低得多，与其相关的经济增长率约为0.58%，仅占到经济增长总量的5.86%。与要素投入形成鲜明对比的是，全要素生产率对于中国改革开放以来经济增长影响是负的，其中，与技术进步以及效率变化的经济年均增长率分别为-0.23%和-1.06%，两者合计对于经济增长的贡献度达到了-12.96%。由于全要素生产率对经济增长贡献度往往被视为判断经济发展是否可持续的依据，表1数据表明，1978—2015年中国经济增长主要是通过要素投入推动的，整体上是粗放型且不可持续的，这与已有的研究结果并不一致。例如，吴延瑞（2008）利用随机前沿生产函数，并将其应用到1992—2004年间中国省际数据上，发现全要素生产率对于中国经济增长的贡献率达到了27%。郑京海和胡鞍钢（2005）发现1978—1995年TFP虽然经历了一个从高到低的变化过程，但在这期间数值整体仍然为正。究其原因，应与本文和已有文献研究所涉及的年份不同有关，已有的研究主要集中在改革开放之后的1978—2000年之间，本文主要集中在1978—2015年，而中国在2000年之后经济增长方式日趋粗放，从而导致所得到的结果有所不同。

为探寻中国经济增长源泉的演进规律，表1进一步列出了在此期间中国分阶段经济增长率及相关来源分解的具体数值。由于本文分析主要局限在1978—2015年，为分析方便我们将其划分为四个阶段：1978—1990年、1991—2000年、2001—2010年和2011—2015年。以上阶段划分的依据为，在每一期间中国改革

① 由于本文采用的是省际数据，因此在加权平均后得到的年均增长率比全国总量数据要稍高一些。

开放的进程都会进入新的历史阶段，驱动经济增长的动力源泉也会随之调整，例如1978—1990年是中国改革开放的初始阶段，但在1989年之后改革开放基本陷入停滞状态，可以将其看成一个相对完整并独立的阶段；1991年邓小平同志南方谈话，标志着中国改革开放的重新启动，直到2001年加入世界贸易组织之前，这期间也可看成一个相对独立的阶段；2001年年底，中国正式加入了世界贸易组织，对外开放进入了新的阶段，中国制造业企业通过加工贸易方式参与国际分工，使得中国经济增长的动力机制发生了重大变化；2011年之后，中国经济进入“新常态”阶段，经济增长速度与之前相比出现明显的下降。

1978—1990年，我国经济年均增长率约为8.71%，低于分析期间经济增长的平均水平。从其经济增长源泉构成来看，与要素投入相关部分的经济增长率为6.61%，约占到经济增长总量的75.88%。其中，与资本相关的经济增长率为5.88%，占到经济增长总量的67.53%，与劳动投入相关经济增长率为0.73%，占到经济增长总量的8.35%。相对应的，与全要素生产率相关的经济增长率为2.1%，约占到经济增长总量的24.12%，其中与效率提升和技术进步相关的经济增长率分别为4.46%和-2.36%，说明在改革开放之初，效率提升是我国全要素生产率提高的主要手段。深入观察可发现，在改革开放启动之初的几年内，我国全要素生产率数值是最高的，其中1978—1985年TFP均值达到了6.04%，在改革开放期间TFP均值最高。但随着改革开放的深入，TFP数值也逐步下降，并由于受到政治风波的影响于1989年达到最低点-4.15%。

1991—2000年是中国改革开放的黄金时期，在此期间不但经济数量保持了高速的增长，年均GDP增长率达到了11.1%，而且全要素生产率在经济增长中也扮演了非常重要的角色。表1中数据表明，在1991—2000年要素投入对经济增长的贡献度达到了92.63%，其中资本和劳动要素投入贡献度分别达到了92.74%和-0.09%，说明在此期间经济高速增长主要是依靠投资驱动的。对于全要素生产率而言，在此期间与效率提升和技术进步相关的经济增长率为0.27%和0.54%，对于经济增长的贡献度分别为2.46%和4.89%。图1进一步给出了1990—2000年间中国全要素生产率的演变趋势。从图中发现，在邓小平同志南方谈话之前，中国全要素生产率仍处于较低水平，但在1991年邓小平同志南方谈话之后，全要素生产率于1992年飙升至0.18，达到了改革开放之后的最高点，与1989年的最低点形成鲜明对比。

2000—2010年是改革开放以来中国经济增长最为迅速的阶段，GDP年均增长率达到了11.51%。在此期间，与资本和劳动力相关的经济增长率为11.47%和0.68%，分别占到经济增长总量的99.62%和5.88%，两者合计超过了100%，一方面说明要素投入是本阶段经济增长的主要源泉，另一方面也说明TFP对于

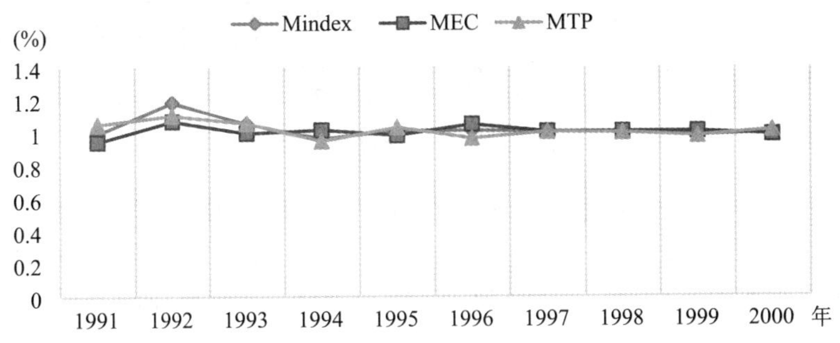

图 1 1990—2000 年中国全要素生产率的演变趋势

本阶段中国经济增长的贡献率为负值。表 1 中数据显示，与效率改善和技术进步相关的经济增长率为 -0.7% 和 0.07%，对于中国经济增长的贡献度分别为 -6.12% 和 0.67%，说明在此期间生产技术得到了进步同时，生产效率并未得到有效改善。图 2 给出了 2000—2010 年中国全要素生产率的演变趋势，从图中可以发现，2002 年加入 WTO 对中国全要素生产率产生了巨大的正面冲击，在 2003—2006 年我国全要素生产率连续为正值，并于 2005 年达到了局部的高点。进一步观察可发现，开放国门对我国全要素生产率的提升主要体现在技术进步方面，说明随着先进技术从发达国家的流入，我国技术水平有了较大幅度的提升。

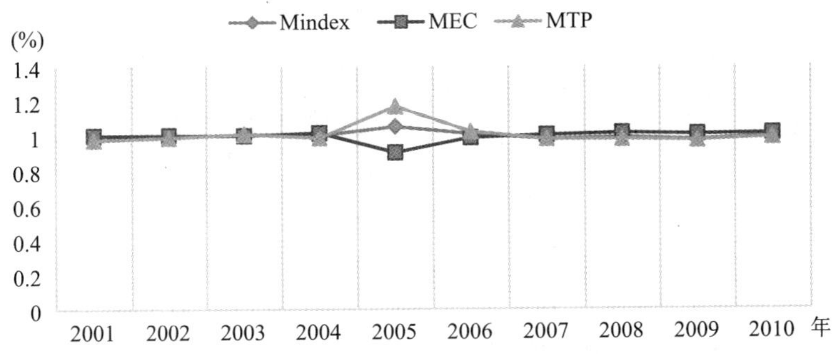

图 2 2000—2010 年中国全要素生产率的演变趋势

2010 年以来，随着人口红利以及产业结构的变化，中国经济进入了新的发展阶段。在此期间，一方面，以往的高速增长难以持续，GDP 年均增长率仅为 7.68%，在分析期间是最低的；但另一方面，要素投入对于中国经济增长贡献度高达 140%，说明在此阶段中国经济主要依赖于要素投入特别是资本投入的驱动。根据《中国统计年鉴》（2016）提供的数据，我国全社会固定资产投资从 2010 年的 251683.8 亿元上升到 2015 年的 561999.8 亿元，在短短 5 年时间内上升了 2.23 倍，而同期我国 GDP 仅从 413030.3 亿元上升到 685505.8 亿元，在此期间仅上升了1.66倍，经济增长速度要远低于固定资产投资的增长速度，这也是该阶段TFP对于中国经济增长贡献度为负的原因。

四、改革开放以来中国经济增长源泉的地区差异

作为世界上人口最多、地域辽阔的发展中国家，中国经济发展内部存在不平衡现象，不同区域间经济发展存在较大差异。表2给出了1978—2015年中国各区域经济平均增长率及相关源泉分解。表中数据显示，东部地区经济增长速度最快，GDP年平均增长率达到10.46%，西部和中部次之，GDP年均增长率达到了9.86%和9.78%，而东北地区经济发展是最慢的，1978—2015年仅为8.31%。对于东部沿海发达地区而言，由于其地处改革开放前沿，因此代表着先进生产力的发展方向，全要素生产率在经济增长中发挥了正面作用。由于地处内陆，中西部地区不但在经济总量上与东部沿海地区有所差距，而且在经济增长的来源上也有很大不同，更多依赖于资本要素投入的驱动，经济粗放型发展特征较为明显。与中西部地区相比，东北部地区虽然经济增长速度慢一些，但集约化程度也要稍高一些。

表2　1978—2015年中国各区域经济平均增长率及相关源泉分解①

地区	年平均增长率（%）	全要素生产率（%）		要素投入（%）	
		效率变化	技术进步	资本	劳动
东部	10.46 （100%）	0.02 （0.16%）	0.23 （2.18%）	9.35 （89.33%）	0.87 （8.33%）
东北	8.31 （100%）	-1.15 （-13.78%）	0.13 （1.6%）	8.67 （104.35%）	0.65 （7.83%）
中部	9.78 （100%）	-0.79 （-8.11%）	-3.56 （-36.38%）	14.03 （143.38%）	0.11 （1.11%）
西部	9.86 （100%）	0.16 （1.62%）	-2.23 （-22.63%）	11.59 （117.51%）	0.35 （3.51%）

表3给出了1978—2015年我国东部地区经济增长率及其相关分解。从表中可发现，在1978—1990年我国东部地区GDP年均增长率为9.14%，其中与要素投入相关部分约为7.85%，与全要素生产率相关部分为1.3%，主要体现在生产效率的提升上。在邓小平同志南方谈话之后，随着生产力进一步释放，东部地区

① 本文中东部地区包括北京、天津、河北、上海、江苏、浙江、福建、海南、山东和广东；东北地区包括辽宁、吉林和黑龙江；中部地区包括山西、安徽、江西、河南、湖南、湖北；西部地区包括内蒙古、广西、重庆、四川、贵州、云南、陕西、甘肃、宁夏、青海和新疆。

1991—2000 年 GDP 年均增长率达到了 12.63%，其中与全要素生产率相关部分 GDP 增长率为 1.99%，主要体现在技术进步方面。在加入 WTO 后的 2001—2010 年，我国东部地区仍然保持了较高的经济增长速度，GDP 年均增长率约为 11.64%，其中，全要素生产率对经济增长贡献度整体虽仍为正，但与之前相比已有所下降。在中国经济进入新常态之后，2011—2015 年东部地区 GDP 年均增长率为 7.08%，仅稍高于东北地区，远低于我国中部和西部地区。需要指出的是，2011—2015 年东部地区在经济增长下降同时，全要素生产率对其贡献度也从正转向负，这也是分析期间首次整体出现负值，说明在此期间经济增长主要依靠要素投入的拉动。

表 3　　1978—2015 年东部地区经济增长平均变化率及相关分解

年份	年平均增长率（%）	全要素生产率（%）		要素投入（%）	
		效率变化	技术进步	资本	劳动
1978—1990	9.14 （100%）	3.18 （34.8%）	-1.88 （-20.58%）	7.19 （78.59%）	0.66 （7.19%）
1991—2000	12.63 （100%）	0.06 （0.49%）	1.93 （15.29%）	10.67 （84.52%）	-0.04 （-0.31%）
2001—2010	11.64 （100%）	-0.33 （-2.83%）	1.35 （11.61%）	9.57 （82.19%）	1.05 （9.04%）
2011—2015	7.08 （100%）	-0.05 （-0.7%）	-1.21 （-17.03%）	7.47 （105.48%）	0.87 （12.25%）

表 4 给出了 1978—2015 年我国东北地区经济增长率及其相关分解。在改革开放之初的 1978—1990 年，东北地区 GDP 年均增长率约为 8.71%，其中要素投入和全要素生产率的贡献度分别为 78.33% 和 21.68%。1991 年改革重新启动之后，东北地区 1991—2000 年 GDP 增长率为 9.5%，要素投入和全要素生产率对其贡献度变化为 66.79% 和 33.21%。表 4 结果说明，虽然分析期间东北地区 GDP 增长率在所有地区中是最低的，但在 2000 年之前不仅保持了较高增长速度，而且全要素生产率对经济增长贡献度也长期为正。在进入新世纪之后，东北地区经济发展出现了明显的下滑，GDP 年均增长率均要低于我国其他地区，特别是 2010 年以来，GDP 年均增长率仅为 6.19%，其中，与要素投入相关部分 GDP 增长率为 9.89%，约占到经济增长总量的 159.75%，与全要素生产率相关部分 GDP 增长率为 -3.7%，对经济增长贡献度为 -60%。

表 4　　1978—2015 年东北地区 GDP 平均增长率及相关分解

年份	年平均增长率（%）	全要素生产率（%）		要素投入（%）	
		效率变化	技术进步	资本	劳动
1978—1990	8.71（100%）	3.7（52.85%）	-2.18（-31.17%）	4.51（64.38%）	0.98（13.95%）
1991—2000	9.5（100%）	0.85（8.97%）	2.3（24.24%）	6.44（67.75%）	-0.09（-0.96%）
2001—2010	9.79（100%）	-1.69（-17.32%）	0.99（10.15%）	9.72（99.31%）	0.77（7.85%）
2011—2015	6.19（100%）	-2.45（-39.64%）	-1.25（-20.11%）	9.14（147.62%）	0.75（12.13%）

表 5 给出了 1978—2015 年我国中部地区经济增长率及其相关分解。从表中可发现，中部地区 1978—1990 年 GDP 年均增长率为 8.93%，其中与 TFP 和要素投入相关部分为 1.77% 和 7.17%，分别占到经济增长总量的 19.77% 和 80.23%，说明该段时间内全要素生产率产生了正面且显著的效果。1991—2000 年中部地区 GDP 增长率上升到 10.17%，其中要素投入部分为 11.91%，TFP 部分为 -1.74%，说明经济增长逐步依赖要素投入而非 TFP 拉动。2001—2010 年是中部地区经济发展最为迅速的阶段，GDP 增长率在此期间达到了 11.15%，在进入新常态之后，经济增长率下降到 8.37%。需要指出的是，1978—2015 年我国中部地区 TFP 对于经济增长的贡献度呈现出逐步下降的趋势。

表 5　　1978—2015 年中部地区经济增长平均变化率及相关源泉分解

年份	年平均增长率（%）	全要素生产率（%）		要素投入（%）	
		效率变化	技术进步	资本	劳动
1978—1990	8.93（100%）	5.23（58.65%）	-3.46（-38.79%）	6.52（72.97%）	0.65（7.26%）
1991—2000	10.17（100%）	0.21（2.09%）	-1.95（-19.22%）	11.88（116.86%）	0.03（0.27%）
2001—2010	11.15（100%）	-1.78（-15.99%）	-2.27（-20.38%）	15.16（136.03%）	0.04（0.34%）
2011—2015	8.37（100%）	-1.14（-13.57%）	-5.4（-64.57%）	14.78（176.7%）	0.12（1.43%）

表 6 进一步给出了我国西部地区 1978—2015 年 GDP 年均增长率及相关分解。表中数据说明，西部地区在 2000 年之前经济增长速度在我国各地区中是最低的，

但在2000年之后却成为最高的，显然与我国2000年之后实施的西部大开放战略有关。从经济增长源泉来看，在21世纪之前特别是在20世纪90年代之前，全要素生产率对于西部经济发展起到正面的效果，其中，生产效率的提升发挥了重要的作用。但在21世纪以来，我国西部地区经济增长对于要素投入依赖程度日趋加强，其中资本投入对于2001—2010年和2010—2015年经济增长贡献度分别达到了111.46%和139.9%，同期劳动投入对于经济增长贡献度分别达到1.91%和5.52%，说明经济增长质量有所下降。

表6　　1978—2015年西部区域GDP增长率及相关分解

年份	年平均增长率（%）	全要素生产率（%）		要素投入（%）	
		效率变化	技术进步	资本	劳动
1978—1990	8.61（100%）	6.9（80.12%）	-2.32（-26.94%）	3.22（37.41%）	0.81（9.41%）
1991—2000	9.11（100%）	0.57（6.26%）	-1.31（-14.42%）	9.78（107.4%）	0.07（0.76%）
2001—2010	12.46（100%）	-0.09（-0.72%）	-1.58（-12.65%）	13.88（111.46%）	0.24（1.91%）
2011—2015	9.28（100%）	-0.78（-8.42%）	-3.43（-37%）	12.99（139.9%）	0.51（5.52%）

五、结论

本文在非参数核算框架下，利用1978—2015年中国省际数据，对于中国整体及各地区经济增长源泉进行了分析。研究发现，在三大经济增长源泉中，与资本投入相关的GDP增长率约为10.67，约占到中国经济增长总量的107.1%，与全要素生产率相关的GDP增长率约为-1.29%，其对于经济增长的贡献份额约为-12.96%，而与劳动力供给相关的GDP增长率约为0.58%，其对经济增长的贡献份额约为5.86%，这就说明分析期间中国经济增长主要是由投资驱动的，劳动力供给次之，全要素生产率贡献度最低且为负。进一步分析可发现，在中国不同区域间经济增长源泉存在较大差异，东部地区经济增长中全要素生产率发挥了正面作用，东北地区在2000年之后经济出现了明显的滑坡，中部地区的经济增长主要是投资驱动的，而西部地区近年来依赖投资驱动经济出现了高速增长。分阶段来看，在不同的发展阶段，中国经济增长源泉产生了不同的影响。在改革开放初期的1978—1990年，特别是在1985年之前，全要素生产率在经济增长过程中发挥了重要作用，受到1989年政治风波影响，全要素生产率下降到整个分析期间的最低点。在1990年之后，邓小平同志南方谈话给改革开放送来了春风，全要素生产率在1992年达到了分析期间的最高点。2000年之后，虽然中国经济增长速度进一步加快，但在这一阶段主要是依赖投资驱动，特别是2010年以来，随着人口红利消失以及结构转型，中国经济在减速同时对于资本投入依赖度日趋严重。本文分析结果说明，中国经济增长质量与改革开放进程密切相关，但改革开放对于TFP带来的正面冲击是一次性的且不可持续，要提高中国经济增长质量，关键就是要打破改革开放以来逐渐形成且逐步僵化的利益格局，要持续不断地推进和深入改革，才能让全要素生产率成为中国长期的、稳定的增长源泉。

参考文献

[1] Chow, G., and A. Lin, 2002, "Accounting for Economic Growth in Taiwan and Mainland China: A Comparative Analysis", *Journal of Comparative Economics*, Vol. 30 (3), 507—530.

[2] Chambers, R. G., R. Fare, and S. Grosskopf, 1996. "Productivity Growth in APEC Countries", *Pacific Economics Review*, 1, pp. 181—190.

[3] Krugman Paul, 1994. "The Myth of Asia's Miracle", *Foreign Affairs*, 73 (6), 62—78.

[4] Solow, Robert M, "Technical Change and the Aggregate Production Functions", *Review of Economics and Statistics*, 1957, 39, 312—320.

[5] Wang, Y., and Y. Yao, 2003, "Sources of China s Economic Growth 1952—1999: Incorporating Human Capital Accumulation", *China Economic Review*, Vol. 14 (1), 32—52.

[6] Young, Alwyn, "Gold to Base Metals: Productivity Growth in the People's Republic of China During the Reform Period", *Journal of Political Economy*, 2003, 111 (6), 1220—1261.

[7] Zheng, Jinghai, Arne Bigsten and Hu Angang, 2009, "Can China's Growth be Sustained? A Productivity Perspective", *World Development*, vol. 37 (4), 874—888.

[8] 郭庆旺、贾俊雪："中国TFP的估算：1979—2003"，《经济研究》2005年第8期。

[9] 梁泳梅、董敏杰："1952—2008年的中国经济增长的来源：一个非参数分解框架"，2012年工作论文。

[10] 刘瑞翔、安同良："资源环境约束下中国经济增长绩效变化趋势与因素分析：基于一种新型生产率构建与分解方法的分析"，《经济研究》2012年第11期。

[11] 刘伟、张辉："中国经济增长中的产业结构变迁和技术进步"，《经济研究》2008年第11期。

[12] 孙琳琳、任若恩："中国资本投入和TFP的估算"，《世界经济》2005年第12期。

[13] 王小鲁、樊纲、刘鹏："中国经济增长方式转换和增长可持续性"，《经济研究》2009年第1期。

[14] 严鹏飞、王兵："技术效率、技术进步与生产率增长：基于DEA的实证分析"，《经济研究》2004年第12期。

[15] 余丹林、吕冰洋："质疑区域生产率测算：空间视角下的分析"，《中国软科学》2009年第11期。

［16］郑京海、胡鞍钢："中国改革时期省际生产率增长变化"，《经济学季刊》2005 年第 4 卷第 2 期。

［17］张军、施少华："中国经济全要素生产率变动：1952—1998"，《世界经济文汇》2003 年第 2 期。

［18］张军、吴桂英、张吉鹏："中国省际物质资本存量估算：1952—2000"，《经济研究》2004 年第 10 期。

中国改革开放以来的需求供给转换与经济持续均衡增长[①]

改革开放以来，中国经济发展取得了较好的增长绩效：1979—2014 年，名义 GDP 年均增长率达到 9.7%，远高于世界平均水平，中国也由新中国成立初期的贫困落后快速迈向基本小康，综合国力、国际竞争力和国际影响力大幅提升。但自 2008 年西方金融危机爆发以来，在经济结构调整和转型升级、出口面临的外部环境恶化和通货膨胀预期等多重叠加压力下，中国经济的快速增长遇到制约，出现了与以往宏观经济周期不同的运行特征。现实条件下，如何应对中国经济增长过程中出现的一些新问题，促进中国经济持续均衡增长，成为中国当前及以后一段时间宏观经济政策设计亟须解决的重要问题。

本文尝试在总需求—总供给的系统分析框架下，探究经济发展过程中需求和供给转换促进经济持续均衡增长的一般原理，进而寻求中国当前及未来较长一段时间内供给侧结构性改革创造供给新热点及需求侧结构性改革释放需求潜力的突破点，促使需求与供给协调实现更加合意的经济均衡，进而促进中国经济持续健康发展。

一、总需求、总供给与经济增长：理论回顾

在经济学产生与发展过程中，无论是马克思主义经典著作，还是在西方经济学的相关理论中，都有关于总需求、总供给与经济持续均衡增长关系的论述，但经济学界关于经济增长的需求决定或供给决定的争论由来已久，代表性的理论主要有：马克思主义经典论述、萨伊定律、凯恩斯的有效需求理论、供给学派的供给决定论和新凯恩斯主义的 AD - AS 模型。

（一）马克思主义经典论述

在马克思主义经典著作中，虽然没有明确提出总需求、总供给、经济持续均

① 本文作者纪明，发表于《社会科学》2017 年第 1 期。

衡增长的相关概念，但马克思经典著作中关于生产与消费关系和社会扩大再生产理论的相关论述有与总需求和总供给密切相关的内容与形式。

马克思在《〈政治经济学批判〉导言》中指出："生产直接也是消费，消费直接也是生产，没有生产就没有消费，没有消费就没有生产。"① 这说明了一定的生产（供给）决定着一定的消费（消费需求），生产（供给）就其单方面形式来说也决定于消费（消费需求），而消费（消费需求）对生产（供给）有强大的反作用。

马克思的消费力理论指出："消费的能力是消费的条件，因而是消费的首要手段，而这种能力是一种个人才能的发展，一种生产力的发展。"② 消费力分为个人消费力和社会消费力两种形式，个人消费力由其收入水平决定，社会消费力"取决于以对抗性的分配关系为基础的消费力；这种分配关系；使社会上大多数人的消费缩小到只能在相当狭小的界限以内变动的最低限度。这种消费力还受到追求积累的欲望的限制；受到扩大资本和扩大剩余价值生产规模的欲望的限制"。③

在马克思主义社会扩大再生产理论中，马克思指出，社会总产品从物质形式由生产资料和消费资料两部分组成的。社会生产也相应包括两个部类：第Ⅰ部类即由生产生产资料的部门构成，其产品进入流通领域；第Ⅱ部类即由生产消费资料的部门构成，其产品进入消费领域。两大部类产品内部保持各自的供求平衡关系，两大部类之间也同样保持供求平衡关系，劳动、生产资料和生活资料的分配在各部门保持平衡，这些是实现简单再生产的条件。扩大再生产必须有追加的生产资料，而要使扩大再生产顺利进行，就必须要解决两大部类产出如何在扩大再生产条件下实现的问题，即两大部类还必须保持适当的比例关系。列宁把技术进步和资本有机构成的提高引入扩大再生产，在《论所谓市场问题》等著作中详尽论证了生产资料生产较快增长的原理，发展了马克思的再生产理论：在技术进步的条件下，生产资料生产增长的速度快于消费资料生产的增长速度。④

（二）萨伊定律

萨伊定律是法国经济学家萨伊在他1803年出版的《政治经济学概论》中提出"供给会自动创造需求"的论断。萨伊认为，人们生产的目的是为了满足消

---

① 马克思、恩格斯：《马克思恩格斯选集》（第2卷），人民出版社1972年版。

② 马克思、恩格斯：《马克思恩格斯全集》（第46卷），人民出版社1980年版。

③ 洪银兴等：《〈资本论〉的现代解析》，经济科学出版社2005年版，第418—420页。马克思、恩格斯：《马克思恩格斯全集》（第46卷），人民出版社2003年版。

④ 洪银兴等：《〈资本论〉的现代解析》，经济科学出版社2005年版。

费，把自己生产的产品送到市场上只是为了交换其他商品，因而“生产给产品创造需求”①。按照萨伊定律，市场中一种商品的生产会为另一种产品开辟了销路，更多的供给表示有更多的需求，需求量会始终与供给量同比例增加。因而，生产中虽然会因为其他商品的生产不足而出现暂时性、局部的生产过剩和失业，但总体上总供给与总需求必然是恒等的。当经济中出现暂时性、局部的生产过剩和失业时，其解决的方法是扩大生产增加供给，而不是增加需求或削减供给。基于上述认识，萨伊定律所处历史阶段的经济学理论关注的中心是总供给或总产量的决定，而总需求及其决定因素则被忽视。

（三）凯恩斯的有效需求理论

凯恩斯把有支付能力的社会总需求，即总供给价格与总需求价格达到均衡时的总需求称之为有效需求，有效需求主要包括消费需求和投资需求两个部分。凯恩斯认为，在自由放任的市场经济条件下，边际消费倾向递减造成消费需求不足，资本边际效率递减和人们流动性偏好造成投资需求不足。因而，有效需求通常都是不足的，市场不能自动实现充分就业的均衡。据此，凯恩斯否定了传统的国家不干预政策，力主扩大政府机能，通过政府需求管理政策来弥补有效需求的不足，以实现充分就业的经济均衡。

（四）供给学派的供给决定论

以拉弗、费尔德斯坦、巴雷、罗伯茨、芒代尔、伊文斯和吉尔德等人为代表的供给学派否定凯恩斯的有效需求理论，肯定“供给自动创造需求”的萨伊定律，强调增长的供给因素分析，认为引起经济停滞的原因是供给不足，产量的增长决定于生产要素的投入和生产率的增长，生产要素的变动取决于对各种要素的激励机制等。基于此，供给学派认为凯恩斯主义刺激总需求的政策是无效的并且有害，当需求在优先次序上取代供给时，必然造成经济停滞和缺乏创造力、通货膨胀和生产率下降，强调用供给管理取代需求管理，通过大规模减税、加速折旧刺激投资和资本形成及奖励技术创新促进生产率提高，通过结构性调整促进资源从衰退部门向增长部门转移，促进资源由消费转向投资，通过削减社会福利支出、减少政府对经济的干预等手段来促进生产或总供给增加。

（五）新古典综合派的 AD－AS 模型

以萨缪尔森为代表的新古典综合派经济学家一方面把微观经济学与宏观经济

① 萨伊：《政治经济学概论》（中文1版），商务印书馆1963年版，第142页。

学综合；另一方面把凯恩斯主张的政府干预和古典学派主张的自由市场机制调节综合，构造了一个综合性的 AS－AD 模型作为分析宏观经济问题的核心方法或工具，主要说明：第一，在短期内，总供给和总需求共同决定实际的国民收入、就业量和价格总水平，可以通过政府干预刺激总需求提高国民收入和充分就业量，使经济由萧条走上繁荣，但如果总供给缺少刺激或遭受负向冲击，经济可能陷入滞胀状态；第二，在长期内，总供给曲线是垂直的，经济的产量水平处在潜在产量或充分就业产量的水平上，由经济体系中的实际因素决定，不受价格变动的影响。基于此，新古典综合派指出，要想达到预定的经济目标，政府不但要运用财政政策和货币政策进行总需求管理，更要进行供给管理，总供给管理的基本内容包括：短期内通过实施收入政策控制成本和价格，长期采用人力政策、促进资本形成的政策和科技创新政策来培养供给潜力。①

二、供需转换促进经济持续均衡增长的一般原理及宏观经济政策的相机抉择

经济学发展史上曾经出现的诸多关于总需求、总供给与经济增长的理论虽然意见不一，或强调需求管理，或强调供给管理，但需求和供给均对经济持续增长具有重要作用得到广泛认可。不可否认的是，宏观经济学理论体系的发展往往是世界宏观经济不断遇到现实难题和宏观经济管理理念及实践不断突破的融合显现，争议的出现也就无可厚非，而这也正是推进经济学理论发展和管理实践进步的重要推动力。基于理论回顾，本文尝试融合相关理论，依据经济学中关于总供给结构与总需求结构的相关论述构建总需求—总供给的系统分析框架，认为从总需求和总供给的角度来研究经济持续均衡增长问题，不仅要关注供需总量均衡和总需求与总供给的结构均衡，还必须要考虑随着经济发展阶段变化供需总量及结构变化。因而，本文把供给结构从产品供给的角度进行分类，即产品的总供给包括消费性产品的供给和生产性产品的供给，总需求则包括消费需求、投资需求和净出口需求（包括进口需求与出口需求），尝试从静态与动态视角探究经济发展不同阶段需求供给因素转换促进经济持续均衡增长的一般规律及其宏观经济政策设计的相机抉择。

（一）供需均衡与经济持续均衡增长及宏观经济政策选择：静态分析

从静态角度进行供需总量考察，一国或地区的经济增长（总产出）的决定存在“短边规则”，供需总量均衡是经济持续均衡增长的关键，当总供给大于总需求时，总需求成为制约经济增长的关键，当总需求大于总供给时，总需求成为

① 方福前：《当代西方经济学主要流派》，中国人民大学出版社 2004 年版。

制约经济增长的关键。

从静态角度进行供需结构考察，经济持续均衡增长需要考虑供需结构的内部均衡及供需结构间均衡。由于总供给与总需求内部结构的各组成部分相互影响，供需结构均衡的影响机制相对复杂。首先，考察供需结构的各自内部均衡，从总需求结构内部均衡来看，我们分析问题的逻辑从人类的基本生存开始，人类生存需要有基本的物质需求，即消费需求，消费需求扩张带动投资需求扩张，投资需求一旦形成，一方面需满足当前的消费需求；另一方面还需要满足日益扩大的消费需求，在开放经济条件下，一旦消费需求或投资需求出现不足或过剩，可以用出口需求与进口需求进行弥补；从总供给结构内部均衡来看，消费性产品供给与投资性产品供给间存在均衡，当生产能力一定时，消费性产品供给过少，生产性产品供给过多，人类的基本生存无法保障；消费性产品供给过多，生产性产品供给不足，经济会陷入低水平贫困的恶性循环而无法实现持续增长。其次，考察供需结构间均衡，消费性产品供给扩张需要满足消费需求扩张，由于投资需求具有需求与供给的“双重性质”：在开始的时候是需求，一旦形成生产能力后形成供给，因而，投资需求扩张需满足消费性产品供给扩张与投资性产品扩张。因而，从静态角度分析，供需结构间均衡可以简单地归纳为消费性产品供给与消费需求均衡，投资需求与消费性产品供给和生产性产品供给均衡（详见图 1）。

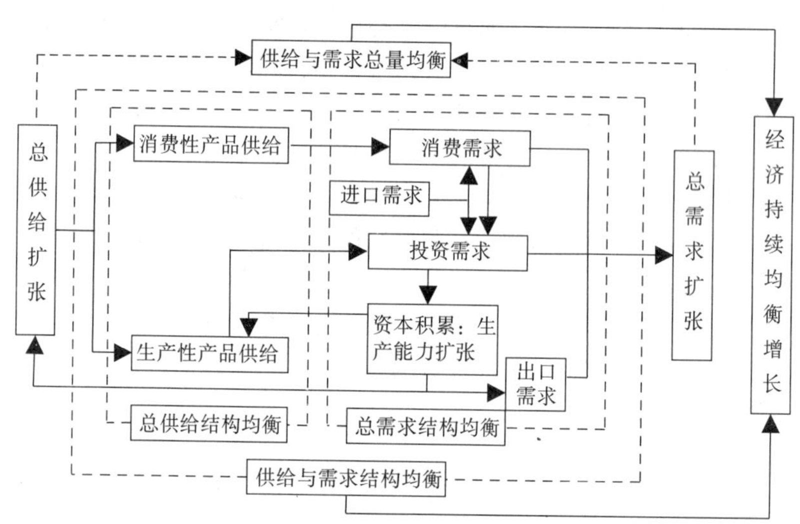

图 1　供需总量扩张、结构均衡与经济持续均衡增长示意图

从静态的角度分析，为了促进经济持续均衡增长，政府宏观经济政策设计的重点是“补短板”和平衡结构：首先，以供需总量均衡为目标，根据供给与需求的具体情况，需求不足则采取需求管理政策，供给不足则采取供给管理政策；

其次，以供需结构均衡为目标具体设计宏观经济政策的政策体系及实施路径。

（二）供需转换与经济持续均衡增长及宏观经济政策选择：动态分析

虽然经济学界诸多关于总供给、总需求与经济增长的理论或重视需求因素或重视供给因素，但都有一个共同特征，即都是为解决某时代特定的社会经济问题而产生，每一种理论的提出都有其特定的社会经济背景。不可否认的是，社会经济背景会随着经济发展而不断出现新变化，经济增长的供给因素和需求因素在经济发展的不同阶段会表现出不同特征，具有动态性，这可能也是经济学界关于经济增长的供给决定或需求决定分歧的纠结所在。本文此部分将从基于工业化视角的经济发展阶段出发，把经济发展按工业化特征划分为工业化初期阶段、工业化中期阶段、工业化后期及后工业化阶段，动态探讨供需转换与经济持续均衡增长一般规律及其宏观经济政策设计（详见图 1）。

1. 工业化不同阶段供需转换与经济持续均衡增长的一般规律。在经济发展的工业化初期阶段，生产率水平较低，农业是社会生产的主导产业。在这一阶段，生存是人类社会面临的主要问题，衣、食、住、行等方面的基本生存类消费需求因而是社会生产需要解决的首要问题。由于农业生产的特性及具有受自然环境影响较大的特点，从供给与需求的总量上来看，这一阶段总供给增长一般远远不能满足总需求增长，制约经济增长的主导因素是供给方面的供给不足。而从总供给与总需求的内部结构来看，在供给结构方面，消费性产品的供给是主导，生产性产品的供给次之；而在需求结构中，消费需求起主导作用，投资需求次之，在开放经济条件下，进口需求可在一定程度上弥补消费性产品的供给不足。因而，这一阶段驱动经济增长的关键因素在于供给侧的供给不足，特别是消费性产品的供给不足是常态，在供给约束的情况下，投资需求大于生产性产品的供给，总产出不是决定于投资需求，而是决定于生产性产品的供给，这一阶段经济持续均衡增长的基本模式是“总供给扩张（主要是消费性产品供给扩张）—消费需求扩张—投资需求和进口需求扩张—生产能力扩张（生产性产品供给扩张）—产出增加”的供给主导驱动经济增长阶段。

在经济发展的工业化中期阶段，以工业为代表的第二产业逐渐取代农业成为社会生产的主导产业。由于工业生产受自然条件约束较少，且工业具有比农业和服务业更高的生产效率，在这一阶段，从供给与需求的总量上来看，经历了工业化初期阶段的资本积累，生产能力持续扩大，产品供给能力和速度均得到大幅提升，经济增长的速度也相应会比第一阶段有所提高，制约经济增长的主导因素也将由第一阶段的供给不足逐渐转变为需求不足。从总供给与总需求的内部结构来看，在供给结构方面，由于技术水平提高和工业生产特点，消费性产品的供给能力和生产性产品的供给能力均得到大幅提升；在需求结构中，产品供给能力提升，特别是工业类生产性产品供给能力提升导致投资需求快速增长，由于消费受制于人的天然属性，消费需求增长速度一般会慢于投资需求，导致消费需求相对不足而出现部分产品的产能过剩，在开放经济条件下，出口需求可在一定程度上弥补消费需求不足，在一定程度上化解过剩生产能力。因而，这一阶段驱动经济增长的关键因素在需求侧，其基本模式是“投资需求扩张—生产能力（供给）扩张—消费需求和出口需求扩张—产出增加”的需求驱动经济快速增长阶段。

在经济发展的工业化后期及后工业化阶段，服务业逐渐取代工业和农业成为社会生产的主导产业。从供给与需求的总量上来看：经历了工业化初期和中期阶段的资本积累，生产能力持续扩大使产品供给量达到较高水平；随着经济社会发展，居民消费结构也将不断升级转换，反映生活质量与生活品质的服务类消费性产品的需求，如住房、教育、旅游、医疗等产品的需求将会大幅上升，消费需求总量上升及结构升级相应带动投资需求总量上升及结构升级。因而，从总量上来说，这一阶段制约经济增长的主导因素不仅会表现在供给方面，也会表现在需求方面。从总供给与总需求的内部结构来看，在供给结构方面，某些工业类生产性产品的供给过剩现象可能会出现，相应地，工业类生产性产品的供给应向消费类生产性产品的生产供给转换，由于服务业生产效率低于工业，这一转换在某种程度上会使经济增长速度出现一定程度下降。而在需求结构中，工业的投资需求下降和服务业对资本投入要求相对较低，这将会使投资需求增长趋缓并趋于稳定，消费需求也将由第二阶段的工业消费品主导逐渐向服务类产品主导转换并趋于稳定，在开放经济条件下，出口需求和进口需求可在一定程度上弥补消费需求或投资需求的不足及过剩。因而，这一阶段驱动经济增长的关键因素已不是供需总量问题，而在于供给侧的结构转换和需求侧的消费结构升级，其基本模式是“供给结构转换—供给升级—消费需求升级—投资需求升级—生产能力扩张—产出增加”的供需双因素驱动经济稳定增长阶段。

2. 工业化不同阶段宏观经济供需管理政策设计的相机抉择。从动态发展角度完整考察工业化阶段性演进可以发现，当经济发展由工业化初期阶段进入工业化中期阶段，制约经济持续均衡增长的主导因素由供给总量转换为需求总量，而当经济发展进入到工业化中期阶段并向工业化后期及后工业化阶段演进时，制约经济持续均衡增长的主导因素将由供需总量问题逐渐转换为供需结构问题。相应地，宏观经济政策设计也应根据经济发展的阶段性特征而相机抉择。

在经济发展工业化初期阶段，宏观经济政策设计的重点在供给侧，兼顾需求侧政策设计。首先，为了满足生存的需要，影响消费性产品供给扩张的因素是供给侧宏观经济政策关注的重点和政策体系设计的优先选择；此外，为了促进经济持续增长，走出贫困，生产性产品的供给政策设计也非常关键，否则经济发展可能会一直处于低水平贫困的恶性循环。其次，在需求侧的政策设计方面，要正确处理消费与积累的关系，当满足基本消费需求后，刺激投资需求加强资本积累的政策设计成为摆脱贫困的必然选择，因而，投资需求需要在消费性产品的供给和生产性产品的供给中寻求均衡配置，进而达到“既要保生存、又要保发展”的目标，在开放经济条件下，利用进口化解供给不足的对外贸易政策设计非常必要。

在工业化中期阶段，宏观经济政策设计的重点应在需求侧，兼顾供给侧政策设计。首先，积极扩大总需求消化生产日益扩大的供给能力成为需求侧宏观经济政策关注的重点，而影响投资需求和消费需求扩张的因素是政策设计的关键和政策体系设计的优先选择，在开放经济条件下，利用出口化解因消费需求不足而导致生产能力过剩的对外贸易政策设计也非常关键，否则经济发展可能会陷入产能过剩的危机。其次，在供给侧的政策设计方面，当满足基本消费性产品和生产性产品供给后，提升消费性产品层次形成新的消费热点和提升生产性产品供给层次形成新的供给热点的政策设计成为经济持续发展的必然选择，否则经济可能会陷入“中等收入陷阱”而停滞不前。

在经济发展的工业化后期及后工业化阶段，供给总量和需求总量已不是宏观经济政策需要解决的主要问题，宏观经济政策设计的重点应兼顾供给侧结构性政策设计和需求侧结构性政策设计。首先，在供给侧宏观经济政策设计方面，促使生产性产品结构升级形成新的供给热点和提升消费性产品供给层次形成新的消费热点是这一阶段供给侧结构性改革的重点。其次，在需求侧宏观经济政策设计方面，影响消费需求扩大及消费结构升级的制约因素是宏观经济需求侧政策首先解决的问题，而在投资需求方面，以消费结构升级为导向扩大投资需求，依据高技术水平和人力资本水平提高投资效率是政策设计的关键，相应地，在开放经济条件下，适应经济发展需要的鼓励进出口的对外贸易政策设计非常必要。

三、改革开放以来中国经济发展的供需变化趋势及宏观经济运行新特征

（一）供需总量变化趋势

1978 年以来，中国改革开放极大地释放了经济发展的活力，促进了中国经济快速增长。在经济快速增长过程中，中国的供需总体状况也不断发生变化。国内诸多学者对中国改革开放以来的供需总量变化情况进行了充分研究，比较一致的结论是：1997 年以前，总体上供给不足，1997 年以后，总体上供给过剩。事实上，中国经济发展过程中的供需关系变化与经济发展的工业化阶段密切吻合。基于钱纳里（Chenery，1995）对工业化进程标准模式（人均收入水平、三次产

业产值结构、就业结构等）的描述和中国经济社会发展特征，中国的工业化总体进程在1993年左右进入工业化中期阶段，在2004年左右进入工业化中期加速阶段。据此，结合前文中经济发展工业化不同阶段供需转换与经济持续均衡增长的一般规律的理论阐释，本文分1978—1992年、1993—2000年和2001—2017年三个阶段来剖析中国经济发展过程中的供需总量变化情况。

1. 1978—1992年的供给不足阶段。新中国成立以来直至改革开放初期，中国经济发展总体上处于供给短缺状态，改革开放以前长期受压抑的居民消费需求在改革开放的初期阶段剧烈爆发，成为启动经济增长的主导动力。分阶段考察可见，1978—1984年，消费需求年均增长率达到12.2%，受消费需求带动的投资需求增长率达到9.1%。1985—1990年，消费需求年均增长率达到14.9%，投资需求年均增长率达到14.3%，这两个阶段消费需求的增长速度明显快于投资需求，显示两个阶段的供给均不能满足消费需求的需要，但由1978—1984年阶段过渡至1985—1990年阶段，消费与投资之间年均增长率差距缩小说明生产能力不断积聚。

在短缺经济条件下，由于消费受投资（供给）所决定，而“投资滞后性”的存在使投资需求增长相对较慢，在市场上会表现为一些生活消费品的供给不足而出现抢购现象。在这一阶段，由于农村居民抢购生活必需品和城镇居民抢购耐用消费品引起商品零售价格指数在1988年和1989年分别达到18.5%和17.8%，中国经济发展过程中出现了改革开放以来第一次规模较大的通货膨胀。

2. 1993—2000年供需关系转换阶段。分阶段考察发现，1991—1994年，在政府采用扩大固定资产投资刺激经济回升的措施下，投资需求超常增长，年均增长率32.9%，在投资需求驱动下的消费需求也超常增长，达到24.3%。1995—2000年，受国家紧缩性货币政策和1997年东南亚金融危机的影响，投资需求和消费需求的增长均相对较慢，年均增长率分别为6.2%和10.6%，消费需求的增长速度快于投资需求依然显示经济中存在一定程度的供给不足，但多年以来的资本积累已形成越来越大的生产能力，1996年年底中国经济的“软着陆”标志着供求关系已发生根本性改变，1997年以后，中国经济发展中的商品供给过剩成为经济生活中存在的突出问题。

3. 2001—2016年的供给过剩逐渐显现阶段。2001—2009年，中国经济增长进入增长波动较小且经济增长率不断提升的良好发展阶段，名义GDP年均增长率达到15.2%，消费年均增长率达到12.2%，投资年均增长率达到17.5%，长期高投资率下导致的强“投资惯性”形成的强大生产能力导致部分行业的产能过剩逐渐凸显。从1998年开始，全社会对于钢铁、水泥等几个工业行业的良好外部环境存在很强的共识，包括影响水泥、电力等行业的国内基础建设持续增加，经济发展过程中也出现了三次大规模产能过剩①：第一次是1998年至2001年，第二次是2003年至2006年，第三次是2009年以后，导致商品积压和工业产品的库存大幅增加，钢铁、电解铝、铁合金、焦炭、电石、汽车、铜冶炼几个工业产业的产能过剩问题比较突出，水泥、电力、煤炭、纺织等行业也出现了潜在产能过剩的问题。2009年以后，在西方金融危机、经济发展阶段转型和产能过剩等问题的多重压力下，经济增长速度也由高速进入中速，名义GDP年均增长率由上一阶段的15.2%下降至12.3%，刺激消费和化解产能过剩的政策设计发挥效果使消费年均增长率由上一阶段的12.2%略微上升达到13.1%，投资年均增长率由上一阶段的17.5%大幅下降至12.1%。

（二）宏观经济运行的新特征

1. 经济增长速度由高速进入中速。由图2可见，除在改革开放的初期阶段，经济增长波动幅度较大以外，1978年以来，中国经济长期保持中高速增长，特别是在2003—2007年，中国经济进入快速增长期，GDP年增长率均超过10%且经济增长速度逐年上升。但2008年西方金融危机爆发以来，除2010年，各年经济增长速度均低于10%，特别是自2012年以后，经济增长率下降至8%以下且持续了3年，这种现象也引起了政府决策层面和学术界的重点关注。

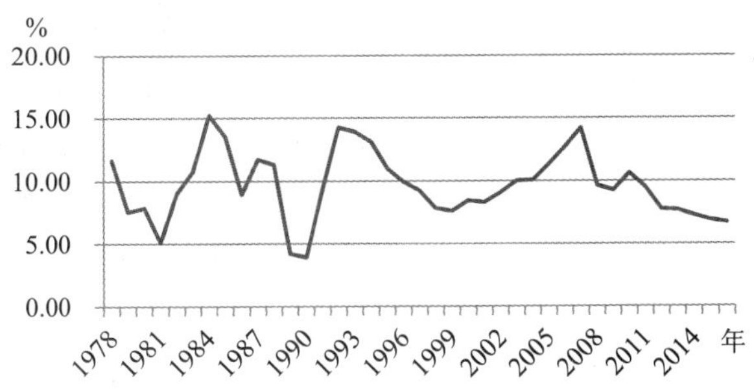

图2　中国1978—2016年名义GDP年增长率

资料来源：国家统计局官方网站。

2. 经济增长的需求动力出现新趋势。分阶段考察经济增长的需求动力可见：1978—2009年，投资需求和净出口需求对经济增长的贡献率持续上升，消费需求对经济增长的贡献率持续下降；在2001—2009年，投资需求对经济增长的贡献率已接近消费需求，在拉动经济快速增长的同时，也带来某些负面效应，如部分产业产能过剩、资源环境压力加大。但自2009年以来，传统的“投资—出口

① 林毅夫、巫和懋、邢亦青：“‘潮涌现象’与产能过剩的形成机制”，《经济研究》2010年第10期。

驱动型”增长模式悄然发生转换，消费需求对经济增长的贡献率由下降转变为上升，投资和净出口需求对经济增长的阶段贡献率由上升转换为下降，消费对经济增长的贡献率由2001—2009年的49.6%提升至60.3%，消费重新成为拉动经济增长的主要动力（详见表1）。

表1　中国经济增长的需求驱动特征

阶段	1978—1992年	1993—2000年	2001—2009年	2009—2015年
投资贡献率（%）	25.5	27.3	40.6	36.1
消费贡献率（%）	75.8	65.1	49.6	60.6
净出口贡献率（%）	-1.3	5.4	9.7	3.3
实际GDP（1970=100）年均增长率（%）	9.1	8.5	10.8	8.5

资料来源：《中国统计年鉴（2016）》。

注：利用Eviews6.0软件测算而得。

3. 经济增长的产业贡献率出现新趋势。图3呈现了1993年以来三次产业对经济增长的贡献率及变化趋势。总体上看，1993年以来，经济增长的产业贡献由第二产业（或以工业代替）主导逐渐转变为第二产业与第三产业并重，第一产业对经济增长的贡献率波动中持续下降，第二产业对经济增长的贡献率先上升后下降，第三产业对经济增长的贡献率波动中持续上升。分阶段考察发现：1991—2000年，第二产业对经济增长的平均贡献率为62.7%；2001—2013年，第二产业对经济增长的平均贡献率下降为44.1%；1991—2000年，第三产业对经济增长的平均贡献率为29.9%；2001—2015年，第三产业对经济增长的平均贡献率上升至为53.7%，超过第二产业对经济增长的贡献率。经济增长的产业贡献率出现新趋势表明中国经济发展已由工业化中期阶段逐渐向工业化后期及后工业化阶段过渡。

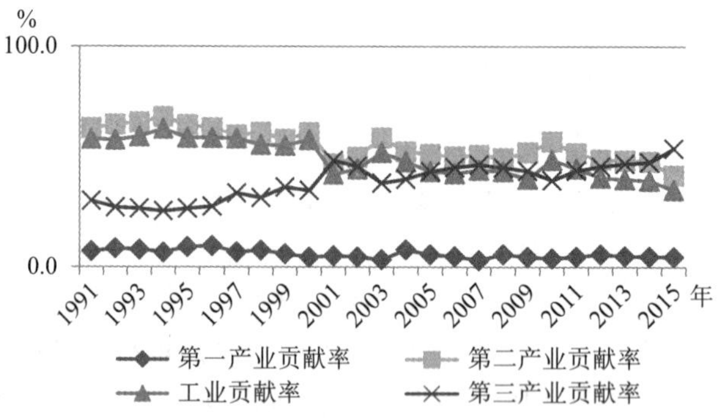

图3　中国1991—2015年经济增长的三次产业贡献率

资料来源：《中国统计年鉴（2016）》。

4. 部分行业的产能过剩与部分行业的供给不足并存。由于投资具有需求与供给的双重效应，改革开放以来，投资需求在拉动经济增长快速增长的同时，投资的供给效应逐步显现，以钢铁、水泥、电解铝、平板玻璃、纺织和家庭耐用电器为代表的主要工业产品的产能过剩问题成为制约经济健康增长的主要因素。产能过剩主要表现在：以工业产品的库存为例，在2001—2007年统计的40种主要工业产品库存增长20以上的比重达到33.3%；2009—2011年统计的100种主要工业产品库存增长20以上的比重达到46.7%。① 以产能利用率为例，2001年，我国制造业总体产能利用率为93%，2008年，制造业总体产能利用率下降至86%；2012年，部分行业产能过剩的矛盾更加突出，据工信部公布数据显示，钢铁、水泥、电解铝、平板玻璃等行业的产能利用率为72%、73.7%、71.9%、73.1%，远低于80%的合理化水平。与部分行业产能过剩并存的是，部分行业供给不足现象也比较明显，如部分地区的拉闸限电致使部分企业开工不足，东部地区部分企业出现用工荒，电气机械、电气设备、仪器仪表、高端文体制造产品和农副产品等技术含量较高的工业产品及高端消费品局部供给短缺现象明显。

5. 增长速度放缓与要素价格上涨并存。长期以来，中国经济发展过程中的要素价格扭曲为企业提供了较低生产成本，促进了经济快速增长。但2008年以后，与经济增长速度放缓并存的是要素价格上涨，制造业工资水平、资本要素价格明显上升。1990—2008年，人均GDP年均增长速度为13.5%，略高于同期制造业城镇单位就业人员平均工资年均增长速度的13.3%；2009—2013年，人均GDP年均增长速度为12.3%，显著低于同期制造业城镇单位就业人员平均工资年均增长速度的14.0%。在利率及汇率市场化改革、经济发展环境变化及互联网金融冲击下银行业运营成本上升的多重因素影响下，近年来，资本要素价格也呈现出明显的上升趋势，以全国银行间同业拆借加权平均利率（7天）的变化趋势为例，2002—2005年利率水平接近1980—2001年的利率水平，约在2%，2006—2008年则上升至3%左右，2009—2010年虽有短暂下调，但2011年以后，利率水平比1980—2001年的利率水平上升至4%左右，比2002年涨幅达到100%。②

四、中国当前供给侧结构性改革和需求侧结构性改革的突破点

考察改革开放以来应对中国经济发展的需求管理与供给管理的宏观经济政策的增长绩效可以发现：改革开放以来，中国经济发展过程的经济政策增长绩效效果良好，也取得较好的增长成就，经济中出现的经济波动也主要源于经济发展工

① 纪明：《中国需求结构演进研究》，经济科学出版社2013年版。

② 纪明：“均衡增长的中国经济：要素价格扭曲、回归及效应”，《社会科学》2015年第1期。

业化阶段性转型和外部冲击的影响。改革开放以来中国经济发展过程中的供需总量变化趋势及宏观经济运行的新特征也表明，现阶段和未来一段时间内，中国经济发展阶段已具备工业化中后期阶段的属性，并同时具有后工业化阶段的部分属性。相应地，宏观经济政策设计的重点不应是供给与需求的总量问题，而应是兼顾供给侧结构性政策设计和需求侧结构性政策设计。

（一）宏观经济政策供需管理的目标及载体

中国经济增长阶段的转换实质上是经济结构、增长动力和发展方式的转变，必将对供给与需求的转换产生重大影响。面对中国经济运行出现的一些新问题，结合在经济发展的工业化后期及后工业化阶段供需特征变化及宏观经济政策需要解决主要问题的理论剖析，中国当前及未来一段时间内，宏观经济政策供需管理目标要顺应经济发展阶段的转换，关注的重点不应是供给与需求的总量问题，而应是寻求供给与需求的内部均衡及结构间均衡，政策不仅要重点寻求供给侧结构性改革的突破点，同时也应在需求侧结构性改革寻求突破点。

世界多国经济发展实践表明，当经济发展进入后工业化阶段后，居民消费结构将由工业消费品主导向服务业消费品主导升级，驱动经济增长的主导产业将由工业转变为服务业，在这一产业结构调整的重要时期，大规模工业化所带动的巨大投资需求推动经济快速增长的路径难以为继，而城镇化战略相应成为促进经济持续发展的重要举措和供需管理的载体。提倡以人为本的新型城镇化不仅能够为服务业的集聚发展创造必要的空间，同时也是创造供给新热点、改善供给结构和需求结构转型升级的契合点。事实上，发达国家的城镇化率多在80%以上，近年来，中国城镇化进程虽然快速推进，但总体上城镇化水平仍然滞后，2014年全国平均水平的城镇化率仅为54.8%，特别是诸多中西部地区的城镇化率多在50%以下，城镇化必然是扩张有效供给、改善供给结构和扩大内需的最大潜力所在。

（二）供给侧结构性改革的突破点

从供给侧结构性改革来说，中国当前产品供给失衡一方面表现为以钢铁、水泥为代表的部分资本密集的生产性产品供给过剩和以电气机械、电气设备、仪器仪表等技术密集型产品供给足，另一方面表现为以家庭耐用电器为代表的消费性产品过剩和反映生活质量的高端文体制造产品供给不足。因而，当前供给侧宏观经济政策着力点首先是以新型城镇化为核心提升经济发展质量，以更大的决心坚定不移地消化和淘汰部分过剩产能，增加适应社会发展阶段特点的高技术性含量的生产性产品供给，加强提升生活质量的消费性产品供给能力，进而扩张有效供给和改善供给结构，以更大的毅力用改革阵痛换取经济长期持续发展的空间与动力。其次，由于产品供给主要受到技术、资本存量、劳动力素质、物价等因素制约，因而，必须坚定实施创新驱动发展战略，依靠技术进步和资本供给结构改善提升新型城镇化进程中的供给基础层面，鼓励企业技术设备升级和加大技术创新的财税支持力度，进快推进已经转移到城镇非农产业的农村劳动力的市民化和加强教育改革导向提升劳动力素质及改善劳动力供给结构，同时，以市场供求为基础稳定能源资源、土地、劳动力等要素价格进而控制物价水平大幅波动。

（三）需求侧结构性改革的突破点

从经济增长的需求动力性质来说，消费需求是经济发展的终极目标和经济稳定的重要力量，投资需求是经济增长速度提升的关键，而出口需求和进口需求只能作为消费和投资的必要补充。长期以来，中国经济发展过程中的需求结构失衡主要是投资需求和净出口需求超常规发展，而消费需求增长相对滞后。因而，从需求侧结构性改革的突破点来说，当前需求侧宏观经济政策的着力点首先是以新型城镇化为载体，一方面促进农村居民城镇化，另一方面提升城镇居民消费结构升级，这两方面的综合效果进而会从数量和质量上极大地扩大与提升居民消费需求；其次，以消费结构升级为导向扩大投资需求和优化投资需求结构，加强新型城镇化进程中的住房、医疗、卫生、教育、休闲、娱乐等领域的投资，改善许多中西部地区城镇基础设施薄弱、公共服务水平较低的问题；最后，坚持扩大内需的新型城镇化政策还必须辅之以正确的进出口导向政策，把净出口需求作为消费需求和投资需求的必要补充。

第三篇

开放发展篇

要素分工、开放发展与长江三角洲全面小康建设的基本经验①

改革开放以来，长江三角洲（以下简称长三角）地区经济发展取得了令世界震惊和瞩目的巨大成就乃至“增长奇迹”，在全面建成小康社会中走在了全国前列。作为我国改革开放的先行地区之一，在全球要素分工深度演进条件下，长三角依托优越的地理位置、完善的基础设施和廉价优质的劳动力等比较优势，毅然决然地融入国际分工体系，抓住了全球要素分工带来的战略机遇，以开放促发展，在不断扩大开放中寻求发展机会，通过引进国外先进生产要素、承接产业和产品生产环节的国际梯度转移、大力发展对外贸易等方式不断增强经济竞争能力，是长三角地区全面建设小康社会最宝贵的基本经验之一。

当前，面临国内国际环境的深刻变化，长三角地区开放发展既面临着稳增长、调结构、转动力的艰巨任务，同时也担负着借助发展更高水平开放型经济率先迈向基本现代化的使命。因此，系统总结要素分工条件下长三角全面建设小康社会中开放发展的经验，深入分析当前国际国内环境变化所带来的挑战和机遇，进而适时调整长三角地区开放发展战略，对于抓住全球要素分工进一步深度演进的战略机遇，实现长三角地区由全面小康到率先实现基本现代化的宏伟目标，具有极其重要的意义，也是长三角所必须面对的重大课题。

一、要素分工、开放发展与全面小康建设的理论逻辑

全面建设小康社会包括经济、社会、文化等各个层面，其中经济建设是关键也是其他方面实现的前提条件，具有决定性意义。经济发展通常有两条基本的路径：封闭发展和开放发展。世界经济发展的实践提供了这样一个经验性结论：开放不一定发展，但封闭一定落后。因为一个不开放、封闭型的国家，将出现低水

① 本文作者张二震、戴翔。基金项目：教育部人文社会科学研究基地重大项目“长江三角洲全面建设小康社会中的开放发展研究”（16JJD790025）。

平结构的超稳定性，封闭系统的自我均衡导致低水平发展。而对外开放是打破这种封闭状态下的自我均衡以实现面对外部发达经济系统交换的共享均衡，这种新的共享均衡有着特定的实现条件，只要能够准确把握，就能够促进经济发展。从经济学的角度分析，要素分工条件下，发展中国家和地区通过扩大对外开放和对外交流，有助于本地区吸引和聚集国际资金、技术、人才、信息等要素，促进该国或地区全面参与国际经济大循环，进而提升区域经济发展水平，为推进全面小康社会建设奠定经济发展的基础（徐康宁，2010）。概括而言，要素分工条件下，实施开放发展战略可以从以下几个方面来推动经济增长从而推动一个国家或地区的全面小康建设进程：一是通过对外贸易；二是通过外商直接投资（FDI）；三是通过对外直接投资（OFDI）；四是通过加快推进工业化进程；五是通过加快技术转移。

（一）对外贸易促进经济增长

对外贸易能够促进一国的经济增长，其作用机理在于：一方面，因为各国按比较成本规律进行国际贸易，通过两优取其更优、两劣取其次劣的办法进行专业化分工，使资源得到更有效的配置，增加了产量。通过交换，各国都得到了多于自己生产的消费量。他认为这是对外贸易的直接利益。另一方面，也是最重要的方面，就是对外贸易产生间接的动态利益，即随着对外贸易的发展，通过一系列的动态转换过程，把经济增长传递到国内各个经济部门，从而带动国民经济的全面增长。更为重要的是，知识、技术和信息等高端要素能够通过国际贸易而产生强烈的外溢性，通过国际贸易，一国研发部门能够获取国外的外溢效应，从而有助于培养本国的消化吸收再创新能力以及在此基础上形成的自主创新能力，最终提高本国的全要素生产率（陈继勇和梁柱，2011）。针对上述作用机理，无论是马克思主义经典作家的生产与交换理论，还是亚当·斯密的分工理论；无论是规模经济及不完全竞争理论；还是贸易的知识（或技术）外溢模型，无不进行了大量的探讨和论证，较为一致的观点基本认为对外贸易会通过诸如上述一些主要的作用机制和渠道影响着经济增长。要素分工条件下，对外贸易不仅限于最终产品，更重要的是存在着大量的中间产品，从而使得上述作用机制更为明显，对经济增长的促进作用更大（方勇等，2013）。

（二）外商直接投资（FDI）促进东道国经济增长

要素分工的一个突出特征是生产要素的跨国流动性日益增强，主要表现为FDI带动的诸如技术、知识、管理等一揽子生产要素的跨国流动。因此要素跨国流动对东道国经济增长的促进作用，现有文献多集中于FDI的分析和探讨。主流经济学围绕 FDI 能够促进东道国经济增长论题的逻辑推论主要有两个视角：一个是将 FDI 视为单纯的生产要素，认为 FDI 的流入无疑会改变一国或地区的要素禀赋结构和要素存量水平，确切地说，会提高资本存量水平和提高资本/劳动比率，从而引起经济增长；另一个是强调 FDI 的知识溢出效应，认为 FDI 不仅仅是单纯的生产要素，而且 FDI 的流动还会带动从一般意义技术到管理等宽泛的技术知识的一揽子生产要素的流动，从而改变 FDI 流入国和地区的要素存量水平，而这些高端生产要素的流入会带来显著的溢出效应，从而促进经济增长。学术界大部分观点认为，外商直接投资是通过引进国外先进生产技术，基于学习效应外溢到国内产业，从而对东道国利用外资实现制造业全要素生产率提高仍可能存在影响。但由于这种作用受到样本个体差异的影响，仅对于学习效应良好的国家和产业有显著作用，因此，通过全要素生产率提高而作用于经济增长，也是其重要的作用机制之一。

（三）对外直接投资（OFDI）促进母国经济增长

关于 OFDI 与母国经济增长的关系，尤其是对于发展中国家而言，已有的观点主要梳理了如下几个方面的作用机制和渠道：一是技术学习效应。坎特威尔和托伦惕诺的技术创新产业升级理论是从对外直接投资的动态角度说明了发展中国家对外直接投资技术进步的原理。发展中国家可以通过国内有较强实力的产业对发达国家进行逆向投资，设立研发中心、开办科技型企业以及收购或兼并当地科技型企业，获取最新的技术和管理经验形成自己的核心竞争力。二是资源获取机制。随着一国经济的持续高速成长，许多重要自然资源的短缺现象日趋严重，供求缺口不断扩大，尤其是石油、天然气等关系国计民生的战略资源，进口依存度迅速增大。为避免国内的资源枯竭和国外的受制于人，利用其他国家和地区的资源优势，以重要资源开发为导向的对外投资是解决发展资源“瓶颈”的现实需要。相关实证研究结果表明，OFDI 通过“R&D 费用分摊机制”“研发成果反馈机制”“逆向技术转移机制”和“外围研发剥离机制”等机理（赵伟等，2006），可以给母国带来技术进步效应、技术外溢效应以及产业升级效应等多重效应，进而可以促进母国经济增长。

（四）对外开放促进工业化进程

不管是老牌工业化国家还是新兴工业化国家，一般而言，工业化发展进程都是与对外开放密切联系在一起的。二战结束后初期，虽然有很多发展中国家的经济学者普遍认为，由于发展中国家处于工业化初期阶段，即工业产业属于“幼稚产业”，如果在开放条件下与发达国家的成熟工业相竞争，会面临着夭折的风险和挑战。因此大多发展中国家经济学者建议实施贸易保护和进口替代战略，通过保护本国的“幼稚工业”以及“边干边学”来推动发展中国家的工业化进程。然而实践证明这一战略并没有起到应有作用，反而阻碍着工业化发展，比如所谓的“拉美病”就是这一失败战略的典型案例。20 世纪 90 年代末以后，经济学家开始注意到对外开放对促进发展中国家经济发展的重要作用。他们认为，经济发展不仅伴随着“边干边学”的过程，同时也伴随着“学习效应”。这种学习效应不仅来自于国内以往生产产品经验的积累，而且也可以来自于从国外进口的工业品。近几十年实行对外开放的国家中，亚洲“四小龙”和“四小虎”由于政府实行了较为有效的开放战略，推动了这些国家和地区走上了快速的工业化发展道路，就是成功的典型案例（马颖和余官胜，2010）。

（五）对外开放加快国际技术转移

从现有的国际分工格局和技术实力来看，由于大多数新技术大都是来自于发达国家，因此借助于对外开放来吸纳新技术是发展中国家赶超发达国家的一条快捷方式，这也是要素分工条件下的新机遇。通过技术引进，有利于缩短技术开发周期、节约技术开发资金、降低使用新技术的风险、增强本国经济和技术的竞争力，加速本国或本地区的现代化进程。具体来说，技术的国际转移对技术引进国家或地区有以下积极作用：（1）促进东道国企业的技术竞争。跨国公司作为技术创新的推动者和拥有者，当本土企业面临跨国公司的技术竞争时，原先处于国内领先地位的企业为了保持市场竞争力，就会加速技术开发的速度。（2）推动东道国相关企业技术进步。跨国公司通过对上下游的当地企业提供产品演示培训以及使用方面的指导与帮助，使本土企业提高产品质量和生产效率，从而对提高本土企业的技术水平产生积极影响。（3）促进东道国人才的培养。人力资源“本土化”战略是跨国公司的一个重要战略。从跨国公司对雇员的培训来看，在跨国公司雇员中存在着人力资本技能的积累。通过学习跨国公司的先进技术和先进的知识管理、创新管理方法，可以大大缩短东道国与母国在管理水平上的差距。至于对外开放条件下国际技术转移的机制，概括而言主要有直接和间接两大类：（1）直接学习国外先进技术主要通过与国外技术交流或者向国外购买技术来实现。（2）采用国外已经发明的专门化投入品或者高级的中间投入品。这是间接获得国外先进技术的重要方式。

二、要素分工条件下长三角开放发展的基本特征和效益

改革开放以来，长三角地区开放发展模式的形成，是在全球要素分工快速发展、国际分工体系演变与国内和长三角地区特殊环境耦合的必然结果。换言之，

国际环境来看，经济全球化与全球要素分工下的产业和产品生产环节的国际梯度转移等国际环境，以及长三角地区特有的区位优势与地方政府的政策等区域环境，促成了长三角地区的开放型经济发展格局。概括而言，长三角地区融入全球要素分工体系发展开放型经济具体表现为以下几个特征：

第一，在贸易方式方面，加工贸易主导着长三角地区开放型经济发展。加工贸易在长三角地区从无到有，从小到大，特别在“八五”期间，得益于FDI的大量流入，加工贸易得快速发展。作为中国开放程度最高地区之一的长三角地区，自20世纪90年代以来的加工贸易总额一直占了其全部贸易总额的60%左右。虽然近年来随着贸易发展方式的转变，但加工贸易所具有的举足轻重的地位并未根本改变（张亚斌和赵景峰，2017）。加工贸易的快速发展，实质上正是融入全球要素分工体系的典型表现和结果，即在产品生产国际分割的背景下，长三角地区发挥比较优势而专业化于产品生产环节和阶段，实现了对外贸易的快速发展。

第二，在经济主体方面，外资代工企业是加工贸易的主力军。承接国际产业和产品增值环节的国际梯度转移，实际上有两种方式。一是本土企业承接国际大买家订单进行产品生产从而催生了本土相应产业发展；二是以FDI的形式推动的产业跨国转移。长三角地区通过大量利用外资，是开放发展的突出特征之一，也是融入全球要素分工体系的典型表现，因为这体现了要素流动，也体现了参与产品内分工。跨国公司在长三角地区设立的子公司以及中外合资、合作企业则依靠当地丰裕廉价的劳动力和税收优惠占据了对外贸易的先头阵地，进而成为加工贸易的主力军。特别是在加工贸易主体中，外商投资企业所占比重一直较高，主导着长三角地区的加工贸易。

第三，在产品结构方面，专注于劳动密集型产品与工序的加工制造。1991年以前，在长三角的加工贸易主要集中在服装、鞋帽、纺织、玩具等劳动密集型行业产品的“来料加工”和“进料加工”上。近年来，加工贸易出口中劳动密集型产品所占的比重越来越低，而以机电产品为代表的资本及技术密集型产品所占的比重大幅上升。但从价值链来看，长三角地区的制造业仍然集中于资本、技术密集型产业中的劳动密集型环节，从事劳动密集型产品与工序的加工制造与出口（马桂萍和曲直，2017）。这与长三角地区现行比较优势有关，符合全球要素分工体系下产品价值链区位配置的基本原理。

在中国改革开放的宏观环境下，正是由于长三角地区实施了开放发展战略，抓住了全球要素分工的战略机遇，充分发挥自身比较优势，充分利用国内外两种资源、两个市场，使得长三角地区获得了巨大发展效益。这不仅表现在对外贸易的蓬勃发展和外资的大量流入方面，更表现为由此所带动的经济快速发展方面。

在利用外资方面。自从实施开放型经济发展战略以来，长三角地区在不放弃自主发展的同时，大力吸引外资，特别是自从21世纪以来，上海和江苏加大了利用外资的力度，浙江也开始重视并加快利用外资的步伐（洪银兴，2006）。到目前为止，长三角地区利用外资的数量不断增加，利用外资的质量日益提升，最终使地区的技术水平和竞争力都大大的提升。有关统计数据表明，2000年长三角地区实际利用外资111.96亿美元，2003年突破200亿美元达到212.52亿美元；2007年突破400亿美元达到了401.78亿美元；2012年突破600亿美元达到了640.14亿美元，2015年累计利用外商直接投资额为6525.66亿美元。其中，2002年长三角利用外商直接投资占全国比重为25.65%，之后一路上升，2003年至2007年的占比分别达到了39.72%、41.83%、46.01%、53.04%、53.74%，即2006年和2007年流入长三角地区的外商直接投资超过了全国一半①。由此可见长三角地区参与全球要素分工确实走在了全国前列，这是开放发展效益的表现之一。

在对外贸易方面。融入全球要素分工体系使得长三角地区对外贸易一直保持高速发展态势，也使其在全国对外贸易中的地位不断提升。有关统计数据表明，长三角地区进出口总额占全国进出口总额的比重，自1996—2008年全球金融危机爆发的这段时期，一直处于不断提高的发展态势。比如，1996年长三角地区进出口总额占全国进出口总额的比重就已经达到了20.82%，也就是占全国土地1.1%、全国人口6.3%的长三角地区，在1996年就创造了全国超过1/5的对外贸易总量。之后，这一比重一路攀升，2007年达到了37.18%，创造了全国超过1/3的对外贸易总量②。由此可见，长三角地区的进出口贸易在全国确实具有十分重要的地位，从对外贸易方面看，也是走在了中国对外开放的前列。

在经济增长方面。在开放型经济发展带动下，长三角地区的国内生产总值日益增加。有关统计数据表明，1996年长三角整体GDP为13150亿元，2003年28842亿元，2005年首次突破30000亿元，达到33963亿元，2007年达到57266亿元；2011年首次突破10万亿元大关，达到了100624亿元。在1996—2015年增加了大概10.5倍。正是由于长三角经济的高速增长，整个地区GDP在全国GDP中的占比也是一路攀升，其中在全球金融危机爆发前的2007年达到了23.06%的峰值③。如果将长三角地区经济增长的巨大成绩完全归功于外资的大量利用和对外贸易的高速增长，可能不免有夸大之嫌，但大概无人否认，其经济的高速增长确实与开放发展战略密切相关。

---

① 此处数据根据历年《中国统计年鉴》和《长三角年鉴》统计数据整理计算而得。
② 此处数据根据历年《中国统计年鉴》和《长三角年鉴》统计数据整理计算而得。
③ 此处数据根据历年《中国统计年鉴》和《长三角年鉴》统计数据整理计算而得。

当然，长三角开放发展的实际效益不仅表现在上述几个方面，在增加就业、提高工资水平、提高人民生活水平、增加政府财政收入等一系列方面，均表现出开放发展的优越性和良好的效益。总之，融入全球要素分工体系，不论是从对外贸易的快速发展看，还是利用外商直接投资的规模和增长速度看，长三角地区实施的开放发展战略的确走在了全国前列，引领着全国开放型经济发展，由此也实现了长三角地区经济的快速发展，奠定了实现全面小康社会建设的经济基础。

三、要素分工演进新趋势与长三角开放发展新机遇

在全球要素分工条件下，长三角实施的开放发展战略虽然成功地实现了带动经济高速增长等巨大效益，但从其动力和支撑条件来看主要还是低端要素的数量扩张，由此所形成的突出特征是：生产高度依赖外商直接投资企业，市场高度依赖出口，产业高度集中制造业，增长依靠大规模的劳动和资本投入。然而，伴随长三角资源禀赋条件、经济发展水平、国内政策和全球竞争环境的变化，以不断增加投入要素为特征的粗放型经济增长方式的固有缺陷和脆弱性日益显现，长三角面临着前所未有的资源短缺和环境恶化难题，制造业发展面临着大而不强的困境和挑战日益明显，产业结构不合理、创新能力不足、产品附加价值偏低等因素阻碍长三角竞争力的进一步提高。但与此同时，我们也应该看到，全球要素分工进一步深度演进带来了新的战略机遇，而长三角地区经过多年开放发展所奠定的现实基础，决定了其有能力抓住新机遇，只要把握得当，就能在进一步融入全球要素分工体系中发展更高层次的开放型经济。概括而言，全球要素分工演进呈现出的如下几个方面趋势特征，为长三角发展高水平开放型经济带来了新的战略机遇：

第一，伴随信息通信科技的突飞猛进以及产品生产分割技术的快速发展，价值链的“全球长度”仍在进一步延伸。无论是以 FDI 还是以外包为表现形式的产品生产环节的分解程度，通常取决于两个决定性因素，一是决定产品生产过程可分离性的产品生产分割技术发展情况；二是决定分割后的产品生产阶段是否能够被不同国家和地区进行生产的交易成本变化（张幼文，2003）。毋庸置疑，产品生产过程分解越细，交易频率及由此所带来的交易成本就越高。因此，分工深入演进的动力来自于分工细化的好处超过了交易成本相应上升的程度。从当前经济全球化发展的实践来看，信息、通信等技术进步在使得产品生产可分割程度越来越高的同时，也在不断地促进有形交易成本下降，与此同时，多边和双边的经济规则和制度安排等也在促使交易成本不断下降（华民和谭慧慧，2003）。这就使得基于全球战略的跨国公司会从效率提升角度出发，将产品价值链进一步分解以拓展全球生产网络。联合国贸易发展报告的有关调查研究发现，近年来诸如汽

车业、金属家具制造业、电子设备制造业以及纺织服装业等，其全球碎片化生产的趋势特征越来越显著，全球价值链长度有进一步延伸之势。

第二，要素分工下的“贸易投资一体化”发展趋势更为明显，并且不断向服务业领域拓展。关于要素跨国流动与商品贸易之间的关系，传统国际经济理论主要有两种观点：一是替代关系；二是互补关系。传统理论的解释仍然局限于以最终产品为界限的传统分工模式，虽然考虑到了要素跨国流动，但并未考虑到产品价值链的分解问题。在全球要素分工体系下，要素流动和商品流动之间的关系已远远超越了简单的替代或互补关系，而升级为融合和一体化关系。实际上，全球对外直接投资流量额及存量额的迅速增加，以及全球贸易量的迅猛增长，两者之间所呈现的一致性变化趋势已经在一定程度上说明了问题。一个不争的事实是，FDI 主导的全球价值链成为全球贸易增长的重要驱动因素；全球贸易中的80%属于全球生产网络内的商品贸易，并且这一趋势仍在继续。更为重要的是，当前全球对外直接投资从产业流向来看，正有传统的制造业加快向服务业聚集，不仅说明跨国公司主导的全球生产网络在国际分工中的作用仍在进一步加强，也说明要素分工在向服务业领域拓展。这是全球要素分工进一步深入发展的又一典型特征。

第三，当前全球经济格局的变化，促使跨国公司采取的“逆向创新”将成为未来的普遍战略。进入 21 世纪以来，全球经济重心正在发生着由西向东的转移。尤其是自 2008 年全球金融危机后，相对于身处“重灾区”的西方发达经济体而言，新兴市场经济体相对优异的表现，使得这一对比性变化更为突出。全球经济重心的转移，正在极大地改变着全球经济和产业竞争格局。在全球价值链分工快速发展的很长一段时期内，发达经济体的财富和经济权力在全球经济中占据着绝对压倒性的比重，从而使得跨国公司的全球战略也主要是“瞄准”发达经济体市场。即发达国家跨国公司的产品创新主要是基于发达经济体的市场需求，创新活动也主要源自接近市场需求的发达经济体内部，并以此为基础将其推往全球市场。伴随新兴市场经济体的崛起及其财富和经济权力的逐渐“东移”，跨国公司会将更多的创新活动置于新兴市场经济体，然后将创新性产品再销往包括发达经济体的全球市场。这一变化称之为“逆向创新”（Reverse Innovation），以区别于以往基于发达经济市场需求进行的创新性产品生产进而销往全球市场的模式。这是全球价值链分工进一步深入发展的另一典型特征。

全球要素分工深入演进呈现的上述三个趋势，对于长江三角洲地区进一步融入国际分工发展高水平开放型经济带来了新的战略机遇。价值链全球长度的延伸，意味着在“归核化”发展战略下，发达国家跨国公司必然将以往“核心”环节进一步分解，具有更高技术和知识密集度的生产环节、工序和服务流程，将会被配置到发展中经济体；要素流动与商品贸易的日益融合，意味着一国产业结构将会随着流入要素质量的提高而不断升级；而全球经济格局变化下的跨国公司“逆向创新”战略，无疑为发展中经济体攀升全球产业链高端提供了新的发展机遇（戴翔和张为付，2017）。总之，开放发展是长江三角洲收获巨大效益的经验所在，面临全球要素分工进一步深度演进所带来的战略机遇，只要能够准确把握，长江三角洲必然能够在更高层次上融入国际分工体系、发展高水平开放型经济，为从全面小康社会建设到率先现代化奠定更为坚实的经济基础。

四、对策建议

面临国内外环境的深刻变化，以及考虑到长江三角洲开放型经济发展所处的现实阶段，提升开放型经济发展水平，以更好地服务于全面小康建设乃至率先现代化的实现，需要在顺应全球经济和要素分工发展大势条件下，适时调整开放发展战略。

第一，要素引进应由数量扩张向质量提升转变。引进国际先进生产要素，是长江三角洲发展开放型经济的经验所在。面临国内国际环境的深刻变化，我们应正确把握国际产业重组、资本流动、要素转移、技术合作和人才流动等重要战略机遇，在继续大力引进国际先进生产要素、提升国际先进要素聚集能力的同时，注重提升整合各类先进要素进行创新活动的能力。在前一轮开放中，长江三角洲引进国际先进要素主要还是侧重在利用外资方面，并且主要处于数量型扩张阶段。在新一轮的对外开放中，应该在扩大利用外资规模的同时，提高利用外资的质量，并且要确立“全要素”的发展理念，充分发挥通过“引资”带动其他先进要素向长江三角洲地区集聚的功能。以“引资”带动引进先进技术、先进管理经验、高级管理人才、研发结构，实现由引资向引进全面优质生产要素的转变。通过集聚更为全面优质生产要素，尤其是高级管理人才和科技型人才等“外智”，提升长江三角洲在发展开放型经济中提升整合各类先进要素进行创新活动的能力。

第二，从主要依托外需向“内外并重”方向转变。目前，中国已经成为全球第二大经济体，而长江三角洲地区作为中国开放型经济最发达的地区，巨大的潜在需求市场规模，理应成为吸引全球先进生产要素的可依托优势。在跨国公司“逆向创新”战略调整趋势下，长江三角洲地区应将市场规模优势转化为融入全球要素分工体系的新优势，吸引发达国家跨国公司在长江三角洲地区进行“逆向创新”，提升长江三角洲地区参与更高层次国际分工的核心竞争力。如果说之前以低成本要素优势还只能“吸引”国际相对低端的要素向长江三角洲集聚的话，那么利用潜在的巨大市场规模优势则更能“吸引”国际高端要素向长江三角洲集聚。因此，在新一轮开放中，长江三角洲应准确把握跨国公司战略调整的动向并及时抓住机遇，努力将可依托的经济规模优势转化为对外经济合作的新优势，提高先进要素的“引进来”能力。如此，就一定会有一大批研发中心和营销中心乃至跨国公司总部转移到长江三角洲地区来，由此带动开放型经济发展的转型升级。

第三，从制造业开放为主向制造业和服务业并重的方向转变。长江三角洲前一轮开放型经济发展主要侧重于制造业领域。但从全球产业链分工的角度来看，目前，长江三角洲地区的制造业仍然处于全球产业链的中低端，面临着向产业链高端攀升的紧要任务。而从社会分工和产业演进的规律来看，一方面，制造业和服务业尤其是生产者服务业之间的融合越来越深，从而服务业间接地规定着制造业的国际竞争力。另一方面，从全球产业结构调整和基于比较优势的国际分工角度来看，以美国、英国、西欧等为代表的发达国家和地区产业结构逐渐趋于软化，而诸如中国等发展中国家和新兴经济体则通过承接国际制造业转移，仍然处于制造业发展的重要时期。而我们不得不承认的一个客观事实是，目前长江三角洲服务业尤其是高级生产者服务业发展还比较“滞后”，难以发挥“引领”制造业转型升级的战略需要。因此，通过扩大服务业开放以弥补自身比较劣势，从而可以起到带动制造业效率提升，进而促进先进制造业发展的作用。长江三角洲服务业的发展，可以借鉴制造业发展的经验，即通过融入全球要素分工体系，在扩大开放中求发展。实际上，在全球要素分工背景下，进一步扩大服务业对外开放，不仅能够有效解决制造业攀升价值链高端面临的“供给”不足的约束问题，也能带动服务业自身高级化发展。

第四，从简单融入的“被整合”向提升整合全球优质要素能力的“整合者”转变。自改革开放以来，长江三角洲地区企业由于并不熟悉国际市场的操作经验，因此在融入经济全球化进程中，主要是通过引进外国直接投资，为外商直接投资进行配套，或者是接受发达国家跨国公司发出的订单而融入国际分工体系，实质上处于全球要素分工下的“被整合者”。在全球要素分工背景下，决定现在和未来一国或地区产业国际竞争力主要取决于以什么样的要素、什么层次的要素参与国际分工，参与了什么层次的国际分工，对整个价值链的控制能力有多大（金京等，2013）。尽管依托各种优势和经过多年的努力，长江三角洲开放型经济形成了一定的要素集聚优势，也是国际生产要素聚集最多的地区之一，并在一定程度上促进了产业发展及转型升级，但是我们也清醒地看到，到目前为止，整合这些资源进行国际化生产、获益最多的，大多是外资企业。因此，从上述意义上来说，长江三角洲产业发展是在发达国家跨国公司引领下的一种被动式发展。培养具有整合全球资源能力的企业和企业家，已经是当务之急，这不仅是加快长江三角洲产业发展和转型升级的需要，也是提升自主发展能力和提升开放型经济发展水平的必由之路。

参考文献

[1] 陈继勇、梁柱："贸易开放与经济增长的内生性研究新进展"，《经济评论》2011 年第 6 期。

[2] 戴翔、张为付："全球价值链、供给侧结构性改革与外贸发展方式转变"，《经济学家》2017 年第 1 期。

[3] 方勇、戴翔、张二震："要素分工论"，《江海学刊》2014 年第 4 期。

[4] 洪银兴："以科学发展观统领全面小康社会建设"，《南京大学学报（哲学·人文科学·社会科学版）》2006 年第 2 期。

[5] 华民、谭慧慧："全面建设小康社会需要制度创新"，《学术月刊》2003 年第 1 期。

[6] 金京、戴翔、张二震："全球要素分工背景下的中国产业转型升级"，《中国工业经济》2013 年第 11 期。

[7] 马桂萍、曲直："全面建成小康社会的理论思考"，《科学社会主义》2017 年第 3 期。

[8] 马颖、余官胜："对外开放与经济发展关系研究新进展"，《经济学动态》2010 年第 4 期。

[9] 徐康宁："区域协调发展与全面建设小康社会——为纪念邓小平提出小康目标思想 30 周年而作"，《南京社会科学》2010 年第 2 期。

[10] 张亚斌、赵景峰："中国经济社会发展质量及对全面建成小康社会的影响"，《财贸研究》2017 年第 3 期。

[11] 张幼文："全面小康与经济强国"，《学术月刊》2003 年第 1 期。

[12] 赵伟、古广东、何元庆："外向 FDI 与中国技术进步：机理分析与尝试性实证"，《管理世界》2006 年第 7 期。

推动全面开放新格局：从货物贸易开放走向服务贸易开放①

一、引言

从 1978 年以来，中国凭借自身低劳动力成本优势，加入全球生产网络，大力发展加工贸易，推动制造业的发展，取得了举世瞩目的成绩。2009 年中国取代德国成为世界第一大出口国；2010 年中国的 GDP 总量超过日本，成为全球第二大经济体；贫困人口控制在 4% 以内；人均 GDP 超过 8000 美元，正式迈入中等收入国家行列。中国过去 4 年的发展战略的基本思想是：承接外部订单，大力发展制造业。近年来，一方面是随着贸易摩擦加大和基于低劳动成本的比较优势日趋衰竭；另一方面是自金融危机后，欧美发达国家和地区纷纷提出了“重振制造业”的发展计划，国际制造业企业回迁本土成为趋势。外部需求持续萎缩，使得货物贸易对经济增长的促进作用在不断下降。必须要为中国开放型经济发展寻找新的动力。

众所周知的是，服务业一直被认识是一个具有本地化、非贸易特征的产业（Fuchs，1965）。但世界服务贸易的迅猛发展，却充分说明了服务业除了具有本地化特征外，还具有在信息技术支持下的强烈的全球化倾向（Hoekman，1997）。随着以服务贸易为代表的中间品贸易份额已经占据了全球贸易总量的一半以上的份额，服务贸易已经成为国际贸易中不可忽视的部分，全球经济日趋“服务化”。因此在全球产业结构调整、升级的背景下，服务贸易的变化作为世界经济景气状况和服务业发展的“风向标”，已经成为衡量国家经济实力的重要指标，引起越来越多的学者关注。习近平总书记在中国共产党十九次代表大会上提出：推动形成全面开放新格局。要以“一带一路”建设为重点，坚持引进来和走出

① 本文作者陈启斐。国家自然科学基金青年项目：全球价值链重构背景下双重外包对我国产业升级动能重塑的机制研究（项目批准号：71703064）。

去并重，遵循共商共建共享原则，加强创新能力开放合作，形成陆海内外联动、东西双向互济的开放格局。拓展对外贸易，培育贸易新业态新模式，推进贸易强国建设。明确指出要扩大服务业对外开放，保护外商投资合法权益。创新对外投资方式，促进国际产能合作，形成面向全球的贸易、投融资、生产、服务网络，加快培育国际经济合作和竞争新优势。能否通过发展服务贸易重塑中国开放型经济发展动能是本文关注的核心问题。因此，本文在全面回顾和评价40年对外开放的发展绩效之后，提出逆全球化背景下新的对外开放战略。

二、文献综述

关于中国增长奇迹的研究，一个基本的共识是：在技术落后，人均资本存量低的情况下，对外开放是实现经济持续增长的关键。理论上，新经济地理学的核心观点“本土市场效应（home market effect）”认为：在一个存在规模报酬递增和运输成本的世界里，生产将会集中在一个拥有较大需求的市场附近，这样可以充分利用规模经济的优势并减少运输成本。因此，一个拥有较大需求的国家将成为净出口国。至于专业化的程度则取决于两国的需求差异程度，当需求的差异程度超过进口品需求与国内产品需求的比率时，生产将完全集中在需求较大的国家，进行专业化生产（Krugman，1980、1985、1999；Davis 和 Weinstein，1996、1997；Trionfetti，2001、2007）。Amiti（1998）研究了国家规模和出口模式之间的关系。他认为在一个只有国家规模不同的环境中，存在两种效应决定专业化和贸易模式，“市场准入效应”（market access effect）和“产品成本效应”（production cost effect），前者是指靠近需求市场节约运输成本，后者是说明企业有向小国迁移的激励，利用低工资的优势。他的研究结论是：大国将会生产高运输成本、高需求弹性产品和资本密集型产品；小国则会生产低运输成本、低需求弹性产品以及劳动密集型产品①。

在实证上，沈坤荣和李剑（2003）研究发现，由于国内市场分割阻碍了国内市场一体化进程，因此国内贸易抑制了经济增长；而国际贸易通过加快制度变革和提升要素禀赋结构促进经济增长。这说明，对外开放显著提高了经济增长速度。潘向东等（2005）发现贸易和开放制度的交互影响显著地促进经济增长。黄玖立和李坤望（2006）利用1970—2000年省际数据实证发现，出口开放和市场规模显著地促进了经济增长。李小平和朱钟棣（2006）分析了国际贸易引致的溢出效应，实证发现内嵌于贸易的技术溢出效应显著地促进了中国的经济增长。范剑勇和谢强强（2010）在新经济地理框架下证实了产业集聚的本地市场效应，并

① 大国生产高需求弹性的产品必须在贸易高度自由化的前提下，但是小国生产低需求弹性的产品在中等一体化水平下就可以进行了。

利用投入产出表从实证上论证了该效应。这说明通过开放经济的本地市场效应可以促进区域的协调发展。邱斌等（2012）对102个国家的贸易数据测度了中国的制造业的出口技术复杂度。并在此基础上发现，参与全球生产体系促进中国制造业价值链地位的提升，尤其是对资本密集型行业的提升作用显著，并且提升作用主要体现在半成品贸易中。赵文军和于津平（2012）基于中国30个工业行业的数据发现：中国工业经济增长方式的粗放型特征不仅不存在弱化趋向，反而出现强化现象；出口对工业经济增长方式转变不具有明显促进作用，在不同要素密集度特征和不同平均规模特征的工业行业中均如此；进口对工业经济增长方式转型存在推进作用，在资源和劳动密集型、平均规模较大的工业行业中尤为明显；FDI增加会带动中国工业经济增长方式转型，资本和技术密集型、平均规模较大的工业行业FDI对本行业经济增长方式转型的拉动作用大于资源和劳动密集型、平均规模较小的工业行业。裴长洪（2013）研究发现：经济增长与进口贸易结构变化存在着明确的正向关联性，优化进口贸易结构是改善经济供给面的重要内容。

以上研究丰富了国际贸易的研究范式，但是存在一个重要的缺陷——缺少了对服务贸易的研究。随着全球经济结构日趋服务化，服务贸易的重要性不断提高，对服务贸易的研究逐步增加。Ariu等（2010）利用比利时的企业数据，分析了服务贸易的增长机制。回归中的控制变量包括：增加值、就业、工资、无形资产、有形资产和企业年龄。研究发现：地理锚已经被放弃，IT技术的演化促进了服务的可贸易性。技术进步改变了企业生产和组织方式，使得许多不可贸易的服务可贸易化。技术进步降低了地理门槛，以及运输成本。技术的变化放大了分工的作用。Erik（2012）发现，服务贸易和服务业的去规则化是促进服务业TFP提升的重要因素，进入壁垒导致服务业的TFP存在差异化。服务业的分工导致TFP的上升，服务业创新和溢出机制对TFP的促进作用。FDI降低竞争效应对生产率有负向作用。苏志庆和陈银娥（2014）以新增长理论为基础，将知识贸易从贸易活动中抽象出来，引入知识贸易方程，构建数学模型，并采用比较静态分析方法分析不同贸易政策对模型结果的影响。研究结果表明：贸易是技术进步和经济增长的原因。Beverelli等（2017）研究发现：第一，降低服务贸易壁垒显著有助于提高制造业生产率，制度在这一过程中扮演重要的角色。高制度质量的国家可以从服务贸易中获益，提高下游制造业的生产率。第二，制度在长期会影响比较优势；低制度质量安排会导致贸易商和投资者的不确定性。制度在中期和短期影响服务贸易的下游效应。第三，服务贸易限制较少的国家会更多地使用服务要素。服务贸易开放具有显著的异质性，FDI的作用更强。Hoekman和Shepher（2017）分析了服务贸易以及服务业开放政策对下游制造业出口的影响。基于2006—2011

年世界银行企业数据中 119 个国家的 58000 个企业数据，分析了服务贸易对下游制造业出口的影响。服务业对于经济发展有着广泛而重要的影响。研究结论为：(1) 金融服务对于资本深化以及经济增长会产生影响；(2) 高质量和低成本的通讯服务对整体经济发展的作用；(3) 运输服务业对商品的跨国流动和本土分配产生作用；(4) 商业服务降低交易成本，强化合约的执行力；(5) 批发和零售业嫁接了消费者和生产者之间的桥梁；(6) 生产性服务业有助于提高商品在本土和国际上的竞争力；(7) 服务业的生产提高 10%，带动制造业生产率提高 0.3%，出口增加 0.2%；(8) 对银行业、保险业、教育业、零售业、通讯业和运输业的细分研究中，发现金融、保险、交易、通讯和运输业中减少贸易显著都会促进出口的增加，只有零售业增加限制会提高制造业出口。

三、计量模型、测方法和数据来源

（一）研究模型

我们借鉴 Beverelli 等（2017）的实证模型，在结合样本实际特征的基础上，设计如下的计量模型：

$$\ln pgdp_t = \alpha_0 + \alpha_1 \ln mtrade_t + \alpha_2 \ln strade_t + \alpha_3 \ln human_t + \alpha_2 \ln \mathrm{inter}_t + \varepsilon_{ij,t}$$

其中，下标 t 代表时间；pgdp 是经济增长变量，用人均 GDP 来衡量；mtrade 表示制造业的开放程度（用制造业进出口总额来衡量）；strade 表示服务业的开放程度（用服务贸易进出口总额来衡量）；human 是人力资本；inter 是互联网发展程度，ε_{it}是随机误差项。为了避免变量由于数量级差异造成的估计结果的偏误，所有的变量均采用对数形式。

（二）变量说明

1. 经济增长。经济增长的本质是促进福利水平的提升，我们用人均 GDP 来衡量经济增长。GDP 以 1978 年为基期，采用 GDP 平减指数进行调整；就业人数采用年末就业人数。

2. 货物贸易开放。我们采用货物贸易的进口额和出口额的总和来衡量货物贸易的开放程度。

3. 服务贸易开放。我们采用服务贸易的进口额和出口额的总和来衡量服务贸易的开放程度。

4. 人力资本。用普通高等学校毕业生数（万人）来衡量。

5. 互联网发展程度。用互联网上网人数（万人）衡量。

（三）数据来源

历年的 GDP 和就业人数来自历年《中国统计年鉴》。商品贸易数据从《联合国商品贸易数据库》中获取；服务贸易数据从《国际收支平衡统计数据库》中获得，部分缺损数据采用 7 年加权平均值进行弥补。人力资本的数据来自国研网。互联网上网人数来自世界银行的统计数据库。

四、实证分析

（一）全样本整体回归

首先，我们采用最小二乘法进行实证分析。方程 1 是货物贸易与经济增长的回归方程；方程 2 是服务贸易和经济增长的回归方程；方程 3 和方程 4 分别在方程 1 和方程 2 的基础上加入相应的控制变量。方程 5 同时纳入了货物贸易和服务贸易，我们将其作为最终的回归结果。观察方程 5 可以得到以下结论（见表 1）：

表 1　　全样本回归

	方程 1	方程 2	方程 3	方程 4	方程 5
	lnpgdp	lnpgdp	lnpgdp	lnpgdp	lnpgdp
lnmtrade	0.945***		1.129***		0.282**
	(0.0213)		(0.0585)		(0.125)
lnstrade		0.873***		0.963***	0.739***
		(0.0126)		(0.0329)	(0.104)
lnhuman			0.0225	0.00613	0.00831
			(0.0198)	(0.0135)	(0.0128)
lninter			-0.116***	-0.0593***	-0.0815***
			(0.0303)	(0.0184)	(0.0200)
Constant	0.747***	-0.814***	-0.109	-1.411***	-1.199***
	(0.180)	(0.137)	(0.288)	(0.233)	(0.239)
Observations	38	38	38	38	38
R-squared	0.982	0.993	0.988	0.994	0.995

说明：实证的结果均有 stata13 计算并整理得出。***、**、* 分别表示 1%、5%、10% 的显著性水平，圆括号中的数字为双尾检验的 t 值。

第一，实证结果显示：货物贸易每增加 1%，将促进经济增长提高 0.282%；服务贸易每增加 1%，将促进经济增长提升 0.739%。这充分说明：（1）对外开放的发展战略有效地促进了中国经济增长，改革开放近 40 年的时间里，对外贸易极大地提高了经济增长的绩效。样本期内，无论是货物贸易还是服务贸易都显著地促进了经济增长。（2）随着产业结构的服务化和世界经济的软化，服务贸易逐步取代货物贸易成为开放经济的新增长动力，对经济增长的促进作用超越了货物贸易。

第二，人力资本会促进经济增长，但是该变量没有通过显著性检验。互联网的发展在一定程度会抑制经济增长，这与我国目前的经济发展阶段有关。尚无法做到互联网的全面开放，实施一定的互联网监管政策是有必要的。

（二）分时间段回归

改革开放 40 年的时间里，经济发展呈现出明显的阶段性特征。不同发展阶段的发展政策、开放程度和经济绩效存在明显的差异。为了深入分析这种差异的影响，我们将样本划分为 1978—2001 年（以改革开放为起点，加入 WTO 为终点）、2002—2008 年（加入 WTO 之后到金融危机之前）、2008—2016 年（金融危机之后）。分别研究不同时间段，货物贸易开放和服务贸易对经济增长的异质性作用。方程 6 是改革开放到加入 WTO 之前，方程 7 是加入 WTO 之后到金融危机爆发之前，方程 8 是金融危机爆发之后（见表 2）。对比三个方程可以得到发现：

表 2　　分时间段研究

	1978—2001 年 方程 6 lnpgdp	2002—2008 年 方程 7 lnpgdp	2009—2016 年 方程 8 lnpgdp
lnmtrade	0. 703***	1. 167*	-0. 0214
	(0. 126)	(0. 180)	(0. 136)
lnstrade	0. 402***	0. 958*	0. 416**
	(0. 0873)	(0. 228)	(0. 126)
lnhuman	0. 0185	0. 800	0. 00553
	(0. 0534)	(0. 363)	(0. 00431)
lninter	-0. 0267	0. 192*	0. 494***
	(0. 0165)	(0. 0642)	(0. 0939)
Constant	-1. 258***	2. 874	-0. 0690
	(0. 151)	(1. 020)	(0. 412)
Observations	23	7	9
R - squared	0. 996	0. 999	0. 996

说明：实证的结果均有 stata13 计算并整理得出。***、**、* 分别表示 1%、5%、10% 的显著性水平，圆括号中的数字为双尾检验的 t 值。

第一，在不同的时间阶段，货物贸易和服务贸易对经济增长的影响存在明显的异质性。一方面，改革开放之后，货物贸易对经济增长的偏回归系数为0.703，加入WTO之后偏回归系数达到峰值1.167；改革开放之后，服务贸易对经济增长的偏回归系数为0.402，加入WTO之后，这一数值跃迁为0.958。这说明，对外开放战略尤其是加入WTO显著地提升了货物贸易和服务贸易对经济增长的作用。

第二，金融危机的爆发显著地抑制了贸易对经济增长的促进作用。2008年之后，货物贸易对经济增长的影响从正向促进变为负向抑制，偏回归系数为-0.0214，服务贸易对经济增长的偏回归系数为0.416。这说明金融危机显著地改变了中国经济发展的外部环境，货物贸易已经无法对经济增长提供有效支撑。

第三，服务贸易逐步取代货物贸易成为中国对外开放新的增长动力。在金融危机爆发之前，货物贸易对经济增长的促进作用显著高于服务贸易。无论是方程6还是方程7，都验证了这个观点，但是金融危机之后，这一情况发生了反转。随着全球经济的服务化以及全球价值链的演化，服务贸易对经济增长的促进作用显著高于货物贸易。这说明，中国对外开放的格局发生了变化，货物贸易对经济增长的帮助无以为继，未来要加大对服务贸易的支持力度。

五、结论和政策建议

改革开放极大地促进了中国经济增长的绩效，实现了经济的腾飞。但是金融危机之后，全球货物贸易增长乏力，逆全球化现象成为当前经济的独特现象。在这样的背景下，如何为中国的开放型经济增长寻找新的动能成为目前经济的主要问题。我们利用1978年到2016年的数据，回顾分析了对外开放战略与经济增长的关系，并尝试寻找新的增长点。研究结论如下：第一，对外开放战略有效地促进了经济增长；在样本期内，货物贸易对经济的贡献为0.282。第二，加入WTO帮助中国经济实现了腾飞，货物贸易和服务贸易对经济增长的促进作用达到巅峰。第三，金融危机之后，货物贸易对经济的促进作用无以为继，服务贸易对于国民经济发展的重要性日益凸显。

针对这样的结论，我们的政策建议如下：（1）为了推动全面开放的新格局，必须要将服务贸易作为对外开放的抓手，努力扩大服务贸易的开放程度。（2）建立健全服务贸易的发展政策，对于部分进入壁垒较高的行业，要进行体制和制度的改革。（3）精简服务贸易进出口的审批政策，减少服务贸易的出口固定成本和时间成本，提高服务贸易的绩效。（4）积极与贸易伙伴国签订服务贸易的相关协议，降低双边服务贸易壁垒，为服务贸易进出口创造便利条件。

参考文献

[1] Amiti, Mary, 1998, "Inter - industry trade in manufactures: Does country size matter?"

[J]. Journal of International Economics, 44, 231—255.

[2] Ariu, Andrea; Mion, Giordano (2010) : Trade in services: IT and taskcontent, Working Paper Research, No. 200.

[3] Beverelli C, Fiorini M, Hoekman B. Services trade policy and manufacturing productivity: The role of institutions [J]. Journal of International Economics, 2017, 104: 166—182.

[4] Davis, Donald. R, 1998, "The Home Market, Trade, and Industrial Structure [J]", American Economic Review , 88, 1264—1276.

[5] Erik V D M. Trade in Services and TFP: The Role of Regulation [J]. World Economy, 2012, 35 (11): 1530—1558.

[6] Hoekman B, Shepherd B. Services Productivity, Trade Policy and Manufacturing Exports [J]. World Economy, 2017, 40 (3): 499—516.

[7] Krugman, P. 1980. Scale economies, product differentiation, and the pattern of trade [J]. The American Economic Review, 70 (5), 950—959.

[8] 范剑勇、谢强强："地区间产业分布的本地市场效应及其对区域协调发展的启示"，《经济研究》2010 年第 4 期，第 107—119 页。

[9] 黄玖立、李坤望："出口开放、地区市场规模和经济增长"，《经济研究》2006 年第 6 期，第 27—38 页。

[10] 李小平、朱钟棣："国际贸易、R&D 溢出和生产率增长"，《经济研究》2006 年第 2 期，第 31—43 页。

[11] 潘向东、廖进中、赖明勇："经济制度安排、国际贸易与经济增长影响机理的经验研究"，《经济研究》2005 年第 11 期，第 57—67 页。

[12] 裴长洪："进口贸易结构与经济增长：规律与启示"，《经济研究》2013 年第 7 期，第 4—19 页。

[13] 邱斌、叶龙凤、孙少勤："参与全球生产网络对我国制造业价值链提升影响的实证研究——基于出口复杂度的分析"，《中国工业经济》2012 年第 1 期，第 57—67 页。

[14] 沈坤荣、李剑："中国贸易发展与经济增长影响机制的经验研究"，《经济研究》2003 年第 5 期，第 32—40 页。

[15] 苏志庆、陈银娥："知识贸易、技术进步与经济增长"，《经济研究》2014 年第 8 期，第 133—145 页。

[16] 赵文军、于津平："贸易开放、FDI 与中国工业经济增长方式——基于 30 个工业行业数据的实证研究"，《经济研究》2012 年第 8 期，第 18—31 页。

中国的全球化道路与人类命运共同体研究[①]

一、绪论

中国自1978年实行改革开放以来，经济快速发展，人民的生活水平不断提高。GDP在世界排名从1978年的15位（3679亿元人民币）提升到2016年的世界第2位（744127亿元人民币），翻了202倍；从1978年到2016年，城镇居民人均可支配收入由343元提高到33616元，农村居民家庭人均纯收入由134元提高到12363元；居民消费结构从温饱型向小康型转变，城乡居民家庭的恩格尔系数分别从1978年的57.5%和67.7%下降到2016年的29.3%和32.2%，人民生活从满足于吃饱穿暖转变到更加注重个性和享受的多层次消费；居民预期寿命从1981年的67.8岁提高到2014年的75岁。中国从此跨入全球中等收入的国家。

利用发达国家经济转型的机遇，扩大开放，走全球化的道路，是中国经济快速发展的重要原因。Smith（1776）的绝对优势理论，认为社会各经济体按自己的特长实行分工，进行专业化生产，然后通过市场进行交易，从而在总体上实现社会福利最大化。David Ricardo（1817）的比较优势理论扩大了绝对优势论的范畴，认为在没有绝对优势的情况下，也可以遵循“两利相权取其重，两弊相衡取其轻”的原则进行专业化分工和国际交换贸易，双方均可获利。EF Heckscher（1919）和Ohlin（1933）以要素资源禀赋理论说明了各国优势的来源是因为各国拥有不同的生产要素禀赋，有些国家劳动力丰富，而另一些国家资本丰富，他们进行分工与交易，就能促进相关国家的经济发展。中国在改革开放初期，人力资源丰富，但缺少发展经济的产业资本，而西方发达国家资本丰富，劳动力奇缺，双方利用彼此的优势开展经济合作，极大地推动了各国经济的增长。

20世纪90年代以来，随着世界冷战的结束，经济全球化已经发展到了一个前所未有的高度，新技术革命的发展是全球化的重要物质基础，跨国公司的全球

① 本文作者林学军、郑慧娟。

扩张是全球化的主要载体，国际经济组织自身的持续发展和完善是全球化的关键因素，世界经济区域化和集团化趋势是全球化的催化剂，各国政府广泛参与是全球化的重要保证。通过全球化，生产要素得到合理配置，改善国际分工，提高市场机制的效率，促进经济的增长，提高人民的生活水平。从经济全球化进程所产生的影响和作用的角度出发，Jeffrey Sachs（1998）认为，经济全球化的发生和发展使全世界发生了巨大的变化和变革，即它不仅促进了世界经济的迅猛增长和世界市场中宏观经济的稳定发展，还改变了全球的收入分配情况，世界政治格局也随之出现了新的变化。安东尼·吉登斯（2001）则从两个方面总结了经济全球化的内涵。一方面，经济全球化体现了一种普遍发展的过程，它的发生和发展促进了国家和地区相互联系的多样性；另一方面，经济全球化的发生和发展也大大加深了各民族国家和地区之间相互联系、相互影响以及依赖的程度。

当今中国已经是世界第二大经济体，中国占世界经济的比重已经达到14.8%，中国对世界经济增长的年均贡献率达到31.6%，超过美国、欧元区和日本贡献率的总和，中国已经从被动开放，吸引国外资金、技术，发展到了主动开放，融入世界经济体系，引领世界经济发展的新阶段。国家主席习近平在2013年提出建设“一带一路”倡议，希望通过建设“丝绸之路经济带”和“海上丝绸之路”带动中国周边的国家、地区共同繁荣，给世界经济带来更多的贡献。党的十九大还提出建设全球命运共同体的新论述。这为中国下一阶段经济全球化发展指明了方向。本文拟回顾中国改革开放的40年历程，总结中国经济全球化正反两方面的经验和教训，结合“一带一路”经济合作，研究建设人类命运共同体的策略。

二、中国的经济全球化历程回顾

（一）中国经济全球化的四个阶段

总结中国改革开放40年的历程，中国的经济全球化大致经历了四个阶段（见表1）。具体如下：

第一阶段是1978—1992年，即从党的十一届三中全会到邓小平的南方谈话前。这一阶段主要是试办经济特区、进一步开放沿海城市、进一步扩大沿海开放区域和开发开放上海浦东新区，大力吸引外资和引进国外先进技术，快速发展中国经济，提高人民的生活水平。

第二阶段是从邓小平南方谈话到2001年中国加入WTO之前。这一阶段主要是全面开放沿边、沿江及内陆省会城市，形成了沿海、沿江、沿边和内陆地区多层次、全方位的开放新格局。同时尝试开放金融保险、旅游和房地产等原来禁止或限制外商投资的行业。在这期间，中国降低了3371种进口产品的关税，取消了进口调节税，促进了对外贸易的发展。

第三阶段是中国加入 WTO 到实施“一带一路”倡议前。按照 WTO 的要求，中国开始了更深层次、更宽领域的对外开放和经济体制改革，促进贸易投资便利化。放开外贸经营权，大幅降低关税，取消进口配额等非关税措施，金融、商业和电信等服务业开放不断扩大，利用外资的质量进一步提高，进出口商品结构逐步优化。加入 WTO 后，中国对外开放就由政策性开放向制度性开放转变。这是一种高层次的对外开放，具有以下特点：（1）由过去有限范围和有限领域的市场开放，转变为全方位的市场开放。（2）由过去单方面为主的自我开放，转变为中国与 WTO 成员之间双向的相互开放。（3）由过去以试点为主的政策性开放，转变为在法律框架下的可预见的开放。

第四阶段是从实施“一带一路”战略至今。这一阶段是通过对外开放全面深化国内改革，为我国深度融入全球经济在制度规则和增长动力上做好准备，完成国内经济与国际经济的对接，参与和主导全球规制。

表 1　　中国改革开放的四个阶段

	标志	主要形式	目标	成就
第一阶段	十一届三中全会	对外贸易	引进国外先进技术，解决贫困	经济特区
第二阶段	邓小平南方谈话	引进外资	弥补短缺资金，经济转轨	全方位开放格局
第三阶段	加入 WTO	引进来、走出去	全球生产、产业多元化	世界加工厂
第四阶段	“一带一路”倡议	对外投资、产业转移	产业优化升级	参与和主导全球规制

（二）引进外资对中国经济发展的贡献

从 1978 年改革开放以来，我国就重视招商引资，利用国外资金以及先进的技术、设备。外资弥补了中国资金的缺口，技术推进了经济的发展。外资的进入还促进了中国的经济转型，从计划经济成功迈向市场经济，使整个国民经济充满生机活力。从 2016 年 1—12 月中国商务部公布的数据来看，全国新设立外商投资企业 27900 家，同比增长 5%；实际使用外资金额 8132.2 亿元人民币（折 1260 亿美元），同比增长 4.1%。2017 年 1—10 月，全国新设立外商投资企业 26174 家，同比增长 15.9%；实际使用外资金额 6787 亿元人民币，同比增长 1.9%。

引进外资，改变中国制造业的落后面貌，使中国成为世界制造业的中心。例如，2017 年 1—10 月，制造业实际使用外资 1959.1 亿元人民币，同比增长

6.1%，占外资总量比重的28.9%。其中，化学原料及化学制品制造业同比增长31.1%，医药制造业同比增长8.5%，通用设备、计算机及其他电子设备制造业同比增长20.7%。目前，我国已经构建起了门类齐全、体系完整的现代工业体系。联合国产业分类中所列41个工业大类、201个中类、581个小类，我国一应俱全。在22个工业大类中，我国纺织品、电力装备、交通工具等七大类行业规模名列全球第1。在500多种主要的工业品中，水泥、粗钢、汽车、家电等220多种工业品产量居世界第1位。中国成为名副其实的世界工厂。

引进外资，引进了技术和先进的管理经验，发展了中国的高新技术产业。例如，2017年1—10月，高技术制造业实际使用外资566.5亿元人民币，同比增长22.9%，其中，电子及通信设备制造业、计算机及办公设备制造业、医疗仪器设备及仪器仪表制造业同比增长26.4%、46.9%和28.8%。高技术服务业实际使用外资950.1亿元人民币，同比增长20%，其中，信息服务、研发与设计服务、科技成果转化服务实际使用外资同比分别增长20.7%、8.5%和36.8%。改革开放初期，我国的高新技术产业几乎是空白，通过改革开放40年的引进、学习、吸收、创新，我国高新技术产业发展迅速，如中国高铁、中国核电、中国造船、神舟飞船、蛟龙深潜器、北斗导航卫星、风云气象卫星、高速计算机、人工智能、无人机以及C919商用飞机试飞成功都凸显了中国高技术产业的雄厚实力。

引进外资，还促进了中国服务业的发展。例如，2017年1—10月，服务业实际使用外资4705.2亿元人民币，占外资总量比重的69.3%。其中，电力、燃气及水的生产和供应业同比增长74.3%，建筑业同比增长27.6%，信息传输、计算机服务和软件业同比增长19.8%，租赁和商务服务业同比增长10.2%，科学研究、技术服务和地质勘查业同比增长18%。外资对服务业的投资，带动了服务业的发展，促进了中国产业结构的升级，中国已经成为继美国之后的服务贸易大国。

综上所述，引进外资把中国从一个贫穷的农业国，转变为一个制造业的强国，创新的强国，并沿着产业高级化的方向发展。

（三）贸易对中国经济的促进作用

中国的对外开放还表现在大力发展对外贸易，充分利用国际市场发展本国经济。根据《中国统计年鉴》及国家商务部有关公告，1981年中国的出口额为368亿元人民币，到2016年为止，出口额已经高达13.8万亿元（20981.5亿美元）。在进口额方面也有很大程度的增长，1981年中国的进口额是368亿元人民币，而2016年中国的进口额已经高达10.5万亿元（15874.2亿美元）。进出口总额从1981年的736亿元人民币增长到2016年的24.3万亿元人民币（36855.7亿美元），翻了330倍。由图1可见，中国进出口额增长之快。

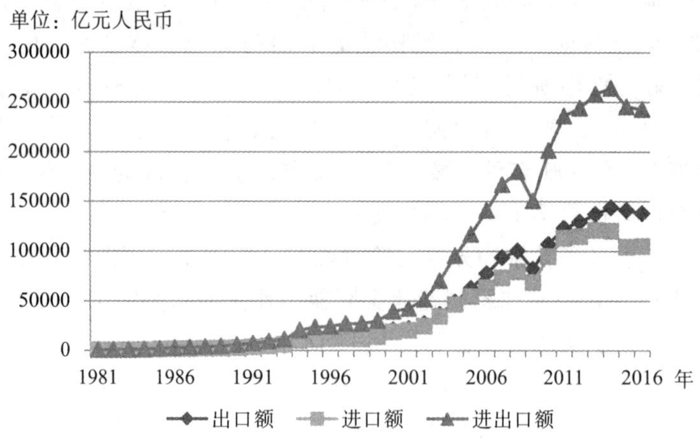

图1 1981—2015年中国对外贸易额

资料来源：《中国统计年鉴》2016年，自行整理。

1981年以来，中国对外贸易规模发展迅速，对外贸易的质量也得到了很大的提高（见图2），具体表现如下：

（1）中国出口商品结构中初级产品出口比重大幅下降，工业制成品比重大幅上升。出口商品结构是衡量一国外贸结构状况的重要依据。按照附加值的高低，可将出口商品分为初级产品和工业制成品。初级产品附加值低，在国际市场上的竞争力弱，在粗放式的外贸增长方式、国内产业结构水平较低时所占比重较大。相比而言，工业制成品附加值高，竞争能力强，较高水平的国内产业结构和集约型外贸增长方式多以工业制成品的出口为主。1980年年初级产品出口额为91.14亿美元，占出口总额的比重高达50.3%，工业制成品出口额为90.05亿美元，占出口总额的比重为49.7%，各占半壁江山，平分秋色。然后就逐步下降，到2014年，初级产品出口比重大幅度下降，只占出口额的4.81%，而工业制成品出口比重大幅度上升，占出口额的95.19%，大大地改善了中国商品的出口结构，提高了其国际市场的竞争能力。

（2）机电产品和高新技术产品出口比重总体呈上升趋势。2016年，机电产品出口8.0万亿元，占出口总值的57.7%。其中，航空航天器、光通信设备出口增长超过10%，医疗仪器及器械和大型成套设备出口增长超过5%。工程机械、汽车、家电、机床、发电机出口均实现正增长。

（3）服务贸易快速发展。改革开放以来，我国不仅在商品贸易上有长足的进展，服务贸易也日益壮大。2016年，中国服务贸易保持了较好发展势头，全年进出口5.4万亿元人民币，较2015年增长14.2%，首次突破5万亿元大关，

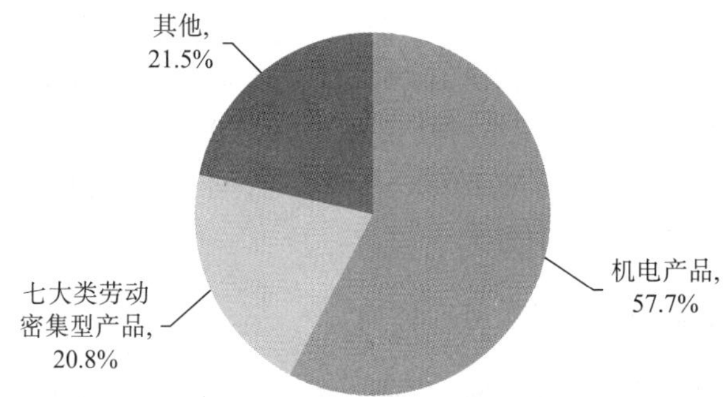

图 2　2016 年中国主要出口商品占比情况（据中国商务部 2017 秋季报告）

世界排名继续保持第 2 位，仅次于美国。服务进出口占中国对外贸易总额比重达到 18%，较 2015 年提高 2.6 个百分点。服务贸易的发展带动了就业，提升了贸易的结构。

（4）外贸新业态发展快速，国际市场日益扩大。我国由改革开放初期的加工贸易，逐步发展一般贸易，近年来跨境电子商务发展快速。2016 年新设 12 个跨境电子商务综合试验区，全年试点区域跨境电商进出口 1637 亿元人民币，增长 1 倍以上。2016 年，中国保持对传统贸易伙伴欧盟、美国、东盟的出口（对三者出口合计占中国出口总额的 46.7%）同时，加强与“一带一路”沿线部分国家的贸易，其中对俄罗斯、孟加拉、印度出口分别增长 14.2%、9.3% 和 6.6%。

（四）贸易对经济增长推动作用的量化分析

对外贸易的发展极大地推动了中国经济的增长。在此，可以用贸易依存度又称为对外贸易系数（*FTD*）来衡量对外贸易对经济增长的贡献。贸易依存度是指一国的进出口总额（*IX*）占该国国内生产总值（*GDP*）的比重，反映一国对国际市场的依赖程度，是衡量一国对外开放程度的重要指标。其计算公式为：

$$FTD=\frac{IX}{GDP}$$

其中，进口总额（*I*）占 GDP 的比重称为进口依存度（*ID*），反映一国市场对外的开放程度。其计算公式为：

$$ID=\frac{I}{GDP}$$

出口总额（*X*）占 GDP 的比重称为出口依存度（*XD*），反映一国经济对外贸的依赖程度。其计算公式为：

$$XD=\frac{X}{GDP}$$

经计算可知，从1981年至21世纪初，中国的对外贸易系数2006年最高，达到0.65，即我国2006年的GDP有65%外贸的贡献。近年来，我国扩大内需，对外贸易系数有所下降，2016年对外贸易系数为0.33。改革开放以来，开展对外贸易对中国经济增长做出了重要贡献。随着全球化程度提升，通过FDI引进的国外技术促进了中国竞争力的提升。

三、经济全球化对中国的益处和弊端

经济全球化的快速发展既有利也有弊。于茂荣和曲建忠（2002）指出，经济全球化的积极作用主要是：有利于全球范围内的资源优化配置；有利于扩大世界的总产出，刺激经济的快速增长；有利于加速世界性产业结构的调整。文峻和梅金平（2003）分析了经济全球化给发展中国家带来的机遇是：弥补资本及外汇的缺口；促进技术进步；学习先进的管理经验；增加就业、税收和财富等。

但经济全球化也有一定的弊端。于茂荣和曲建忠（2002）指出，经济全球化的消极作用主要是：加强了世界经济的不稳定性；国家经济主权受到冲击；拉大已有的贫富差距等。文峻和梅金平（2003）认为，经济全球化给发展中国家带来的挑战主要是：民族工业受到抑制；债务负担沉重；扩大贫富国家的差距等。

（一）经济全球化对中国的益处

从中国全球化进程和对外贸易的发展现状来看，中国从中获得的益处可以归结为以下三点：

第一，中国充分地利用了国际分工。改革开放，中国发挥劳动力的优势，抓住国际产业转移的时机，引进外国的资金、技术和管理经验，大力发展劳动密集型产业，带动中国的就业，发展对外贸易，推动经济高速增长。

第二，中国坚持有序开放。中国在经济全球化进程中，坚持政府主导，有序地利用外资发展经济，有步骤地开放区域和产业领域，鼓励实业投资，限制资本的投机。在中国全球化进程中，中国首先采取试办4个经济特区，取得经验后，再进一步开放14个沿海城市，然后到进一步扩大沿海开放区域，接着开发开放上海浦东新区，最后进入沿边、沿江和内陆地区的全面开放。循序渐进，逐步扩大开放，有序吸引外资。中国的有序开放，避免了外资对本国市场和产业的冲击，在引进外资的同时，国家始终控制经济命脉，掌握经济发展的主导权，努力培育了民族工业，建立了本国的工业体系，提高本国的全球竞争力，为进一步开放、融入全球经济体系打下良好的基础。

第三，中国坚持引进技术，不断学习、吸收并创新。中国在引进外资的过程中，努力学习、吸收先进技术和管理经验，并大力培养各类创新人才，提高创新能力，走一条“引进、学习、吸收、创新”的道路。不断地进行经济转型，产业的升级给经济注入新的活力。这就避免了类似拉美国家的“中等收入陷阱”的现象，促进中国在全球化的进程中，不断地提高中国在国际分工中的地位和作用。

（二）经济全球化对中国的弊端

中国全球化进程中的弊端，或者是教训主要有以下几点：

第一，中国的创新能力不强，相对发达国家而言，中国是贸易大国，但不是贸易强国。受制于全球价值链，跨国公司力图把中国锁定在价值链的低端。中国缺少具有自主知识产权的核心技术，许多技术、关键的零部件仍然要向西方跨国公司进口，出口产品的附加值还很低，缺少国际名牌产品。

第二，中国虽然是世界第二大服务贸易国，但中国的服务出口还处于低端。中国主要是劳务型输出。如建筑和运输服务出口占较大比例，而技术出口、软件出口、文化产品出口等智力型服务出口还占较小的比例。

第三，中国的对外投资尚处于起步阶段。中国虽有庞大的外汇储备，但大多数外汇用于间接投资，购买国债等，直接投资少，利润低，且随美元的贬值而贬值。

第四，中国的外贸市场还比较单一。中国大多数是与欧美等发达国家进行贸易，这些国家一旦遭受经济危机，中国经济就会受到比较大的影响，而且贸易伙伴间贸易摩擦也比较大。

第五，工业化“后遗症”也在中国出现。由于长期注重经济增长，忽视环境保护，中国工业城市污染严重；过度开发导致土地价格飞涨，劳动力成本不断上升，地区间、城乡间和行业间贫富差距失衡等。

四、建设人类命运共同体是中国特色的经济全球化道路

（一）人类命运共同体的概念和意义

经过近40年的改革开放，中国进入了经济全球化的新阶段。然而，当今世界有一股反全球化的浪潮，例如，英国的“脱欧”，特朗普执政后在美墨边境筑起“边境墙”，退出TTP协议，退出防止全球气候变化的《巴黎协定》，扬言：“买美国货，雇美国人!”原先倡导经济全球化的美英大国，现在成为反全球化的先锋。中国是世界第二大经济体，也是全球化的受益者，应当坚持全球化的道路。

党的十八大报告提出了“人类命运共同体”的新概念、新战略。何谓“人类命运共同体”？党的十八大报告提出要“尊重和维护各国人民自主选择社会制度和发展道路的权利，相互借鉴，取长补短，推动人类文明进步。合作共赢，就

是要倡导人类命运共同体意识，在追求本国利益时兼顾他国合理关切，在谋求本国发展中促进各国共同发展，建立更加平等均衡的新型全球发展伙伴关系，同舟共济，权责共担，增进人类共同利益”。

2014 年，国际社会联盟也曾给“人类命运共同体”下过一个定义，该组织在“人类命运共同体研究与发展项目”启动仪式的开幕词中说，“人类命运共同体”是强调“人类在追求自身利益时兼顾他方合理关切，在谋求自身发展中促进人类共同发展。人类只有一个地球，共处一个世界，应以人类命运共同体意识促进国家间、民族间、地区间、企业间、家庭间、个人间的和谐互助、共生共利共荣，以人类文明幸福发展的可持续为使命，建立起社会利益互惠机制。人类命运共同体是人们在共同条件下结成的最具同心力的集体，也是人类获得文明幸福及可持续发展的保障”。

人类命运共同体的提出具有十分重要的意义，指出了一条有别于西方的中国式的全球化道路。西方所谓的全球化，表面上他们利用比较优势，实际上是利用其垄断优势，剥削、压榨发展中国家和人民。他们低价购买发展中国家的原材料、劳动力，高价向发展中国家销售制成品，攫取高额利润。因此，西方的经济全球化实际上是损人利己的全球化，是矛盾重重、不可持续的全球化。

中国特色的经济全球化，应当是互利共赢的全球化，让世界人民共同享受经济发展成果的全球化。

（二）人类命运共同体的必然性

经济全球化是人类社会发展的必然规律。随着科学技术的发展，生产力水平快速提高，国际分工不断深化，国际企业利用各国（地区）的比较优势，形成全球价值链，当今世界已经是一个密不可分的整体。以 IT 产业为例，IT 产业全球价值链包括概念设计、产品计划、设计调整、原型设计、过程确认、部件研发（关键或外围部件研发）、试验生产、规模生产、物流管理、市场营销、售后服务、品牌管理等环节（见图 3），各环节所产生的附加值不同，价值链的两端附加值高，中间的附加值小，形成一条微笑曲线。

可以看出，价值链两端都是技术、资本密集型的环节，因此，附加值较高的设计和管理环节主要分布在欧美及日本这样的发达国家，中国台湾等一些新兴工业化国家或地区尽管在全球价值链中占据的环节较多，但以居于微笑曲线中间部分的环节为主。中国大陆地区作为全球最大的 IT 产业制造基地，但基本处于全球价值链中附加值最低的部分。

从上述案例可以看出，世界就是一个大工厂、大车间，离开了哪个中间环节，世界就无法生产，无法生存。

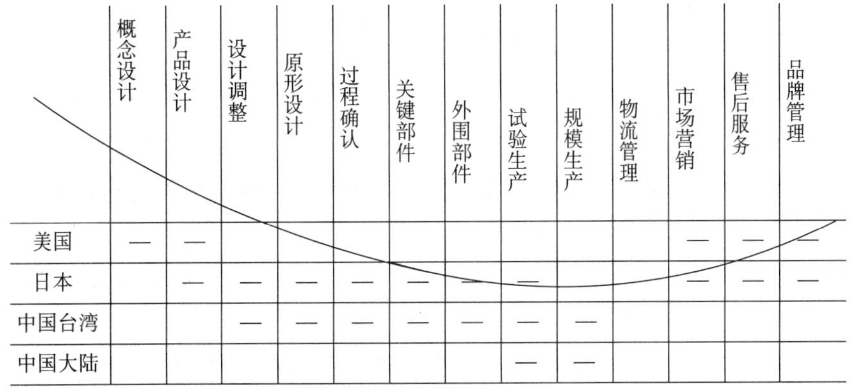

	概念设计	产品设计	设计调整	原形设计	过程确认	关键部件	外围部件	试验生产	规模生产	物流管理	市场营销	售后服务	品牌管理
美国	—	—									—	—	—
日本		—	—	—	—	—	—	—			—	—	—
中国台湾			—	—	—	—	—	—	—				
中国大陆								—	—				

图 3　IT 产业全球研发网络价值链区位分布图

资料来源：Shin—Hong Chen（2004）。

注："—"表示该研发环节在某类经济体布局。

不仅仅是生产，诸如汇率问题、关税问题，以及全球气候变化等问题，都是需要各国（地区）通力合作，没有一国（地区）可以置之度外，因此，全球就是一个命运共同体，各经济体"一荣俱荣，一损俱损"。

（三）人类命运共同体的可行性

当然经济全球化必然激化资本主义的基本矛盾。随着资本主义生产方式在全球的快速扩散，资本主义的基本矛盾也在全球激化，资本主义的私人占有制与生产社会化的矛盾，在生产力高度发展的今天更加突出，引发全球经济危机，而且危机的频率越来越高，破坏性也越来越大；同时，资本主义企业为了追求剩余价值最大化，经常巧取豪夺，损害其他国家、人民的利益，扩大全球贫富差距，引发全球经济、政治秩序的大动荡。

为了维护国际经济的秩序，各国也意识到加强协商、协调的重要性，国际组织日益活跃，国际条约日趋完善。全球性的综合性国际组织，如联合国；全球经济性组织，如世界贸易组织（WTO）、国际货币基金组织（IMF）、世界银行、二十国集团（G20）等；还有区域性的组织，如亚太经济合作组织（APEC）、欧盟、东盟、海湾合作组织、上海合作组织、"金砖"五国等；这些国际组织在各国间形成了黏合剂，加强了磋商，协调了立场。因此，建立人类命运共同体有必要性，也有可行性。

当然，这些国际组织也有一定的缺陷，例如，国际组织主要由西方发达国家把持，广大发展中的国家代表性不足，西方国家利用其话语权，制定有利于其自身的经济规则，而发展中国家只是国际规则被动的执行者等，这些需要在未来不断加以改革完善。

五、建设人类命运共同体的策略

坚持全球化的道路，共筑世界命运共同体，中国应当做好如下几点：

（一）宣传人类命运共同体的主张，让中国声音、中国方案传遍世界

中国应当利用国际组织、国际会议，使用国际媒体向世界宣传人类命运共同体的理念，提倡在全球经济活动中共商、共享、共建，尊重各国人民的利益和选择，互利共赢，共同发展。

目前，中国的经济实力比较雄厚，但是，中国的软实力还较欠缺，有些西方国家渲染中国威胁论，大肆抹黑诋毁中国形象。“软实力”概念是美国著名学者约瑟夫·奈在1990年出版的《注定领导世界：美国权力性质的变迁》（Nye，J. S.，1990）一书中提出的。他认为“软实力”（SoftPower）是相对于冷战期间大国对抗的轴心“硬实力”（Hard Power）而言的，在世界变革的情况下，所有国家要学会通过新的力量源泉来实现其目标：促进全球相互依存，管理国际体系结构，共享人类文化价值。他将这种新的力量源泉称为“软实力”，并强调“软实力”是价值观念、生活方式和社会制度的吸引力和同化力，通过精神和道德诉求，诱惑和说服别人接受某些行为准则、价值观念和制度安排。

我国应以孔子学院为基地，传播中华文化，加强与各国文化的相互交流，增进与各国的友好感情。文化是一种软实力，也是一种产业，当前，中国还应当努力发展文化产业，挖掘中国文化的瑰宝，增加中文图书的海外发行，电影、电视、音乐、美术作品的出口，向世界推介中华文化，展示中华文化。当中国的软实力提高之时，中国的理念、中国方案就更容易成为全球实际行动。

（二）积极参与国际组织，提高中国国际规则的制定能力

中国虽然是世界第二大经济体，但从人均收入来看仍然是发展中的国家。过去中国更多是国际规则的被动执行者。例如，在IMF、SDR篮子的2017年最新权重为美元41.73%，欧元30.93%，人民币10.92%，日元8.33%，英镑8.09%，虽然，随着人民币加入SDR篮子，中国在IMF、世界银行的发言权、决策权也有所提高，但中国相对于美国的发言权还比较小，美国拥有一票否决权。当今世界国际货币体系不稳定，各国汇率波动较大，经济危机频繁，严重影响国际投资、贸易的发展，给世界经济带来不良的影响。

随着中国经济的发展，中国应当更多的是国际规则的倡导者和制订者。中国应当利用其在联合国、WTO、IMF、G20等国际组织的地位，发挥积极的作用，提出中国的主张，推介中国的方案。中国应当代表发展中国家，维护发展中国家

的权益，反映他们国家要独立，领土要完整，民族要平等，经济要发展的心声。要旗帜鲜明地反对发达国家经济霸权，倡导互利的国际贸易，推动共赢的国际经济合作，促进世界经济共同繁荣，为建立公平公正的国际经济政治新秩序而努力。

（三）加强国际经济合作，带动周边国家、地区共同繁荣

习近平主席提出的“一带一路”是建设人类命运共同体的具体实践，已经赢得国际社会的广泛认同。“一带一路”沿线有65个国家（地区），占全球经济总量达到30%，80%左右的国家处于工业化发展中后期阶段，有41个经济体属于中高等收入以上，占比63%，只有8%属于低收入国家（地区），经济合作的前景广阔。据商务部报告，我国重视与“一带一路”国家和地区发展经贸关系，2016年，我国向“一带一路”沿线国家出口占总出口的比重为27.7%。要做好“一带一路”，第一，我们要制订长远的发展战略，要以建立人类命运共同体，重塑世界经济秩序为目标，认清环境，发挥优势，规避风险。要坚持与沿线各国政府、人民共商、共建、共享，扎扎实实地为沿线各国、各地区人民谋福利。第二，我们要抓住基础设施建设的关键，打通道路、桥梁，建好一路，带动一片。第三，优先发展边境地区，扩大沿边开放与经济合作，以边境的发展带动周围的发展。第四，要以大企业带动小企业，以大工程带动小项目，以商品贸易带动服务贸易，稳步扩大经济合作的规模，提高经济合作的层次。第五，以工业园、经贸区的平台，为企业走出去提供便利的条件，安全的保障。

（四）加强国际经济援助，履行国际义务

实施对外援助有利于促进中国与其他发展中国家的友好关系，共同应对国际社会的困境与挑战，还有利于加强中国与其他发展中国家的经济合作，有利于彰显中国的大国地位，增加中国的国际话语权，实现全球的共同发展。

改革开放以来，我国积极开展对非洲等不发达国家的经济援助。中国已于2015年设立“南南合作援助基金”，首期提供20亿美元，用于支持发展中国家落实“2030年可持续发展议程”。2017年5月的“一带一路”高峰论坛上，中国宣布向“南南合作援助基金”增资10亿美元。2017年9月“厦门金砖峰会”期间，中国再度做出承诺，将在该基金项目下向其他发展中国家增投5亿美元援助。这些基金，对帮助贫穷国家的经济发展起到雪中送炭的作用。

中国还对不发达国家健康事业给予支持，据国务院新闻办2017年12月29日发表的《中国健康事业的发展与人权进步》白皮书披露，1963年以来，中国先后向69个发展中国家派遣了援外医疗队，累计派出医疗队员2.5万人次，治

疗患者2.8亿人次。截至2017年6月，中国共有1300多名医疗队员和公共卫生专家在全球51个国家工作，在华培养了2万多名受援国际医疗卫生管理和技术人才。在中国的国际应急救援行动帮助下安哥拉、圭亚那战胜了黄热病、寨卡病毒等疫情，受到国际社会的广泛赞誉。

（五）加强环境保护，造福本国人民，也为全球环境改善做贡献

我们只有一个地球，地球是我们共同的家园。保护环境，就是保护人类自己。中国及其他新兴市场国家工业化的发展，确实给环境造成较大的危害。沙尘暴、雾霾天显示大气污染已经十分严重；温室效应、厄尔尼诺现象等极端天气，让人类遭受到大自然的惩罚。不保护环境，人类就会自我毁灭。因此，全球应当共同应对这个挑战。

中国是工业化的大国，应当承担责任，积极开展节能减排，治理污染，保护环境。中国的节能减排做好了，就是对世界的一个贡献。当前，中国的经济转型，就是要把环境保护放在一个重要的位置，压缩、关闭污染严重的企业，推广绿色能源。例如，太阳能、风能、水电、核电等，尽量减少对石油、煤炭的依赖，减少碳排放，同时，加快治理江河湖海，恢复青山绿水。尽管中国在治理污染、保护环境的过程中，减缓了经济的发展速度，还需要付出极大的经济代价。但是，为实现巴黎气候大会达成的《巴黎协定》将全球气温升幅控制在2摄氏度以内的长期目标，中国必须完成对世界的承诺，这也是建设人类命运共同体的重要内容。

参考文献

[1] 高尚全：“改革：中国特色社会主义的伟大实践——中国改革四十年的回顾和思考”[EB/OL]，搜狐网，2017-09-27，http://www.sohu.com/a/194589630_481741。

[2] Adam Smith. An Inquiry into the Nature and Causes of the Wealth of Nations B. IV. Ch. 1—3, 1776.

[3] David Ricardo. On the principles of political economy and taxation. John Murray. London, 1817.

[4] EF Heckscher. The Effect of Foreign Trade on the Distribution of National Income. Ekonomisk Tidskrift, 1919, 21, 497—512.

[5] Ohlin. Interregional and international trade. Harvard University Press. Cambridge, 1933.

[6] Jeffrey Sachs. International Economics: Unlocking the Mysteries of Globalization. Foreign Policy, 1998, 110, 97—102.

[7] 安东尼·吉登斯：《失控的世界》，周红云译，江西人民出版社2001年版。

[8] 胡必亮：“中国的成功经验——纪念改革开放40年”，今日中国，2017-12-25，14:22:00，http://www.chinatoday.com.cn/chinese/sz/sd/201712/t20171225_800112982.html。

[9] 国家统计局："2013—2016年中国对世界经济增长贡献率超美欧日总和"，《上海证券报》中国证券网2017年6月19日。

[10] 张宇燕、卢锋等："中国入世十周年：总结与展望"，《国际经济评论》2011年第5期，第40—44页。

[11] 商务部外资司："2016年1—12月全国吸收外商直接投资情况"，商务部官网，2017-02-04，15:52，http：//www.mofcom.gov.cn/article/tongjiziliao/v/201702/20170202509836.shtml。

[12] 中国商务部："外资司负责人谈2017年1—10月我国吸收外资情况"，商务部官网，2017-11-14 11:15，http：//www.mofcom.gov.cn/article/ae/ag/201711/20171102669967.shtml。

[13] 朱宏任："正视工业'大而不强'抢占智能制造制高点"，中国产业经济信息网，2017/11/8 12:24:25，http：//www.chinaidr.com/tradenews/2017-11/116410.html。

[14] 中国商务部综合司："中国对外贸易形势报告（2017年秋季）"，商务部官网，2017-11-06 16:39，http：//zhs.mofcom.gov.cn/article/cbw/201711/20171102666142.shtml。

[15] 于茂荣、曲建忠："经济全球化的利弊分析"，《经济问题》2002年第6期，第17—18页。

[16] 文峻、梅金平："'全球化'研究综述"，《财经政法资讯》2003年第5期，第17—18页。

[17] 胡锦涛："坚定不移沿着中国特色社会主义道路前进为全面建成小康社会而奋斗——在中国共产党第十八次全国代表大会上的报告"，《人民日报》2012年11月18日。

[18] "2015年度人类命运共同体研究项目正式启动"，《人民论坛》，2014-12-24，http：//www.rmlt.com.cn/2014/1224/363838.shtml。

[19] Shin—Hong Chen Taiwanese IT firms'offshore R&D in China and the connection with the globalinnovation net—work [J]. Research Policy，2004，33：337—349.

[20] 朱孔来、马宗国："国内外软实力研究现状综述及未来展望"，《济南大学学报（社会科学版）》，2010年第20卷第6期，第53—89页。

[21] 易纲："人民币加入SDR之路也是中国经济改革开放之路"，澎湃新闻网，2017-12-21 10:04:45，http：//finance.ifeng.com/a/20171221/15881746_0.shtml。

[22] 王自励："联合国开发署驻华主任：中国援外时成套方案比技术输出更重要"，《财新网》，2017-9-15 17:36，http：//international.caixin.com/2017-09-15/101145766.html。

[23] 白皮书："中国积极开展对外医疗援助和全球应急处置"，新华社，2017-09-29 16:34:41，http：//news.xinhuanet.com/politics/2017-09/29/c_1121746708.htm。

第四篇

产业发展篇

中国服务业发展的轨迹、逻辑与战略转变[①]

过去40年来，中国服务业从改革开放之初的最末产业一跃成为第一大产业，逐渐成长为经济发展的重要动力。从某种程度上讲，这一典型事实似乎也符合发达国家在工业化阶段由中后期向后工业化阶段转换过程中，国民经济必然出现服务化发展趋势的客观规律。但是，这一客观规律在中国情境下的具体表征是什么？符合中国未来的开放道路吗？在当前的增长动能转换的关键时期，这些问题亟须得到科学的回答。为此，本文的主要目的，就是结合中国改革开放40年来的发展事实，概括总结服务业发展的历史轨迹、内在逻辑，描述改革和开放在中国服务业发展中的重要作用，提出在新时代背景下中国服务业的发展战略必须加快转向内需主导型战略，并对这一发展战略的基本内涵、作用机制、实施前提以及政策取向等问题进行分析。

一、改革开放以来服务业发展的历史轨迹

（一）服务业发展的总体规模

1. 服务业增加值的增长总量十分可观。改革开放以来，受惠于经济体制的市场化转型，一些所谓的“寄生性”服务业部门也得以“平反”，开始大规模发展起来。图1描绘了1978年至2015年中国服务业增加值及其增长率的变化情况。[②] 从图1可以看到，服务业增加值从1978年的905.1亿元增加到了2015年的346149.7亿元，年均增长率达到17.4%，远高于同期国内生产总值的增长率。服务业增加值占国内生产总值的比重从1978年的24.6%增加到了2015年的50.2%，这是继2013年超过第二产业占比之后，首次跨越50%大关，中国的“服务经济”时代由此开启。[③] 这一期间，服务业增加值占比每年增加1.9个百

---

① 本文作者凌永辉。

② 本文采用国内产业划分标准来进行界定服务业，即基于GDP核算体系中的第三产业。

③ 根据Fuchs（1968）的研究，服务经济的典型特征之一就是服务业产出超过总产出的一半以上。

分点，而且近年来其比重呈现不断加速上升趋势。

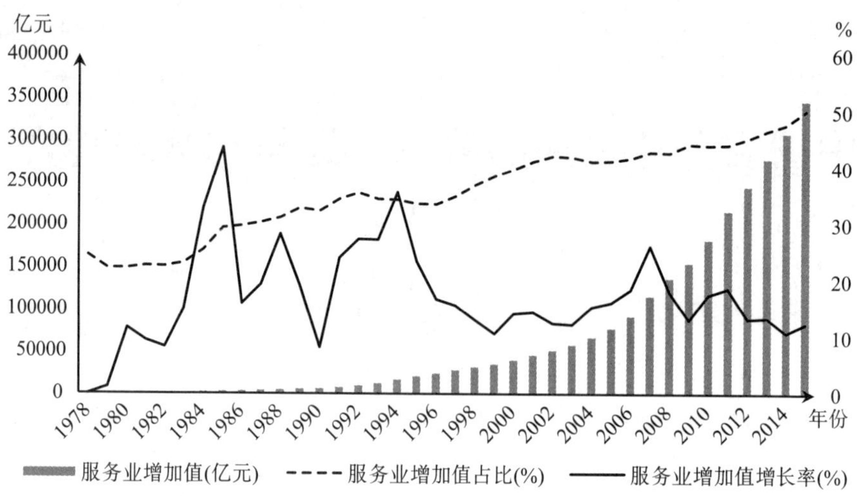

图 1　1978—2015 年中国服务业增加值的变化情况

资料来源：根据国家统计局相关数据计算得到。

2. 服务业吸纳就业的潜力未能充分发挥。国际经验表明，随着人均国内生产总值的提高和城镇化进程的加快，服务业将成为吸纳劳动就业的主要渠道（夏杰长，2008）。自 1978 年以来，随着第一产业就业比重不断下降，第二产业就业比重先上升后趋稳，服务业就业比重也表现出相对较快的上升趋势，然而，中国服务业在吸纳劳动方面没有充分发挥出应有的潜力。图 2 是改革开放以来中国服务业就业的变化情况。从图中可以看出，2015 年中国服务业就业人数高达 32839 万人，相较于 1978 年的 4890 万人，整整增长了 5.7 倍。但 2015 年的服务业就业人数占全部就业比重也只有 42.4%，远远低于世界平均水平。根据世界银行的数据统计，2015 年属于发达国家的美国和日本，其服务业就业人数占全部就业人数的比重分别高达 79.9% 和 69.4%；属于中等收入国家的巴西和保加利亚，其服务业就业人数占全部就业人数的比重分别也达到了 77.3% 和 63.3%。[①] 此外，还需要指出的是，近年来中国服务业就业的增长率也呈现出了不断下降的趋势。

（二）服务业发展的行业结构

1. 专业化发展促进劳动生产率提升。改革开放以前，由于实行优先发展物质生产部门（尤其是重化工业）的国家战略，因而服务业部门发展极其落后，

① 资料来源：世界银行数据库。

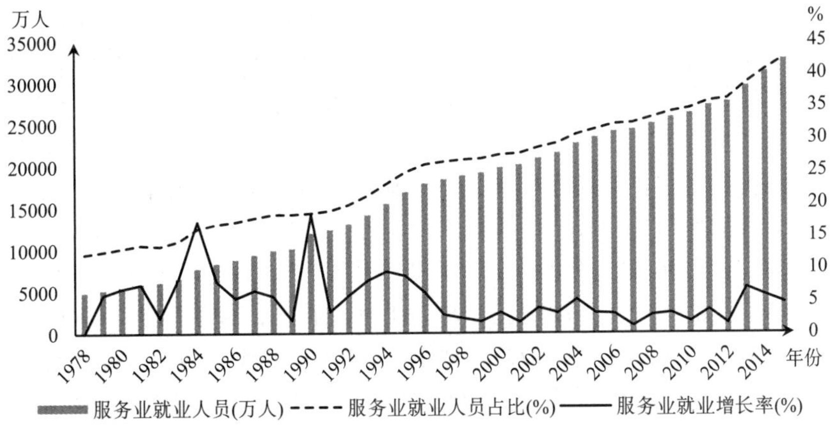

图 2　1978—2015 年中国服务业就业的变化情况

资料来源：根据国家统计局相关数据计算得到。

门类也很不健全，而且常常是内嵌于物质生产部门当中，比如很多国有企业往往都设有食堂、幼儿园等。但在 1978 年以后，随着市场化改革的深入推进，大量为生产活动进行服务的各种辅助性部门逐渐分离出来，形成独立的服务部门，这样一来，服务业从无到有，规模逐渐扩大，在专业化和规模化效应的作用下，劳动生产率获得了快速提升。图 3 是改革开放以来中国服务业劳动生产率的变化情况。从图中可以看到，中国服务业劳动生产率从 1978 年的 0.1851 亿元/万人稳步提升至 2015 年的 10.5408 亿元/万人，年均增长率达到 11.5%。而且，在 2008 年国际金融危机发生之后，中国服务业劳动生产率呈现出明显加速上升的趋势。

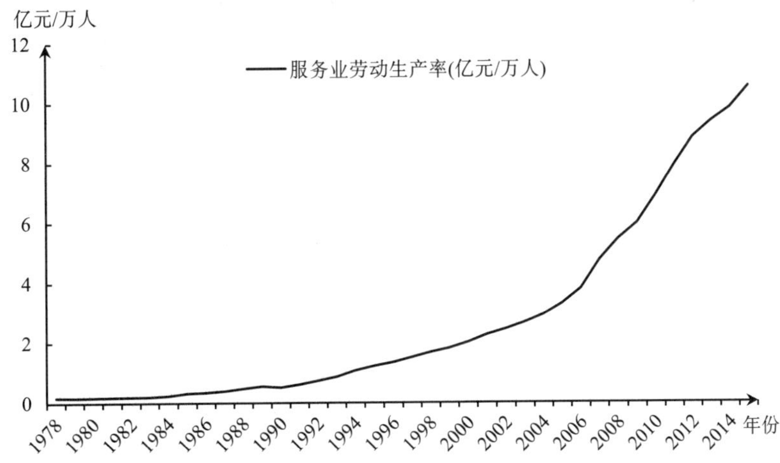

图 3　1978—2015 年中国服务业劳动生产率的变化情况

资料来源：根据国家统计局相关数据计算得到。

2. 行业异质性导致发展水平参差不齐。服务业作为一个庞大的部门，它所包含的行业是十分芜杂的，表现在生产技术上也呈现很大差异（黄少军，2000）。这就决定了服务业具有很强的行业异质性。譬如，有些服务业部门的可标准化程度较高，生产过程能够脱离消费过程独立实现，在达到一定的标准化水平之后，服务劳动的机械化替代也成为可能，因而其生产率的提升就比较快速；而有些服务业部门的可标准化程度较低，所要求的个性化程度高，甚至生产过程本身也需要消费者参与，因而其生产率提高就十分缓慢。表 1 描述了 1991 年以来中国服务业内部各行业的劳动生产率情况。从表中可以看出，房地产业、居民服务、修理和其他服务业的劳动生产率最高，两者在 2011—2015 年的均值分别高达 102.5 亿元/万人和 129.0 亿元/万人，在 2006—2010 年的均值也达到了 85.4 亿元/万人和 81.0 亿元/万人，均远远超过其他服务业行业的生产率水平。其中，教育行业的劳动生产率水平是最低的，2006—2010 年、2011—2015 年两个时期的均值分别只有 5.8 亿元/万人和 11.3 亿元/万人。事实上，威廉·鲍莫尔（William Baumol）在其 50 年前的经典研究中就已经将教育行业的低生产率现象作为典型案例来论证服务业的“成本病”问题（Baumol，1967）。进一步观察表 1 的服务业劳动生产率数据，还可以发现，劳动生产率最低的行业除了教育以外，公共管理、社会保障和社会组织，卫生和社会工作，水利、环境和公共设施管理业，科学研究和技术服务业等一些具有公共品性质的服务业劳动生产率水平也十分低下，这反映出中国的公共服务供给极其不足，亟待进一步加强。

表 1　1991—2015 年中国服务业内部各行业的劳动生产率　单位：亿元/万人

行业	1991—1995 年	1996—2000 年	2001—2005 年	2006—2010 年	2011—2015 年
交通运输、仓储和邮政业	1.2	2.1	9.8	25.4	65.0
批发零售业	0.9	1.4	12.3	39.9	40.1
住宿和餐饮业	—	—	21.9	32.8	38.0
信息传输、软件和信息技术服务业	—	—	35.4	44.5	48.4
金融业	8.5	14.8	17.0	35.4	74.1
房地产业	10.4	15.3	33.0	85.4	102.5
租赁和商务服务业	0.0	0.0	13.4	19.2	34.6
科学研究和技术服务业	1.0	2.7	6.0	14.9	28.6
水利、环境和公共设施管理业	—	—	4.5	6.5	11.6
居民服务、修理和其他服务业	—	—	51.9	81.0	129.0
教育	0.5	1.2	2.7	5.8	11.3
卫生和社会工作	0.7	1.4	3.5	7.9	14.3
文化、体育和娱乐业	—	—	9.1	14.9	27.3
公共管理、社会保障和社会组织	1.0	1.8	3.7	9.1	14.0

资料来源：根据各年度《中国统计年鉴》相关数据计算得到。

二、改革开放以来服务业发展的内在逻辑

改革开放以来，中国服务业在总体规模、行业结构等方面均取得了长足的进步，但与发达国家相比，中国服务业（尤其是现代服务业）的发展仍然相当滞后。造成这种情况的关键因素在于长期实行出口导向型发展战略。从供给视角来看，以国际代工为主的出口导向型发展战略为国内本地化的服务业企业带来了可供模仿的先进生产技术和管理经验，产生了正向的溢出效应；从需求视角来看，这种出口导向型发展战略所引入的外商企业基本上是纵向一体化的跨国公司，其所需的配套服务也大多由外商提供，这就在很大程度上对本地化的服务业企业造成了负向的挤出效应。改革开放 40 年来，中国服务业就是在这两种效应的共同作用下艰难成长起来的。

（一）出口导向中的技术溢出效应

技术溢出是指技术在跨国公司技术源与东道国技术接受企业之间的非自愿扩散，其实质是一种经济外部效应。通过这种技术扩散，东道国企业的技术或生产力能够取得跨越式进步。随着全球化分工的深入演变，中国利用廉价劳动力、土地等要素价格上的比较优势迅速融入到了全球价值链当中，形成了以国际代工模式为主的出口导向型发展模式。应该说，由于中国本土企业与国际先进企业之间客观存在的巨大技术鸿沟，这种先选择在全球价值链低端环节进行国际代工的企业战略，不失为一种避开发达国家阻断中国企业融入国际产业分工的次优路径。在这一过程当中，外商企业将会通过直接和间接途径对本土服务业企业产生技术溢出。从直接途径来看，一方面，外商企业的高技术效率会对本地企业产生示范效应，其带来的先进技术和管理经验将被本土企业直接进行复制或模仿，包括企业的研发能力、品牌运作能力、产业链的管理能力等。譬如美国沃尔玛公司在墨西哥子公司发展冷链（Cold chain）技术，引发墨西哥本土零售商也先后发展这个技术，即示范效应产生技术溢出（Iacovone 等，2009）。另一方面，跨国公司在东道国的生产过程中需要对本地化的劳动者进行专业化培训，而这些劳动者可能会在学习到专业技能、市场营销网络或管理能力后，“跳槽”到本土服务业企业担任重要职位，此即所谓的人才流动效应。可见，不论是示范效应还是人才流动效应，都将使得本土服务业企业从外商企业引进过程中直接受益。但除此之外，外商企业也还会通过一些间接途径对本土服务业企业产生技术溢出。众所周知，在改革开放以前，中国几乎所有企业都是“大而全”或“小而全”的组织结构，服务和生产环节是一体的，这种企业组织方式带来了非常严重的效率损失。而改革开放后实施了较为全面的出口导向政策，外商企业在高度专业化分工

机制的作用下，通过服务外包方式向东道国进行服务产业转移，从而刺激本土服务业企业大量地从制造企业中专业化分离出来，形成独立的产业部门。外商企业对本土服务业企业的这种技术溢出往往是比较隐性的，对本土服务业企业的专业化和多样化集聚都会产生不小的影响。

（二）出口导向中的市场挤出效应

然而，在出口导向的国际代工模式下，中国的本土产业也陷入全球价值链的低端陷阱中了，加上近年来跨国公司纷纷在中国本土设立研发中心，利用其技术、资金等优势形成了对国内本土生产性服务市场的供给垄断，在很大程度上挤出了本土服务业企业（凌永辉等，2018）。正如江静和刘志彪（2010）所指出的，国际代工模式实际上是一种封闭的网络生产体系，制造业的繁荣并没有形成本土生产性服务业的市场需求，反而对生产性服务业造成了严重的市场挤压。而且，这种由于出口导向战略所导致的本土服务市场挤出效应，还具有产业层面上的双重叠加性质。具体而言，一方面是从制造业角度来看，外商大量投资制造业，将其处于衰退期的或者处于价值链低端的制造环节转移至东道国，必然会在资本要素、劳动力要素等领域与服务业形成全方位竞争。[①] 特别是一些受教育程度较高的人力资源，往往偏好进入所谓的“外企”工作，这将导致服务业发展（尤其是现代服务业）缺乏足够的人才支撑，服务外包也被锁定在一些低附加值环节。另一方面，从服务业角度来看，由于不同国家间政府管制、文化壁垒的存在，外商生产性服务业企业进入东道国可能面临着信息障碍，因此，生产性服务业企业就倾向于跟随母国的下游制造业企业进入东道国（Raff 与 Von der Ruhr, 2001）。这样一来，外商服务业企业将在地域上形成联动效应进而满足外商制造业企业的服务需求（江静，2014）。国家权威数据统计显示，2016 年服务业外商直接投资高达 838.9 亿美元，占全部外商直接投资的 66.6%，而这一数字在中国刚加入世界贸易组织之初只有 20.3%（2002 年），14 年来年均增长率达到 8.9 个百分点。[②] 这表明，日益扩大的服务业外商投资规模，在一定程度上加剧了出口导向战略下的国际代工对本地服务业企业产生的市场挤出效应。

三、新时代背景下服务业发展的战略转变

上述经验分析表明，出口导向型战略是中国过去服务业发展的内在逻辑，它

---

① 需要补充说明的是，这里所说的处于衰退期的制造环节之所以能够进行国际转移，而且还能够在发展中国家虹吸大量的高级生产要素，主要是因为按照经典的产业生命周期理论，由于发达国家与发展中国家之间存在技术落差，在发达国家处于衰退期的产业，在发展中国有可能正处于成长或成熟期。

② 这里的外商直接投资都是实际使用金额，数据来源于 2003 年和 2017 年《中国统计年鉴》。

所引致的市场挤出效应远远超过了技术溢出效应，这一战略断然不可持续。进入新时代，中国服务业的发展战略必须从出口导向型战略加快转向内需主导型战略，促进服务业由数量型向质量效益型发展转变。可以说，实行基于内需经济的服务业发展战略，无疑是中国从工业化中后期阶段向后工业阶段实现过渡的主要路径。这当中主要有三个问题需要分析：一是内需主导型战略的基本内涵是什么；二是内需主导型战略对服务业发展有着怎样的作用机制；三是内需主导型战略的实施前提有哪些。

（一）内需主导型战略的基本内涵

内需的概念，从狭义上理解是指“对国内商品和劳务的需求”，它涉及的是国内产出品与进口品的竞争替代问题；从广义上理解则是指“来自国内的对商品和劳务的需求”，涉及的是有效需求来源于国内还是国外的问题（刘志彪，2013）。内需的这种狭义和广义之分，其实是来自于微观视角和宏观视角的差异。就本文而言，内需更强调宏观视角下的广义理解。为此，我们认为，内需主导型战略的本质内涵就是依靠国内市场主体的有效需求为主导，虹吸国内外优质生产要素为我所用，以促进产业创新和发展。中国是发展中的大国，国内人口规模、城市化进程等都无一不显示出巨量的市场潜能。当国内市场主体的这种潜能被激活并形成有效需求时，中国经济完全能够以内需为主导实现质量型增长。一方面，大国经济的内需市场具有“规模效应”，能够虹吸全球创新要素在国内形成集聚，既服务于传统制造业升级，也促进现代服务业加速发育。另一方面，大国经济的内需市场还具有“竞争效应”，能够促进产品或服务的多样化和差异化，既有利于契合当前的个性化定制潮流，也有利于避开发达国家的同质竞争，从而攀升全球价值链的高端环节。实际上，美国经济在19世纪至20世纪期间的崛起，走的就是一条以内需为主导的发展道路，其特点表现为宏观层面的国内消费是经济增长的引擎，同时微观层面的企业存在强烈的内向倾向（先在国内发展，后向海外发展。贾根良，2011）。从美国内战至第一次世界大战的半个世纪中，美国在人口增长伴随着人均收入增长的条件下，购买力不断提高，国内市场规模不断扩大，而且城市化进程的加快也使得市场更为集中，运输成本和沟通成本不断下降，导致市场进一步扩大（斯坦利·恩格尔曼和罗伯特·高尔曼，2008）。在这期间，美国公司均是在建立起规模庞大的国内营销网络之后，才走上对国外市场的商务和资本扩张之路的。迈克尔·波特（2007）在分析国家竞争优势的时候也指出，产业竞争优势的创造与持续应该说都是一个本土化的过程。

但必须指出的是，我们提出的内需主导型战略并非等同于所谓的“闭关锁国”，内需主导与经济全球化之间并不矛盾。从学理上说，内需主导型战略既能以开放的方式进行，如进口国外要素在国内加工并在国外销售；也能以封闭的方式进行，如在国内完成产业链的整个价值增值过程，不与国际经济发生任何联系（刘志彪，2012）。事实上，美国经济崛起所走的内需主导型发展道路，选择的就是高关税保护下的封闭方式。[①] 但是，当前时代的全球化市场分工不断向纵深发展，产品、服务、要素等国际流动极其频繁，未来经济全球化的发展趋势是不可逆的。从这一点来看，实行保护主义并不现实。因此，中国转向内需主导型发展战略，不仅不会与参与经济全球化的行动相冲突，反而更应该积极主动地实施更高层次的对外开放。

（二）内需主导型战略的作用机制

众所周知，在出口导向型的国际代工模式中，外商牢牢控制着以现代服务为代表的中间需求，本土服务业发育的土壤被抽离了。不同于出口导向型战略对中国服务业产生巨大的市场挤出效应，在内需主导型战略下，服务业的发展不会受到这种市场挤出的影响。此中缘由在于，内需主导型战略是以国内市场主体的需求为导向，在内需驱动的国内经济大循环中促进差异化的垄断竞争，实现价值链“链主”的培育。对于异质性较强的服务业而言，这种内需驱动作用更为显著。这是由于在整条价值链条中，研发设计、品牌营销环节均代表了“微笑曲线”高附加值的两端，两者都属于服务业范畴，而且这些环节尤其强调差异化竞争。因此，内需导向将刺激国内本土的服务业企业向这些高附加值的价值链环节集聚。而且，在大国经济中，这些本土服务业企业可以凭借规模效应，有效地降低向价值链高端环节集聚的成本。从出口导向型转向内需主导型，是要在以发达国家跨国公司主导的价值链之外，另行构建中国本土企业主导的价值链，其形式既可以是国内（区域）价值链，也可以是全球价值链。但不论何种形式，本土服务业企业有了可以发展的市场基础。实际上，由于母市场效益（Home - Market Effects），极大的国内市场需求会让大国成为差异化产品的净出口国（Krugman，1980；Helpman 和 Krugman，1985）。在这种情况下，一般贸易形式的出口也将会大幅增加，由于这种外生冲击会对服务业产生的影响是正向的，这样一来，本土服务业也就获得了一个实现跨越式发展的“加速器”。

（三）内需主导型战略的实施前提

内需主导型战略要取得成功的前提是作为大国经济的内需潜能被有效激活，其中的关键是真正建立起国内统一市场。尤其是对于价格普遍较高的服务业而

---

① 美国自内战发生后的半个多世纪里，其工业制成品的进口关税长期保持在40%—50%之间。参见贾根良（2011）。

言，形成以收入均等化为特征的巨大国内市场规模至关重要。这当中主要涉及两方面的问题：一是投资需求的“有形之手”问题。长期以来，投资需求是驱动中国经济和产业发展的主要动力之一，但由于受到过去计划经济思想的影响，这种投资驱动带有强烈的行政干预色彩。譬如，地方政府在 GDP 考核之下往往会利用“有形之手”干预投资偏向制造业，尤其是一些在短期内刺激 GDP 增长的高能耗、高污染行业；而对服务业投资比重偏低，即使在服务业中又偏重房地产业；甚至在一些新兴产业中，地方政府也常常“一哄而上”，最终导致严重的产业同构和产能过剩问题。之所以会发生这种现象，主要原因还在于行政分割，具体表现为产品市场和要素市场上的双重壁垒。在产品市场上，地方保护主义盛行，限制外地商品和服务进入本地市场，在烟酒、食盐等财政支柱行业表现尤为明显。甚至在一些品牌连锁经营中，由于总店和门店不在同一个本地市场，于是就要按照地方政府要求进行双层缴税，这样一来，就加重了企业的运营成本，极其不利于实体经济振兴。在要素市场上，劳动力受到户籍、公共福利等影响难以在地区间实现自由流动，基础设施建设在不同地区间经常出现互不配套、不衔接、不通畅等问题，从而造成中国国内市场的严重“碎片化”。因此，实施内需主导型战略必须明晰地界定政府权力边界，防止“有形之手”过度干预和扭曲市场投资配置效率。二是消费需求的“消失之谜”问题。中国的国内消费需求长期不足，固然有统计分类差异的原因，[①] 但根本上还是由城乡二元化的经济结构所导致。一方面，人口城市化的滞后拖累了消费需求增长。发达国家的发展经验表明，当人均国民总收入在 8000—10000 美元时，其人口城市化水平将达到 75% 左右。2016 年，中国的人均国民总收入达到 8620 美元，但人口城市化水平只有 41.2%，其损失的有支付能力的消费需求规模预计达 31609 亿元之巨，高达当年全社会消费品零售额的 9.51%（周天勇，2017）。另一方面，城乡土地产权的二元体制，不利于农民消费需求增长。在现行土地制度下，农民个体对土地是没有所有权的，而只有使用权，这就决定了其无权出售和抵押土地，而且农村集体所有的土地产权又容易造成土地权属关系不明晰。因此，这些资产是无法转化为财富的“死”资产，农民无法分享城市化带来的发展成果，其消费力也就被大大地限制了。

四、服务业转向内需主导型发展战略的政策取向

通过对改革开放 40 年来中国服务业发展的历史轨迹及其内在逻辑的梳理和分析，我们认为，从出口导向型战略转向内需主导型战略对未来实现服务业的质

① 20 世纪 90 年代中期以来，房改后的居民购房支出激增，但是统计分类方法把居民的购、建房支出归类为投资。

量型发展极其重要。为此，我们提出服务业转向内需主导型发展战略的几点政策取向：

第一，加快推进国内统一市场建设，切实构建扩大内需的长效机制。就宏观层面而言，政府应该积极完善有利于市场统一的法律法规、产业政策等，通过司法体系改革、交通运输、互联网通信等基础设施建设，打破地方保护主义，促进地区间互联互通；就微观层面而言，政府应该大力拆除中小服务业企业进入的“旋转门”“玻璃门”等，鼓励企业间组建大规模联合组织，通过发挥市场决定性作用，有效整合农村市场初级产品与城镇市场高附加值产品的产业链。

第二，全面实施负面清单制度来优化投资结构，提升国内需求质量。过去，中国实行的投资政策是以正面清单为主的混合清单管理模式，即通过实行严格的审批制，政府规定哪些领域可以做，但这种审批制对服务业存在很多垄断和管制，也严重干预个人、企业和市场等微观主体的投资决策，抑制微观主体创新（凌永辉等，2017）。因此，要全面实施负面清单制度，除了负面清单上列明不能投资的领域外，尤其对于农林水利、公共社会服务类、研发技改等支持类的投资项目，要全面放开市场准入、打破行政垄断，充分调动市场主体的投资积极性。

第三，加快建设新型城镇化，释放国内需求潜能。新型城镇化的“新”体现在提升城市的市民幸福、公共福利等内涵层面，内在地要求了户籍、土地和财政制度必须进行联动改革：一是建立和完善全民统一的居住证制度，剥离与户籍挂钩的利益分配功能，推进基本公共服务均等化；二是全面落实农村土地确权工作，尽快建立农村产权流转交易市场，探索城乡建设用地指标跨区域互换机制；三是主动改革财税体制机制，考虑试点实施全面的财产税，积极研究针对所有财产及其保有、获得、转让等各个环节应该征收的合适税率，从而拓宽税基、稳定税收。

第四，注重发挥服务业与制造业之间的产业互动作用，在培育若干世界级先进制造业产业集群的过程中，建设现代化的服务业经济体系。世界各国的发展事实表明，在工业化中后期向后工业化时期过渡的阶段，服务业与制造业之间的产业互动发挥了至关重要的作用。倘若忽视这种产业互动，那么一味地推崇经济服务化必然导致“产业空心”，像拉美国家那样陷入中等收入陷阱。因此，如果能够在培育若干世界级先进制造业产业集群过程中，充分发挥产业互动作用，也就能够为服务业的质量型发展奠定坚实的产业支撑。

第五，积极抓住“一带一路”倡议实施的历史机遇，构建内需主导型全球价值链，促进服务业实现更高层次的对外开放。一方面，在“一带一路”沿线国家和地区，建设互利合作平台，在运输服务、旅游服务、通信服务、金融服务等开展全方位的国际服务贸易和服务外包；另一方面，“一带一路”沿线国家差异化的工业化阶段形成了典型的产业梯度，有利于构建内需主导型全球价值链，促进中国服务业企业“走出去”。

参考文献

[1] 黄少军：《服务业与经济增长》，经济科学出版社 2000 年版。

[2] 贾根良：“美国经济崛起时期自主创新的成功经验与启示”，《教学与研究》2011 年第 8 期。

[3] 江静、刘志彪：“世界工厂的定位能促进中国生产性服务业发展吗”，《经济理论与经济管理》2010 年第 3 期。

[4] 江静：《全球价值链视角下的中国产业发展》，南京大学出版社 2014 年版。

[5] 李江帆：“服务消费品的使用价值与价值”，《中国社会科学》1984 年第 3 期。

[6] 凌永辉、张月友、沈凯玲：“中国的产业互动发展被低估了吗”，《数量经济技术经济研究》2018 年第 1 期。

[7] 凌永辉、张月友、徐从才：“负面清单制度能够促进产业结构调整吗？——来自中国〈行政许可法〉自然实验的间接证据”，《当代财经》2017 年第 5 期。

[8] 刘伟、杨云龙：“工业化与市场化：中国第三次产业发展的双重历史使命”，《经济研究》1992 年第 12 期。

[9] 刘志彪、凌永辉：“对商业银行反垄断有利于金融更好地服务实体经济”，《南京审计大学学报》2018 年第 1 期。

[10] 刘志彪：“基于内需的经济全球化：中国分享第二波全球化红利的战略选择”，《南京大学学报（哲学·人文科学·社会科学版）》2012 年第 2 期。

[11] 刘志彪：“战略理念与实现机制：中国的第二波经济全球化”，《学术月刊》2013 年第 1 期。

[12] 迈克尔·波特：《国家竞争优势》，中信出版社 2007 年版。

[13] 斯坦利·L. 恩格尔曼、罗伯特·高尔曼主编：《剑桥美国经济史（第二卷）：漫长的 19 世纪》，中国人民大学出版社 2008 年版。

[14] 夏杰长：“中国服务业三十年：发展历程、经验总结与改革措施”，《首都经济贸易大学学报》2008 年第 6 期。

[15] 周天勇：《经济不振的主要原因是国内消费需求不足》，http://finance.sina.com.cn/zl/stock/2017-08-04/zl-ifyitamv5131456.shtml。

[16] Baumol, W. J., 1967, “Macroeconomics of Unbalanced Growth: The Anatomy of Urban Crisis”, *The American Economic Review*, 57 (3), 415—426.

[17] Fuchs V. R., 1968, The Service Economy, New York: UMI Publishers.

[18] Helpman E., and P. R. Krugman, 1985, Market Structure and Foreign Trade: Increasing Returns, Imperfect Competition, and the International Economy, Massachusetts: MIT press.

[19] Iacovone L., B. Javorcik, W. Keller, and J. Tybout, 2009, “Walmart in Mexico: The Impact of FDI on Innovation and Industry Productivity”, Working Paper, University of Colorado.

[20] Krugman P., 1980, “Scale Economies, Product Differentiation, and the Pattern of

Trade", *The American Economic Review*, 70 (5), 950—959.

[21] Raff H., M. Von der Ruhr, 2001, "Foreign Direct Investment in Producer Services: Theory and Empirical Evidence", CESifo Working Paper, No. 598.

[22] Sims C. A., J. H. Stock, and M. W. Watson, "Inference in Linear Time Series Models with Some Unit Roots", *Econometrica*, 58 (1), 113—144.

互联网金融背景下金融产业集聚对区域经济增长的影响①

一、引言

改革开放是中国这个有着悠久农业传统文明形态的大国，在持续探索如何实现自身工业化、现代化的转型。回顾期间的金融改革历程，无论是国有银行的改革还是源于对国企资本性融资支持的证券市场的建立，无不是从上而下的政府强制供给行为。考虑到银行业巨大的外部效应，在保持银行业稳定的同时，能够使经济实现增长，政府就愿意保持这种路径锁定状态，即便是处于银行业经营的低效率状态，然而互联网金融的出现，犹如“鲶鱼效应”一般给金融产业带来了大变革。

金融产业集聚区以其资源共享、规模效益和网络发达等优势，吸引金融资源集中，促进金融产值增加，支持其他产业发展，促进当地经济增长（刘红，2008；Baldwin 等，2001；刘军等，2007）。在信息不对称和外部性特征、信息外溢效应和路径依赖等因素的影响下，金融产业集聚得到形成和深化（Zhao，2003；Porteous，1995；Arthur，1994）。尽管先前已经有很多关于金融产业集聚对区域经济增长的影响研究，而随着近些年拍拍贷等 P2P 网贷平台以及第三方支付等互联网金融模式的兴起，引起了金融产业大变革。互联网金融作为介于银行、证券等传统金融与瓦尔拉斯一般均衡之间的第三种金融交易和组织形式（谢平等，2012；谢平，2014），改变了传统金融的货币渠道和借贷途径，降低了交易成本，突破了地域限制，缓解了金融排斥（何雄，2014），提高了资金流动效率，提供了更有效健全的市场环境和协调机制（Srivastava，2014），为中小企业发展

---

① 本文作者侯赟慧、杨琛珠。受国家社会科学基金项目“网络平台战略驱动的企业跨界成长研究”（15BGL076）、江苏省高校哲学社会科学研究重点项目“江苏网络经济发展现状与对策研究”（2013ZDIXM018）的资助。

注入活力，促进了经济增长（李炳等，2014；Kabango 等，2011）。但网络的虚拟性、网络信息的冗杂和碎片化分布带来的潜在风险也可能会导致金融系统的崩塌，并波及实体经济。此外，互联网金融传递的金融资源能否得到有效配置，取决于融资者的信用和生产能力，在网络上难以被投资者辨识。鉴于此，有必要重新检验金融产业集聚对区域经济增长的影响机制和作用程度。

互联网金融有两类：一是互联网企业涉入金融领域而建立的各种模式，如余额宝、融 360 等；二是传统金融机构在互联网企业的金融模式冲击下，为进行产品创新而新设立的金融业务模式，如银行网销平台、银行“宝宝类”产品等（Galloway，2009；Head 等，2004）。为了突出互联网金融创新主体的特殊性，且借鉴北京大学互联网金融研究中心关于互联网金融发展指数的构建方法，我们主要研究第一种互联网金融，即基于互联网企业的互联网金融业态①。

本文的研究完善了金融产业集聚对区域经济增长影响机制的理论体系，为我国金融产业和区域经济的发展提供了理论支持和政策建议。对于制定金融产业发展政策，引导区域经济增长，降低区域经济发展不平衡具有重要的现实意义。

二、理论分析

金融业通过发挥各种金融功能对经济增长产生影响，而这种影响的力度、方向和性质取决于金融业发展的状况和金融功能的发挥状况。具体而言，金融业的发展和金融功能的发挥受到内部因素和外部因素的双重影响，内部因素包括金融业内部市场格局、企业地理分布、企业之间的关系、产品创新性等各种因素，这些因素对于金融业是否能有效地发挥对实体经济的支持具有重要影响。外部因素包括政府对金融业的政策、实体经济的需求、相关产业的发展等，这些因素使金融业处于动态变化中，并不断与外部环境发生相互作用。

本质上，金融功能路径对经济的影响，是金融产业集聚对区域经济增长的基本影响机制（Levine，1997），这是其他影响机制存在的前提，我们从以金融功能为中介的基本影响机制和衍生影响机制两方面进行分析（刘军等，2007；王静，2015）。

（一）以金融功能为中介的基本影响机制

1. 对当地经济增长的影响机制。

（1）正向机制。金融产业集聚使金融的各项功能与经济增长的各项动因更好地相互衔接，可以更有效地发挥金融功能作用，强化金融功能效力，从而促进

---

① 北京大学互联网金融研究中心课题组，《北京大学互联网金融发展指数》2015 年 12 月，第 4—8 页。

经济增长，具体表现有：

金融功能与资本积累的衔接。在金融产业集聚区，金融功能对资本积累的促进作用比较明显。金融机构的集中为居民提供了更多的资金投资选择，良好的投资氛围有利于将居民的储蓄投入到实体经济中，从源头增加了资金运动的活力。同时，金融业的发展促进本地贸易的发展，进而促进本地居民的财富增加，产生更多的储蓄进行投资。

金融业集聚促使大量隐性和显性的信息聚集。首先，作为资金需求方的实体企业需要接受市场评估，金融业集聚区吸引专业化评估机构提供信用评价服务。公开的信息对投资者的投资决策具有重大帮助，企业在高信息披露情况下，有动力完善公司治理，实现资源的合理利用。其次，金融业集聚为投资者提供了更多选择和更翔实的金融机构信息，有利于资源在金融机构环节实现合理使用。最后，多样化金融机构的集聚可以使投资者分散投资，避免集中性风险的出现，高度的竞争有利于形成金融产品的市场化价格，降低流动性风险，增加资本积累效率。

金融功能与劳动力的衔接。在金融业集聚区域，优质企业会获得更多资金，有更大发展潜力，对熟练技术劳动力吸引力更大，资金实力雄厚且雇佣声誉高的企业也会为员工提供更多培训机会。另外，通过降低信息不对称性，金融业集聚促进公司治理功能完善，企业更注重对劳动力技能的锻炼，工作流程向标准化转变，提高劳动力的专业化能力。

金融功能与知识的衔接。技术创新需要丰厚的资金支持。在金融集聚区，企业与金融机构联合，为技术创新、产品改进提供了基础，很多新创公司在金融机构投资部门的支持下，推动了技术创新。金融业集聚可以凝聚更多的金融机构，从资金上为技术进步提供支持，知识溢出因素使金融产业集聚区的集聚度得到强化（Audress 等，2006）。

金融功能与市场环境的衔接。金融机构集聚加剧了市场竞争，扩大市场自由度，资金的流动更加以利益为导向。同时，金融机构在竞争中不断改进经营方式，提高产品创新度，经营性企业也在市场监督下提高危机意识，提高经营效率，资金需求者和供给者间逐渐形成良好的评价机制。

（2）负向机制。金融产业集聚对经济增长的负向作用通常表现在集聚后期。当金融机构过度集中，市场供大于求时，一些金融机构不能适应当地市场竞争，进行机构外迁，降低了金融集聚度。同时，如果金融机构间的关系过于紧密，当出现市场波动或外部冲击，或者合作性的违规行为被揭露，就会产生联动效应，造成集体性损失，从而无法为实体经济提供持续的服务。另外，在金融集聚区，金融机构的复杂多样性和数量众多性，宏观监管难度增大，金融市场的波动会对实体经济产生不利冲击。

2. 对其他区域经济增长的影响。金融服务的地域限制性是相对的，在当今互联网链接一切的趋势下，“互联网 + 金融”模式使金融服务能更便利地跨区域实现，有利于金融功能的跨区域发挥。突破地域限制后，金融业务借助互联网技术进行拓展，业务宣传、手续办理和资金流动都可以通过网络完成，借贷双方与金融机构的业务人员间，在互不认识的条件下完成了交易，远距离享受金融服务已成为普遍现象。这种情形下，金融机构的地理位置已不是客户极为关注的因素，当地的金融产业集聚程度与经济增长的关系不再明朗。

金融产业集聚会吸引其他区域的资源向该区域流动，如资金、劳动力、高素质人才、商品贸易活动等，将会削弱其他地区经济增长的物质基础和文化基础，进而拉大两地间的发展差距。

（二）衍生影响机制

1. 传导机制。在金融资源流动的过程中，金融产业集聚对经济增长的传导机制表现在三个方面：其一，金融产业集聚的信息共享效应使信息传递更加顺畅，交易双方的搜寻距离缩小；其二，金融产业集聚使集聚区内的金融服务和产品的多样化需求得到更高程度的满足，提高了信息传递效率（Taylor，2003），提高了经济主体间的衔接性；其三，金融产业集聚区丰富的金融供给，将资金需求者吸引到该区域，以更便利的方式获得资金，金融体系所提供的资金有效地运用到实体经济。

2. 促进机制。金融产业集聚使各经济主体间形成相互促进的动态发展模式。其一，金融机构的集中加大了市场竞争，促进了模仿和创新，提高了金融产品质量，提升了客户满意度；其二，资金需求者在获取资金时也要竞争，在竞争与合作并存的商业环境下，企业之间的合作可能性增加。其三，金融集聚区为资金供给者提供了相互交流的机会，有助于提高公众的金融知识水平和金融风险意识。

3. 控制机制。在金融集聚区，市场对交易主体的评价更明晰化，金融机构对风险控制的懈怠以及个性化金融产品的缺少，会使其被市场淘汰。同时，资金需求者的信用信息被多家金融机构共享后，其市场的违约风险降低，实现了资金优化配置。因而，控制机制使市场出现隐形的规制效应，金融风险被分散。

4. 互联网金融对衍生机制的影响。互联网金融具有全民参与性，投资理念的普及度增大，居民利用闲置资金进行投资的频率增加，理财意识和理财能力提高。随着互联网金融平台数量的增加，促进了多样化信息的流动。在借贷门槛低、购买金融产品更便利的条件下，居民的“碎片化”资金得以更好地聚集，储蓄转化到实体经济的效率增大，闲置资金进入实体经济的渠道拓宽。提高了传导机制对经济增长的影响能力。

互联网金融倒逼了金融机构利用互联网进行业务模式和产品创新的行为，众筹模式使大众创新创业成为可能。电商等产业与金融产业深度融合，金融深入到实体经济的各个流程，更好地服务于实体经济，上下游企业、非竞争性企业在此背景下也有了更多合作的可能，通过金融合作达到共赢效果。大数据的应用使控制机制的正向效果得到更好的发挥。资金融入者能否提供足够的信息是影响借贷效果的重要因素（Herzenstein，2011）。在大数据模式下，资金需求者的日常交易行为被记录下来，为信用评估提供依据，有助于降低市场信息不对称程度。

互联网金融的传播介质虚拟性使跨区域金融资源配置优势明显，降低了金融发展程度对当地经济影响的限制，实现了金融资源共享。可见，互联网金融出现后，金融产业集聚导致的区域经济增长差异程度有减弱的趋势，区域发展不平衡性有可能降低。

但是，互联网金融宏观监管体系仍不完善，公众对平台的安全性仍持怀疑态度，传统的金融机构在开展业务时，和客户进行面对面交流并进行详细调查，实地调查的优势使与互联网金融机构距离较远的客户难以接入平台，跨区域金融资源配置的作用被削弱。另外，不同类型的信息披露对借款成功率有影响，P2P 网络借贷存在地域歧视性，西藏、新疆、内蒙古等地区的借贷行为受到的歧视较高，这导致了不同地域之间不能享受到同等的互联网金融服务（廖理，2014）。P2P 平台更习惯以总部所在地为基础进行业务的开展，贷款分布和总部所在地存在密切的关系①。同时，金融对互联网发展程度的依赖性增加，互联网发展的不平衡性，导致金融产业集聚水平的区域间差异更大，若互联网金融的跨地区配置金融资源的能力较弱，区域经济增长不平衡性会加大。互联网金融的缺陷使衍生机制的实现受到阻碍，抵消了部分正向作用。

综上，一方面，通过以金融功能为中介的基本影响机制，金融产业集聚强化了金融功能，并使其具有更大的效力，对经济增长产生正向影响。通过衍生机制，金融产业集聚改变了金融主体的结构，使其在相互作用中，实现更高的合作效率，金融产业集聚对经济增长的影响渠道得以拓宽，摩擦阻力减少，提高了正向影响程度。另一方面，互联网金融的出现，使两种机制特别是衍生机制的运作受到了影响。互联网金融的网络平台特征，既能使金融产业集聚对经济增长的正向影响力度增加，也能使其降低。因此，有必要在上述理论分析基础上进行实证验证。

---

① SFI 中国互联网金融研究中心课题组，《中国 P2P 网络借贷平台评估报告》2015 年 7 月，第 38—40 页。

三、金融产业集聚度的核算

金融产业集聚度是研究金融产业集聚对区域经济增长的影响的必要指标。考虑到数据的可获得性，难以找到直接的产值数据和完善的整体交易数据来衡量互联网金融，因此我们综合先前的研究，构建衡量金融产业集聚的指标体系。

（一）金融产业集聚度评价指标体系

丁艺等（2009）从金融总体规模、银行业、证券业和保险业四个角度来选取指标，这些指标满足了全面性和多角度性等原则，任淑霞（2011）选取了金融就业人数、金融机构存贷款余额等指标，以对不同城市的金融产业集聚进行测量，茹乐峰等（2014）将金融背景、金融规模、金融深度等角度的指标纳入体系中，以对我国中心城市的金融产业集聚进行评价。不同学者所应用的指标体系有所不同，但是都将金融产业集聚的质量指标和规模指标包含在内，我们延续该思路进行指标的选取。从金融业的子行业来看，金融业主要包括银行业、证券业、保险业、互联网金融四大行业，每个子行业都应具有质和量两个维度的指标，银行业指标包括 *B1* 存贷款余额（这里用年末金融机构人民币各项存贷款余额表示）、*B2* 银行业机构个数、*B3* 银行业资产总额；证券业指标包括 *S1* 证券筹资额、*S2* 上市公司数、*S3* 证券公司数；保险业指标包括 *I1* 保险密度、*I2* 保险机构数；互联网金融指标包括 *E1* P2P 平台注册资本总额、*E2* 互联网金融机构数、*E3* 网站数。此外，有必要将宏观金融市场的发展状况指标纳入进来，以全面展现金融业整体发展状况，包括 *F1* 金融业增加值、*F2* 金融业从业人员数；*FD1* 城镇居民人均年可支配收入、*FD2* 全社会固定资产投资。

另外，为了将指标构建成具有结构性的体系，我们基于质性指标和量性指标的基准，同时考虑金融供给与需求因素，将指标体系分为三个层次，如表 1 所示。

（二）数据来源说明

根据《中国互联网金融报告（2014）》，2005—2012 年我国互联网金融处于萌芽阶段，2013 年互联网金融开始迅猛发展。到目前为止，P2P 网贷、众筹、第三方支付是互联网金融的主要组成部分，是互联网金融的代表。2013 年前，网贷平台数量不足 200 家，只是小圈子游戏，而国内首家众筹网站点名时间也是 2011 年刚上线的，同时，依附于互联网平台的第三方支付也是在 2010 年以后进入快速发展期。另外，目前我国各省的互联网金融的发展数据也难以全面搜集。因此，根据数据的可获得性，我们选取了 2011—2013 年间的互联网金融数据。

其他指标数据时间范围为2006—2013年。

另外，当前没有完整的现存各省互联网金融发展的质性指标数据。一方面考虑到P2P是互联网金融中具有代表性和具有投融资特征的主要模式，庄雷等（2015）将P2P作为互联网金融的代表，进行了实证研究。另一方面，注册资本金是平台运营的基础，是借贷平台杠杆度的基本决定因素，影响平台的安全度，进而影响平台业务的发展（陈冬宇，2014）。实证研究发现P2P网络借贷样本平台注册资金对成交量具有显著的正向影响（陆松新等，2015）。注册资本金数额大小反映了平台所具有的抗风险能力和所能承载的业务量，是平台监管的重要评价指标（余嘉敏，2015）。因此，我们以P2P网贷平台为对象，通过网贷之家获取各省每年的P2P平台的注册资本总额作为互联网金融发展的质性指标。

表1　　金融产业集聚测量指标体系

一级指标	二级指标	三级指标	单位
金融产业集聚	金融质量	*B1* 存贷款余额	亿元
		B3 银行业资产总额	亿元
		S1 证券筹资额	亿元
		I1 保险密度	元/人
		E1 P2P平台注册资本总额	万元
		F1 金融业增加值	亿元
	金融规模	*B2* 银行业金融机构个数	个
		S2 上市公司数	个
		S3 证券公司数	个
		I2 保险机构数	个
		E2 互联网金融机构数	个
		E3 网站数	个
		F2 金融业从业人员数	万人
	金融需求	*FD1* 城镇居民人均年可支配收入	元/人
		FD2 全社会固定资产投资	亿元

本文选取互联网金融机构数作为衡量互联网金融的量性指标，其中通过网贷之家的平台档案汇总P2P平台数；通过中国人民银行颁发的开展互联网支付的《支付许可证》汇总第三方支付机构数；通过包括司马钱、众筹家、众筹之家、平台导航网站在内的一系列众筹第三方网站汇总众筹平台数。此外，互联网的发展是影响本地互联网金融企业发展的重要因素，互联网基础比较好的省份普遍有着较多的互联网金融机构，因此，本文将各省市的互联网金融网站的数目纳入指

标体系，以完善互联网金融发展指标体系。

本文的数据来源于行业内典型的第三方平台，其中网贷之家为官方金融研究中心提供数据支持，是国内最具权威性的网贷第三方平台。众筹网站数据都来源于国内具有权威性的众筹第三方平台，且对多家平台的数据进行了互相认证和补充。另外部分未在网上公布的信息通过访问平台客服和工作人员得到。因此，本文用于实证研究的互联网金融数据来源具有可信性。

（三）金融产业集聚度计算

我们使用 SPSS16.0 对金融产业集聚度进行主成分分析，标准化处理后，2006—2013 年各省金融产业集聚度如表 2 所示。

表 2　2006—2013 年各省金融产业集聚综合得分统计

	2013 年	2012 年	2011 年	2010 年	2009 年	2008 年	2007 年	2006 年
北京	5.467	4.933	5.26	3.592	3.765	3.631	3.935	4.03
天津	-0.529	-0.533	-0.528	-0.592	-0.57	-0.644	-0.648	-0.762
河北	0.152	0.196	0.225	0.622	0.537	0.483	0.448	0.545
山西	-0.84	-0.723	-0.802	-0.699	-0.692	-0.689	-0.821	-0.648
内蒙古	-1.305	-1.187	-1.171	-1.056	-1.044	-1.079	-1.114	-1.125
黑龙江	-1.255	-1.16	-1.182	-0.94	-1.03	-0.943	-0.866	-0.835
吉林	-1.621	-1.514	-1.483	-1.108	-1.1	-1.062	-1.084	-1.04
辽宁	0.394	0.441	0.485	0.743	0.611	0.815	0.751	0.757
上海	4.26	4.681	4.809	3.406	3.913	4	4.398	4.264
江苏	3.657	3.687	3.482	3.438	3.343	3.315	3.311	3.064
浙江	3.483	3.493	3.536	3.079	3.091	3.188	3.117	3.087
安徽	-0.508	-0.545	-0.498	-0.242	-0.24	-0.24	-0.429	-0.457
福建	0.269	0.168	0.066	0	-0.075	0.001	-0.118	-0.176
江西	-1.256	-1.285	-1.259	-1.064	-1.119	-1.097	-1.156	-1.108
山东	2.642	2.363	2.332	2.55	2.619	2.558	2.566	2.741
河南	0.433	0.352	0.392	0.616	0.648	0.612	0.629	0.586
湖北	-0.071	-0.174	-0.22	-0.052	-0.059	-0.093	-0.087	-0.16
湖南	-0.388	-0.333	-0.358	-0.077	-0.082	-0.092	-0.161	-0.198
广东	6.734	6.274	6.335	5.619	5.438	5.411	5.715	5.382
广西	-1.272	-1.19	-1.236	-1.032	-1.063	-1.161	-1.174	-1.216
海南	-2.345	-2.248	-2.317	-2.202	-2.229	-2.199	-2.174	-2.159

续表

	2013 年	2012 年	2011 年	2010 年	2009 年	2008 年	2007 年	2006 年
重庆	-0.834	-0.791	-0.918	-0.845	-0.822	-0.822	-0.945	-0.829
四川	0.944	0.919	0.821	0.904	0.901	0.71	0.632	0.778
贵州	-1.946	-1.944	-1.912	-1.871	-1.91	-1.87	-1.839	-1.818
云南	-1.501	-1.468	-1.448	-1.252	-1.208	-1.219	-1.226	-1.278
西藏	-2.903	-2.821	-2.782	-2.626	-2.637	-2.605	-2.59	-2.574
陕西	-0.737	-0.745	-0.822	-0.511	-0.597	-0.613	-0.779	-0.824
甘肃	-2.04	-1.988	-1.953	-1.787	-1.759	-1.764	-1.756	-1.682
青海	-2.696	-2.617	-2.619	-2.493	-2.497	-2.469	-2.469	-2.395
宁夏	-2.48	-2.395	-2.373	-2.307	-2.317	-2.277	-2.307	-2.246
新疆	-1.908	-1.847	-1.86	-1.814	-1.817	-1.783	-1.761	-1.706

由表 2 可知，北京、上海、江苏、浙江、山东和广东 6 个省市的综合得分都在 2 以上，金融产业集聚水平远高于其他省市；贵州、海南、西藏、青海、宁夏、新疆等地综合得分小于或接近于 -2。区域间的金融产业集聚水平差距较大，自互联网金融出现后，区域间金融产业集聚度的差距有增大的趋势。

四、模型设计与实证分析

我们借鉴经典的柯布—道格拉斯生产函数和 Eigen - Zucchi（2001）的生产函数建立经济增长模型，同时为了消除自相关和异方差对结果的影响，分别对各变量取自然对数，模型形式为：

$$\ln PGDP_{it} = \ln A_{it} + b_{1t}\ln L_{it} + b_{2t}\ln K_{it} + u_{it} \tag{1}$$

将金融产业集聚因素引入模型中，因此，本文的模型修订为：

$$\ln PGDP_{it} = a_{it} + b_{1t}\ln HUM_{it} + b_{2t}\ln INV_{it} + b_{3t}FIA_{it} + u_{it} \tag{2}$$

我们使用我国 31 个省份的面板数据进行实证分析，*PGDP*、*HUM*、*INV* 的原始数据来源于 2007—2014 年各省统计年鉴和国家统计局网站，*FIA* 数据来源于主成分分析法得出的金融产业集聚综合得分。指标说明如下：

PGDP：各省人均 *GDP* 与其均值的比值。这里考虑了各省人数的区别，使用人均国内生产总值以消除规模差异造成的影响。同时，使用比值的形式以更真实地考察区域经济增长水平在全国的地位，以利于不同时期的比较。

HUM：各省每万人口中高校在校人数与全国的比值。高校在校人数代表了人力资本的发展水平，每万人口中高校在校人数是学者通常采用的衡量人力资本的指标，这里也采用比值的形式，使不同数据的比较更为真实。

INV：各省全社会固定资产投资与全国均值的比值。全社会固定资产投资是物质投入的直接衡量指标，这里也采用比值数据。

FIA：金融产业集聚综合得分值。采用上文主成分分析法对金融产业集聚水平的计算结果，综合得分值越高，表明集聚程度越高。

为了对比互联网金融出现前后，金融产业集聚对区域经济增长的影响效果，这里分两个时间段进行分析，第一个模型的观测时期为2006—2010年，第二个模型的观测时期为2009—2013年。前一个观测期中，互联网金融数据未纳入金融产业集聚水平测量体系中，且我国互联网金融也未真正发展起来；后一个观测期中，从2011年到2013年，互联网金融数据被纳入了模型中，但是考虑到两个时间段的可比性以及避免样本过少，加入了2009年和2010年的数据，这样并不会对结果造成实质性的影响，同样可以对两个时期的实证结果进行对比。为了进一步分析互联网金融所起的作用，第三个模型将基于2009—2013年的数据，剔除北京、上海、江苏、浙江、山东、广东6个高金融产业集聚度且高互联网金融发展水平的区域，对余下省市进行分析。

（一）结果与分析

由表3的结果可知，三个模型的总体拟合度较好，同时，各变量的值都通过了5%的显著性检验，说明各变量对经济增长的影响具有显著性。实证一的结果显示，*FIA* 的系数为0.0506，表明金融产业集聚度每增加1单位，人均 *GDP* 与其均值的比值就增长5.06%。说明金融产业集聚度对区域经济增长具有明显的推动作用，同时，由于这里的 *FIA* 取值是金融产业集聚综合得分，因此是一个相对数值，表明各省市的金融产业集聚水平在全国的相对地位，因此，正的系数表明，金融产业集聚度在全国地位的上升，会拉动经济增长在全国地位的上升，两者具有较高的正向匹配性，金融产业集聚会使区域经济差距加大。

模型（2）中，*FIA* 的系数为-0.0414，由正变负，表明金融产业集聚度每增加1单位，人均 *GDP* 与其均值的比值就减少4.14%。由于这里的变量 *FIA* 和 *PGDP* 都是相对指标，因此负的系数表明，一些地区的金融产业集聚水平在全国的相对位置降低，而其经济增长水平在全国的相对排名却升高，或者是金融产业集聚水平在全国的相对位置上升，而其经济增长水平的相对排名却下降。由此可以推断，随着互联网金融的发展，金融资源可以跨区域配置，从而使金融产业集聚水平和经济增长的原有关系相对减弱，两者之间的正向匹配性降低，金融产业集聚水平低的区域也可以获得一定的非本地金融资源，从而推动经济增长。

表 3　　回归结果

解释变量	Coefficient		
	-1	-2	-3
C	-0.0468 ***	-0.0323 ***	-0.2352 ***
LNHUM	0.1668 ***	0.4042 ***	0.4521 ***
LNINV	0.2444 ***	0.1928 ***	0.1929 ***
FIA	0.0506 **	-0.0414 ***	-0.1138 ***
R - squared	0.9973	0.9996	0.999
Adjusted R - squared	0.9966	0.9994	0.9987
F - statistic	1355.0249	8362.7187	3564.7232
Prob（F - statistic）	0	0	0

模型（3）中，*FIA* 的系数相对模型（2）约降低了 0.07，表明对于互联网金融发展水平较低的地区，金融产业集聚水平对区域经济增长的影响发生了很大改变，金融产业集聚对区域经济发展的限制力度降低。

（二）灰色关联分析

由于互联网金融相关数据的缺失性以及无法搜集到较长时期的数据，难以直接用一般回归方法等工具进行分析，因此，这里应用尽可能采集到的互联网金融发展情况数据，采用灰色关联分析法，以探究出更多的结论。

选取 *GDP* 作为经济增长衡量指标，进行季度调整，消除季节变动因素的影响。根据第一网贷发布的 2014 年中国 P2P 网贷年度报告，北京、上海、广东、浙江这 4 个省市的网贷平台发展水平在全国前列，其 P2P 网贷交易量占据全国大部分交易总额①，将网贷之家的 P2P 网贷平台交易额的季度数据作为互联网金融发展水平的代理变量②，根据数据的可获得性，选取 2014 年 1 月到 2015 年 6 月六个季度的 4 省市数据。4 省市 P2P 平台成交量为比较数列，东北、东部、中部、西部 4 个地区的国内生产总值为参考序列，灰色关联度结果如表 4 所示。

不同地区的灰色关联度结果都达到了 0.6 以上，浙江省的网贷交易额与四大区域的 GDP 的关联度较高，接近 0.8，其次是上海与广东，接近 0.7，说明互联网金融的发展对全国各区域的经济增长都有一定的正向影响，这种影响力度存在

① 第一网贷，《2014 年中国 P2P 网贷年度报告》，2015 年 1 月。

② 关于互联网金融的区域统计的详细数据很少，且 P2P 模式是互联网金融的重要组成部分，以 P2P 模式为代表描述互联网金融发展情况。

表 4　　灰色关联度结果

		P2P 网贷平台交易额（亿元）			
		北京	上海	广东	浙江
GDP（亿元）	东北	0.6166	0.6889	0.6866	0.7672
	东部	0.6108	0.6788	0.6838	0.7694
	中部	0.6169	0.6926	0.6904	0.7767
	西部	0.6132	0.6935	0.687	0.7738

差异但差异很小，其中浙江的互联网金融产业对四大区域的经济的带动效应较高，互联网金融的发展对偏远区域经济的发展具有一定的促进作用。基于第一网贷发布的《2014 年中国网贷年度报告》，浙江省网贷平台的利率水平高于北京、上海和广东，在高利率的平台上的借贷可能会促进借款人的自我监督，以将所借得的资金优化配置，得到更高的产出。同时，敢于借入高利率资金的借款人也通常是能将所借资金更有效地应用于生产进行资金增值的人。此外，互联网金融具有的虚拟性、非实地信息调查等缺陷，会导致金融发展水平低的地区的借款人受到不同程度的地域性歧视，只能以高利率吸引贷款人的资金出借，另一方面，浙江省作为互联网金融和中小微企业的重要发展地，以及其在全国较快的电子商务发展水平，其互联网金融平台可能在全国范围内获得了更高的信任度。

五、结论和政策建议

（1）互联网金融不仅带来金融市场运营状态的变革，对不同地区经济增长的状态和差异也产生了影响。互联网金融出现后，一些地区的金融产业集聚水平在全国的相对位置降低，而其经济增长水平在全国的相对排名却升高，或者是金融产业集聚水平在全国的相对位置上升，而其经济增长水平的相对排名却下降，两者之间的正向匹配性减弱。即使一些金融业欠发达区域的金融产业集聚的水平远远低于其他金融业发展水平较高的区域，但是互联网金融的出现，使其在享受最新的金融产品和参与金融活动等方面，都具有了更多的机会，其经济发展水平的提高有了更多的途径。

（2）对于金融产业集聚水平较低的区域，由于可以通过互联网跨区域享受到其他地区的金融资源，因此其落后的金融产业发展水平对经济发展的地域性限制力度降低。互联网金融的出现，使金融产业集聚对区域经济增长的影响效果发生改变，金融服务的地域性特征减弱，由金融产业集聚因素而引起的区域经济增长差距逐渐缩小，区域经济得以更协调地发展。

基于上述分析和结论，我们认为在今后的发展中：

（1）多种方式鼓励互联网金融发展，提高区域经济增长的平衡性。对于互联网金融，目前存在很多消极评价和抵制性意见，应以包容性的态度对待互联网金融，给予民营机构更多地参与金融模式的空间，使互联网金融与传统金融模式互融互动，促进各地区均等享受各种金融服务。应以共赢的竞争理念看待市场，传统金融机构可以与民营金融机构达成合作，实现优势互补，资源共享。此外，“互联网＋”已经上升到国家战略，网络建设是互联网金融发展的基础，同时也是经济发展的必要条件。当前我国网络设施的建设水平，在区域之间差异明显，应统筹各区域的互联网建设，并增加信息化教育的投入，使金融服务实现全民共享。

（2）完善互联网金融的监管制度，形成统一的金融业监管体系。目前，很多对于互联网金融的质疑在于，互联网金融发展速度之快与监管制度滞后存在矛盾，而互联网金融中，个体和集体行为的非理性以及创新过程中可能出现的缺陷，有必要在目前不成熟的状态下，对互联网金融进行适当监管（谢平等，2014）。应建立统一的、标准化的金融业监管体系，明确监管部门的职责界限，将互联网金融等新金融主体的运营数据纳入国家监管网络，使金融业的各主体类型的运作都有章可循。

参考文献

[1] 陈冬宇：“基于社会认知理论的 P2P 网络放贷交易信任研究”，《南开管理评论》2014 年第 3 期。

[2] 丁艺、李树丞、李林：“中国金融集聚程度评价分析”，《软科学》2009 年第 6 期。

[3] 何雄：“互联网金融对中小企业融资的作用分析”，《中国经贸导刊》2014 年第 22 期。

[4] 刘红：《金融集聚影响区域经济增长的机制研究》，同济大学 2008 年。

[5] 刘军、黄解宇、曹利军：“金融集聚影响实体经济机制研究”，《管理世界》2007 年第 4 期。

[6] 李炳、赵阳：“互联网金融对宏观经济的影响”，《财经科学》2014 年第 8 期。

[7] 廖理、李梦然、王正位：“中国互联网金融的地域歧视研究”，《数量经济技术经济研究》2014 年第 5 期。

[8] 陆松新、兰虹：“风险投资、第三方资金托管与中国 P2P 网络借贷平台成交量——基于 P2P 网络借贷投资者的视角”，《投资研究》2015 年第 8 期。

[9] 邱冬阳、肖瑶：“互联网金融本质的理性思考”，《新金融》2014 年第 3 期。

[10] 任淑霞：《金融集聚与城市经济增长研究》，北京邮电大学 2011 年。

[11] 茹乐峰、苗长虹、王海江：“我国中心城市金融集聚水平与空间格局研究”，《经济地理》2014 年第 2 期。

[12] 王静：“基于金融功能视角的互联网金融形态及对商业银行的冲击”，《财经科学》2015 年第 3 期。

[13] 谢平、邹传伟："互联网金融模式研究"，《金融研究》2012 年第 12 期。

[14] 谢平："互联网金融的现实与未来"，《新金融》2014 年第 4 期。

[15] 谢平、邹传伟、刘海二："互联网金融监管的必要性与核心原则"，《国际金融研究》2014 年第 8 期。

[16] 余嘉敏：《网络借贷（P2P）平台的量化监管研究》，华南理工大学 2015 年。

[17] 庄雷、周勤："身份歧视：互联网金融创新效率研究——基于 P2P 网络借贷"，《经济管理》2015 年第 4 期。

[18] Arthur W B. 1994. "Incrcasing rcturns and path dependence in the economy", University of Michigan Press.

[19] Audress D. and Feldman M. 2006. "Spillovers and the Geography of Innovation and Production", American Economic Review, 86 (3), pp. 630—640.

[20] Baldwin R E, Martin P, and Ottaviano G I P. 2001. "Global income divergence, trade, and industrialization: The geography of growth take - offs", Journal of Economic Growth, 6 (1): 5—37.

[21] Froot K A, Mason S P, and Perold A F, et al. 1995. "The global financial system: A functional perspective", Boston: Harvard Business School Press.

[22] Galloway I. 2009. "Peer - to - peer lending and community development finance", Community Investments, 21 (3): 19—23.

[23] Head K and Mayer T. 2004. "Market potential and the location of Japanese investment in the European Union", Review of Economics and Statistics , 86 (4): 959—972.

[24] Herzenstein M, Sonenshein S, and Dholakia U M. 2011. "Tell me a good story and I may lend you money: the role of narratives in peer - to - peer lending decisions", Journal of Marketing Research, 48 (SPL): S138—S149.

[25] Kabango GP and Paloni A. 2011. "Financial liberalization and the industrial response: Concentration and entry in Malawi", World Development, 39 (10): 1771—1783.

[26] Levine R. 1997. " Financial development and economic growth: views and agenda", Journal of economic literature, 688—726.

[27] Porteous D J. 1995. "The geography of finance: Spatial dimensions of intermediary behavior", Aldershot: Avebury.

[28] Srivastava A. 2014. " The Status and Impact of E - Finance on Developing Economy", Golden Research Thoughts, 3 (5), pp. 1—3.

[29] Taylor P J. 2003. "Financial services clustering and its significance for London", London: Corporation of London, 1—112.

[30] Zhao S X B. 2003. "Spatial Restructuring Of Financial Centers In Mainland China And Hong Kong A Geography of Finance Perspective", Urban Affairs Review, 38 (4): 535—571.

中国电影市场开放：历程、影响及进一步开放的意义[①]

一、中国电影市场开放的历程

从 1994 年引进 10 部进口分账大片，中国电影市场对外开放的程度在不断加深。

制片方面，2001 年《聘用境外主创人员参与摄制国产影片管理规定》中规定国产故事片“原则上不得聘用境外导演”，国产片和合拍片“主创人员一般也应是我国境内公民”，因特殊需要聘用境外主创人员，境外主角和主要配角的比重，国产片“不超过 1/3”，合拍片“不超过 1/2”。但 2004 年《中外合作摄制电影片管理规定》将合拍片中“外方主要演员比例”提高到“不得超过主要演员的 2/3”。而此前 2003 年《关于加强内地与香港电影业合作、管理的实施细则》规定内地和香港联合摄制的电影，“内地主要演员的比例不得少于影片主要演员总数的 1/3，其他主创人员可不受比例限制”。在合资成立电影制片公司方面，2003 年《电影制片、发行、放映经营资格准入暂行规定》对于合资合作电影制片公司的中方，还被限定在“国有电影制片单位”，但是 2004 年《电影企业经营资格准入暂行规定》就范围扩大到“境内公司、企业和其他经济组织”。

发行方面，进口分账电影数量，1994 年规定每年 10 部，1999 年中美关于中国加入 WTO 的双边谈判协议中，中方承诺加入 WTO 后将进口分账电影数量提高到 20 部；2003 年《关于加强内地与香港电影业合作、管理的实施细则》规定，取得《电影片公映许可证》的香港影片不受进口影片配额限制。2003 年 8 月 8 日，我国第二家拥有进口影片全国发行权的机构——华夏电影发行有限责任公司（简称华影）正式挂牌成立。2004 年 12 月，允许其他公司以“协助推广”的方

① 本文作者罗立彬。

式参与北美买断影片的发行。2010 年 6 月，《海峡两岸经济合作框架协议》（ECFA）协议商定从 2011 年元旦起，台湾电影经审查后不再受进口配额限制。2012 年 2 月，中美两国就解决 WTO 电影相关问题的谅解备忘录达成协议，中国每年将增加进口 14 部美国大片，以 IMAX 和 3D 电影为主。美国电影票房分账比例从 13% 提高到 25%。

影院建设方面，2004 年《国家电影事业发展专项资金管理办法》允许境外公司经批准以合资形式成立影院建设公司或改建电影院，“试点城市”外资投资比例不超过 75%。同年《外商投资电影院暂行规定》规定自 2004 年 1 月 1 日起，允许香港、澳门服务提供者在内地以合资、合作的形式建设、改造及经营电影院。允许香港、澳门服务提供者拥有不超过 75% 的多数股权。2005 年《外商投资电影院暂行规定》的补充规定自 2005 年 1 月 1 日起，允许香港、澳门服务提供者在内地以“独资”形式建设、改造及经营电影院。2006 年《外商投资电影院暂行规定》补充规定自 2006 年 1 月 1 日起，允许香港、澳门服务提供者在内地设立的独资公司在多地新建或改建多间电影院，经营电影放映业务。另外，将外资投资电影院的审批手续和审批权由中央下放到省级商务部门，报商务部、国家广电总局和文化部备案。

随着上述多方面规则不断推进中国电影业对外开放，1994 年以来，进口电影在国内电影市场上也发挥着重要作用。从 1994 年到 2014 年，进口电影数量以及分账片数量都在上升，进口片已经占据中国电影票房总额的重要比重，在多数年份超过 40%。

二、电影市场开放对中国电影产业发展的影响

（一）市场开拓效应

1994 年，首次引入国外分账大片，部分原因是当时电影市场不景气，票房总额已经降到 10 亿元以下。进口电影激活了电影市场，人们体会到电视无法带来的视听效果并回到影院[①]。1995 年上半年票房收入同比上涨 50%，北京观影人次上升 70%（丁亚平，2014）。值得强调的是，至少在引进分账大片初期，这种“市场开拓效应”可能远大于“挤出效应”。1994 年之前，整个影院行业严重萧条，即便没有引进分账电影竞争，若不改革，中国电影业过几年也一样无路可退（王增夫等，2014）。进口分账大片拍摄续集且在相对固定时间上映的做法对国内市场“档期”形成也发挥着重要作用（钟明岚，2005）。在放映领域，引进大片

① 有关进口分账片对当时中国电影市场的开拓作用，不少文献对此进行了描述。如饶曙光（2008）、老梅（1996）。

对影院视听设备的高要求促进了国内影院的改造与建设（张若琪等，2014）。

（二）竞争效应

引进大片催生“国产大片”。20世纪90年代中期，几乎只有“大片”才能激活国内电影市场（钟明岚，2005）。因此，国产片纷纷突破“投资警戒线”（饶曙光，2008）。1995年《红粉》600万—700万元，《阳光灿烂的日子》和《红樱桃》投资超过1000万元；《秦颂》创下4000万元的当年投资纪录。2002年的《英雄》开始，国产片投资开始过亿元，后每年都出现“过亿”制作（童刚，2007）。直到2006年，国产大片依然在国内电影票房占据主要地位。发行领域，国外分账大片的竞争促使国产片开始重视发行营销宣传（刘建中，2000）。影院建设方面，外资介入影院建设，使不甘被挤出市场的本土影院加快了整修。武汉市电影公司和过去票房名列前茅的新华电影院于1998年完成了影院改造。虽然进口分账大片不断刷新国内电影市场单片票房纪录，但是国产电影国内票房也在不断提升。各年度单片票房冠军是进口片、国产片交叉出现，国产电影票房的份额在多数年份超过50%。

（三）资金来源

制片方面，早期很多“扬名海外”的中国电影都有国外投资。如《大红灯笼高高挂》和《霸王别姬》。海外市场上取得好票房和口碑的国产电影多数都是合拍片。20世纪90年代，在影院建设方面，外资也曾发挥重要的资金来源作用。据统计，在中国电影刚实施院线制的2003年，加入院线的电影院不到1100家，银幕只有2000块左右，其中改造的影院仅60家左右，银幕数为336块，但其票房收入已占到全国票房的45%左右。而在改造的60家左右影院中，外资参与的为20家，占1/3（毛羽，2004）。

（四）示范效应

第一，“大片”模式。中国大片正是秉承着进口分账大片“大投入，大明星，大营销”模式而制作的，张艺谋导演的《英雄》是第一部吸收了“好莱坞范式”的中国大片（万传法，2011），在拍摄过程中“不许媒体探访”“推出人物海报”“盛大首映礼”“电影宣传纪录片”“严查盗版”等做法在中国内地都是首次，该片在当年“低迷”的电影市场取得2亿元以上票房；其卓有成效的商业策划与运作让其国内发行方——北京新画面影业有限公司总经理余玉熙思考，所谓“低迷”电影市场是因为欠缺可以激活市场的动力（余玉熙，2003）。第二，分账制度。国产电影第二次引入分账模式始于1995年，这与1994年开始引入

“进口分账大片”关系很大。引入10部大片的成功促使大洋公司在1995年首次斥资380万元买断《红粉》之后，率先摒弃了传统的发行权区域买断方式，开始在全国分账发行，取得巨大成功。

（五）推动中国电影特效技术水平提升

第一，外资电影技术公司带来先进技术，培养人才。不少国外电影特效公司进入中国建立合资公司，为国产片提供后期制作。这是因为好莱坞等发达的电影特效制作中心竞争激烈[①]，而迅速增长的中国电影市场对电影特效技术的需求越来越大，为国际公司提供新利润增长点。特艺集团（Technicolor）于2004年在北京设立全球第八大研发中心；2006年公司旗下的“Technicolor”影视后期制作品牌以合资形式进入中国。由于每年都参与制作几十部好莱坞大片，人才迅速成熟起来；他们分派好莱坞专家加入中国团队，对本土人才进行培训，也将中国同事输送到海外培训。另外一家叫作Pixomondo的跨国特效制作公司也是典型案例，2012年获得包括最佳视觉效果在内五项奥斯卡大奖的电影《雨果》的特效部分就是Pixomondo的作品，其中有20%是上海和北京工作室的120名中国特效人员参与完成的[②]。他们还完成了《美少女特工队》《速度与激情5》《红尾巴》等项目[③]。第二，对外投资收购好莱坞技术公司。2010年橙天嘉禾入股美国传奇影业；2016年1月，中国文投控股收购欧洲著名特效公司Framestore，后者曾凭《黄金罗盘》获得2008年奥斯卡最佳视觉效果奖。随着更多全球特效公司被中资收购，其技术也更易被中国电影所使用。第三，技术引进带来竞争效应、示范效应与合作效应，市场扩大都有利于技术的应用。这方面案例是数字立体电影技术的发展。2005年年底第一部数字立体电影在好莱坞问世；同年，我国引入了“偏振分光”“光谱分色”和“液晶分时”三种主流的3D电影放映技术。随着2008年以来《地心历险记》《冰川时代》《阿凡达》等3D电影的引进，国产数字3D电影也迅速出现，如《乐火男孩》《齐天大圣》《超蛙战士之初露锋芒》

---

① 据统计，仅仅在美国洛杉矶，2012年就有194家特效公司。

② 该公司亚洲区首席运营官及执行制片Jan Heinze和该片亚太区特效总监Saku Partamies在接受采访时说：“上海团队完成的巴黎全景的三维制作难度最大，巴黎全景是全CG镜头完成，细节非常关键，小到一些砖块。北京团队完成一组在剧院看戏的场景，每一排观众的位置都要经过大量的试验和推敲，才能对画面做到极致。其实一个渲染电影开篇摄影机推进火车站的镜头，仅一个版本就要17万个小时的处理时间。他们前期的准备工作就用了4个月，总共花费了8个月。最终的效果质量完全和美国、德国的团队一样，没输给他们。”

③ 该公司负责人士接受记者采访时说：“我们会招刚刚毕业有潜力的人才，把他们当成艺术家来培养，通过培训让他们以最快的方式成为可以独当一面的人才。中国市场非常年轻，美国这行干了几十年，在中国找不到这么有经验的特效艺术家。我们希望我们培养的年轻艺术家们能通过与国外同行的合作，获得指导，提高整体水平。”

《人鱼帝国》《熊猫总动员》《大闹天宫》等，都是2010年之前出现的。另外，还出现了中国为投资主体，或以中国文化为创作主轴，引进国外制作团队和技术来合作生产3D影片。比如《熊猫总动员》(本刊特约记者，2010)。亚洲第一部3DIMAX电影也是中国投资，好莱坞技术团队联合打造的《大明宫传奇》。第四，承接外包使中国相关技术水平提高。这个集中体现在动画电影领域。在承接日本、美国等国的动漫外包过程中，培养了大量适应市场的动漫人才（罗立彬，2013)。第五，国际化人才在中国成立特效公司。典型案例是北京的电影后期视觉特效和动画公司Eclipse Studio，集结了来自中国和北美的创意精英，每位成员都参与制作各种类型的大片，包括《东风雨》《艾尔文和花栗鼠2》《狼人》《博物馆奇妙之夜》《赤壁》《苏菲的复仇》《虎胆龙威》《爱丽丝梦游仙境》《加勒比海盗》《哈利波特与火焰杯》《地狱男爵》等多部好莱坞及国产电影。

（六）体制改革推动效应

一是大片引进推动制片业向民营资本开放。1993年前，中国电影行业仍保留较为完整的计划经济体制。电影被提升到意识形态高度，制片管得很死。1994年引进分账大片时，电影业全面萧条，加上大片的竞争，几乎没有电影厂愿意拍电影，每年年初电影局下达的拍片任务没人完成。这是促使电影局逐步给予民营制片公司拍摄许可证的重要原因。对民营资本放开制片权对中国电影发展具备十分重要的意义。到今天，国产影片80%由民营公司制片。

二是中外合作推动中国电影公司内部治理结构的变革。比如一些中美合拍大片，中方一直只能获得中国票房分成，无法享受全球电影分成，部分原因在于中国本土制作公司的治理结构使其无法承担全球电影发行的风险。但随着中美合拍片增多，情况得到改善，2015年3月16日，华谊兄弟发布公告称，其全资控股的美国项目公司拟与美国一家电影公司签署合作协议，将在2017年12月31日前联合投资、拍摄、发行不少于18部合作影片。华谊兄弟享有所有合作影片的全球收益分账。这是中国电影公司第一次参与从投资、拍摄到发行的好莱坞完整工业流程体系中，也是首次参与合作影片的全球票房分成及按份额享有合作影片的著作权，是第一次真正意义上的国际化①。

（七）开放合作带动电影出口，帮助中国电影人学习国际先进的经验

合拍片是中国电影出口的主力。在美国最受好评、票房最高的中国电影以及

① 参见“华谊兄弟深度参与好莱坞签18部影片享全球分账”。http://news.hexun.com/2015-03-17/174120317.html，2015年4月27日访问。

华语电影前10名，几乎全都是合拍片①。合作也带来制片之外其他方面的经验。比如融资。如电影《英雄》的拍摄资金主要由香港的精英娱乐有限公司江志强等人借鉴国际市场规范的融资经验，请国际知名的保险公司做风险评估，再从银行贷款。中国电影市场当时低迷，大投资电影风险较高，国际通行模式为电影融资提供了极大方便（余玉熙，2003）。

三、新时代中国电影市场的重要变化及进一步开放的意义

（一）新时代中国电影市场的两个重要变化②

1. 即将成为全球最大票房市场。2012年开始，中国电影票房总额稳居世界第2，2017年超过520亿元人民币③，进一步缩小与北美市场差距。我们预计最晚到2023年，中国电影票房将超过北美成为全球第1。中国越来越接近成为电影贸易理论中的“大国”，“本地市场效应”④ 发挥的基础越来越坚实。

2. 增速放缓，供给侧改革提高供给质量日益重要。过去十几年，中国电影市场的高速增长是“补偿性”增长。2004年中国GDP占世界GDP的4.5%，但电影票房只有世界总票房的0.7%，后者与前者的比值只有0.16，而同一比值在全世界的均值约为1.1。这说明与中国经济总量相比，当时中国电影需求潜力远未开发，其中重要原因是影院建设滞后。2004年之后，影院建设加速使中国电影潜在需求迅速释放，票房高速增长。到2016年，中国GDP占世界比重为14.9%，票房比重为17.8%，两者比值为1.19，已超世界平均水平，虽然和韩国等国家相比仍有上升空间⑤，但是增长速度会逐渐放缓，因为潜在需求释放已基本完成。下一步继续拉动市场增长，将不能再依靠影院建设，而要靠提升电影质量。同时，新的电影收入来源，如出口、品牌授权、衍生品等，变得日益重要。

---

① 作者通过美国imdb.com网站查询证实，本文篇幅所限，具体电影名字未列出，读者可向作者索取。

② 本部分关于中国电影市场的预测，详情请参见笔者即将发表于《文化产业研究（第18辑）》的文章《中国电影票房规模影响因素及预测——兼论新阶段中国电影产业发展战略》。

③ 不含影院服务费。

④ “本地市场效应”是由赫尔普曼和克鲁格曼（1985；中文版，2014）提出的，指在存在规模经济报酬递增时，如果存在运输成本，异质性产业趋于集中在较大的市场。一个较大的国内市场可以作为出口的基础。并指出这种“本地市场效应”在实际中相当普遍。电影贸易是符合“本地市场效应”理论关键假设的。一方面，电影生产具备明显的“规模经济效应”，虽然电影贸易中“运输成本”往往小到可以忽略不计，但是却存在另外一个重要的贸易成本，即“文化折扣”。

⑤ 2015年票房排世界前20的国家和地区这个指标的平均数为1.08，其中韩国最高为2.11，美国为1.09。数据为作者根据MPAA报告以及世界银行相关数据计算获得。

（二）进一步扩大开放的重要意义

1. 利用进口电影的市场开拓作用，继续充分挖掘市场增长潜力。虽然影院建设对票房拉动作用减弱，但票房增长的重要性仍不能忽视。电影生产规模经济效应极明显，本地市场规模对一国电影产业发展及国际影响力将发挥不可替代的作用。进口电影对中国电影市场的开拓作用一直没有停止。2012 年中美电影产业谅解备忘录中“中国将引进电影数量从 20 部提高到 34 部，并将外方分账比例提高到 25%”，有专家认为这是中国的“让步”。但事实上，恰恰是在 2012 年之后，在全球票房最高的“大片”基本都被引进的情况下，中国电影市场经历了最为高速的增长，国产片票房和质量也出现新高，除了 2012 年之外，其余年份国产片票房份额都高于 50%，这说明进口电影总体来说对中国电影产业发展有利，国产电影具备强大生命力。中国目前是为数不多的几个国产片票房份额超过美国电影的国家之一。国际上，国产片票房比重高的国家，电影票房总额也相对较高，这说明中国电影市场增长仍具潜力，要通过扩大开放进一步挖掘。

2. 开放倒逼国产电影质量提升，加速电影产业供给侧改革。进口电影可增加观众选择，提高市场整体供给质量。更重要的是可产生示范和竞争效应，倒逼国产电影质量提升。20 世纪 90 年代香港电影的辉煌就是在与好莱坞正面竞争下发展起来的，和现在相比，当年支撑香港电影的华人市场其实很小，但就是在那样不利的需求条件下，香港电影可以取得“东方好莱坞”的辉煌，且出现成龙、杨紫琼、吴宇森、李连杰、王家卫等真正意义上世界级的电影人。以中国内地目前的市场规模，如果具备适宜的竞争环境，华语电影的竞争力一定会远远超过当年香港①。

3. 开放市场吸引国外优势资源生产华语电影，提升华语电影国际影响力。2017 年中国电影票房冠军《战狼 2》收获 56 亿元以上的票房收入，成为当年全球单一票房冠军及史上第 2。该片虽然以中国内地为主要目标市场，但制作团队却是国际化的，如动作导演是《美国队长 3》的团队，配乐团队也来自好莱坞。张艺谋导演的《长城》也是以中国内地市场为重要目标市场之一的国际化团队制作，拍摄现场有 137 面国旗，代表 137 个国家的团队。能够调度如此国际化的制作团队，是因为中国市场在全球占据重要比重。《长城》已在全球 50 个国家和地区上映，全球票房达 3.35 亿美元，北美票房 4515.71 万美元。中国电影市场已经吸引包括好莱坞在内的国际电影制作团队开始订制华语电影，比如《横冲直

---

① 关于香港电影业的分析，参见罗立彬（2017），“香港电影的兴衰及启示：纳入文化贸易框架的解释”，中国社会科学网，2017 年 7 月 6 日，http://ex.cssn.cn/jjx/jjx_gzf/201707/t20170706_3571234.shtml。

撞好莱坞》《假如王子睡着了》等，全球优质资源的投入有助于提高华语电影质量。

4. 开放倒逼电影开拓新收入新来源，促进出口以及新商业模式形成。在高速增长期，电影企业感受不到拓展票房以外新收入来源的压力，票房增速放缓，使电影企业感受到票房之外的新收入来源的重要性，出口收入和衍生品产业都将是重要部分。电影衍生品产业发展的最基础性条件是知识产权保护，但同时也需要相关的业务流程经验。对外开放并引入相关领域国外服务商可以更加快速地促进电影形象授权以及衍生品产业发展。

5. 开放鼓励企业有序走出去，建立国产电影海外发行渠道。中国电影出口状况不好，重要原因是国际发行平台和能力不足。企业走出去收购院线可在这方面发挥一定作用。如 2012 年万达集团并购美国 AMC 院线之后，立刻成为拥有 6200 块银幕的全球最大院线运营商，占全球 10% 的份额。并立刻促成了中国电影《1942》的中美同步上映；同年 AMC 院线上映 8 部中国电影，2013 年上映 17 部，创造美国院线上映中国影片数量的纪录；2016 年 1 月，万达集团又收购了美国传奇影业公司，之后几部具备中国文化元素或者中国演员加盟的好莱坞大制作都有传奇影业参与，如《长城》《金刚骷髅岛》《环太平洋 2》等。文化资本走出去成为中国文化产品以及中国文化走出去的加速器。

6. 开放提供大市场，帮助中国文化植入全球大片并向国际传播。随着中国电影市场占全球比重逐步提升，中国文化元素成为全球大片的重要关注对象。过去几年好莱坞电影中频繁加入中国文化元素，并面向全球几十个国家和地区发行放映，中华文化符号的国际影响力也随之提升，中国演员也会提高国际知名度。为了“讨好”中国市场，电影中的中国文化元素几乎都是正面的。甚至有的电影为了担心“得罪”中国市场而重新拍摄（罗立彬，2017）。美国一些人士甚至开始担心中国文化的入侵，比如美国《福布斯》杂志网站 2016 年 10 月 23 日刊登文章《中国“万达”会从美国手中夺走电影业吗》的报道，提出应当“严格限制中国制作的电影在美国影院中放映，并且降低它们可获得的票房收入比例。同时禁止中国制作的影片在圣诞节或劳动节周末放映，为最具票房潜力的中国影片设置相互冲突的上映时间①”

参考文献

［1］本刊特约记者：“立体电影新技术推动市场新发展”，《现代电影技术》2010 年第 9 期。

① 参见“王健林吸引好莱坞到青岛，美媒忧电影业被夺走”，参考消息网，http：//house. qq. com/a/20161030/004623. htm。

[2] 丁亚平："引进片与全球化时代中国电影的历史位移"，《当代电影》，2014 年第 2 期第 15—20 页。

[3] 老梅："国产电影：曙光和阴影——1995 年中国电影市场一瞥"，《中国电影年鉴 1996 年》。

[4] 刘建中："以优异的成绩向新中国成立五十周年献礼"，《中国电影年鉴 2000》。

[5] 罗立彬、阮江清："利用全球优势资源推动中国文化贸易出口：以动漫出口为例"，《国际服务贸易评论（第 7 辑）》2013 年第 5 期。

[6] 罗立彬："中国文化贸易进口与中国文化走出去：以电影产业为例"，《东岳论丛》2017 年 38 期，第 93—102 页。

[7] 毛羽："2003 年中国电影市场：在改革中前行"，《中国电影年鉴 2004》。

[8] 饶曙光：" 改革三十年中国电影市场演变及其发展"，《艺术评论》，2008 年第 12 期，第 12—19 页。

[9] 童刚："立足新起点，再上新台阶，努力开创电影创作新局面"，《中国电影年鉴 2007》。

[10] 万传法："1987—2001 年合拍片与进口分账大片对中国电影的影响分析 "，《浙江传媒学院学报》2011 年第 2 期。

[11] 王增夫、路遥、边静："分账发行二十年"，《当代电影》2014 年第 2 期。

[12] 徐光春："在十六大精神指引下，努力改革发展中国电影业"，《中国电影年鉴 2004》。

[13] 余玉熙："《英雄》的商业成功与有效的市场策划"，《电影艺术》2003 年第 2 期。

[14] 詹庆生："产业化十年中国电影合拍发展备忘（2002—2012）"，《当代电影》2013 年第 2 期。

[15] 张若琪、孙晖、刘汉文："论引进片对中国电影发展的推动作用"，《当代电影》2014 年第 2 期。

[16] 钟明岚："进口影片续集与电影的档期建设"，《中国电影市场》2005 年第 1 期，第 11—12 页。

第五篇 财税改革篇

财税关系：全面深化改革的突破口和关键环节[①]

中共党的十八届三中全会以来开启的全面深化改革，涉及336项多的具体改革问题。系统性改革的顶层设计将从哪里开始？如何选择改革的突破口？改革的技术路线和措施怎么安排？回答这些问题必须回到十八届三中全会《关于全面深化改革若干重大问题的决定》（以下简称《决定》）所确定的基本改革判断和线路上来，结合中国社会经济发展中需要解决的突出的现实问题，着眼于经济、社会、文化、政治、生态“五位一体”内在逻辑和改革的可行性，才能真正找准全面深化改革的内在逻辑与方法，以及具体的路线图。

一、《决定》所安排的内在的改革逻辑

《决定》已经明确地指出了改革突破口的选择问题，其逻辑是：

1. 全面深化改革的总目标，是完善和发展中国特色的社会主义，推进国家治理体系和治理能力现代化。

2. 以经济建设为中心，发挥经济体制改革的牵引作用，拉动“五位一体”的全面深化改革。

3. 经济体制改革的核心是正确处理政府与市场的关系，使市场在资源配置中起决定性作用和更好地发挥政府作用。

4. 在政府与市场的关系中，有两种具体的表现形式：一种是政府与企业关系，另一种是中央与地方的经济关系。在中国的政府与市场的关系中，最重要的不是政府与企业的关系，而是中央和地方的关系、上级党委政府与下级的关系，即政府内部的关系。

为什么我们可以把政府内部的关系，尤其是其经济关系看成是另一种最重要的“政府与市场关系”？与西方经济学可以舍弃地方政府层次，直接研究中央政府及其机构与企业的关系不同，中国宏观经济研究必须纳入地方政府这个在经济

① 本文作者刘志彪、骆祖春。

领域中具有巨大发展功能和作用的中间层次。1993 年之后，中国地方政府更像一个准公司，各地区的主要领导更像是一个集团公司的董事长和总经理，国外学者称之为地方法团主义（local state corporatism）。一般认为，地方政府之间就经济指标（如 GDP、财政收入等）的经济竞争，是中国经济增长的主要动力来源。因此从中央的角度来看地方政府，后者更像是一个企业集团；中央与各地区之间的经济关系，更像是政府与市场之间的关系，与此同时，两者还分别对应全国市场与区域市场。全面深化改革战略如果不对地方政府这个“准公司”的行为尤其是经济行为进行深入的研究，就很难理解中国经济奇迹和运行机理，也很难厘清改革的内在逻辑，很难找到改革的突破口和出路。

在全面深化改革中把解决中央与地方的经济关系，尤其是以财政关系为核心的经济利益关系这个治理难题作为枢纽环节和优先选择，是改革战略必须审慎地给予顶层设计的重要内容。

二、财税关系：健全国家治理的重要基础和支柱

《决定》在论及财税改革时，有一个极其重要的理论命题：财政是国家治理的重要基础和支柱。这是新中国成立以来中共中央对财税的地位和作用的最充分的、最重要的肯定。这说明，深化财税体制改革不仅是全面深化改革系统部署中的一个重要组成部分，而且还被提升至关乎“推进国家治理体系和治理能力现代化”的战略高度，被赋予了特殊的枢纽地位和优先选择的环节。

第一，财政活动作为政府履行基本职能的经济基础，在任何国家的每个发展阶段，都会处于国家治理结构中的主体地位。财政收支活动就是作为国家治理主体的政府履行职能的活动，财税活动一方面是国家宏观经济运行的“生成调节器”和“稳定器”，另一方面是构成各类企业和非企业机构的主要环境变量。只要我们抓住了财政这个“牛鼻子”，就等于抓住了实现政府治理职能、发挥市场和社会治理能力以及调节经济社会运转的几乎全部的关键问题和核心内容。

第二，只有把财政作为国家治理的重要基础和支柱来进行改革，才会产生对“五位一体”的全面深化改革的牵引效应。如生态环境恶化这个问题，看起来是工业污染破坏了生态环境，但实际的根源则是在财政领域当中引起的。地方明明知道某些重化工业的污染危害却还对其趋之若鹜。通过生态功能区规划的办法进行区域开发强度的分类管理，表面上看是一个国土和空间规划问题，其实实质上是一个生态财税转移和财政补偿问题。再如过去我们在民生、社会发展和公共文化方面欠账太多，乃至引起现在比较严重的社会公正、不平等和贫富差距等问题，主要是因为过去我国发展型财政把钱都用于搞经济建设了，所以解决中国社会、文化发展滞后等问题，必须首先扭转财政的基本性质，才能从根本地解决社

会体制和公共文化的发展问题。还有财政公开透明是政府透明化运作的主要内容和形式，是政治民主的基础和前提。预算公开与透明化体现了实质民主的要求，一个政府如果不仅敢于把财政透明，让民众知道钱从哪里来、都具体用到哪里去，为什么要花这些（这么多）钱，而且敢于面对民众的质疑和不断纠正自己的行为，这个政府一定是民主政府、阳光政府、法治政府和服务型政府。中国的民主要从“阳光财政”开始，只有这样，民主才有希望。所以对政府改革和政治改革而言，财政改革是一个重要的基础。

第三，现在的财政体制，即中央和地方政府之间安排财力的体制，是导致中国现实中经济社会几乎一切问题的根源。中国当前和未来一段时期内，经济运行中的问题可以概括为“增长失速，结构失衡，货币失序，债务失当，产能失度，房价失控”等六个方面。这几个方面的问题都有其内在的财税原因。如房价失控的根本原因是地方政府的财政来源出了问题，并借助于房地产问题表现出来。产能失度问题，背后的原因是现行的税制缺陷下，一个畸形的地方追求财税利益的阴影在起作用。债务失当问题，源于中国地方政府没有除信贷资金以外的、长期稳定的融资渠道，无法保证地方发展的资金来源。货币失序的问题，是因为发行过量的货币去了“僵尸企业”、政府投融资平台、房地产领域、填补利率的飙升，根本没有用于实体经济发展。这些问题最终表现为结构的失衡和增长失速。

综上所述，中央和地方的关系尤其是财政关系的改革，应该成为全面深化改革的枢纽环节和优先选择。

三、财税改革的重点问题和关键环节

这次全面深化改革所要启动的财税体制改革，跟 1993 年朱镕基同志亲手操刀的财税改革情况，已经有了很大的不同。

第一个不同表现在改革的目的上。上次是为了解决中央财政的困难，而这一次改革目的，不是为了解决中央财政收入下降的问题，也不是为了简单地上收地方政府权力，主要目的是解决经济的动力问题、地方债务危机以及降低经济风险、防止出现大面积系统性的经济金融危机问题。这次改革总取向的重点是中央上收一部分地方政府的事权，而不是下放财力。

第二个不同表现在财税改革的重点上。上次改革的重点是实行分税制，到现在中央所占的税种具有税基宽、收入稳定的特点，而地方政府除了营业税以外没有主体税种，而所承担的发展责任又日趋繁重，由此直接导致了“土地财政”等问题的产生。所以这次改革重点是要解决“土地财政”问题、地方政府的债务平台问题，以及相应的银行的金融风险问题。

第三个不同表现在改革的内容上。上次改革是中央政府把稳定的税收拿走了，这一次是要为地方政府建立一个稳定的主体性税种。所谓稳定的税种，就是能够较好地支撑地方政府生存和发展的税种，具体来说，就是从（奢侈品）消费、收入、房地产、遗产等收入和财富征来的税收，它们不仅可以成为地方政府拥有的稳定的主体性税种，而且还有利于全面提高政府的治理能力，同时地方政府拥有主体性税种后，还可以运用它们去发市政债。如地方政府征收房地产税，那么它就可以不依靠“土地财政”，就可以把未来若干年的收税权在资本市场卖掉，卖掉之后地方政府债务就有可能全部解决了。这么做的好处就是，地方政府会不遗余力地发展经济，把环境搞好，这样房地产就值钱，房地产税就多。所以地方政府有这个财富推动的积极性，推动财富的手段就是把经济社会环境搞好，把公共服务搞好。

第四个不同表现在改革的难度上。1993 年的财税改革，最关键的是部分省区尤其是广东实施的财政包干体制。这次改革的阻力更大。这次中央成立全面深化改革领导小组，实际上就是想在利益多元化基础上推进这个改革。这需要更多的政治智慧。

中国现行财政体制，具体来看主要有这么几大问题：

（1）财政收入方面：税费比例失衡、间接税占比过高。一是政府总收入结构中，地方政府对房地产依赖过大。地方政府在公共财政预算之外，还有一个相当于公共财政预算 50%—70% 的自有基金收入，这就是大名鼎鼎的“土地财政”。二是在现行税制结构中，间接税比重过高，直接税过低。在现行的税收收入当中，增值税、营业税、消费税为主体的间接税占比超过 70%，企业所得税、个人所得税为主体的直接税占比达 25% 左右。三是税收来源结构，来自企业缴纳税收的比重超过 90%；四是作为发达国家地方主体税种的财产税类，在中国有，但大多与居民无关，主要纳税对象仍是企事业单位。

现行税收制度的最大的制度性缺失是没有把社会公平这一重要考量置于应有高度纳入到税收制度的设计中去。应该承认，我国在实现区域税收公平和内外企业税收公平方面取得的长足的进步。2008 年内外企业所得税并轨，取消了区域优惠所得税率，优惠措施向重点产业倾斜，随着其后外资企业 5 年优惠过渡期的结束，中国实行多年的不对称的税制结构宣告结束，此后税制建设进入公平税制时期。企业所得税方面，通过差别税率的设计，基本上达到了公平企业税负要求。现在的攻坚的重点领域是如何将企业污染等负的外部性内化的问题。开征环境保护税无疑是一个重要的选项。

现行的个人所得税，没有实行以家庭为单位的综合征收，带来居民个人事实上的税负横向不公平。居民在房地产财富方面差异，并没有体现在税负上，因为中国没有针对居民房地产保有环节的财产税，这样一方面造成居民财富差距无法调节；另一方面造成因政府投资造成居民房地产溢价收益部分政府无法有效归集。

再一个是地方税收体系缺乏主体税种。现行营业税是地方绝对的主体税种，但是随着营改增的不断扩围，营业税的规模大幅缩小，地方政府层级缺乏主体税种的问题凸显。由于涉及面广，备受关注的房地产税改革短期内很难有效推进，期望它成为地方的主体税种，只能是项长期的追求目标。

（2）财政支出方面："二元结构"与效率不高。就中央与地方支出在全国总支出的占比情况来看，自2000年以来，我国财力总体呈现向地方倾斜的特征，2000年中央与地方支出分别占全国总支出的34.7%和65.3%，2013年则为14.65%、85.35%。这一变化较大地缓解了中央与地方在财权与事权方面长期不对称的局面。与财政收入存在结构性问题一样，财政支出也存在严重的结构性问题，同时整体支出效率不高。

一是公共财政保政权运行、"土地财政"保建设的格局不利于国家长治久安。作为转型体制众多的"二元"体制之一，公共财政和"土地财政"形成的"二元财政"体制，矮化了公共财政预算的权威性，强化了地方预算软约束。地方政府过度依赖国有土地使用权出让收入维持政府支出和拉动经济增长的发展模式，明显地违背了经济发展规律，是以过度的土地消耗和牺牲失地民众的福利为代价的，不仅存在现实与潜在的财政和金融风险，而且还蕴含更为严重的社会风险①。据统计，中国目前的群体性事件和群众上访，超过80%都与土地买卖和房屋拆迁有关。

二是财政资金错配现象严重，财政资金整体效率不高。在现行财政管理体制下，财政资金配置存在层级错配、结构错配与业务内容错配问题。具体而言，层级错配，有人比喻为"中央政府集中60%的收入，而把80%的支出职能交给地方"②，尽管不严谨，但反映出中央层级集中过度资金，而地方层级财政资金不足；结构错配，主要是指转移支付体系中专项转移支付比重过大，而一般转移支付的比重不足，不利于对资金统筹使用。业务内容错配，以教育为例，《义务教育法》规定，国务院和地方各级人民政府用于实施义务教育财政拨款的增长比例，应当高于财政经常性收入的增长比例。实际情况是，由于多年来教育基础设施投入已经到位，长期一味地执行国家标准，造成发达地区教育投入事实上早已显现支出边际效应递减的现象。除了教育方面，在农业、科技、计划生育、文化、环保等领域也存在着类似的增长要求。与之相比，很多领域存在财政资金不足的情况。研究证明，1994年的分税制改革确实显著地提高了我国地方政府的

---

① 骆祖春：《中国"土地财政"问题研究》，经济科学出版社2012年版。

② 高培勇："下一步财税改革的基本路线"，naes. org. cn/article/31432。2014年3月6日。

财政支出效率，但之后地方政府的财政支出效率呈现出逐年下降的趋势。[①] 财政资金整体效率有待提高。

三是普遍存在"重分配、轻管理，重支出、轻绩效"的问题。财政部门在资金分配和管理方面一定程度上存在着"重分配、轻管理，重支出、轻绩效"的问题。在资金分配上，财政部门习惯于"基数加增长"；资金管理上，对财政资金使用效益状况、有无浪费、积压沉淀、挪用，或被不法分子贪腐等关注不够、监管不严。财政支出的透明度不高，且缺乏应有的问责机制，是导致财政部门在资金管理和绩效方面积极性不高的原因。

四是赤字、债务缺乏明确的限额管理。现行《预算法》明确规定地方政府不得制定赤字财政，但事实远非如此。截至 2013 年 6 月底，地方政府负有偿还责任的债务 108859.17 亿元，负有担保责任的债务 26655.77 亿元，可能承担一定救助责任的债务 43393.72 亿元[②]。考虑到审计中没有暴露的各种隐性负债，我国企业和地方政府目前的负债可能已经形成了金融"堰塞湖"。

（3）中央与地方在财权与事权分配上的失衡。当前中国财政体制存在的最大问题是中央与地方在事权与财权的分配上的失调，朱镕基时代的分税制改革已经走样，地方政府的承担与自身财力严重不匹配，由此形成了一系列严重的社会经济问题，到了不得不纠偏的关键时刻。

按照公共服务的受益范围划分，中央政府应该在义务制教育、社会保障、公共医疗、跨境环境保护和食品安全方面承担更多责任，而事实上述事权则由地方政府尤其县市政府在承担，由此带来全国财力和基本公共服务均衡化无法有效落实。

四、新一轮财税改革的路线图选择

（一）财政管理体制：建立事权和支出责任相适应的制度

1. 明确事权。明确事权改革的重点首先在于明确中央与地方的事权范围，然后再相应调整中央政府和地方政府支出责任，改变当前地方政府财权和事权不匹配的局面。《决定》对中央与地方各自及共担事权做了原则性的界定，并确定"适度加强中央事权和支出责任"，预计中央将收回一部分事权，在公共安全、医疗保健、教育、环境保护和食品安全方面承担更多责任。在明确各级政府的事权基础上，为了保证现行体制运行的惯性，可不急于改变中央地方之间现有的支出职能划分，除了推动司法权的"去地方化"改革以外，其他事权将来仍可继

---

① 王彪："中国地方政府财政支出效率研究"，华中科技大学 2012 年博士论文。

② 国家审计署，"全国政府性债务审计结果"（2013 年 12 月 30 日公告），http://www.audit.gov.cn/n1992130/n1992150/n1992379/3432165.html。

续由地方掌控，中央可以通过转移支付承担一部分地方事权支出责任，也可通过安排转移支付将部分事权支出责任委托地方承担。

2. 变中央一个“积极性”为中央和地方两个“积极性”。在影响全局的区域财力均衡化、教育、医疗卫生等方面，中央政府要逐步承担更大的责任，但为了保持中央财政的长期平衡，中央政府需要在转移支付和分税制两大体系之间进行资金的辗转腾挪，追求预算的长期平衡。从我国及国际政府间财政关系改革的经验来看，在市场经济条件下，发挥中央与地方两个积极性，中央应该是改革的“买单人”，中央政府既要考虑地方政府利益的正规制度安排，又要考虑到地方对国有资源的“剩余索取权”市场开发造成预算软约束可能性，在规范了现行的“土地财政”之后，有预见性地防范其他“资源财政”的出现。只有如此，才可能发挥好“两个积极性”。

3. 深化税收制度改革，完善地方税体系。未来 5 年经济社会发展总的制度空间下，央地税制改革大体可能存在的改革空间具体内容如下：

（1）以营改增作为新一轮税制改革为突破口和改革主线，国家计划在 2015 年完成此项改革。但金融业如何进行营改增是一个世界性的难题，如何定义金融业中的“服务项目”很难。在“营改增”改革全面完成以后，中央与地方对增值税 75∶25 的分成比例难以维持，重新划分该税种的分成比例，底线应是保持地方政府的既得收入不降。此后增值税会把不动产纳入增值税抵扣范围，中国将较彻底建立起消费型增值税体系。这项工作预计减税 9000 亿元左右。改革后的增值税与企业所得税有个协调问题，因为消费型增值税有刺激企业投资功效，而中国现行的企业所得税也是投资激励型，企业用税后利润再投资免税，所以主力税种必须协调，才有利于经济的平稳增长。

（2）完善事权和支出责任相适应的分税制。在进一步理顺中央与地方支出责任的基础上，调整中央与省市区之间的分税制财政管理体制，具体内容包括：①调整消费税征收范围、环节、税率，把高耗能、高污染产品及部分高档消费品纳入征收范围，将消费税由涉税商品的生产环节改为销售环节征收，并有传言将其调整为地方税种，由中央通过税收返还手段，保证各省市区改革前的既得利益；②加快房地产税立法，积极扩大房地产税试点范围，适时推广实行，将其打造为地方的未来主体税种；③加快资源税改革，推动环境保护费改税。将排污费、环境收费项目改为环境税。

（二）预算制度改革：全面规范、公开透明、完善立法

1. 先规范、后透明。在透明之前，先把规范的事情解决好，效果才会更好。预算体系的规范化改革，就是要对四大预算类型实行统一规范的管理，统筹政府

的实际可用财力，提升整体财政资金的效率。尽管《决定》没有明确指出具体的路径，但肯定是以《预算法》为准则，目的就是把全部政府收支关进一个“统一”的制度“笼子”，可用等式来表示为：财政收支 = 预算收支 = 政府收支

财政预算公开是公共财政的本质要求和政府信息公开的重要内容，对于保障民众的知情权、参与权和监督权，加强法治政府建设，发展社会主义民主政治，对整个中国的政府民主化进程将产生不可低估的作用。预算透明化的民主政治含义重大，该环节有如“人之咽喉”“蛇之七寸”，绝对是一处关键的环节。预算公开与透明化将倒逼政府转变自身职能、约束自身行为方式，最终实现“无限政府”向“有限、责任政府”的转变，最终将政府的权力放进一个透明的“笼子”里，便于人民代表和群众的监督。而财政则是支持政府权力如影随形的“血液”，它显性、透明了，政府权力作用范围、绩效则完全暴露了，它们是否合理与是否符合群众要求，人民代表和群众通过自身体会有权做出各自的评判，并对政府权力的优化与约束提出各自的观点。

随着中央部门预决算、“三公”经费和行政经费支出情况公开制度化，人民代表、媒体和群众的监督约束了国家机关的非理性消费意愿，多年来“三公”经费和行政经费支出持续增长的势头被彻底遏制。随着对“三公”经费使用情况监督的深入，社会对预算透明度的披露提出了新的要求，呼吁不仅要反映当前按照经济分类的内容，还要看到按照财政支出的功能分类内容，监督正向着精细化发展。在现有政府公共预算公开的基础上，将来还要推进全口径公开，从中央到地方，还要公开政府性基金预算、国有资本经营预算、社会保障基金预算。

2. 完善预算立法，加强人大预算、决算审查监督。公共财政体制是建立现代社会大厦的框架，是构建法治文明社会的基础。《预算法》作为遏制政府乱花钱的第一道防线，素有“经济宪法”之称，是公共财政的重要组成环节，更是法治社会的财政基石。《预算法》修订至今 10 年仍无法成形，充斥着理念分歧与博弈对抗。矛盾主要集中在三个方面：《预算法》中的“授权立法”条款不符合法定授权原则，是否加以约束或取消；如何使人大预算审查不走过场；地方政府能否自行发债。我们认为，新的《预算法》应体现公共财政理念，必需体现为监管、审核与实施权的分离，使人大预算审查不走过场。但在实践上可先从预算的规范、公开透明做起，给《预算法》的修改提供实践基础。先实践，后完善，符合中国一贯的渐进式改革的特征。

（三）调整财政收支结构

1. 财政收入：逐步提高直接税比重。财政收入方面的改革主线在于调整结构。中国税制建设的最终目标是建立间接税与直接税并重的双主体税制。在税收

相对规模基本不变的情况下，《决定》明确下一步改革的主要目标是要降低间接税比重，提高直接税比重。这是一项有进有退、有增有减的结构性调整，而促进经济结构调整应该是税收结构调整的主体目标与内容。

增值税、营业税和消费税等间接税类属于减税范畴，现行的营改增改革减少重复征税，减轻了税改企业的负担，有利于促进服务业公平竞争和发展。改革后的营业税将被压缩到较小的范围，或可能完全取消。扩围后增值税，将会走上从生产型增值税向消费型增值税的转变，有利于进一步减轻企业的增值税税负。消费税税目将重新进行调整划分，将现实意义上的奢侈品和消耗资源的消费品列入征税范畴，并且采取差别的比例税率。间接税类的减税也相应降低普通民众的税负，普通民众因为消费大量日常消费品和服务承担大部分流转税负。

所得税类、财产税类和行为税类则属于增税的范畴。可将部分征管条件成熟的基金收费改为税收，如将排污费纳入拟议中开征的环境保护税。对高收入群体征收房地产税；个人所得税改革今后在对中等收入群体（尤其是工薪族）减税的同时，应加大对高收入群体的税收征管，促进个税负担的公平；资源税改革就是将目前从量定额税改为从价定率征管，并进一步扩大资源税征税范畴。逐步提升直接税占比，不仅可以加强调节居民收入差距，促进社会稳定，还可以稳定地方政府的财税收入预期。

税种收入的增减结构性调整，一方面促进经济社会资源的节约和环境保护，对于经济结构调整意义重大；另一方面也调整税收负担结构与分布，调节企业与居民贫富收入差距，体现“量能纳税”原则，有利于促进社会公平的实现，有利于中国税收负担结构更加合理。

2. 财政支出：稳定税负、提高效率。支出领域的改革是新一轮财政改革的核心领域，也是改革成果的主要体现。《决定》提出改革的目标是“稳定税负、提高效率”。

稳定税负，只有先稳定财政支出水平，才可能真正稳定税收负担。为此要适度控制支出规模的增幅，推进地区间财力均衡化进程；建立优化一般性行政支出结构的长效机制，降低行政成本；逐步压缩经济建设性支出的规模，优化公共投资领域与专业结构；在社保、医疗制度逐步完善的基础上，继续加大社会福利性支出比重，提升社会福利体系的可持续性和绩效，促进基本公共服务地区均衡化。

提高效率，就是要在稳定财政支出规模前提下，今后公共服务供给水平的提高、公共服务结构的改善主要通过提高内部的管理效率加以实现。近期进一步解决财政资金的错配问题是提高效率的重要途径：（1）在现有的管理规定基础上，继续规范“土地财政”收支范围，将更多的资金用于民生项目，逐步改变“建设财政”的特征。可在部分地区试点公共财政预算与基金预算（尤其是“土地财政”）互通，可以用基金预算收入弥补公共财政预算的缺口。（2）压缩财政资金错配的规模。配合中央与地方的事权与财权调整，压缩政府间财政资金的错配问题。清理规范重点支出同财政收支增幅或生产总值挂钩事项，一般不再采取挂钩方式，将压缩资金在行业方面的错配。优化转移支付结构，严控专项转移支付规模，逐步取消和下放部分专项转移支付权力给地方，提高一般性转移支付比重来加大地方财权的自主性。

全面推进预算绩效管理。建立健全绩效评价结果反馈整改制度，及时将绩效评价结果反馈到预算单位。要按照“谁用款、谁负责”的原则，逐步建立绩效问责机制，对预算绩效管理未达到相关要求，对有关部门及其责任人员实行绩效问责。对在预算绩效管理工作中发现的财政违法行为，依照国家有关法律法规的规定追究责任。

作为政府债务的制度防范基础，要进一步完善政府财务会计准则体系，各级政府有步骤地编制政府资产负债表，建立规范合理的中央和地方政府债务管理及风险预警机制。此外，地方政府市政融资缺乏缺口，中央政府代地方政府发债的渠道过于狭窄。应及时总结北京、上海、广州等地自行发行地方债的试点经验，合理引导地方政府发债需求。

改革开放40年地方政府债务发展历程：历史与逻辑[①]

一、引言

我国地方政府债务与我国经济体制改革如影随形，地方债务的形成与发展可以说是40年经济改革发展历程的局部缩影。由于我国经济改革发展历程的复杂性，以及长期以来债务统计与管理制度缺失，地方政府债务发展史的研究面临着较多困难，到目前为止，尚未有代表性的成果出现。

本文对改革开放后不同历史阶段我国地方政府债务形成与发展过程进行细致考察，从而对不同历史时期我国地方政府债务的债务内容、风险结构及债务规模的动态变化形成充分具体的认识和把握。通过地方政府债务发展史的研究，主要回答以下三个问题：

（1）不同历史阶段地方政府债务内容、结构与规模：债务由哪些部分组成？风险结构如何？规模增长情况如何？

（2）不同历史阶段地方政府债务管理与规模控制的情况：是否进行控制？采取何种措施进行控制？

（3）地方政府债务规模不断增长的事实，反映了怎样的政治和经济现实？是否有内在规律？进而债务规模的积累有多大程度的必然性和合理性？

二、地方债务发展史

本文将对新中国成立后地方政府债务的发展历程进行考察，重点是对改革开放后我国地方政府债务的债务内容、风险结构及债务规模的动态变化情况进行探索与研究。

---

① 本文作者刘昊。

改革开放后，我国地方政府债务经历了从无到有，从少到多，债务源头越来越多，债务规模越来越高，债务风险越来越大的发展历程。我国地方债务的形成与我国经济体制改革具有紧密相关的因果联系，因此与各种体制改革相呼应，我国地方政府债务在不同历史时期呈现出不同的特点，表现出一定的时代烙印。根据我国地方政府债务内容、风险结构及债务规模动态变化情况，可以把改革开放后地方政府债务的发展过程分为五个阶段：第一阶段：初步形成阶段，1979—1992 年；第二阶段：较快增长阶段，1993—1997 年；第三阶段：全面发展阶段，1998—2003 年；第四阶段：治理与增长并存阶段，2004—2008 年；第五阶段：急剧膨胀阶段，2009 年至今。

（一）第一阶段：初步形成阶段（1979—1992 年）

改革开放后到 1992 年这 10 多年间，我国经济体制改革处于不断探索、寻找确定改革目标与发展路径的经验积累阶段。在此时期，财政体制的分灶吃饭，使得地方政府作为经济主体的独立性大大提高，外债、财政周转金借款、金融机构贷款等显性负债随着财政与投资体制改革出现，同时此阶段国有企业亏损与债务、地方金融机构不良资产、粮棉企业亏损挂账以或有负债和隐性负债的形式存在。

1. 外债：外债包括外国政府与国际金融组织借款。国家自 1979 年开始利用外国政府贷款，管理部门是外经贸部门，1998 年管理职能划入财政部，地方政府部门也相应划转。1982 年地方政府开始利用国际金融组织（主要是世界银行）贷款。

2. 财政周转金：财政周转金是地方政府在财政平衡发生困难和资金调度紧张时，由上级政府给予信用支持，调剂余缺，缓解地方资金供求矛盾的上级财政借款。地方政府从 80 年代起，先后建立预算、支农、文教、工交、商贸、外经、预算外、农税、社保等方面的财政周转金。1998 年，为深化金融改革，转变财政职能，国务院决定取消财政周转金。

3. 萌芽期的政府融资平台：20 世纪 80 年代中后期，国家加重了地方政府承担地区公共项目投资的职责，在地方财政收入有限，城市基础设施资金需求量大，国家不允许地方政府发行债券的情况下，城市建设需求倒逼地方政府成立融资平台。融资平台的鼻祖可以追溯至 1987 年 12 月 30 日成立的“上海久事公司”，久事公司成立后，通过多渠道筹借外资，承担了上海市的大量基础设施项目，有效缓解了上海地方财政的压力。

4. 其他或有及隐性债务：（1）国有企业亏损及负担。20 世纪 80 年代末，国有企业经营效益恶化，开始出现国有企业职工下岗问题，但由于此时国有企业改革还没进入实质性阶段，国有企业的亏损、债务以及未来改革的成本基本还以或有债务和隐性债务的形式存在。（2）地方金融机构不良资产。80 年代开始，不同种类的地方金融机构开始形成并得到快速发展，到 80 年代末 3 年治理整顿前，地方金融机构的数量和规模都成为促进地方经济发展的重要力量。这个时期，地方金融机构促进地方经济发展的正面作用占主导，地方金融机构的监督管理、资金运用、经营效益等方面的问题和矛盾还没明显呈现出来。（3）粮棉企业亏损挂账。1985 年，国家对农产品流通体制实行改革，由统购改为合同订购，粮棉收购价格出现双轨，但统销环节没有改革，在粮食减产年份，粮食收购价高于粮食销售价格，粮食企业出现亏损挂账。80 年代后期，粮棉合同订购恢复国家订购（余顺生，2006）。

（二）第二阶段：较快增长阶段（1993—1997 年）

1993 年到 1997 年这个阶段是我国地方政府债务规模快速增长的阶段，不仅直接显性债务的规模快速积累和增长，而且积累了越来越多的或有债务和隐性债务。这一时期地方债务的快速增长是我国经济体制改革发展的必然结果，分税制改革、国有企业改革、粮棉企业亏损挂账都给地方财政带来了较大压力，地方金融机构不良资产的积累进一步积聚着地方财政风险。

1. 分税制改革造成地方财政困难。1994 年的分税制改革，中央财政收入占全部财政收入的比重逐年上升，中央政府对财力的控制能力不断得到强化，与此同时，地方政府的财政支出却随着经济社会的发展不断提升，在中央对地方政府转移支付不规范、一般性转移支付比重低的情况下，分税制改革后的 10 年间，地方政府财政“保吃饭、保运转”都捉襟见肘，地方政府没有余力发展社会事业与提供公共服务（时红秀，2007）。

2. 地方财政对国有企业改革的支持。1993 年后，中共党的十四届三中全会明确了建立现代企业制度的改革目标，国有企业改革迈入实质性阶段。在国有企业改革过程中，地方政府在国有企业增资减债、分离办社会职能机构、兼并破产及下岗职工再就业过程中提供了重要的财政支持，国有企业改革的成本显性化为地方政府债务（吕政和黄速建，2008）。

3. 继续积累的粮棉企业亏损挂账。1992 年，国家逐步放开粮棉市场，并试图实行市场定价。但由于减产、通货膨胀等因素，1994 年粮棉又恢复国有部门统一经营。国家大幅度提高了粮棉收购价格，但对销售价格实行最高限价，政策性亏损、经营性亏损越积越多（张晓山和李周，2008）。

4. 地方金融机构高速扩张形成大量不良资产与债务。邓小平同志南方谈话后，全国兴起投资浪潮，地方金融机构在投资快速增长中迎来高速扩张。由于地方政府行政干预、监督管理薄弱等局限，地方金融机构在高速扩张过程中，不断积累矛盾和风险，突出表现为金融秩序混乱，金融机构不良资产比例高。在农村，许多农村合作基金会在地方政府的干预下，把贷款投向乡镇村办集体企业；供销社、计生委、民政、劳动和社会保障等部门都加入了创办基金会、股金会，参与高利率资金市场的恶性竞争，金融秩序混乱；农村基金会、脱离农业银行的农村信用社资产质量恶化，经营效益下滑，有的地区出现小规模的挤兑风波（温铁军，2005）。在城市，随着非公经济的快速发展，城市信用社也迎来了发展的高峰。1994 年底，全国共有城市信用社 5200 家，资产总额 3172 亿元。许多城市信用社擅自开展商业银行业务，由于经营水平不高，管理不善，行政干预多，积累了大量不良资产，形成了相当大的金融风险。

（三）第三阶段：全面发展阶段（1998—2003 年）

1998 年到 2003 年是我国地方政府债务全面发展的阶段，体现在规模、种类、结构等各方面。积极财政政策实施，使得地方政府投资热情高涨，国债转贷、金融机构借款、地方政府融资平台债务等直接与或有债务大量出现；在地方金融机构清理过程中，地方财政举借了大量中央银行专项贷款；国有企业改革进入攻坚阶段，地方政府继续提供大量财政支持；由于分税制改革、20 世纪 90 年代以来的教育“普九”、乡镇集体企业缩减，县乡财政甚至村级政府在 90 年代末积累了大量债务（贺雪峰和王习明，2002），随着农村税费改革的实施，县乡政府债务问题愈发严重。

1. 国债转贷。1998 年，国家增发国债，并将国债一部分转贷给地方政府使用。国债转贷所形成的地方政府债务的规模很大，1998—2005 年，中央共发行了 9900 亿元长期建设国债投资资金，其中 2650 亿元由中央转贷给地方使用。

2. 快速增长的融资平台债务。从 20 世纪 90 年代中后期开始，地方政府开始大力投入城市基础设施建设，偿还历史欠账。1996 年，中央全面清理预算外资金后，地方政府开始大量举债进行建设（张宏安，2011）。伴随着积极财政政策的实施，地方政府的融资需求更大。在城市建设所需资金来源中，最初地方政府直接为金融机构（包括外国政府）贷款以及地方自筹资金提供信用担保或贴息。2000 年以后，政府融资平台得到快速推广发展，融资平台开始在城市建设中承担着越来越多的融资、建设与管理职能，逐步成为地方政府进行城市投融资的主要载体。

3. 地方金融机构清理形成中央银行专项贷款。亚洲金融危机爆发后，地方金融机构长期积累的矛盾与风险开始暴露，随之一些地方金融机构的破产，国家开始对地方金融机构进行全面清理整顿。1999 年，国务院批准中国人民银行发放再贷款，通过指定的地方商业银行向省级政府融资，专项用于解决地方政府关闭的农村合作基金会、供销合作社、信托投资公司、城市信用社的个人债务和合法外债的兑付及有关财务公司的债务重组。26个省（直辖市、自治区）以地方财政作担保，总计向中国人民银行总行申请了1411亿元的再贷款（于宁，2003）。

4. 国有企业改革攻坚阶段形成大量财政负担。1998年后，国家加快推动了国企改革步伐，提出国有企业3年脱困目标，国有企业改革进入攻坚阶段。为顺利保证国有企业脱困目标的实现，对下岗职工确保基本生活保障与实施再就业成为重要的社会政治任务。除了承担国有企业改革的社会成本外，地方财政还为国有企业债务重组、增资减债提供了大量资金支持。

5. 养老金制度改革产生个人账户透支。1997年，新型养老保险制度在全国范围内统一建立后，由于“老人”和“中人”没有或者很少有个人账户的积累，随着时间的推移，我国老龄化趋势逐步加快，社会保障资金必然会出现巨大支付缺口，在统筹基金不够支付时，地方政府利用统筹基金和个人积累基金的混合管理，向个人账户进行透支，个人账户有账无钱，空账运行。时至今日，问题更加突出。

6. 县乡财政出现严重困难。20世纪90年代末到21世纪初，县乡财政困难与债务风险成为政府、学者及公众高度关注的一个问题[①]。分税制改革、农村税费改革、2002年税制调整、乡镇集体企业的衰落、转移支付不到位使得县乡财政收入增长乏力（湖北财政与发展研究中心，2009）；而与此同时，事权不断下放、基层政府承担了基础设施建设、义务教育、公共卫生、环境保护及行政管理诸多职责，外加粮食企业亏损挂账、农村合作基金会专项借款，地方财政负担越来越重；除此之外，政绩工程、人员冗杂、软预算约束、债务管理意识薄弱，县乡政府债务规模不断扩大，地方政府运转和财政运行出现严重困难（杨华，2006；张德勇，2006）。

（四）第四阶段：治理与增长并存阶段（2004—2008年）

在地方政府债务不断形成和发展的过程中，中央政府也根据国民经济与债务发展形势采取了相应的化解办法。例如，2001年国务院发布了《国务院关于供销合作社财务挂账处理等有关问题的批复》，2004年国家五部委出台了《粮食企业亏损挂账的清理》，2005年中央政府出台了缓解县乡财政困难的政策，并随后制定了更多的改革措施。但是在债务化解的同时，地方政府投资不断提高，地方

---

① 《瞭望新闻周刊》2004年第38期对地方政府债务（主要是县乡村级债务）的成因做了翔实分析报道，见梁朋和张冉燃（2004）。

政府债务依然处于高速增长阶段。进入新世纪以后，地方政府债务形成的特殊历史原因基本不会重现，地方政府债务规模的增长主要是现行财政分权体制和政府投资体制下地方政府过度投资的结果。

1. 县乡财政解困。县乡财政解困的工作最初是紧密配合农村税费改革而实施的，后来随着公共财政体系的不断完善而不断推动。首先在转移支付方面，不断增加中央政府的投入，如 2003 年中央开始实施农村税费改革转移支付，2005 年中央财政出台了缓解县乡财政困难的“三奖一补”政策，财力性转移支付比重不断提高，同时将专项转移支付增量更多用于支农、科教文卫及社会保障等民生领域（高培勇，2008）。其次，在财政体制方面，推进“省直管县”和“乡财县管”改革，激发县域经济发展活力，提高财政支出效率，强化县级财政对乡镇的管理。在具体债务化解方面，2006 年国务院出台化解乡村债务工作意见，并于 2007 年 12 月在 14 个省（区）开展清理化解农村义务教育“普九”债务试点工作，要求用两年左右时间，基本完成农村“普九”债务化解工作。

2. 粮棉企业财务挂账的消化。2001 年国家确立了供销社（主要包含棉花企业）财务挂账的处理办法：中央政策性亏损由中央财政负担，地方政策性亏损由地方财政负担，经营性亏损由企业逐年自行消化。2002 年中央相关部门对地方政府上报的供销合作社财务挂账清理核查结果进行了确认，并制定了具体的财务挂账的处理办法。2004 年，中央相关部门就“老”粮食财务挂账（1992 年 3 月 31 日以前发生的），“新”粮食财务挂账（1992 年 4 月 1 日至 1998 年 5 月 31 日间发生的）及 1998 年以后的陈化粮价差亏损挂账利息与本金偿还做了要求，鼓励经济条件好的省份自 2004 年起，开始偿还“新”“老”粮食财务挂账本金，经济确有困难的再给予 5 年过渡期。

3. 不断增长的城建投资。进入 21 世纪后，我国城市化进程越来越快，城市化率从 1999 年的 30.89% 增加到 2011 年的 51.27%，年均增长 1.7%。快速的城市化进程意味着城市规模的扩张及大规模的城市基础设施投资。事实正是如此，2000 年以后，与城市基础设施与公用设施有关的固定资产投资规模不断提高。在公共财政收入无法满足城市建设投资所需资金的情况下，地方政府或依托“土地财政”支撑城市建设，或通过融资平台向金融机构进行债务融资，我国地方政府债务规模越来越高。

4. 养老保险空账的化解与扩大。随着 2005 年《国务院关于完善企业职工基本养老保险制度的决定》的颁布，2006 年在东北三省的基础上，8 个省份开展做实企业职工基本养老保险个人账户试点，2008 年又增加江苏、浙江两省开展试点工作，中央财政对做实个人账户部分按照各试点省份经济实力及努力程度提供比例不等的财政补助。尽管 1/3 的省份在逐步做实个人账户，但由于日益扩大的退休养老金支出，个人账户做实部分远小于个人账户透支部分，养老金个人空账继 2007 年突破万亿元大关后，2011 年底达 2.2 万亿元[①]。

（五）第五阶段：急剧膨胀阶段（2009 年至今）

2009 年，为应对金融危机，我国推出了两年 4 万亿元经济刺激计划，其中中央政府通过发行国债增加赤字 1.18 万亿元，地方政府配套投资 2.82 万亿元。同时，地方政府根据中央 4 万亿元投资刺激政策，总计提出超过 20 万亿元的投资计划。地方政府投资资金来源主要依赖以下两个途径：中央政府代理发行的地方政府债券和银行信贷资金。在此背景下，地方政府和其设立融资平台大量举借债务，我国地方政府债务激增，地方政府债务风险引起中央政府的高度重视和社会公众的高度关注。

2010 年 3 月初，政府融资平台问题受到发改委、财政部、央行三部委积极回应。随后，中国银监会对商业银行做出积极部署，要求商业银行对 3 月底前投放政府融资平台贷款逐包打开、逐笔核对、重新评估、整改保全，6 月底前完成对地方政府融资平台授信业务的全面自查清理。2010 年 6 月 10 日，国发〔2010〕19 号文出台，标志着地方融资平台的规范清理成为中国经济改革发展的重要议题。随后银监会出台了一系列文件，要求各金融结构严格落实贷款“三查”制度，对融资平台贷款审慎发放、存量整改和加强监管。随着各项监管措施的实施，商业银行地方政府贷款规模有所控制，地方融资平台开始转向发债、理财、信托等渠道进行融资，地方债务规模更加隐秘地扩张。

随着地方债务规模的急剧扩张，引起中央政府与全社会的高度担忧。对地方政府举债行为的规范与控制成为地方债务管理的重中之重。管理主要体现在三个方面：一是地方债券的发行与债务置换；二是融资平台举债行为的严格控制，融资平台未经允许，不得新增债务；三是新融资渠道的开辟，PPP、政府购买大行其道，以时间换空间，债务规模仍呈现不断扩大趋势。

三、地方政府债务形成与发展的基本规律

通过回顾我国地方政府债务形成与发展的历史过程，我们对不同时期地方政府债务的内容、结构、规模的动态变化情况有了基本的了解和把握。对我国地方政府债务发展历程进行考察，重要的目的是提炼、抽象、概括我国地方政府债务的发展规律，为债务的化解与治理提供客观依据与重要参考。下面从债务成因、债务风险及债务管理三个方面提出本文的见解。

---

① 见中国社会科学院：《中国养老金发展报告 2012》。

（一）债务成因：复杂多样，具有明显的经济转轨特征

我国地方政府债务是伴随着我国经济体制改革的历程逐步形成和发展起来的。40多年的改革开放是一项浩瀚的历史工程，改革过程涵盖了经济、政治与社会的方方面面。单就经济体制改革而言，整体层面是关于市场经济制度的确立，局部层面则包含财税体制、金融体制、国有企业、投资体制、流通体制、社会保障体制等方方面面的改革。在改革过程中，旧有经济体制的缺陷，旧体制向新体制过渡的转制成本，大量转嫁为地方政府的财政负担，成为地方政府债务的来源。在2000年以前，这些转轨成本构成了我国地方政府债务的绝大部分内容，也在很大程度上决定了我国地方政府债务规模。

2000年以后，新的经济体制基本确立起来，地方政府在以分税制为主要特征的中国财政分权和不完善的政府投融资体制下，在政绩考核压力的刺激下地方政府债务的规模增长越来越快。尤其是两次金融危机后，我国实行两次极具扩张性的财政政策，以大量的政府投资来实现经济稳定（其中地方政府承担了大部分的投资任务），在很大程度上助推了我国地方政府债务规模的增长。可以说，当前我国地方政府债务的巨大规模主要是现行不完善的财政制度、政府投融资制度和政治体制共同作用下的产物。

在我国地方政府债务规模不断积累和增长过程中，针对特殊历史条件和背景下形成的地方政府债务，如地方金融机构清理引起的地方财政负担，粮食与棉花流通体制带来的政策性亏损，以及普及农村义务教育引起的债务，中央政府和地方政府都逐步采取了一些政策和措施进行化解。这些政策和措施，包括现在对地方政府融资平台的规范和清理，都是问题产生以后的应急之策和治标之举。通过债务发展历史过程看，这些措施都是过渡性，或措施本身是过渡性的，或者措施内容是过渡性的。过渡性的政策与制度安排并不能有效遏制地方政府债务规模的增长，我国地方政府债务增长的速度远远快于债务化解的速度。

（二）债务风险：不断暴露，表现为或有债务直接化、隐性债务显性化

我国地方政府债务在形成和发展过程中，在两个时间段获得了社会的高度关注。一个是2003—2004年，一个是2010年至今。2003—2004年，地方政府债务引起学者、媒体与社会公众的普遍讨论，主要是由于20世纪90年代末到21世纪初地方政府债务规模急剧增长，地方政府尤其是县乡政权陷入了严重的财政困难。改革开放前期积累的大量或有债务与隐性债务，如国有企业债务与改革成本，地方金融机构不良资产，粮食与棉花企业亏损挂账，在90年代后期大量集中转变为直接债务与显性债务，地方政府债务风险被迅速放大。

2009 年欧洲债务危机最早在希腊爆发，2010 年欧洲债务危机进一步恶化，开始向其他国家，如葡萄牙、意大利、爱尔兰、西班牙蔓延，欧元区国家陷入了严重的经济衰退，并发生了抗议游行等社会运动。欧洲债务危机的严重经济和社会影响引发了我国政府、社会公众对我国地方政府债务规模急剧膨胀的担忧。2010 年，以融资平台债务清理与规范为主要内容，我国开始对地方政府债务规模与风险进行控制和化解。作为地方政府最主要的负债主体，尽管融资平台债务很大组成部分是政府担保债务，属于政府或有债务，但融资平台的国有性质，其为公益性项目建设所举借的债务，无论有无政府担保，就政府所承担的风险而言，直接债务与或有债务并没有多大差异。

通过我国债务发展历史的回顾，可以看出我国地方政府债务风险的演变具有一定的周期性，从整个发展过程看，经历了两次周期，每个周期可以分为“积累—暴露—控制”三个子过程（见图 1）。从每个周期看，债务风险是不断暴露的过程，突出表现为或有债务直接化、隐性债务显性化。就整个发展过程来看，地方政府债务风险也处于不断积累与提高的过程中，而且债务风险从积累到暴露的周期越来越短，债务风险的控制与化解依旧任重道远。

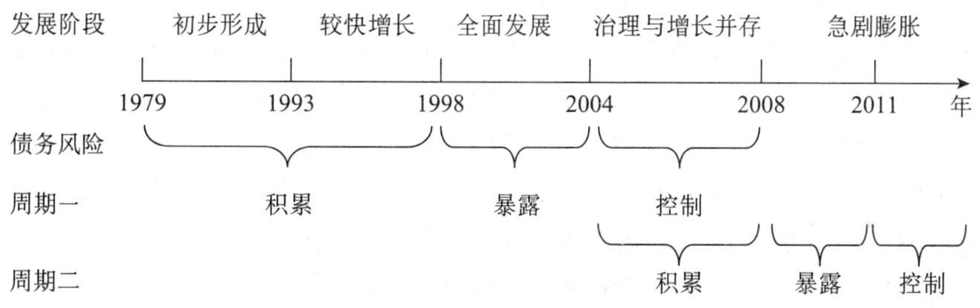

图 1　地方政府债务风险演变周期

（三）债务管理：中央制度模糊导致地方政府行为异化

缺乏统一有效的债务管理体系，一直是学者普遍强调的引起债务规模不断增长的重要因素。债务管理体系建设已成为政策制定者和理论工作者的重要议题。完整的债务管理体系应该包括债务管理制度、债务管理组织和债务管理流程三个方面。其中，债务管理制度是实施债务管理的基础和依据。通过梳理与地方政府债务有关的法律、法规与政策，我们发现，我国地方政府债务管理制度不仅是不健全的，而且是模糊的，甚至是矛盾交叉的。

1995 年开始实施的《中华人民共和国预算法》（以下简称《预算法》）第二十八条规定：“地方各级预算按照量入为出、收支平衡的原则编制，不列赤字。除法律和国务院另有规定外，地方政府不得发行地方政府债券。”但是与此同时，国家又对预算外资金出台了一些行政规定和文件，如《中华人民共和国关于加强预算外资金管理的决定》《预算外资金管理实施办法》。这些行政法规客观上认可了地方政府预算外活动存在的合规性。地方政府可以通过将预算内收支转移到预算外来满足《预算法》的要求。与此同时，《预算法》及其实施条例都未对地方政府财政支出的范围做出确切的定义。《中华人民共和国预算法实施条例》(以下简称《预算法实施条例》)第十二条规定："预算法第二十条第二款所称'地方预算支出'，是指按照分税制财政管理体制，由地方财政承担并列入地方预算的支出，包括地方本级支出和地方按照规定上解中央的支出。"可以看出，《实施条例》对地方预算支出的定义是模糊的，值得寻味。分税制本身对地方政府事权规定的不具体明确，《预算法实施条例》第十二条又规定"列入地方预算的支出"就是地方预算支出。潜在之意，地方财政的支出有些可以不列入地方预算支出。正是在这些模糊的法律法规制度下，我国地方政府可以通过操纵政府预算体系来满足《预算法》政府不列赤字的规定。最为明显的例子，地方政府通过成立融资平台预算外实体，将支出活动剥离地方政府预算体系，绕开《预算法》地方财政不得有赤字和不得发债的规定。

更为震惊的是，尽管国家出台了大量的关于政府投资的政策、文件，但目前尚无一部规范政府投资行为的法律法规，自 2001 年开始起草的《政府投资条例》至今仍处于不断讨论与妥协中。该条例之所以迟迟不能出台，主要是地方和中央，以及各级政府部门之间对项目的权利分配一直很难取得一致①。在当前投资体制下，地方政府具有很大的审批权，且审批权分散在交通、环保、水利、农业等部门之间，地方政府投资规模很难得到控制。投资法律制度严重缺失，建立地方政府投资行为与地方政府预算管理的有机联系更无从谈起。

可以想象得到，在预算法律模糊、投资法律缺失的环境下，地方政府和地方官员为了自身利益最大化，会尽可能地利用手中的权力来实现自身政治目标，甚至产生腐败、寻租，这是一种政治、经济最优行为，地方政府债务规模也由此而不断增长。

四、小结

地方政府债务发展史的研究还非常匮乏。为弥补这个不足，本文对地方政府债务的现状、发展历史及逻辑进行了考察与分析。

根据改革开放后我国地方政府债务的债务内容、风险结构及债务规模的动态变化情况，本文把改革开放后地方政府债务的发展过程分为五个阶段：第一阶

---

① 政府投资权利的分配是政府不同利益主体之间博弈的重要对象。这些利益主体之间存在冲突，不仅体现在中央政府与地方政府之间，而且同一层级政府的不同部门都有一定的投资审批权限，它们之间也存在利益冲突。

段：初步形成阶段（1979—1992 年）；第二阶段：较快增长阶段（1993—1997 年）；第三阶段：全面发展阶段（1998—2003 年）；第四阶段：治理与增长并存阶段（2004—2008 年）；第五阶段：急剧膨胀阶段（2009 年至今）。

通过对债务发展史的考察，本文提炼出我国地方政府债务形成与发展过程中呈现的三个显著特征及规律：第一，债务成因复杂多样，具有明显的转轨经济特征；第二，债务风险不断暴露，突出表现为或有债务直接化，隐性债务显性化；第三，在债务管理方面，中央制度模糊导致地方政府行为异化，债务规模难以得到有效控制。

参考文献

[1] 高培勇：《中国财税体制改革 30 年研究：奔向公共化的中国财税改革》，中国社会科学出版社 2008 年版。

[2] 贺雪峰、王习明：“村级债务的成因与危害——湖北 J 市调查”，《管理世界》2002 年第 3 期。

[3] 湖北财政与发展研究中心：《中国地方财政发展研究报告：湖北省县乡政府债务问题研究》，经济科学出版社 2009 年版。

[4] 梁朋、张冉燃：“地方债务危局”，《瞭望》2004 年第 38 期。

[5] 吕政、黄速建：《中国国有企业改革 30 年研究》，经济管理出版社 2008 年版。

[6] 时红秀：《财政分析、政府竞争与中国地方政府的债务》，中国财政经济出版社 2007 年版。

[7] 温铁军：《农村合作基金会的兴衰：1984—1999》，载于《“三农”问题与世纪反思》，三联书店 2005 年版。

[8] 杨华：“县乡财政：困境与出路”，《中央财经大学学报》2006 年第 1 期。

[9] 于宁：“央行再贷款偿还情况调查”，《财经》2003 年第 5 期。

[10] 余顺生：“期货市场与棉花流通体制改革”，《古今农业》2006 年第 3 期。

[11] 张德勇：“中国县乡债务：问题与对策”，《财贸研究》2006 年第 7 期。

[12] 张晓山、李周：《中国农村改革 30 年研究》，经济管理出版社 2008 年版。

第六篇

金融发展篇

改革开放以来中国经济增长中的高货币化：趋势及其纠偏[①]

一、引言

改革开放以来，我国 M2 持续增长。根据 IMF 的统计数据，截止到 2016 年上半年，折合成美元计，中国的 M2 达到了 22.4 万亿美元，美国 M2 为 12.73 亿美元，欧元区为 11.54 万亿美元，日本为 8.91 万亿美元，中国的 M2 超过了美日总和，且与美国和欧元区的总和相当。Pan 和 Shi 等（2016）利用世界银行的跨国面板数据做的一项回归研究表明，中国流动性过高的程度大约为 50% 左右。与 M2 持续增长相对应，我国单位 GDP 所包含的 M2 即 M2/GDP 也呈逐年上升的趋势，近年来已超过绝大部分国家和地区，到 2016 年末已高达 208%（如图 1 所示）。戈德史密斯（1994）提出的倒“U”形曲线假说在我国迟迟没有出现，这已经引起了社会各界的高度关注和担忧，一系列不良后果和风险也开始逐步浮现。由此，对该现象的成因、可能的后果以及纠偏措施进行深入的探讨就变得尤为必要。

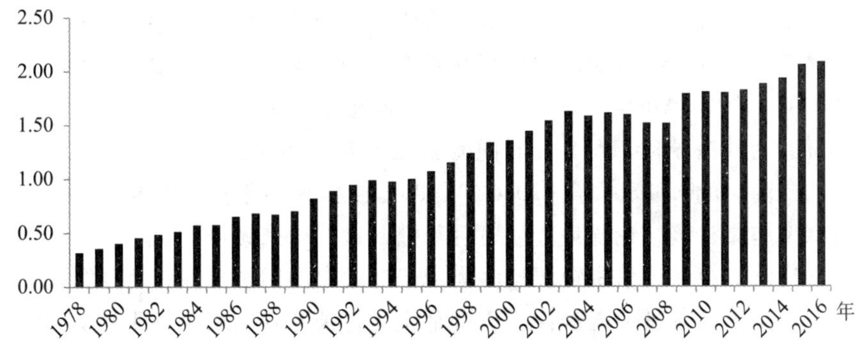

图 1　我国 1978—2015 年 M2/GDP 变动趋势

数据来源：M2 数据来源于中国人民银行公布的数据，GDP 来源于《中国统计年鉴》。

---

① 本文作者孙军。

二、中国经济增长中的高货币化成因：一个文献回顾

在对我国经济增长高货币化现象研究的文献里，易纲（1996）的研究最具代表性，他认为我国货币化进程中的金融深化和金融资产结构变化能够较好地解释改革开放初期偏高的M2/GDP水平。不过，尽管该研究对于改革开放初期我国偏高的M2/GDP给出了解释，但不能很好地解释为什么我国当前的M2/GDP会达到如此高度，且已远超绝大部分国家和地区。秦朵（1997）、刘明志（2001）、曾令华（2001）、余永定（2002）、尉高师和雷明国（2003）指出，中国居民的消费储蓄习惯在很大程度上决定了M2/GDP的高比值。不过我们认为，虽然高储蓄能够诱致高投资，但若高投资能够带来更有效率的产出则并不意味着M2/GDP比值会上升。刘亦文和胡宗义（2010）以及郑家琳（2013）认为，中国汇率缺乏弹性下的"出口导向型"增长模式使得外汇占款过高，进而基础货币投放过度是M2/GDP高比值的一个重要原因。但我们认为，与高储蓄率相似，外汇占款带来的基础货币投放并不意味着M2/GDP比值一定会上升。也就是说，高储蓄率和外汇占款过多等应该仅是M2/GDP高比值形成的重要条件。

当前，越来越多的研究认为，我国以商业银行为主导的间接融资模式的国有企业属性使得其与政府间以及其他非银行系统的国有企业间保持着千丝万缕的联系，由此引致的信贷行为的扩张是我国M2/GDP扩张的重要原因。具体说来，李扬（2002）指出，国有企业存在的预算软约束问题以及其他制约经济发展的因素限制着资本市场的发展，致使中国资本市场对间接融资市场的替代程度较小，这是造成中国M2/GDP比值较高的主要原因。Wei和Wang（1997）通过证据证明，中国的银行贷款支持国有企业，这种"软预算约束"削弱了旨在促进私营部门的增长或推动国有部门进行重组的政策措施的有效性。张杰（2006）认为，政府对银行体系的控制是导致我国高货币化结果的基本原因。刘明志（2001）、余永定（2002）和钟伟、黄涛（2002）、谢平和张怀清（2007）认为，由此形成的银行不良贷款上升在导致M2上升的同时并没有伴随着GDP的上升，因而出现两者比值的提高。Pan和Shi等（2016）发现，在私有企业比重越高的地区，整体信贷贡献率越高，该结论统计上显著且稳健，这反过来说明了由于政府隐性担保与关系型贷款的存在，信贷资源过多集中于低效率的国企部门，为了维持经济增长，政府不得不释放过多流动性。也就是说，在预算软约束条件下由银行主导的金融体系比市场主导的金融体系创造更多的货币是理解高M2/GDP的关键（张一和张运才，2016）。另外，王兆旭、纪敏（2011）则通过实证研究指出，在当前经济发展模式下，外汇占款导致的基础货币被动投放、信贷软约束下的货币创造、经济发展过程中因改革不完备而增加的货币需求均是M2/GDP偏高的原因。

通过上述已有文献回顾可见，若改革开放初期的金融深化是 M2/GDP 期初上升的原因，高储蓄率和外汇占款增加等是其不断上升的重要条件，则政府通过银行等金融系统或明或暗地对投资的干预就是造成 M2/GDP 不断上升的最主要原因。

三、经济增长中的高货币化：一个数值模拟分析

（一）模型框架

在一个国家经济增长的过程中，M2/GDP 比值的上升是比较正常的，但当 M2/GDP 变得越来越大时，这种经济增长的模式以及可持续性就会存疑。为了对我国现有增长模式的缺陷和经济转型的必要性进行一个清晰地理解，我们构建如下简单模型。在该模型中，假设 GDP 按照如下模式增长：

$$dY(t)/dt = kY(t)(N—Y(t))—D(t) \tag{1}$$

其中，t 是时间；$Y(t)$ 是产出水平；$D(t)$ 是产出变化的反向制约力量，这里用债务水平表示，债务规模越大，对经济增长的制约作用也越强；[①] N 是产出上限或负载能力；k 是产出增长率系数。为了简单起见，假设 $R = D(t)/Y(t)$，系数 R 代表着杠杆率。[②] 进而（1）式可以转换为：

$$dY/dt = kY(t)(N - Y(t)) - RY(t) \tag{2}$$

可以发现，（2）式具有 Logistic 曲线特征。[③] 在产出达到均衡状态时 $dY(t)/dt = 0$，经过简单运算得到：

$$Y^{*} = N - \frac{R}{k} \tag{3}$$

Y^{*} 是均衡产出水平。假设杠杆率 R 的变化可以用下式表示：

$$R = r(1 - a\frac{Y}{N}) \tag{4}$$

系数 a 是对行为主体风险偏好倾向的一个度量：当 $-1 < a < 0$ 时，描写的是创新厌恶者行为。与现实相对应，可以将其理解为政府主导下的投资驱动型经济增长模式。系数 a 越小，行为主体的创新偏好就越弱，政府主导下的投资驱动型偏好就越强烈，相应的杠杆率 R 值也就越高；当 $0 < a < 1$ 时，描写的是创新爱好

---

① 该假设实际上表明债务规模是有边界的，这个边界由危机决定。

② 这地方要注意的是，杠杆率有微、宏观之分，微观杠杆率是企业财务上的资产负债概念；宏观杠杆率是在没有国家资产负债表数据时，为了分析的方便，经常用债务/GDP 比例来粗略代替杠杆率。后者虽然不是真正的杠杆率，但与大量研究一致，我们认为其可以在一定层面上说明问题。

③ 该曲线有着变化的报酬率，一开始报酬递增，过了拐点之后，开始递减。我们认为这种假设方式基本符合现实情形。也就是说，在一种增长模式下，由于债务、资本边际效率等的制约，GDP 不能无限扩张，存在着一个上限。

者行为。系数 a 越大，行为主体越偏好创新，杠杆率 R 也就越低，经济运行也就越安全。与现实相对应，可以将其理解为市场主导下的投资驱动型经济增长模式。结合我国现实，若系数 a 由负转正，则行为主体开始逐渐转变偏好，行为开始趋于理性，在宏观上可以理解为经济由政府主导向市场主导转变。观察（4）式可以发现，此时，经济增长带来的并不是杠杆率的增加，而是杠杆率的下滑。这背后的原因在于，当市场主导模式取得成功时，大量曾经从事过剩产能的企业开始从旧行业退出，创新活动开始变得频繁，新的技术或创新产品将不断出现，产品开始供不应求，行业的利润率快速上升，在社会层面上，利润率的增加将会逐步覆盖掉原有增长模式积累起来的债务，杠杆率 R 亦逐步下滑。

由公式（4）也可以看出，当 $a=0$ 时，系数 r 等于杠杆率 R 值，即 r 是行为主体创新或投资偏好为 0 时正常的杠杆水平。一般情形下，经济体正常的杠杆率 r 可以由一国正常的债务水平和金融结构体系等来表征。[①] 因此，若系数 r 表示正常的杠杆率，则 R 就可以看做是在此基础上根据经济环境特征，由政府、非金融类企业和个人的金融行为和商业银行的信贷创造能力的互动行为，并由此形成的现实杠杆率。将 R 值的表达式带入（3）式可以得到：

$$Y^{*}=\frac{1-r/kN}{1-ra/kN}N \tag{5}$$

为了更具体、更详细地说明问题，接下来对系数进行赋值运算。为了简单起见，令 $kN=10$，在认可我国是以间接融资模式为主导的经济体的基础上，我们选择 $r=1$、$r=2$ 和 $r=3$ 三种情形，据此做一简单数值模拟，具体情形如表 1 所示。

表 1　　不同情形下的数值模拟

情形 1：$kN=10$，$r=1$						
a	$a=-0.8$	$a=-0.5$	$a=-0.1$	$a=0.1$	$a=0.5$	$a=0.8$
Y^*/N	5/6	6/7	90/101	10/11	18/19	45/46
R	5/3	10/7	110/101	10/11	10/19	5/23
情形 2：$kN=10$，$r=2$						
a	$a=-0.8$	$a=-0.5$	$a=-0.1$	$a=0.1$	$a=0.5$	$a=0.8$
Y^*/N	20/29	8/11	40/51	40/49	8/9	20/21
R	90/29	30/11	110/51	90/49	10/9	10/21

① 例如，德国的 M2/GDP 比英法等国家高，这并不代表德国的货币投放、物价水平等高于英法，这主要是受其融资结构的影响。德国是典型的间接融资模式占主导的国家，靠间接的银行融资而非资本市场直接融资，这使得其 M2/GDP 也相应较高。也就是说，在一定的约束条件下，其有一个稳态值。我国的融资模式是很典型的以间接融资模式为主。

续表

情形 3：$kN=10$，$r=3$						
a	$a=-0.8$	$a=-0.5$	$a=-0.1$	$a=0.1$	$a=0.5$	$a=0.8$
Y^*/N	35/62	14/23	70/103	70/97	14/17	35/38
R	135/31	90/23	330/103	270/97	30/17	15/19

数据来源：经过作者计算整理得到。

（二）几种情形的探讨

首先，假设基本杠杆率 r 不变，可以将其理解为货币政策、社会融资结构不变的情形。由表 1 的数值模拟可知，若 $N_{a_1}=N_{a_2}$，则 $Y^*{}_{a_1}<Y^*{}_{a_2}$、$R_{a_1}>R_{a_2}$，其中 $-1<a_1<a_2<1$。由此可见，在产出上限或负载能力既定的情况下，系数 a 越大，实际产出就越多，债务风险相对较小，经济体的杠杆率也相对较低；系数 a 越小，实际产出相对就越少，债务风险越高，杠杆率也就相对较高。这表明，在基本杠杆率 r 和产出上限 N 一定的情况下，市场驱动型投资模式能够比政府驱动型投资模式形成更高的实际产出水平，债务也较低，进而杠杆率 R 值也会维持在一个较低水平。反过来说，政府驱动型投资模式会因为有更高债务水平的反向制约，实际产出会相对较低。这暗示了，由于受制于杠杆率的牵制，政府投资驱动比市场驱动经济增长更有效的一个重要前提是，所投资的行业必须具有非常广阔的市场空间 N 支撑，公路、铁路等各类基础设施以及房地产等相关行业最具代表性。为了了解这两种增长方式对于债务的具体影响，通过表 1 来进行观察，以 $r=1$ 为例，当 $a=-0.8$ 时，杠杆水平 R 值为 5/3；当 $a=0.8$ 时，杠杆水平 R 值为 5/23。前者竟是后者的 7.7 倍。因此，即使政府投资驱动比市场推动模式更容易实现和操作，但在社会层面上所付出的代价却是更高的债务压力和杠杆率。

其次，探讨系数 a 不变的情形，可以将其理解为投资模式不变的情形。由三种情形的数值模拟可以发现，基本杠杆率 r 越大（r 从 1 到 3，这可以理解为利率水平降低而引致的央行货币扩张行为），实际产出 Y 与潜在产出上限 N 之间的距离就越远。即假设产出上限 N 相同，$N_{r=1}=N_{r=2}=N_{r=3}$，则 $Y^*{}_{r=1}>Y^*{}_{r=2}>Y^*_{r=3}$。这表明，在投资模式不变的情形下，经济处于低杠杆率时远比高杠杆率时实际产出水平更高。这意味着，当货币供给逐步宽松时，随着投资的增加，杠杆率会上升，产出的反向抑制增强，实际产出将会变低，这暗示了随着货币宽松程度的增加，投资效率会逐渐下滑，这与真实情形完全吻合。另外，通过表 1 还可以观察到一个现象，在系数 a 不变的情况下，随着基本杠杆率 r 的上升（如表 1 所示从 1 到 3），杠杆率 R 值也上升，由此，货币政策越宽松（r 增加），杠杆率 R 值越高，相应的危机也离得更近。

再次，探讨基本杠杆率 r 和系数 a 均变化的情形，可以将其理解为货币政策和投资模式均发生变化的情形。假设基本杠杆率 r 变大，这可以理解为 2008 年金融危机之后全球央行的低利率政策，通过商业银行的信贷增加货币供给能力；假设风险偏好系数 a 也变大，这可以理解为投资模式发生变化。根据表 1 数据，选择两个极端情形，可以得到 $Y^{*\,r=1}_{\,a=0.8} = \frac{45}{46}N^{r=1}_{a=0.8}$，$Y^{*\,r=3}_{\,a=-0.8} = \frac{35}{62}N^{r=3}_{a=-0.8}$，假设 $N^{r=1}_{a=0.8} = N^{r=3}_{a=-0.8}$，则得到 $Y^{*\,r=1}_{\,a=0.8} \approx 1.73Y^{*\,r=3}_{\,a=-0.8}$。这表明，若低杠杆、市场驱动型投资模式与高杠杆、政府驱动型投资模式的产出上限相同，则前者的实际产出是后者的 1.73 倍。不过，依据表 1 数据，就杠杆水平来说，后者却是前者的 12.6 倍，债务水平竟会上升到如此高度。这非常清晰地表明了政府投资驱动型增长模式的弊端以及转型的重要性。

与现实相结合，总结上述分析可以发现，建立在货币宽松、财政刺激基础之上的政府投资驱动型增长模式必将导致债务的不断增加，杠杆率 R 值的快速上升，资本收益率的不断走低以及经济增长速度的下滑。当然，这里并不是说这种情形一定不好，政府不应该做。如果经济下滑更多表现为周期性，即由于金融危机的原因，全球需求开始萎缩，产能出现过剩，那么，为了摆脱经济萎缩，政府就应该实施反经济周期政策，在铁路、公路和公共基础设施建设等方面多投入，扩大投资需求，降低产能过剩，强化需求管理，这其实也正是凯恩斯主义想要表达的。不过，此观点与我国目前的现实正日益变得背离。根据以下的实证分析，一是目前我国投资边际效率、资本收益率等下滑非常严重，继续强化政府投资带来的将是债务的继续增加，杠杆率 R 值的持续累加，风险会持续加大；二是若在经济下滑中，周期性并不是驱动经济下滑的主导性因素的话，若不及时实现经济转型、降低杠杆水平 R 值，而仅通过刺激来维系经济增长，则将延误经济转型良机，危机就可能离得更近。因此，由政府驱动型投资模式向市场驱动型投资模式转型变得尤为迫切。

四、经济增长中的高货币化困境：一个实证分析

（一）投资效率

1. 增量资本产出率（ICOR）。增量资本产出率（ICOR）是反映投资效率的经济指标，等于当年投资增量（I）/生产总值增加量（ΔGDP），该指标用来衡量一个经济体单位产出增长所需的投资量。一般而言，一个经济体的 ICOR 越高，其投资和生产效率就越低。正常情况下，资本密集型行业如铁路、公路和各类公共基础设施投资有可能拉高 ICOR，不过这些年来我国经济阶段性投资效率下降问题确实存在，而且还比较明显（如图 2 所示）。1999 年 ICOR 值达到了阶段性高值 7.17，随着国企改革的落地和效率回升，ICOR 值也顺势开始回落，不

过到了2015年，ICOR值为8.46，投资和生产效率降低到了改革开放以来的最低值。另外，横向对比来看，相对于相似增长阶段的发达国家而言，如20世纪50年代至70年代处于工业化向城市化转型时期的日本，其资本形成的ICOR基本维持在2的水平，明显低于中国（中国经济增长前沿课题组，2012）。图2也同时展示了ΔM2/ΔGDP的变动趋势，令人惊讶的是，ICOR与ΔM2/ΔGDP变动趋势几乎完全一致。这反映了投资与高货币化之间的紧密相关性。

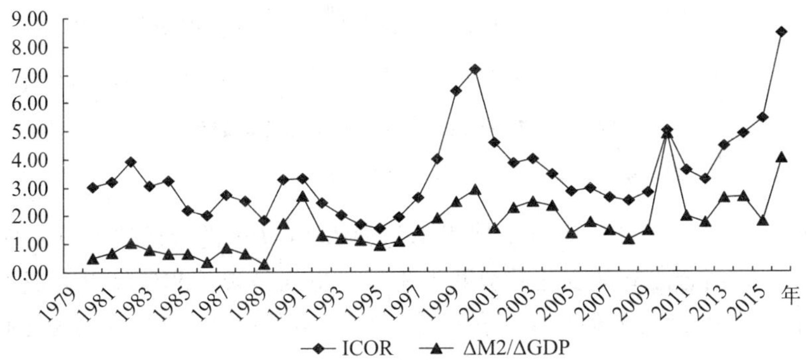

图2　1979—2015年ICOR与ΔM2/ΔGDP变动趋势

资料来源：ICOR数值通过《中国统计年鉴》相关各期数据计算整理得到，ΔM2/ΔGDP同上。

2. 投资回报率（ROIC）。投资回报率（ROIC）是指平均一单位投资所能获得的投资收益或单位投资所能实现的边际投资收益，这是被普遍接受的用于衡量资本投资效率并为投资决策提供参考的指标。图3为“考虑存货”和“不考虑存货”的1978—2013年的资本回报率估计结果（白重恩、张琼，2014）。可以发现，一是“考虑存货”的资本回报率整体低于“不考虑存货”的相应结果。这是因为存货投资被纳入到了资本存量估计中，会使得分母变大，回报率降低。二是“考虑存货”的资本回报率的下降趋势相比于“不考虑存货”更为平缓，在20世纪80年代早期低10—15个百分点，而近年来却仅低2—5个百分点，这其中的可能原因在于，相对于越来越巨大的投资规模，存货投资在其中所占的比重越来越低，使得这两种回报率之间的差距越来越小。三是在“考虑存货”后，虽然我国资本回报率在1978—2013年间有升有降，但2013年资本回报率基本与1980—1981年的水平相当，在“不考虑存货”估计中则呈现出较为明显的下降趋势。这其中的原因在于，产能过剩一直是困扰我国经济的一个重要因素，2008年金融危机使得过剩问题变得的更为明显。四是“不考虑存货”的资本回报率的变化稍稍领先于“考虑存货”的资本回报率，这在1994年左右表现的比较明显。这表明了前者因为没有存货的束缚，相对于后者来说反应更为灵敏。

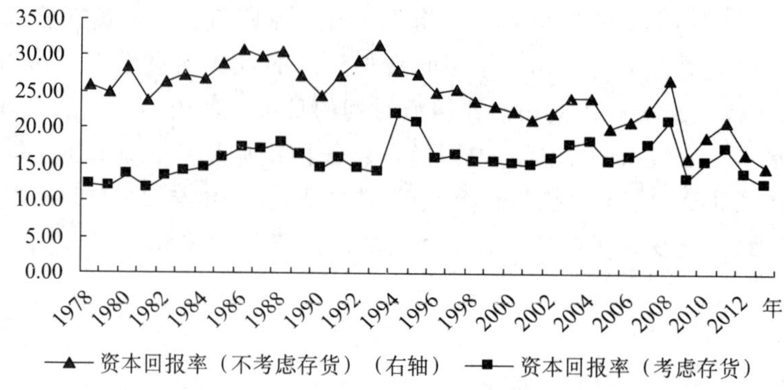

图 3　1978—2013 年资本回报率变动趋势

资料来源：资本回报率数据来源于白重恩、张琼（2014）。

若将“不考虑存货”的资本回报率与 $\Delta M2/\Delta GDP$ 进行比较可以发现（如图 4 所示），[①] 这两者之间的变化趋势基本相反。也就是说，$\Delta M2/\Delta GDP$ 越大，即多生产 1 单位 *GDP* 所需要的货币增量越多，则资本回报率（*ROIC*）就越低，反之则相反。

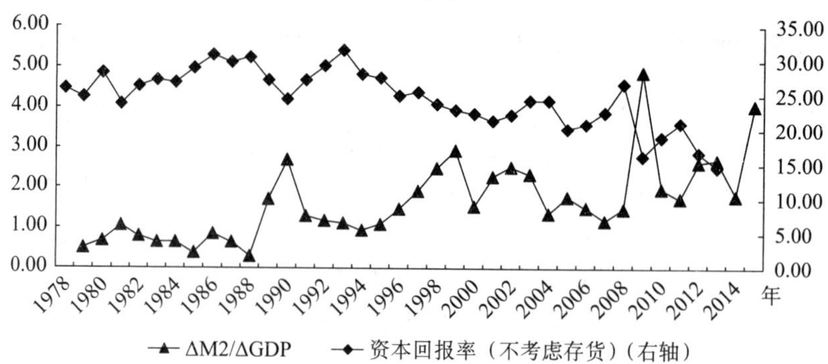

图 4　1979—2015 年资本回报率与 ΔM2/ΔGDP 变动趋势

资料来源：$\Delta M2/\Delta GDP$ 数据通过《中国统计年鉴》相关各期计算整理得到。

（二）高货币化与资本效率

为了进一步确定货币扩张与资本效率之间的上述关系，笔者对货币扩张与三个衡量资本效率的时间变量之间的关系进行计量分析。由于三个资本效率变量的原始时间序列均非平稳，因此我们先将其差分变成增量，进而估计 *M2/GDP* 的变

① 由于不论是否考虑存货，资本回报率的变化趋势基本一致，因此这里只是来说明两者之间变化趋势的一致性。

化对增量资本产出率的变化以及对考虑和不考虑存货时的资本回报率的变化的影响。对这四个变量进行单位根检验，结果发现，$\Delta(M2/GDP)$ 和两种 $\Delta ROIR$ 均为平稳的时间序列，而 $\Delta ICOR$ 仅在 *DF* 检验和带漂移项时的 *ADF* 检验下为平稳时间序列。因此，无法在 $\Delta ICOR$ 和货币扩张之间构建 *VAR* 模型。进一步针对 $\Delta(M2/GDP)$ 和两种资本回报率之间的关系进行 *VAR* 滞后阶数的检验，结果发现各种检验结果大多支持估计 $\Delta(M2/GDP)$ 和两种资本回报率变化之间的关系时不采用滞后变量，即采用当期变量进行 *OLS* 估计。① 我们分别以考虑库存的资本回报率变化 $\Delta ROIR\_STOCK$ 和不考虑库存的资本回报率变化 $\Delta ROIR\_NOSTOCK$ 作为因变量，把 *M2/GDP* 比重的变化 $\Delta(M2/GDP)$ 作为解释变量进行 *OLS* 估计，结果分别如下面两个式子所示：

$$\Delta ROIR\_STOCK_t = 1.148\ (0.431^{**})\ -0.244\ (0.053^{***})\ \Delta\ (M2/GDP)_t$$

$$\Delta ROIR\_NOSTOCK_t = 0.837\ (0.518)\ -0.248\ (0.640^{***})\ \Delta\ (M2/GDP)_t$$

其中，括号中的值为标准误，“***”“**”分别表示1%和5%的显著水平。根据 *OLS* 估计结果可知，不管是否考虑存货，货币扩张与资本回报率之间存在一个显著的反向关系。即 *M2/GDP* 的比重增加1个百分点，资本回报率下降大约0.25个百分点。不仅如此，与 *VAR* 滞后期数的检验结果一致，货币扩张的滞后项并没有与当期的资本回报率呈显著的联系。由于资本回报率和增量资本产出率之间的内在负向联系，尽管由于增量资本产出率缺乏平稳性，资本回报率变化和货币扩张变化之间的负向关系也间接反映了增量资本产出率与货币扩张之间的正向关系。

五、结论与纠偏之道

本文通过数值模拟表明，政府驱动型投资模式尽管能够推动经济增长，但代价是杠杆率的快速上升和投资效率的下滑，而市场驱动型投资模式却并不必然如此。实证分析表明，M2/GDP 的比重每增加1个百分点，资本回报率（ROIR）下降大约0.25个百分点。随着债务风险的不断累积和经济增长速度的不断下移，我国经济结构和增长方式已到了必须转变的关键时期。结合上述分析和新时代新要求，本文给出如下纠偏措施：

第一，由政府驱动投资向市场驱动投资转变，推动资源优化配置。根据表1的情形3，当 $r=3$ 时，$a=0.8$ 得到 $R=15/19$，$a=-0.8$ 得到 $R=135/31$。由此可见，在我国目前杠杆水平如此高的背景下，通过优化资源配置加快落实创新驱动发展这个国家战略，完全能够逐步摆脱债务束缚，并最终实现经济良性持续增

---

① 在这里并没有报告单位根检验和 VAR 滞后期数的检验结果。感兴趣的读者可以联系笔者索取。

长。具体说来，对于落后产能尤其是僵尸企业，要通过市场和政策手段坚决让其退出市场，对于国有企业要按照党的十八届三中全会精神进行市场化改革，坚决破除预算软约束；对于地方融资平台要强化监管，严格控制负债率，深化PPP项目合作的体制机制建设，通过政府与民企互动，保障资金的充裕度和收益率；对于由于“资产荒”带来的资产价格膨胀和资金的脱实入虚现象，一个关键的举措是通过新的央地税收分成和财税金融体制改革等弱化地方政府对于“土地财政”的依赖，重建以创新和民生为导向的新的地方政府激励机制。

第二，政策既要讲求相机抉择，又要保持连贯性，稳定社会预期。通过供给侧结构性改革推动我国经济转型升级并不能一蹴而就，因此，经济转型的顺利实施必然需要与需求端管理相配合。但需要注意的是，需求端快速、多变的调控政策并不利于供给端经济结构的顺利转型。不论是从扶持股市到打压股市、从严格房地产的信贷政策到全面放松对于房地产信贷的限制，甚至最后出台鼓励政策等，都让最终的承受者——企业乃至消费者很难有一个稳定的良性预期，紊乱的预期会严重阻碍企业技术创新行为的发生，增加社会各行为主体的投机心态，导致更多的资金脱实入虚，制约供给侧结构性改革的顺利进行。另外，由于政出多门，各类政策之间缺乏协同性、体系化和集成性设计，导致很多政策一出台，就有可能面临着或者与其他部门的政策相冲突或者在实践中行不通、很难落地的窘境，最后很多政策只能束之高阁或再重新修改的问题，既延误了时机又弱化了政府信用，同样不利于供给侧结构性改革的顺利深入。由此，笔者认为，尽管短期的需求端调控政策既是必要的也是必需的，但在实施过程中应尽最大可能地稳定企业和居民市场预期，短期政策要尽可能地服从长期目标。

第三，扩大直接融资权重，驱动增长模式转型。扩大直接融资权重，一是可以改变我国目前以银行间接融资模式为主的金融结构，平衡掉畸形的、扭曲的且不可持续的融资模式。按照国际经验，系统降低企业资产负债率的最佳途径是加速发展以公司债和股票为主的直接融资，这也是美国M2/GDP非常低的一个重要原因所在。而要更好地发挥股票市场和债券市场的融资功能，必须把对投资者权益的充分保护放到首要位置。二是可以解决实体企业融资难、融资贵问题。通过扩大直接融资权重既能够强化资本市场对于企业创新的扶持，又能够让创新能力强的优秀企业获得超额经济回报。与此同时，也能够让民众拥有更多优质金融资产。三是能够推动经济转型。随着我国产业不断接近世界前沿，风险性增加，银行系统将不再是最优的融资渠道，资本市场在自主创新中的重要性将愈发明显。

第四，破除行政束缚，大力推动现代服务业发展。我国经济系统一个重要事实是供需不匹配：有供给的地方没需求，有需求的地方没供给。供过于求的典型代表是传统产业的产能过剩和房地产行业的库存过多，供不应求的典型代表是现代化服务业。前者是导致目前我国负债过多、经济出现困境的主要方面，而后者的短缺则更多来自于行政上的束缚或人为的抑制。抑制前者、发展后者是解决目前经济矛盾的重要方式。因此，我国下一步，一是要不断加快资源配置机制市场化和公共服务体系改革，逐步放开行政对于教育、医疗、养老以及金融等行业的进入限制，实施准入自由化政策，推进服务业的开放发展和利用外资，推动公共服务均等化与量质提升。二是要不断促进人力资本投资与要素生产率提高，提升生产性服务业对于制造业的支撑能力，重塑制造业转型升级的内生增长动力。三是鉴于现代服务业对于制度供给、产权保护以及供给质量高低等高度依赖，因此需要政府在市场环境建设、制度供给等方面充分“有为”，而在企业市场化运作方面保持“无为”。

参考文献

[1] 白重恩、张琼：“中国的资本回报率及其影响因素分析”，《世界经济》2014 年第 10 期。

[2] 戈德史密斯：《金融结构与金融发展》，周朔等译，三联书店上海分店，上海人民出版社 1994 年版。

[3] 刘明志：“中国的 M2/GDP（1980～2000）：趋势、水平和影响因素”，《经济研究》2001 年第 2 期。

[4] 刘亦文、胡宗义：“中国 M2/GDP 畸高之谜的再考察——兼论当前全球金融危机的实质”，《财经理论与实践》2001 年第 2 期。

[5] 李扬：“资本市场任重道远”，《中华工商时报》2002 年 1 月 12 日版。

[6] 秦朵：“改革以来的货币需求关系”，《经济研究》1997 年第 10 期。

[7] 尉高师、雷明国：“中国的 M2/GDP 为何这么高”，《经济理论与经济管理》2003 年第 5 期。

[8] 王兆旭、纪敏：“我国 M2/GDP 偏高的内在原因和实证检验”，《经济学动态》2011 年第 11 期。

[9] 谢平、张怀清：“融资结构、不良资产与中国 M2/GDP”，《经济研究》1996 年第 2 期。

[10] 易纲：“中国金融资产结构分析及政策含义”，《经济研究》1996 年第 12 期。

[11] 余永定：“M2/GDP 的动态增长路径”，《世界经济》2002 年第 12 期。

[12] 中国经济增长前沿课题组：“中国经济长期增长路径、效率与潜在增长水平”，《经济研究》2012 年第 11 期。

[13] 郑家琳：“从与美日对比中看中国高货币化率未来出路”，《中国证券期货》2013 年第 9 期。

[14] 张杰：“中国的高货币化之谜”，《经济研究》2006 年第 6 期。

[15] 钟伟、黄涛：“从统计实证分析破解中国 M2/GDP 畸高之谜”，《统计研究》2002 年第 4 期。

[16] 张一、张运才："广义货币与国内生产总值比值增长的诱因与趋势：1978～2015年"，《改革》2016年第4期。

[17] 曾令华："论我国M2对GDP的比例"，《金融研究》2001年第6期。

[18] PANS. and SHI K. et al, 2016, "Excess Liquidity and Credit Misallocation: Evidence from China". Social Science Electronic Publishing.

[19] WEI SJ. andWANG T., 1997, "The Siamese Twins: Do State - owned Banks FavorState - owned Enterprises in China", *China Economic Review*, 8 (1): 19—29.

40年回眸：中国金融体系的改革与开放[①]

中国金融业作为现代经济的核心，历经40年的发展与变革，逐渐从单一银行体系走向多层次金融体系、从计划经济管理体制走向以开放促改革、从政府主导型走向市场经济适应型、从金融抑制型改革走向稳中求进式发展。期间，积累了大量社会主义经济体制下，具有中国特色的金融体系改革与开放的经验，也在改革开放40年的转折点上，遇到了前所未有的金融发展与经济高质量增长之间的虚拟经济与实体经济矛盾。基于此，本文在总结我国金融体系改革开放前40年的经验与成就的基础上，结合当下经济质量型增长、现代化经济体系建立对金融发展提出的更高要求，探寻我国金融体系改革开放的内在逻辑与政策方向。

一、中国金融体系改革与开放的历程与经验

（一）中国金融体系改革的历史进程

1978年以前，我国经济完全处于计划经济阶段，金融业尚未形成体系，仅有的银行业，其作用也仅仅是“算账”和“会计”。1979年，邓小平提出“银行要成为发展经济、革新技术的杠杆，要把银行真正办成银行。”[②] 同年7月11日，中国人民银行发布《信贷差额控制试行办法》，宣告“统收统支”的信贷计划管理体制正式终结。随后，以银行体制改革为首的金融体系改革，正式拉开帷幕，其进程大致可以分为三个发展阶段。

第一阶段为1978—1994年，这一阶段金融体系改革的主要任务在于引进市场经济金融体系的基本结构（任正言，2018）。这一时期的改革以银行职能和信贷体系改革为主，逐渐恢复金融体系多元化，具体表现为：（1）以国务院发布的1984年正式实施的《关于中国人民银行专门行使中央银行职能的决定》为标志，中央银行和商业性金融体系正式分开，中国人民银行专门行使中央银行的职

---

① 本文作者查婷俊。

② 1979年1月4日，邓小平同志在中共各省、自治区、直辖市党委第一书记座谈会上提出。

能，中国工商银行、中国农业银行、中国银行、中国建设银行四大国有银行相继成立或恢复建立[①]，交通银行、招商银行[②]等股份制商业银行相继成立，双层银行体系初现雏形，迈出了我国金融体系改革重要的第一步；1986 年 1 月国务院发布的《中华人民共和国银行管理暂行条例》，开始将银行业的监管向法治化推进。(2) 1981 年 2 月，中国人民银行发布的"信贷差额包干办法"，将信贷计划管理体制变革向前推进了一大步；随后的深化改革中，信贷管理体制仍然以控制信贷规模为主。(3) 1984 年 11 月，第一只股票"飞乐音响"诞生，我国金融业真正开启了资本市场之路；1986 年 9 月，上海试办股票公开柜台交易，标志着我国股票流通市场开始起步；1990 年 11 月，我国第一家证券交易所——上海证券交易所成立，随后 1991 年 7 月，深圳证券交易所成立；1992 年证监会成立，同年，我国顺利完成第一批 H 股的香港试点发行，1993 年股票发行试点正式从沪深两地向全国范围推广，为我国推行"分业经营、分业监管"的金融体系奠定了基础。(4) 1979 年 9 月，上海、重庆、南昌等地率先开始经营保险业务[③]；到 1984 年 12 月，全国保险工作会议的召开和《中国人民保险公司关于加快发展我国保险事业的报告》的批转，打破了保险业独家经营格局，保险业正式开始得到发展。(5) 1979 年 10 月 9 日，中国国际信托投资公司（集团）在北京成立，标志着中断了 20 年的中国信托业开始恢复；随后在 1986 年 4 月颁布的《金融信托投资机构管理暂行规定》下，信托业历经了两年的蓬勃发展；1988 年中国人民银行对信托业进行全面清理和整顿，促进了信托业更加健康有序地推进。(6) 1990 年10 月，国务院批准建立的郑州粮食批发市场，是我国第一家规范化、全国性的粮食批发市场，标志着我国金融体系中正式引入期货市场。

第二阶段为 1994—2004 年，以中共党的十四届三中全会的《中共中央关于建立社会主义市场经济体制若干问题的决定》为标志，1994 年被认为是市场经济体制改革元年，同年，国务院作出了《关于金融体制改革的决定》，这一年也因此成为我国金融市场功能转变的重要分水岭。这一阶段的改革具体体现在以下几个方面：(1) 中国人民银行制定并实施货币政策和实施金融监管的两大职能得到明确；政策性功能从国有银行中分离出来，商业银行引入竞争机制，原有政策性功能及相应的政策性金融服务由国家开发银行、中国进出口银行、中国农业发展银行分别承担；1995 年 9 月发布《关于组建城市合作银行的通知》，撤并城

---

① 其中，中国工商银行成立于 1984 年 1 月；中国农业银行恢复于 1979 年 3 月；中国银行成立于 1979 年 3 月；中国建设银行恢复于 1979 年 8 月。

② 其中，交通银行成立于 1986 年 7 月，是我国第一家股份制商业银行；招商银行成立于 1987 年 4 月，是我国第一家完全由企业法人持股的股份制商业银行。

③ 资料来源于 1979 年 4 月 25 日，中国人民银行《关于恢复国内保险业务和加强保险机构的通知》。

市信用社，组建股份制性质的城市合作银行。（2）1995 年颁布的《中国人民银行法》中明确了中国人民银行作为中央银行的地位，《中华人民共和国商业银行法》的出台为银行业实现商业化转型提供了法律支撑；同年，先后颁布的《中华人民共和国票据法》《中华人民共和国保险法》，规范了票据市场和保险市场，这一年，金融监管正式迈进了法制化、规范化的发展轨道；随后，《中华人民共和国期货交易管理暂行条例》《中华人民共和国证券法》《中华人民共和国信托法》的实施，进一步完善了金融市场的法律监管体制。（3）1996 年 7 月，农村金融体制改革拉开帷幕，农信社逐渐与中国农业银行脱钩，农村金融机构分工协作体系逐步形成；2003 年，国务院《深化农村信用社改革试点方案》的印发，标志着农信社改革工作进入全面实施阶段，农业银行进入国有商业银行角色转换的新时期。（4）随着 1997 年第一次全国金融工作会议的召开，一系列金融体系与金融监管改革稳步开展，包括：货币政策委员会和银行间债券市场的成立，为公开市场操作及货币政策有效传导奠定了基础；央行取消对国有独资商业银行的贷款规模控制，同时恢复商业银行国债回购业务，信贷计划管理体制转向以市场为基础的间接调控；保监会的成立，进一步完善了保险监管机制和金融分业管理体制。（5）伴随着 2002 年的第二次全国金融工作会议的召开，金融改革的重点集中到国有独资商业银行改革，期间中国银行、中国建设银行、中国工商银行顺利完成股份制改造并上市；2003 年银监会的成立，正式确立了我国金融监管“一行三会”的格局；同年《中华人民共和国中国人民银行法》（修订版）的颁布，明确了人民银行维护金融稳定的职责。

第三阶段为 2004 年至今，2004 年《国务院关于投资体制改革的决定》的颁布，标志着计划经济时代的投资审批制落下帷幕，金融深化改革稳步推进。这一阶段的改革具体体现在以下几个方面：（1）2005 年，中国人民银行发布《稳步推进利率市场化报告》，利率市场化取得了显著突破，同时，信贷资产证券化试点工作正式启动，中国银监会颁布《关于加大防范操作风险工作力度的通知》，表明银行体系改革不断深化的同时，银行风险防控意识不断提升；2007 年第三次全国金融工作会议召开后，建设现代银行制度成了银行业改革的重点与方向；2010 年中国银监会发布的《关于进一步规范银行业金融机构信贷资产转让业务的通知》，对银行业金融机构的信贷资产转让提出了“真实性、整体性和洁净转让”三个原则。（2）2007—2008 年，经历资本市场动荡，货币政策经历了“稳健—从紧—适度宽松”的过程，政策转向的及时性与有效性，说明我国金融体系防范风险能力显著增强；2009 年，中国证监会发布《关于进一步加强银行业金融机构与机构客户交易衍生产品风险管理的通知》，从 5 个方面对银行业金融机构衍生产品风险管理提出了明确要求。（3）2004 年《国务院关于推进资本市场改革开放和稳定发展的若干意见》指明了证券市场的发展方向，明确了资本市场稳定发展的重要性；同年，中小企业板块在深圳证券交易所开盘交易，《保险机构投资者股票投资管理暂行办法》颁布，保险资金首次获批直接投资股票市场；2005 年股权分置改革试点的启动，矫正了资本市场领域的双轨制，促进了证券市场制度完善和上市公司治理结构优化；2006 年，中国金融期货交易所成立，标志着资本市场体系不断完善，资本市场改革持续深化；2007 年沪深总市值首次超过 GDP 总量，资本市场筹资能力显著提升，跃居全球第 3；2009 年央行取消在银行间债券市场流通的债券发行规模限制条件，为中小企业参与发债融资提供了政策条件；同年，《创业板股票上市规则》正式发布。（4）2004 年颁布的《中华人民共和国银行业监管法》是我国第一部银行业监督管理专门法，对规范监督银行业有重要意义；同年，《中华人民共和国证券投资基金法》正式颁布标志着我国基金业进入新阶段；2010 年，保监会发布的《保险资金运用管理暂行办法》，对保险资金运用的目的、原则、运作模式、风险管控等方面进行了明确的规定；同年《中华人民共和国社会保险法》表决通过并于 2011 年 7 月正式实施。(5）2010 年，国务院颁布《鼓励和引导民间投资健康发展重点工作分工的通知》，积极引导民间资本进入金融市场；自 2008 年金融危机之后，融资融券、消费金融、小额贷款、互联网金融等金融业务的创新不断推进。（6）“十三五”规划以来，金融体系改革与经济体制深化改革相结合，提出了“通过振兴和完善多层次资本市场来重塑中国经济发展的动力结构”；党的十九大报告针对“现代化经济体系”的建立，提出在“加快完善社会主义市场经济体制”方面要“深化金融体制改革，增强金融服务实体经济能力，提高直接融资比重，促进多层次资本市场健康发展”。

（二）中国金融体系开放的历史进程

1978 年改革开放以来，我国金融业也逐步开启了对外开放的历程，中国金融体系的开放一方面包括了货币市场的开放，以汇率开放、人民币国际化和利率开放为主；另一方面包括了不同金融市场的开放，以银行业、证券业和保险业的开放为主。我国金融业开放进程与国内金融体系改革相辅相成，因此其进程也可以分为三个阶段。

第一阶段为 1978—1994 年，这一阶段我国金融体系开放主要以银行业和外汇为主，主要表现为：（1）1980 年，国际货币基金组织决议通过，恢复中华人民共和国在国际货币基金组织的席位；同年，世界银行决议通过，恢复中华人民共和国在世界银行的席位。（2）1980 年之后，我国引进外资银行数量明显提高，截至 1994 年年初，我国 13 个城市引进外资银行经营机构达 76 家，资产总额达到89亿美元。（3）1981年3月正式实施《中华人民共和国外汇管理暂行条例》，随着外汇管理体制改革的深入，形成了计划管理与市场调节相结合的外汇管理模式。（4）以1990年的《同业拆借管理试行办法》为标志，首次系统制定银行间同业拆借利率运行规则，并以此为突破口，利率市场化改革开始推进。

第二阶段为1994—2004年，这一阶段我国金融体系开放经历了加入WTO前后的过渡时期，逐步向全面开放迈进，主要表现为：（1）受亚洲金融危机影响，外资银行在中国市场的布局明显放缓，因此国内提出了一系列措施，包括批准深圳作为允许外资银行经营人民币业务的试点城市；允许外资进入全国银行间同业拆借市场等。（2）1996年，《中华人民共和国外汇管理条例》正式实施，外汇管理体制改革进一步发挥市场机制作用，为我国加入WTO奠定基础。（3）1996年银行间同业拆借市场利率正式放开，是我国利率市场化进程中的重要一步，为随后债券市场利率、存贷款利率的放开奠定了基础。（4）保险业是我国第一批对外开放的金融领域，早在加入WTO之前，就已经有来自12个国家和地区的29家外资保险公司在华设立营业性机构。2000年，我国保监会加入国际保险监督管理协会，随着我国加入WTO，保险业逐步实现了全面对外开放，世界上主要的跨国保险集团和公司都已经进入我国。

第三阶段为2004年至今，金融开放向更高层次、更大范围过渡，主要表现为：（1）外资银行开放对所有客人的外汇业务，引导其经营人民币业务试点的推广；允许外资银行与中资银行同步开办衍生产品交易业务；调整外资金融机构参资入股中资银行比例。（2）2005年，央行宣布人民币不再盯住单一美元，开始实行以市场供求为基础，参考一揽子货币进行调节，有管理的浮动汇率制度；随后经历2007年、2012年和2014年的三次调整，央行基本退出外汇常态干预，人民币兑美元汇率中间价报价机制不断完善。（3）2008年金融危机之后，我国抓住利率市场化推进的窗口期，直至2015年我国存款利率上限的最终放开，20多年的利率市场化目标基本实现。（4）2005年，国务院批准，允许保险外汇资金投资在境外成熟资本市场证券交易所上市的股票；2006年12月，保险业结束加入WTO的过渡期，率先在金融领域实现了全面对外开放。（5）证券业开放始于我国加入WTO之后，以《关于中国加入WTO的决定》和《外资参股证券公司设立规则》为基本原则，外国证券机构开始参与从事B股交易、财务顾问、投资咨询等业务，随后，QFII、QDII业务的不断推进，证券业开放进入加速阶段。

（三）中国金融体系改革与开放的成就

经历了改革开放以来40年的金融业发展，现阶段，我国已经形成了以银行业、证券业、保险业三大金融行业为主，以商业性金融机构、政策性金融机构、互联网金融等为补充，以全面、健康为发展目标的金融体系格局，金融服务业增加值占比不断提升（如图1所示），表现出金融机构多元化、金融市场高效化和金融体系法制化的特征。

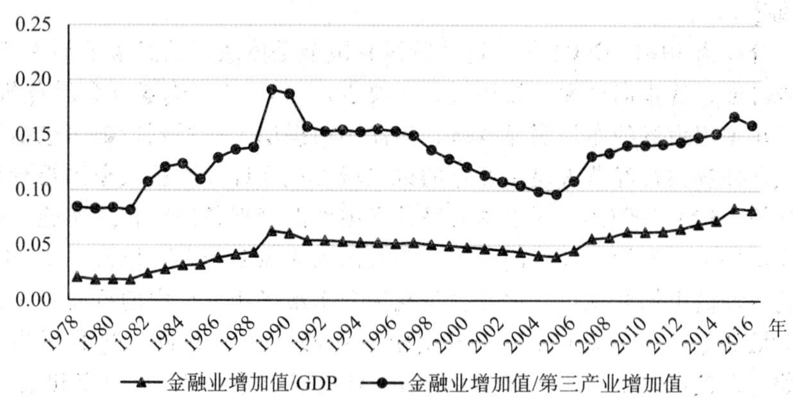

图1　1978—2016年金融业增加值占第三产业和GDP比重变化趋势图

数据来源：作者根据《中国统计年鉴》数据计算所得。

从图1可以看出，自1978年以来，我国金融服务业增加值占比不断提高，金融业增加值占GDP比重从1978年的2.08%增加到2016年的8.22%，翻了4倍，金融业增加值占第三产业增加值比重从1978年的8.45%增加到1989年的最高值19.11%，随后经历了先下降后上升的过程，到2016年，该比重达到15.94%，大约为1978年的两倍。

1. 金融机构多元化。从图2可以看出，2004年以来，我国金融机构多样性不断增加，商业银行、农村信用社、证券公司、保险公司、财务公司和外资银行是我国金融机构的主要构成，其资产分布情况也逐渐发生变化，但总体趋势均为资产显著增加。商业银行一直以来是金融资产的主要所有者，其在2004—2016年间，资产年平均增长率达到19.75%，农村信用社、证券公司、保险公司、财务公司和外资银行此间的年平均增长率则分别为9.02%、28.42%、24.36%、19.06%和20.08%。其中，可以看出商业银行虽然资产量始终是金融机构中最高的，但其年均增长速度却低于证券公司和保险公司，尤其是证券公司的年均增长率最高，说明我国金融业中直接融资发展迅速。

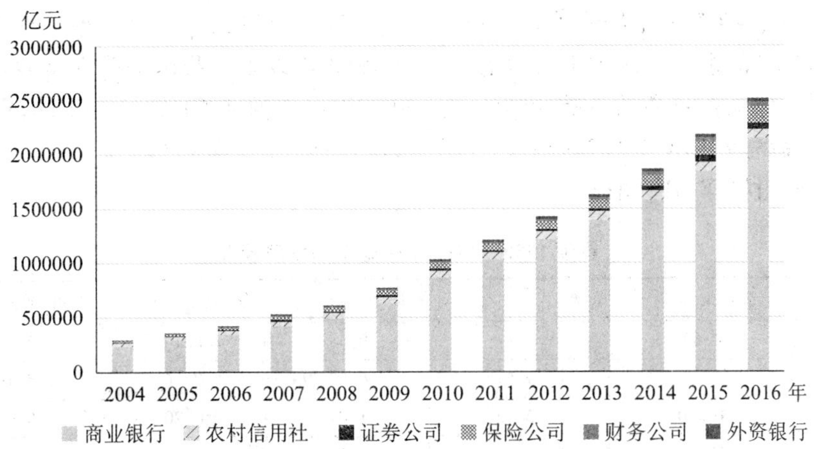

图 2　2004—2016 年我国各类金融机构资产分布图

数据来源：商业银行、农村信用社、财务公司、外资银行数据来源于中国人民银行；证券公司、保险公司数据来源于《中国金融年鉴》。

直接融资发展迅速还可以进一步从图 3 的我国债券市场和股票市场规模变化趋势图看出，1990 年以来，我国债券余额占 GDP 比重稳步上升，自 1990 年的 5.75% 上升至 2016 年的 77.28%，我国股票市场经过近 20 年的发展，也从 1993 年的股票市值占 GDP 比重 9.74%，波动上升至 2007 年的最高值 121.06%，超过同年 GDP 值 21.06%，经历了金融危机之后近 10 年的发展，2016 年股票市值占 GDP 比重达到 68.35%。

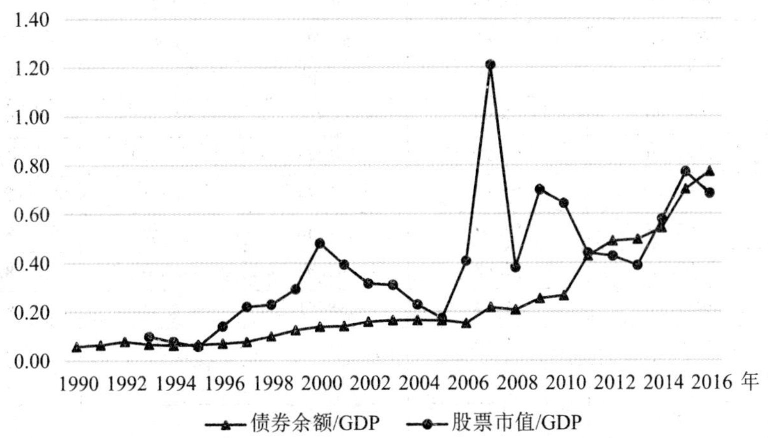

图 3　1990—2016 年我国债券市场和股票市场规模变化趋势图

数据来源：作者根据《中国统计年鉴》计算所得，其中债券余额为国债、金融债、银行次级债和公司信用类债券四类债券余额加总所得。

经历了40年的金融改革，不仅银行业、证券业得到了充分发展，保险业也取得了长足的进步。从表1可以看出，自1980年以来，我国保险保费收入、保险密度、保险深度都在不断提升，分别从1980年的4.60亿元、0.47元/人和0.10%提高到2016年的30959.10亿元、2241.83元/人和4.15%，其保费收入增速也远超过同年GDP增速。

表1 我国1980—2016年保险市场发展状况

年份	保费收入（亿元）	保费收入增速(%)	保险密度(元/人)	保险深度（%）	GDP增速（%）
1980	4.60	—	0.47	0.10	7.80
1981	7.80	69.57	0.78	0.16	5.10
1982	10.30	32.05	1.01	0.20	9.00
1983	13.20	28.16	1.28	0.22	10.80
1984	20.00	51.52	1.92	0.29	15.20
1985	33.10	65.50	3.13	0.39	13.40
1986	45.80	38.37	4.26	0.65	8.90
1987	71.10	55.24	6.51	0.67	11.70
1988	109.50	54.01	9.86	0.72	11.20
1989	142.40	30.05	12.64	0.77	4.20
1990	177.90	24.93	15.56	0.85	3.90
1991	235.60	32.43	20.35	0.90	9.30
1992	367.90	56.15	31.39	1.00	14.20
1993	499.60	35.80	42.16	0.98	13.90
1994	600.00	20.10	49.00	0.97	13.00
1995	683.00	13.83	56.39	1.17	11.00
1996	777.10	13.78	63.49	1.15	9.90
1997	1087.90	39.99	88.02	1.46	9.20
1998	1261.60	15.97	101.13	1.61	7.80
1999	1393.22	10.43	112.24	1.76	7.70
2000	1595.86	14.54	126.56	1.79	8.50
2001	2109.35	32.18	165.82	2.20	8.30
2002	3053.14	44.74	238.51	2.52	9.10
2003	3880.40	27.10	301.19	2.84	10.00
2004	4318.13	11.28	333.16	2.69	10.10
2005	4927.34	14.11	378.31	2.65	11.40
2006	5641.44	14.49	430.22	2.59	12.70
2007	7035.76	24.72	533.87	2.63	14.20
2008	9784.10	39.06	738.62	3.09	9.70

续表

年份	保费收入（亿元）	保费收入增速(%)	保险密度(元/人)	保险深度（%）	GDP 增速（%）
2009	11137.30	13.83	836.61	3.22	9.40
2010	14527.97	30.44	1086.02	3.55	10.60
2011	14339.25	-1.30	1066.82	2.96	9.50
2012	15487.93	8.01	1146.65	2.90	7.90
2013	17222.24	11.20	1268.78	2.93	7.80
2014	20234.81	17.49	1483.75	3.18	7.30
2015	24282.52	20.00	1770.88	3.59	6.90
2016	30959.10	27.50	2241.83	4.15	6.70

数据来源：保费收入、保险密度、保险深度数据来源于《中国保险年鉴》；保费收入增速根据保费收入数据测算所得；GDP 增速数据来源于《中国统计年鉴》。

2. 金融市场高效化。从图 4 可以看出，财政性存款占比逐年下降，从 1978 年的 16.22% 下降至 2016 年的 2.34%，而单位存款占比在 1978—2010 年间一直在 30% 左右波动，而在 2010 年之后则显著上升至 50% 左右，其中最高占比为 2011 年，达到了 50.77%。单位存款占比不断上升、财政性存款占比不断下降的趋势表明政府在财政支配中的地位逐渐下降，金融市场的有效性和市场化程度不断提升。

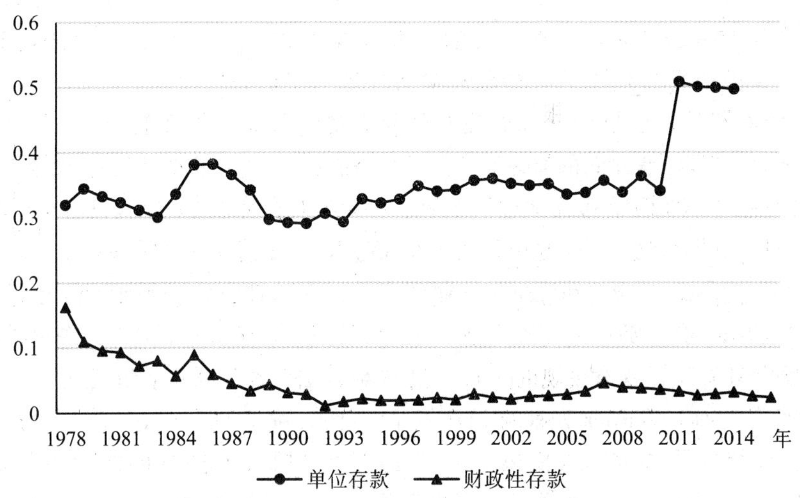

图 4　1978—2016 年单位存款与财政性存款占存款总数之比变化图

数据来源：国家统计局。

从图 5 可以看出，1993—2017 年间，我国国有企业数量占比呈现逐年下降趋势，从 1993 年的最高值 61% 下降至 2017 年的 29%，而民营企业占比则不断上升，自1993年的最低值24%上升到2017年的61%，说明我国股票市场中民营企业数量不断增加，国有企业地位逐渐下降，而民营企业资金流动性更强、更具有活力，因此其在股票市场中的占比越高，股票市场有效性也会越高。

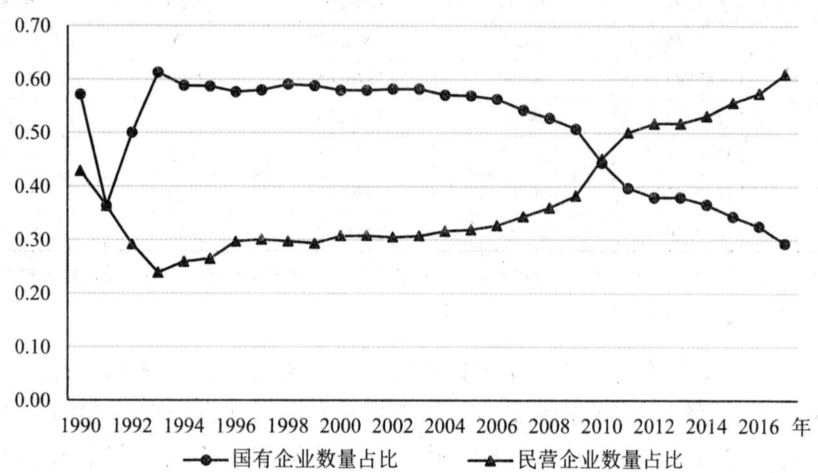

图5 1990—2017年上市公司中国有企业与民营企业占比变化

数据来源：作者根据Wind资讯数据库数据计算所得，其中国有企业包括中央国有企业和地方国有企业两类。

3. 金融体系法制化。金融体系法制化逐渐增强主要表现在金融法律规章不断完善、金融监管不断加强、金融风险防控能力不断提高。

自1986年国务院颁布《银行管理暂行条例》以来，关于银行、外汇、利率、证券、基金、保险等方面的金融法律规章不断完善，《利率管理暂行规定》《调剂外汇暂行办法》《保险企业管理暂行条例》《企业债券管理条例》《证券公司管理办法》《中国人民银行法》《商业银行法》《保险法》《证券法》《票据法》《证券投资基金法》《信托法》《反洗钱法》《企业破产法》等法律法规的颁布，构建了我国金融法律体系的基石，随后的《金融业监督管理法》《金融违法行为处罚办法》《银行业监督管理法》等法律法规的颁布，我国金融法律体系得以不断完善。

1995年之前，我国金融业的监管机构主要依靠中国人民银行，针对金融风险防控，最初也是由中国人民银行主要承担，包括大力推行抵押贷款和担保贷款、督促银行提高自有资本金比重、促进银行深入了解客户资信情况等。但随着计划经济体制不断向市场经济体制转型，中国人民银行的行政监管职能难以肩负起整个金融市场的监管责任，随着2003年银监会的成立，正式确立了我国金融监管“一行三会”的格局，金融风险防控职责更为细化，并且随着监管规则的不断深入，监管变得更为有据可依。

二、中国金融体系改革与开放的内在逻辑及现存问题

（一）中国金融体系改革与开放的内在逻辑

1. 以改革谋发展，实现开放。从我国40年来的改革历程看，改革多是立足国情、问题导向。在过去商品、资本双短缺的经济背景下，选择一条适合中国经济发展现状的原始资本积累道路是金融改革的目标与重点。金融开放是以国内金融安全为前提的，而我国40年来的改革无不在促进金融体系不断健全、监管体系不断完善。一是通过深入推进投融资体制改革，积极发挥国有资本优势以及投资对优化供给结构的关键性作用。在从计划经济向市场经济转型的过程中，国有资产通过拍卖、兼并、联合、破产等方式在市场中流动，辅以日益完备的现代企业制度和产权制度，所有者、经营者和生产者之间的利益得以协调。二是通过金融机构多元化发展，明确银行、证券、保险、基金等金融机构之间的分工职责，以“一行三会”形式对不同金融主体进行监管，在完善市场与政府之间关系的同时，提高我国金融机构的国际竞争力，为金融开放提供支撑。三是通过制定金融监管相关法律，细化股份公司组织、股权设置、利益分配、公司破产等一系列法规，促进金融市场和股份制企业健康发展，让资本有序流动起来，为金融资本全球流动提供保障。四是通过推行并完善PPP等投融资模式，减少竞争性领域国有资本存量，增加国有资本（包括财政投资、政府债务和国有企业的资金）的基础设施投资能力，更好地发挥国有资本优势，让做大做强的国有资本在全球范围内有序流动。

2. 以开放促竞争，倒逼改革。从我国40年改革开放的历程也同样可以看出，计划经济体制下发展了几十年的中国金融体系，最大的问题在于行政垄断、缺乏竞争带来的金融市场无效率，而金融体系对外开放的最重要目的就是在建立激励约束机制的基础上，引进外部竞争机制，引导本国金融资本的优化配置，进而提升实体经济发展的整体效率和质量。一是通过引入国际金融资本弥补国内资本短缺困境，推动国内资本积累加速完成，提高经济效益。二是通过部分地区试点、自贸区率先开放等方式，打破封闭的发展模式，走向开放型经济。将我国近年来的金融体系开放集中于利率市场化改革、汇率市场化改革、人民币国际化进程推进、金融机构外资引进等方面，并以此推动贸易和投资的便利化、自由化。三是在金融开放体系建设中，通过倒逼改革，打破国内市场分割，吸引更高预期回报的投资项目，使国内市场与国际市场趋向一体化，在分散国内金融风险、提高国内消费水平的同时，还能够利用跨国资产组合来降低消费风险和资本集聚成本，实现资产组合多样化的选择。四是通过扩大金融开放，提升国内金融机构竞争力，倒逼国内经济改革，淘汰不能适应国际竞争的落后金融机构或金融监管机制，维持金融业的活力。

（二）中国金融体系改革与开放的现状与问题

尽管经历了40年的金融体系改革与开放，我国金融市场日趋完善、金融开放程度显著提高，但仍然存在着货币性资产占比过高、银行业金融机构发展一家独大、金融工具数量不足、直接融资发展显著落后于间接融资等问题。

从图6可以看出，自1985年以来，由于我国经济转轨中出现了大规模的货币化过程，M2与GDP比值不断提升，货币性资产占比过高，自1985年的57.13%上升到2016年的208.46%，提高了约2.65倍。

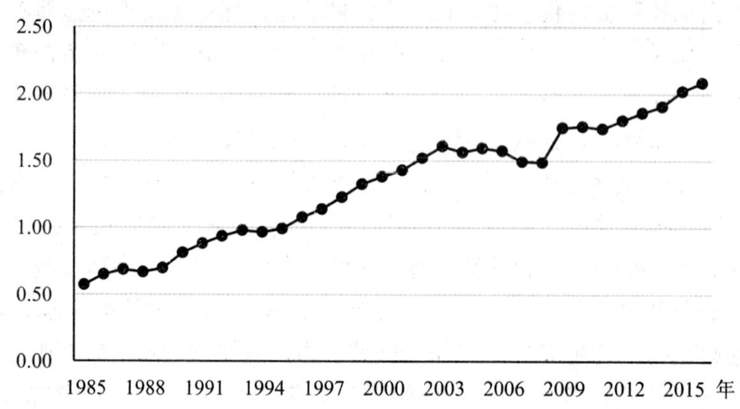

图6 1985—2016年我国M2与GDP比值变化趋势图

数据来源：作者根据《中国统计年鉴》数据计算所得。

金融工具不丰富、直接融资发展落后，一方面体现在金融机构的数量分布上；另一方面表现为直接融资市场规模较小。从图7可以看出，我国金融机构仍然以银行类金融机构为主，证券公司、期货公司和保险公司的数量较少，且增长缓慢，2004年我国银行、证券、期货、保险的机构数量分别为365家、133家、188家和63家，而截至2015年，四类主要金融机构数量分别：1374家、125家、147家和158家，只有银行和保险公司数量在不断提升，而证券公司和期货公司的数量则不断下降。

从图8可以看出，1993年，债券余额、股票市值及存贷款余额占GDP比重分别为：9.74%、6.57%、92.35%和83.05%，债券余额与股票市值占比之和仅为存贷款余额占比之和的9.30%。截至2016年，债券余额、股票市值及存贷款余额占GDP比重分别上升为68.35%、77.28%、143.36%和202.51%，债券余额与股票市值占比之和仅为存贷款余额占比之和的42.11%，债券余额和股票市值占GDP比重虽然逐年提高，但相比于存款余额和贷款余额占GDP比重，仍显得较低，直接融资市场规模远小于间接融资市场规模。

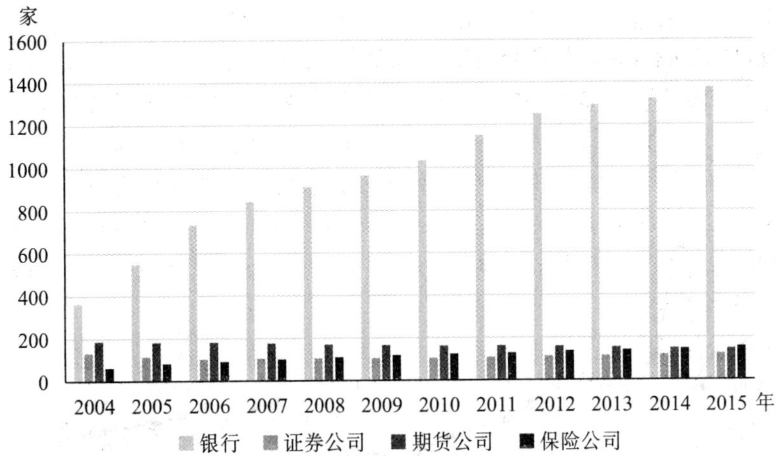

图 7　2004—2015 年我国主要金融机构数量变化趋势图

数据来源：银行机构包括政策性银行与商业银行，数据由作者根据银监会网站公开信息整理所得；证券公司和期货公司数据中 2004—2013 年数据来源于《中国证券期货统计年鉴》，2014 年、2015 年数据由作者根据证券业、期货业协会网站公开信息整理所得；保险公司数据来源于《中国保险年鉴》。

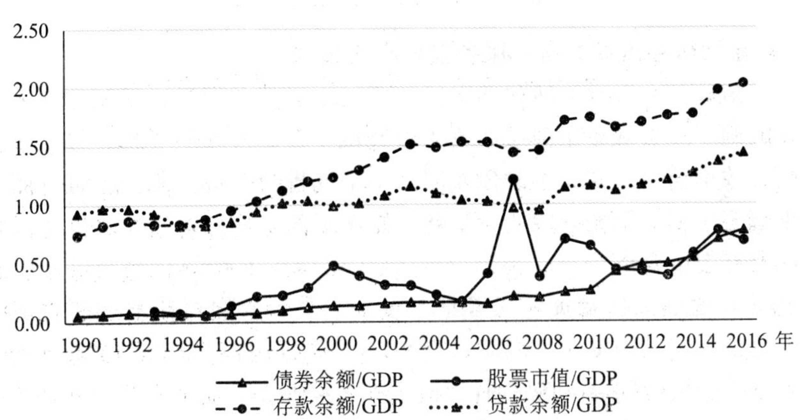

图 8　1990—2016 年我国债券市场和股票市场规模变化趋势图

数据来源：作者根据《中国统计年鉴》计算所得，其中债券余额为国债、金融债、银行次级债和公司信用类债券四类债券余额加总所得。

从图 9 可以看出，上市公司的经济效益除去 1990—1994 年间 A 股上市企业较少带来的净资产收益率数据异常外，1995—2006 年间，处于波动下降趋势，自 1995 年的最高值 23. 32% 下降至 2006 年的 13. 14%，随后在 2006—2010 年间，处于平稳波动状态，净资产收益率均值为 15% 左右，但自 2010 年以来，上市公司平均净资产收益率不断下降，由 2010 年的 16.33% 下降到 2016 年的 7.47%，经历过 2015 年、2016 年的异常波动，股票市场长期低迷，上市公司的平均盈利能力均有所下降，说明资本市场有效性仍有待加强。

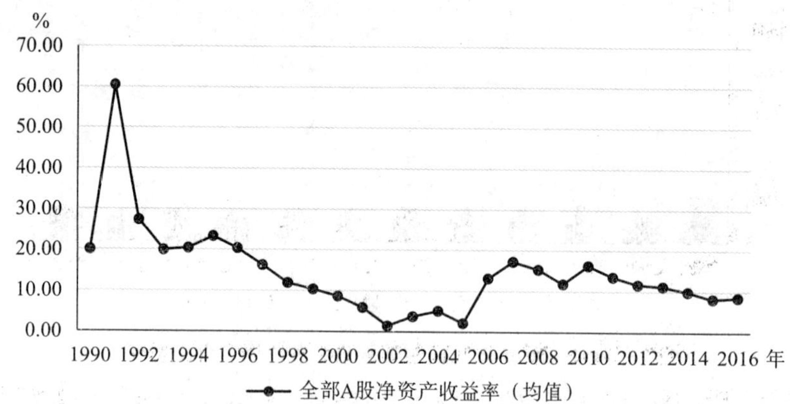

图 9　1990—2016 年全部 A 股上市公司的净资产收益率均值

数据来源：Wind 资讯数据库。

三、中国金融体系改革与开放的展望

（一）金融体系改革方向：服务实体经济发展

第一，拓宽储蓄向投资转化的渠道，鼓励金融技术创新，以证券化手段提升直接融资比例。过去依赖于间接融资手段造成了信贷市场的垄断，导致金融市场中资源配置效率较低，加上金融创新依靠的信托投资公司、基金公司等新兴金融机构的市场定位和功能发挥问题，造成直接融资难以取得实质性突破。截至 2016 年，我国所有中小企业当中，超过 90% 的企业仍然依赖间接融资生存，仅有不到 10% 的企业通过直接融资方式筹集资金，中小企业生存和发展在宏观经济形势不乐观的情况下更为艰难，因此只有通过证券化手段提升直接融资比例，才能有效缓解企业融资难问题，为中小企业发展注入活力。

第二，通过健全生产要素市场、提供优质资产，抑制虚拟经济泡沫，防范金融市场风险，以渐进式改革，把握金融体系与实体经济发展的关系与节奏，利用金融服务实体经济的原则，促进实体经济“脱虚向实”。金融市场的运行是建立于实体经济之上的，没有强大的实体经济作为支撑，金融市场中的资本只能在体系内“空转”，造成虚拟经济泡沫，带来不可估量的危机。因此，一方面可以依靠推行专业银行商业化、同业拆借市场规范化、信用机构多元化、商业信用票据化等方式，强化资金市场的竞争机制和利率调节机制，催生优质资产在规范市场中产生；另一方面也要抑制以房地产为主的资产价格泡沫化增长，转而通过金融创新提供优质资产，同时提高实体经济运行效率，让实体经济企业能够获取社会平均利润率，成为促进“脱虚向实”的良方。

（二）金融体系开放方向：对接国际金融体系

第一，以完善资本市场进入退出机制、建立小投资者保护制度、尊重合格投资主体交易权等方式，健全多层次资本市场体系，加速与国际金融接轨。完善资本市场进入退出机制一方面可以通过加快完善注册制相关法律法规，有效降低政府对金融市场准入的过度干预，从根本上杜绝寻租风险，真正发挥注册制引导资本市场健康发展的作用；另一方面，利用“新三板”制度的“宽进严出”，对资本市场退出机制进行探索性尝试，在解决审批监管问题的同时，更可以为健全资本市场体系奠定基础。一方面，针对小投资者，要积极建立保护制度，依靠完善信息披露制度及其监督机制、风险警示制度，尤其是当前，针对金融机构破产、退出市场之后，对小投资者的补偿机制较为缺乏；另一方面，针对合格投资者，应当保障其金融交易自主权，通过构建负面清单，发挥市场功能维护金融市场稳定。

第二，对接国际金融机构监管、运营标准，借助人民币国际化和金融市场开放的契机，以信贷市场改革为突破口，盘活国内金融市场。国际上诸多非银行金融机构，如财务公司、租赁公司、按揭公司、信用卡公司、贷款公司等，往往充分利用其在特定领域中的信息优势成为放款业务的金融机构，而在我国信贷业务完全依靠银行完成，对金融市场中出现的小贷公司、P2P公司、投资公司等，往往不是监管不足就是管制过度，导致信贷市场“一管就死，一放就乱”的局面，信贷配置效率低下。因此，借鉴发达国家金融服务实体和货币全球化的成功经验，借助利率市场化改革的成效，在全球化不断深入的进程中，应当把信贷市场改革作为实现更高层次、更广范围金融开放的突破口。

参考文献

[1] 爱德华·肖：《经济发展中的金融深化》，三联书店出版社1998年版。

[2] 陈雨露、罗煜：“金融开放与经济增长：一个述评”，《管理世界》2007年版第4期。

[3] 李扬、王国刚：《中国金融改革开放30年研究》，经济管理出版社2008年版。

[4] 任正言：“金融改革发展的逻辑与经验”，《中国金融》2018年第1期。

[5] McKinnon, R, 1973, Money and Capital in Economic Development, Brookings Institution Press.

第七篇 制度发展篇

中国国有企业公司治理改革的进程与前景[①]

一、引言

如何在新的制度背景下进行科学决策，是经济组织面临的普遍问题。中国改革开放构成了一幅壮丽的制度变迁图画。作为盈利性经济组织的企业，则首当其冲表现出科学的决策水平是企业良好绩效的核心要素问题。公司治理，在中国时常被称为现代企业制度的核心，是通过一整套制度安排的组合或者设计，来构建有效的资源配置格局和决策权的优化配置，是企业层面不可忽视的核心制度安排体系。良好的公司治理机制能够有效地降低治理主体和客体之间的委托代理成本，提高资本运作效率，是决定企业运作和发展质量的重要条件。建立合理的公司治理机制，可以有效地理顺所有者、董事会、监事会、经理层、党组织等诸多治理因素之间的权、责、利的分配机制，保证国有企业各项决策活动更为科学有效，使国有企业自身能够有序运作，企业资源配置更为高效，对提高其自身竞争力、实现国有企业可持续健康发展具有重要意义。

自 1978 年以来的 40 年时间里，伴随着改革开放的不断深入，中国国有企业改革逐渐深化。1956 年，经过社会主义改造，中国的经济结构转变为单一的以公有制为基础的国营企业，国有企业领导体制也采取与高度集中的计划经济体制相吻合的高度集权管理，管理人员主要实行国家调配行政任命制。高度集中的经济体制限制了国有工业企业的发展，无法满足人民生活日益增长的物质需求，为了进一步促进国有工业企业的有序健康发展，1978 年 12 月 22 日，《中国共产党第十一届中央委员会第三次全体会议公报》指出："我国经济管理体制的一个严重缺点是权力过于集中，应该有领导地大胆下放，让地方和工农业企业在国家统一计划的指导下有更多的经营管理自主权。"自此，国有企业改革正式拉开序幕。截至目前，中国国有企业改革共经历了五个主要阶段：放权让利，扩大企业自主

① 本文作者王顺昊、周建。

权（1978—1984 年）；两权分离（1985—1992 年）；现代化阶段（1993—2002 年）；股份制改造阶段（2003—2013）；深化国有企业改革阶段（2013 年至今）。

与国有企业改革进程相对应，国有企业公司治理结构进一步完善。经过 1978 年至 1992 年期间的国有企业改革，通过放权让利和两权分离改革，国有企业逐渐实现了所有权和控制权的分离。1992 年，中共党的十四大提出要建立社会主义市场经济体制，不同经济所有制联合经营开始。自此，“国营企业”更名为“国有企业”，并逐渐衍生出国有独资公司、特殊法人企业、国有控股公司。1993 年开始，中国逐步开始探索国有企业现代化改造，国有企业逐渐建立起较为完善的公司治理体系。2003 年，国资委成立，逐步开始探索在国有企业中施行出资人权力，国有企业公司治理体系得到进一步完善。

从党委领导下的厂长负责制到厂长负责制，及至如今董事会治理、监事会治理、股东治理、管理层治理、党委治理等诸多治理要素相继完善，成为促进国有企业健康有序发展的重要保障。然而，国有企业中依旧存在着一股独大、内部人控制、行政干预严重等诸多问题，导致其公司治理结构不健全，治理有效性大打折扣。为了更好地描述现阶段国有企业公司治理改革的基础和条件，明确现阶段国有企业公司治理改革的关键点，本文首先梳理了自 1978 年以来中国国有企业公司治理改革的历程，进一步地识别了现阶段国有企业公司治理改革过程中的关键要点，描绘了现阶段及未来中国国有企业公司治理改革的前景。

二、中国国有企业公司治理改革的历程

（一）国营企业的厂长负责制

1956 年，为了加强集体领导，中共党的八大确定了要在国营企业中实行党委领导下的厂长负责制。1957 年，为了加强民主管理，党委领导下的职工代表大会制开始施行。1978 年开始，为了适应针对国营企业的放权让利改革，1978 年 8 月，《党和国家领导制度的改革》指出，“有准备有步骤地改变党委领导下的厂长负责制、经理负责制，经过试点，逐步推广、分别实行工厂管理委员会、公司董事会、经济联合体的联合委员会领导和监督下的厂长负责制、经理负责制”，自此，国企中党委的一元领导体制开始发生改变，更多体现为党委参与下的联合委员会领导。1979 年 7 月，国务院下发了《关于扩大国营工业企业经营管理自主权的若干规定》等文件，明确了企业作为相对独立的商品生产者和经营者应该具有的生产计划权、产品销售权、利润分配权、劳动用工全、资金使用权、外汇留成权等权利。然而，在这一时期，党委领导下的厂长负责制依旧是国营企业的主要领导方式。1982 年，《国营工厂厂长工作暂行条例》规定“工厂实

行党委领导下的厂长负责制。厂长是工厂的行政负责人，受国家委托，负责工厂的经营管理”。

为了进一步扩大改革的效果，1984 年 10 月，中国共产党第十二届三种全会通过《关于经济体制改革的决定》，指出“要使企业真正成为相对独立的经济实体，成为自主经营、自负盈亏的社会主义商品生产者和经营者，具有自我改造和自我发展的能力，成为具有一定权力的义务的法人”，“只有实行厂长（经理）负责制，才能适应这种要求”，同时，对于党组织在国营企业管理中的作用也进一步做了补充：“企业中党的组织要积极支持厂长行使统一指挥生产经营活动的职权，保证和监督党和国家各项方针政策的贯彻执行，加强企业党的思想建设和组织建设，加强对企业工会、共青团组织的领导，做好职工思想政治工作。”1986 年 11 月，《关于认真贯彻执行全民所有制工业企业三个条例的补充说明》，强调“从党委领导下的厂长负责制到厂长负责制的转变，是企业领导体制的重大改革”。1988 年 4 月，《全民所有制工业企业法》，首次以法律形式规定“企业实行厂长负责制”；1990 年 12 月，《中共中央关于制定国民经济和社会发展十年规划和“八五”计划的建议》提出，要“深化企业领导体制和经济机制改革，进一步发挥党组织的政治核心作用，坚持和完善厂长负责制”。1991 年 9 月，中共中央召开中央工作会议专题研究如何进一步搞好国营大中型企业，强调“要充分发挥党组织的政治核心作用，坚持和完善厂长负责制”。

可以看出，这一时期国营企业领导体制的变化主要体现在由“党委领导下的厂长负责制”逐渐转变为“厂长（经理）负责制”，厂长（经理）逐渐转变为国营企业的行政领导核心，而党委则成为国营企业的政治核心。经过这一时期的领导体制改革，党组织在国营企业管理中的作用逐渐清晰，主要集中在发挥政治核心作用、保证和监督国营企业厂长的生产经营活动等方面。

这一时期的国有企业改革为国有企业建立和完善公司治理体系创造了基础和条件，然而，作为公有制经济的重要组成部分，国营企业在这一时期的改革过程中并未能实现有效的政企分开。为了加强对于国有企业的管理，1988 年 5 月，国有资产管理局成立，作为国务院直属机构，归口财政部管理。截至 1988 年 9 月，国家及各省、市均成立了国有资产管理局。1988 年后的机构改革，如把国有资产管理局归并到财政部，撤销大型企业工作委员会，成立中共中央企业工作委员会，撤销经贸委所属的“局”，都只是把权利在这些部门内部做调整，并没有真正从宏观上建立起一个权利集中的国资管理机构。相反是把出资人权力分散给国有资产管理局、财政部、大型企业工作委员会、经贸委、计委、中组部、主管部局等部门，力图建立一个相互约束、相互监督的国有资产管理体制。

（二）现代化企业管理制度改革下的国有企业公司治理体系演进

1993年至2002年期间，建立现代企业管理制度成为国企改革的主旋律。1992年，中共党的十四大提出要建立与社会主义市场经济要求相适应的企业制度。《中共中央关于建立社会主义市场经济体制若干问题的决定》强调："建立现代企业制度，是发展社会化大生产和市场经济的必然要求，是我国国有企业改革的方向"。1993年3月29日，第八届全国人民代表大会第一次会议通过修正案，将"国营经济"改为"国有经济"。同时，国营企业也对应更名为国有企业。1993年11月，党的十四届三中全会正式提出，国有企业改革要进行制度创新，建立以股份制为主要形式的现代企业制度。1994年，国务院选择了100户不同类型的大中型企业开始进行现代企业制度试点，另有2343家地方企业进行试点。

根据《中共中央关于建立社会主义市场经济体制若干问题的决定》，"具备条件的国有大中型企业，单一投资主体的可依法改组为独资公司，多个投资主体的可依法改组为有限责任公司或股份有限公司。上市的股份有限公司，只能是少数，必须经过严格规定"。由此，中国国有企业进一步划分为国有独资公司、特殊法人企业、国有控股公司。

1993年12月29日，第八届全国人民代表大会常务委员会第五次会议通过了《中华人民共和国公司法》（以下简称《公司法》）。首次赋予有限责任公司和股份有限公司企业法人的地位（1988年《中华人民共和国全民所有制工业企业法》仅赋予全民所有制工业企业法人资格），并规定公司股东作为出资者按投入公司的资本额享有所有者的资产收益、重大决策和选择管理者等权利。在法律上树立了股东利益最大化的公司治理原则。针对国有企业，《公司法》进一步明确了"国有企业改建为公司，必须依照法律、行政法规规定的条件和要求，转换经营机制，有步骤地清产核资、界定产权，清理债权债务，评估资产，建立规范的内部管理机构"。明确开始了针对国有企业的公司制改革。这一举措对出资人资产与企业资产之间的边界给出了清晰的界定，真正实现了公司制企业所有权和经营权的分离。

1. 董事会治理初探。为了缓解两权分离带来的委托代理成本，董事会制度被引入国有企业治理活动当中。1993年版《公司法》给出了关于国有独资公司设立董事会的相关要求：（1）国有独资公司设立董事会，依照本法第四十六条、第六十六条规定行使职权。董事会每届任期为三年。公司董事会成员为三人至九人，由国家授权投资的机构或者国家授权的部门按照董事会的任期进行委派或者更换。董事会成员中应当有公司职工代表。董事会中的职工代表由公司职工民主选举产生。董事会设董事长一人，可以视需要设副董事长。董事长、副董事长，由国家授权投资的机构或者国家授权的部门从董事会成员中指定。董事长为公司的法定代表人。（2）国有独资公司设经理，由董事会聘任或者解聘。经理依照本法第五十条规定行使职权。经国家授权投资的机构或者国家授权的部门同意，董事会成员可以兼任经理。（3）国有独资公司的董事长、副董事长、董事、经理，未经国家授权投资的机构或者国家授权的部门同意，不得兼任其他有限责任公司、股份有限公司或者其他经营组织的负责人。

2. 出资人治理初探。为了更好地划分国有企业内部治理和政府作为出资人在国有企业中的治理边界，1993 年版《公司法》明确了国家授权投资的机构或者国家授权的政府部门在国有独资公司治理活动中的职权：（1）国有独资公司不设股东会，由国家授权投资的机构或者国家授权的部门，授权公司董事会行使股东会的部分职权，决定公司的重大事项，但公司的合并、分立、解散、增减资本和发行公司债券，必须由国家授权投资的机构或者国家授权的部门决定。（2）国家授权投资的机构或者国家授权的部门依照法律、行政法规的规定，对国有独资公司的国有资产实施监督管理。（3）国有独资公司的公司章程由国家授权投资的机构或者国家授权的部门依照本法制定，或者由董事会制订，报国家授权投资的机构或者国家授权的部门批准。（4）国有独资公司的资产转让，依照法律、行政法规的规定，由国家授权投资的机构或者国家授权的部门办理审批和财产权转移手续。（5）经营管理制度健全、经营状况较好的大型的国有独资公司，可以由国务院授权行使资产所有者的权利。

3. 监事会治理初探。这一时期的国有企业公司治理改造，除引入董事会制度，监事会制度也被引入国有企业公司治理活动。为了强化对国有大企业的监督，1993 年 11 月 14 日，《中共中央关于建立社会主义市场经济体制若干问题的决定》提出：“当前国有资产管理不善和严重流失的情况，必须引起高度重视。有关部门对其分工监管的企业国有资产要负起监督职责，根据需要可派出监事会，对企业的国有资产保值增值实行监督。”1993 年《公司法》提出“股份有限公司设监事会，其成员不得少于三人”。1994 年《国有企业财权监督管理条例》提出要向“企业派出监事会”，明确“监事会是监督机构根据需要派出的对企业财产保值增值状况实施监督的组织”。1998 年 5 月 7 日，国务院印发了向国有重点大型企业派出稽查特派员的方案；1999 年 9 月，中共十五届四中全会通过的《中共中央关于国有企业改革和发展若干重大问题的决定》明确，继续试行稽查特派员制度，同时要积极贯彻中共十五大精神，健全规范监事会制度，过渡到从体制上、机制上加强对国有企业的监督，确保国有资产不受侵犯。1999 年 12 月 25 日，《公司法》增加了国有独资公司监事会设置问题，强调“国有独资公司监事会主要由国务院或者国务院授权的机构、部门委派的人员组成，并有公司职工代表参加”。2000 年 3 月 15 日的《国有企业监事会暂行条例》以及 2002 年 1 月 9 日由证监会和国家经贸委联合发布的《中国上市公司治理准则》中进一步扩大了监事会监督的范围，明确了相应的职责。

4. 党委治理初探。同时，为了增强党委治理在国有企业治理中的重要作用，1993 年，《中共中央关于建立社会主义市场经济体制若干问题的决定》强调，“企业中的党组织要发挥政治核心作用，保证监督党和国家方针政策的贯彻执行”，三级体制的国有资产经营管理体制开始确立，党委会对国有企业拥有人事和“三重一大”等重要事项的决策权。1999 年 9 月，《中共中央关于国有企业改革和发展若干重大问题的决定》强调“国有独资和国有控股公司的党委负责人可以通过法定程序进入董事会和监事会”，双向进入、交叉任职加强了党组织在公司治理活动中的核心作用。

由此可见，自 1993 年开始，国有独资企业开始逐步建立起现代公司治理制度。截至 1997 年，100 家试点大中型企业中已有 93 家转化为公司制企业，其中多元股东持股的公司制企业有 17 家；地方试点企业中 1989 家企业转为公司制企业，其中 540 家转化为股份有限公司、540 家转为有限责任公司、909 家转变为国有独资公司。同时，这些试点企业中，71.9% 建立了董事会制度，63% 建立了监事会制度，61% 的企业建立了董事会聘任总经理的制度。截至 2002 年，国有企业逐渐形成了国有出资机构、董事会、经理层、监事会、党委等多治理主体参与的公司治理体系。

《中共中央关于国有企业改革和发展若干重大问题的决定》强调，“实行公司制的企业，要按照有关法规建立内部组织结构”。国有控股公司作为典型的国有企业，按照 1993 年版的《公司法》要求，同样开始建立起较为完备的公司治理体系。

表 1 列示了自 1978 年至 2002 年国有企业公司治理体系改革的进程，可以看出，经过 1978 年至 2002 年的国有企业公司治理体系改革，中国国有企业从党委领导下的厂长负责制，逐渐演化为厂长负责制，并且开始了董事会治理体系、监事会治理体系、党委治理体系等多重治理体系相结合的探索工作。

表 1　　　　1978 年至 2002 年国有企业公司治理体系变革

党委领导下的厂长负责制	1982 年，《国营厂长工作暂行条例》，工厂实行党委领导下的党委负责制
厂长负责制	1978 年 8 月，厂长（经理负责制试点）
	1984 年 10 月，全面实行厂长（经理）负责制
	1988 年 4 月，《全民所有制工业企业法》，首次以法律行为规定“企业实行厂长负责制”

续表

厂长是行政中心，党委是政治中心	1990 年 12 月，《中共中央关于制定国民经济和社会发展十年规划和“八五”计划的建议》，提出“发挥党组织的政治核心作用，坚持和完善厂长负责制”
	1991 年 9 月，厂长（经理）成为行政中心，党委成为政治中心
国有企业现代化改造阶段的公司治理机制	1992 年，《中共中央关于建设社会主义市场经济体制若干问题的决定》，“建立现代化企业制度，是我国国有企业改革的方向”
	1993 年 3 月 29 日，“国营企业”更名“国有企业”
	1993 年 11 月 14 日，《中共中央关于建立社会主义市场经济体制若干问题的决定》发布
	1994 年，国务院选择了 100 户不同类型的大中型企业开始进行现代企业制度试点
	1993 年 12 月 29 日，《中华人民共和国公司法》实施： 1. 国有独资公司设立董事会； 2. 国有独资公司设经理，由董事会聘任和解聘； 3. 国有独资公司不设股东会，由国家授权投资的机构或者国家授权的部门，授权公司董事会行使股东会的部分职权； 4. 国家授权投资的机构或者国家授权的部门对国有独资公司的国有资产实施监督管理； 5. 股份有限公司设监事会
国有企业现代化改造阶段的监事会制度	1998 年，国务院印发了向国有重点大型企业派出稽查特派员的方案
	1994 年，《国有企业财权监督管理条例》提出要向“企业派出监事会，监事会是监督机构根据需要派出的对企业财产保值增值状况实施监督的组织”
	1999 年 9 月，《中共中央关于国有企业改革和发展若干重大问题的决定》，继续试行检查特派员制度，健全规范监事会制度
	1999 年 12 月 25 日，《中华人民共和国公司法》强调“国有独资公司监事会主要由国务院或者国务院授权的机构、部门委派的人员组成，并有公司职工代表参加”
	2000 年 3 月 15 日，《国有企业监事会暂行条例》
	2000 年 1 月 9 日，《中国上市公司治理准则》
国有企业现代化改造阶段的党组织治理	1993 年，《中共中央关于国有企业改革和发展若干重大问题的决定》，“企业中的党组织要发挥政治核心作用，保证监督党和国家政策方针的贯彻执行”，党委会对国有企业拥有人事和“三重一大”等重要事项的决策权
	1999 年 9 月，《中共中央关于国有企业改革和发展若干重大问题的决定》，党委和董事会、监事会实现“双向进入、交叉任职”

资料来源：作者根据相关资料整理。

（三）股份制改造阶段的国有企业公司治理体系

2003 年，《中共中央关于完善社会主义市场经济体制若干问题的决定》指出“大力发展国有资本、集体资本和非公有资本等参股的混合所有制经济，实现投资主体多元化，使股份制成为公有制的主要实现形式”。标志着国有企业改革进入到了产权体制改革阶段。2007 年，党的十七大报告明确提出，要“深化国有企业公司制股份制改革，健全现代企业制度，优化国有经济布局和结构，增强国有经济活力、控制力、影响力”。股份制改造成为这一时期国有企业改革的主旋律，伴随着股份制改造，国有企业公司治理体系进一步完善。

1. 国资委成立，出资人治理进一步丰富。通过 1992 年至 2002 年间的现代化改革，国有企业逐渐建立起了较为完善的公司治理体系。但是，截至 2002 年，统一的国有资产管理机构依旧未能形成，出资人权力依旧分散在多个部门，政出多门的问题突出。2003 年，根据第十届全国人民代表大会第一次会议批准设立国务院国有资产监督管理委员会，省市两级也先后依法成立了相应的国有资产管理机构。自此，包括一个中央国有资产监督管理结构和 30 个省级国有资产监督管理结构、260 多个市级国有资产管理结构在内，专司国有资产监督管理与运营的“三级国有资产监督管理体系”初步形成。根据国务院授权，依照《中华人民共和国公司法》等法律和行政法规履行出资人职责，指导推进国有企业改革和重组；对所监管企业国有资产的保值增值进行监督，加强国有资产的管理工作；推进国有企业的现代企业制度建设，完善公司治理结构；推动国有经济结构和布局的战略性调整。区别与非国有企业，国资委按照《中央企业负责人经营业绩考核暂行办法》、地方国资委按照《省属国企负责人经营业绩考核暂行办法》，依据国有资产保值增值和股东价值最大化原则，对中央企业和地方国有企业进行经营绩效考核。

2. 健全法人治理结构，国有企业董事会治理进一步完善。2004 年 6 月，国资委成立完善国有独资公司董事会试点工作领导小组，基于股东利益最大化原则，将忠实代表所有者利益、对出资人负责、增强公司市场竞争力作为董事会建设的根本宗旨。《关于中央企业建立和完善国有独资公司董事会试点工作的通知》指出：（1）对于可以实行有效的产权多元化的企业，通过建立和完善国有独资公司董事会，促进企业加快股份制改革和重组步伐，并为多元股东结构公司董事会的组建和运转奠定基础，开始在部分中央企业中建立和完善国有独资公司董事会试点工作；对于难以实行有效的产权多元化的企业和确需采取国有独资形式的大型集团公司，按照《中华人民共和国公司法》的规定，通过建立和完善董事会，形成符合现代企业制度要求的公司法人治理结构。（2）将国资委对国有独资公司履行出资人职责的重点放在对董事会和监事会的管理上，既实现出资人职责到位，又确保企业依法享有经营自主权。（3）首次提出要建立外部董事制度。以发展战略、重大投融资、内部改革决策和选聘、评价、考核、奖惩总经理为重点，以建立董事会专门委员会、完善董事会运作制度为支撑，确保董事会对公司进行有效的战略控制和监督。

同期下发的《关于国有独资公司董事会建设的指导意见（试行）决定》为国有独资公司董事会建设给出了更为清晰的描述，要求：（1）董事会成员原则上不少于9人，其中至少有1名由公司职工民主选举产生的职工代表。（2）董事会设董事长1人，可视需要设副董事长1人。董事长、副董事长由国资委指定。（3）董事会每届任期为3年。董事任期届满，经国资委聘任可以连任。（4）外部董事在一家公司连任董事不得超过两届。（5）董事会应下设战略委员会、提名委员会、薪酬与考核委员会，也可设立法律风险监控委员会等董事会认为需要的其他专门委员会。专门委员会要充分发挥董事长和外部董事的作用。

2005年4月，国务院提出深化经济体制改革的意见，明确要求：以建立健全国有大型公司董事会试点工作为重点，抓紧健全法人治理结构、独立董事和外派监事会制度。2006年11月，国资委探索由中央企业现职董事长担任试点企业外部董事。2009年6月，国资委探索在职央企领导人出任另一家央企的外部董事、董事长。2009年10月，国资委发布《董事会试点中央企业专职外部董事管理办法（试行）的通知》，从专职外部董事管理任职、选拔聘用、评价薪酬、退出机制等方面做出规定。中国国有独资公司初步建立起了外部董事制度。

然而，央企试行的外部董事制度与独立董事制度存在较大差异。《董事会试点中央企业专职外部董事管理办法（试行）的通知》所指的专职外部董事，是指国资委任命、聘用的在董事会试点企业专门担任外部董事的人员；专职外部董事在任期内，不在任职企业担任其他职务，不在任职企业以外的其他单位任职。而中国证监会《关于在上市公司建立独立董事制度的指导意见》所指的独立董事则是“不在公司担任除董事外的其他职务，并与其所受聘的上市公司及其主要股东不存在可能妨碍其尽心独立客观判断的关系的董事”。从政策定义的角度来看，独立董事只是外部董事中的一类，其不仅不能在公司担任除董事会外的其他职务，并且还不能与其所受聘的公司及其主要股东存在可能妨碍其进行独立客观判断的关系。作为央企的股东代表，国资委代表国务院履行出资人职责。因此，不同央企之间并不是完全独立的，由国资委任命的外部董事与国资委具有密切的管理和利益联系，并不具备完全独立性。

3. 健全法人治理结构，国有企业监事会治理进一步完善。2003年5月13日，《企业国有资产监督管理暂行条例》指出“国务院国有资产监督管理机构代表国务院向其所出资企业中的国有独资企业、国有独资公司派出监事会”，“地方人民政府国有资产监督管理机构代表本级人民政府向其所出资企业中的国有独资企业、国有独资公司派出监事会”。2005 年，《关于加强和改进国有企业监事会工作的若干意见》对如何发挥监事会的作用提出了更为明确的安排，提出要加强当期监督，提高监督时效；探索分类监督，突出检查重点；利用审计结果，形成监督合力。同时强调“坚持不参与、不干预企业经营决策和经营管理活动的原则，对企业经营决策和经营管理活动不直接发表肯定或否定的意见”。2005 年 10 月 27 日，新修订的《公司法》在第十届全国人民代表大会常务委员会第十八次会议上获得了通过，对监事会的职权进行了划分，在原有权力基础上，进一步增加了“罢免权”“提案权”“股东会的召集权和主持权”“诉讼权”，这些权力的增加，进一步强化了监事会的职责。2005 年版的《公司法》关于国有独资公司设置监事会的相关要求更为明确，“国有独资公司监事会成员不得少于五人，其中职工代表的比例不得少于三分之一，具体比例由公司章程规定”，“监事会成员由国有资产监督管理机构委派，但是，监事会成员中的职工代表由公司职工代表大会选举产生。监事会主席由国有资产监督管理机构从监事会成员中制定”。对比 2005 年版的《公司法》和 1999 年版的《公司法》可知：首先，监事会可以绕过董事会，直接召集并主持临时股东大会，将其所发现的公司重大问题以提案的形式及时向股东大会反映；其次，2005 年版的《公司法》赋予了监事会调查权、聘请外部专业机构协助调查权和监督财权。监事会的治理边界自此得到了更为清晰的界定。

4. 健全法人治理结构，管理层持股制度初探。2006 年 2 月 5 日，国资委颁布了《关于进一步规范国有企业改制工作的实施意见》，指出经国有资产监督管理机构批准，凡通过公开招聘、企业内部竞争上岗等方式竞聘上岗或对企业发展做出重大贡献的管理层（国有及国有控股企业的负责人以及领导班子的其他成员），可以通过增资扩股以及各种方式直接或间接持有本企业的股权。国有企业管理层持股为缓解股东和管理层之间的委托代理冲突，建立股东和经营团队之间的利益共享、风险共担机制，强化公司的经营团队、公司以及股东之间的共同利益基础，增强公司经营团队对实现公司未来成长的责任感、使命感，创造了可能性。

表 2 列示了国有企业股份制改造阶段中国国有企业公司治理体系演变的时间逻辑，可以看出，经过 2003 年至 2012 年 10 年的改革和完善，中国国有企业公司治理体系逐渐完善，国有企业基本建立起了以股权治理机制、董事会治理机制和监事会治理机制为主要内容的公司治理体系。

表 2　　国有企业股份制改造阶段的国有企业公司治理体系变革

国有企业股份制改造阶段的股东治理机制	2003 年，国务院国有资产监督管理委员会成立，履行出资人职责
国有企业股份制改造阶段的董事会治理机制与经理层治理机制	2004 年 6 月，《关于中央企业建立和完善国有独资公司董事会试点工作的通知》 1. 为多元股东结构公司董事会的组建和运转奠定基础开始在部分中央企业建立和完善国有独资公司董事会试点工作；对于难以实行有效的产权多元化的企业和确需采取国有独资形式的大型集团公司，通过建立和完善董事会，形成符合现代企业制度要求的公司法人治理结构； 2. 将国资委对国有独资公司履行出资人职责的重点放在对董事会和监事会的管理； 3. 首次提出要建立外部董事制度
	《关于国有独资公司董事会建设的指导意见（试行）决定》 1. 董事会成员不少于 9 人，其中至少有 1 名为职工代表 2. 董事长、副董事长由国资委指定 3. 外部董事在一家公司连任董事不得超过两届 4. 董事会下设战略委员会、提名委员会、薪酬和考核委员会，也可设立法律风险监控委员会等其他委员会
	2005 年 4 月，国务院提出"以建立健全国有大型公司董事会试点工作为重点，抓紧健全法人治理结构、独立董事和外派监事会制度"
	2006 年 11 月，国资委探索由中央企业现任董事长担任试点企业外部董事
	2009 年 6 月，国资委探索在职央企领导人出任另一家央企的外部董事、董事长
	2009 年 10 月，国资委《董事会试点中央企业专职外部董事管理办法（试行）的通知》，建立专职外部董事制度
国有企业股份制改造阶段的监事会制度	2003 年 5 月 13 日，《企业国有资产监督管理暂行条例》，国务院国有资产监督管理机构代表国务院向其所出资企业中的国有独资企业、国有独资公司派出监事会；地方人民政府国有资产监督管理机构代表本级人民政府向其所出资企业中的国有独资企业、国有独资公司派出监事会
	2005 年《关于加强和改进国有企业监事会工作的若干意见》，加强当期监督、分类监督
	2005 年 10 月 27 日，新修订《中华人民共和国公司法》强化监事会职责

资料来源：作者根据相关资料整理。

三、国有企业公司治理改革的现状与前景

2013年11月12日，《中共中央关于全面深化改革若干重大问题的决定》（以下简称《决定》）指出了本阶段国有企业公司治理改革的几个重要方面：首先，通过发展混合所有制经济，引入非国有资本参股国有企业，可以有效地调动战略投资者参与国有企业公司治理的积极性；其次，组建国有资本运营公司，改变国有股东缺位的现状，通过国有资本运营公司，提高国有股东参与国有企业治理的主动性和能动性；最后，健全协调运转、有效制衡的公司法人治理结构。建立职业经理人制度，更好地发挥企业家作用。明确要建立公司法人治理结构，同时积极引入职业经理人制度，提高国有企业公司治理有效性。

（一）以管资本为主的国有资产管理体制改革

《决定》提出："完善国有资产管理体制，以管资本为主加强国有资产监管，改革国有资本授权经营体制，组建若干国有资本运营公司，支持有条件的国有企业改组为国有资本投资公司。"2014年7月，开始在国家开发投资公司、中粮集团公司开展改组国有资本投资运营公司试点，2016年2月25日，开始国有资本投资、运营公司试点。2017年11月14日，《国务院办公厅关于进一步完善国有企业法人治理结构的指导意见》进一步强调要"从国有企业实际情况出发，以建立健全产权清晰、权责明确、政企分开、管理科学的现代企业制度为方向，积极适应国有企业改革的新形势新要求"。要求"理顺出资人职责，转变监管方式"，出资人机构根据本级人民政府授权对国家出资企业依法享有股东权利。通过厘清国有股在国有企业公司治理中的治理边界，保证国有股在国有企业公司治理活动中更好地发挥治理作用。

（二）引入战略投资者，进一步完善股权治理机制

《决定》提出"积极发展混合所有制经济"，"允许更多国有经济和其他所有制经济发展成为混合所有制经济。国有资本投资项目允许非国有资本参股"。2014年7月，在中国医药集团总公司、中国建筑材料集团公司开展发展混合所有制经济试点。通过发展混合所有制经济，引入非公有制经济战略性持股，可以有效地缓解国有股一股独大的问题，提高战略投资者参与国有企业公司治理的有效性和积极性，从而进一步提高国有企业公司治理的有效性。

（三）深化法人治理改革，完善国有企业董事会治理体系

现代企业制度的核心要素，是对企业科学决策机制的制度设计，中心是法人

治理结构设计，而法人治理结构的本质是公司治理。因此，中国企业改革的核心属性，本质上可以归于以制度变革为基础的企业如何进行科学决策的问题。在实践中，由于公司战略决策权力在组织中往往与董事会的领导职位相连，因此，董事会战略决策权力结构意味着有关决策权力分布是分散或是集中，以及以战略决策权力为核心的决策资源的配置情况。伴随着混合所有制改革，非公有制经济被引入国有企业治理活动之中，为了维护自身利益，非公有制经济主体会主动寻求派驻董事参与公司的董事会治理。因此，如何构建混合所有制下的董事会战略决策权配置模式，成为这一阶段国有企业公司治理改革的关键问题。

2017 年 11 月 14 日，《国务院办公厅关于进一步完善国有企业法人治理结构的指导意见》提出，要“加强董事会建设，落实董事会职权”，并重点列示了应该如何在国有企业中进一步完善董事会建设：（1）国有独资公司要依法落实和维护董事会行使重大决策、选人用人、薪酬分配等权利，增强董事会的独立性和权威性，落实董事会年度工作报告制度；董事会应与党组织充分沟通，有序开展国有独资公司董事会选聘经理层试点，加强对经理层的管理和监督。（2）进一步强调要优化董事会组成结构。国有独资、全资公司的董事长、总经理原则上分设，应均为内部执行董事，定期向董事会报告工作。国有独资公司的董事长作为企业法定代表人，对企业改革发展负首要责任，要及时向董事会和国有股东报告重大经营问题和经营风险。国有独资公司的董事对出资人机构负责，接受出资人机构指导，其中外部董事人选由出资人机构商有关部门提名，并按照法定程序任命。国有全资公司、国有控股公司的外部董事由相关股东依据股权份额推荐派出，由股东会选举或更换，国有股东派出的董事要积极维护国有资本权益；国有全资公司的外部董事人选由控股股东商其他股东推荐，由股东会选择或更换；国有控股企业应有一定比例的外部董事，由股东会选举或更换。同时，进一步强调了规范董事会议事规则。（3）董事会要严格实行集体审议、独立表决、个人负责的决策制度，平等充分发表意见，“一人一票”表决，建立规范透明的重大事项信息公开和对外披露制度，保障董事会会议记录和提案资料的完整性，建立董事会决议跟踪落实以及后评估制度，做好与其他治理主体的联系沟通。董事会应当设立提名委员会、薪酬与考核委员会、审计委员会等专门委员会，为董事会决策提供咨询，其中薪酬与考核委员会、审计委员会应由外部董事组成。改进董事会和董事评价办法，完善年度和任期考核制度，逐步形成符合企业特点的考核评价体系及激励机制。而在外部董事选拔问题上，要求进一步加强董事队伍建设。（4）开展董事任前和任期培训，做好董事派出和任期管理工作。建立完善外部董事选聘和管理制度，严格资格认定和考试考察程序，拓宽外部董事来源渠道，扩大专职外部董事队伍，选聘一批现职国有企业负责人专任专职外部董事，定期报告外部董事履行情况。国有独资公司要健全外部董事召集人制度，召集人由外部董事定期推选产生。外部董事要与出资人机构加强沟通。为了有效地加强对国有股的管理，需要首先厘清国有股在国有企业治理活动中的治理边界。

（四）深化职业经理人制度，完善经理人治理体系

《决定》强调要进一步推动国有企业完善现代企业制度。“健全协调运转、有效制衡的公司法人治理结构。建立职业经理人制度，更好发挥企业家作用。”2017 年 11 月 14 日，《国务院办公厅关于进一步完善国有企业法人治理结构的指导意见》进一步强调要“根据功能分类，把握重点，进一步健全各司其职、各负其责、协调运转、有效制衡的国有企业法人治理结构。”“建立长效激励约束机制，强化国有企业经营投资责任追究”。“国有企业要合理增加市场化选聘比例，合理确定并严格规范国有企业管理人员薪酬水平、职务待遇、职务消费、业务消费”。2016 年 2 月，开始在国有企业进行市场化选聘经营管理者试点，推行职业经理人制度试点，企业薪酬分配差异化改革试点。同时，要维护经营自主权，激发经理层活力。经理层依法由董事会聘任和解聘，接受董事会管理和监事会监督。总经理对董事会负责，依法行使管理生产经营、组织实施董事会决议等职权，向董事会报告工作，董事会闭会期间向董事长报告工作。同时，进一步强调要建立规范的经理层授权管理制度，对经理层成员实行与选任方式相匹配、与企业功能相适应、与经营业绩相挂钩的差异化薪酬分配制度，国有独资公司经理层逐步实行任期制和契约化管理。根据企业产权结构、市场化程度等不同情况，有序推进职业经理人制度建设，逐步扩大职业经理人队伍，有序实行市场化薪酬，探索完善中长期激励机制，研究出台相关指导意见。国有独资公司要积极探索职业经理人制度，实行内部培养和外部引进相结合，畅通企业经理层成员与职业经理人的身份转换通道。开展出资人机构委派国有独资公司总会计师试点。

（五）进一步强化的党委治理体系

加强党委治理在国有企业治理中的作用是新一轮国有企业改革中的重点。2015 年 9 月 20 日，中共中央办公厅印发了《关于在深化国有企业改革中坚持党的领导加强党的建设的若干意见》，指出“必须毫不动摇坚持党对国有企业的领导，毫不动摇加强国有企业党的建设”，“坚持党的建设与国有企业改革同步谋划，充分发挥党组领导核心作用、党委政治核心作用、基层党组织战斗堡垒作用和党员先锋模范作用；坚持党管干部原则，从严选拔国有企业领导人员，建立适应现代企业制度要求和市场竞争需要的选人用人机制；把加强党的领导和完善公司治理统一起来，明确国有企业党组织在公司法人治理结构中的法定地位；坚持

从严教育管理国有企业领导人员，强化对国有企业领导人员特别是主要领导履职行权的监督；适应国有资本授权经营体制改革需要，加强对国有资本投资、运营公司的领导；把建立党的组织、开展党的工作，作为国有企业推进混合所有制改革的必要前提”。

2016 年 10 月，习近平同志在全国国有企业党的建设工作会议上，强调“坚持党对国有企业的领导是重大政治原则，必须一以贯之；建立现代企业制度是国有企业改革的方向，也必须一以贯之。中国特色现代国有企业制度，‘特’就特在把党的领导融入公司治理各环节，把企业党组织内嵌到公司治理结构之中，明确和落实党组织在公司法人治理结构中的法定地位，做到组织落实、干部到位、职责明确、监督严格”。“党对国有企业的领导是政治领导、思想领导、组织领导的有机统一。国有企业党组织发挥领导核心和政治核心作用，归结到一点，就是把方向、管大局、保落实。要明确党组织在决策、执行、监督各环节的权责和工作方式，使党组织发挥作用组织化、制度化、具体化。要处理好党组织和其他治理主体的关系，明确权责边界，做到无缝衔接，形成各司其职、各负其责、协调运转、有效制衡的公司治理机制。”

《国务院办公厅关于进一步完善国有企业法人治理结构的指导意见》指明了 2020 年以前国有企业党委治理的改革目标，要求“到 2020 年，党组织在国有企业法人治理结构中的法定地位更加牢固，充分发挥公司章程在企业治理中的基础作用”。强调要坚持党的领导，发挥政治优势。要明确党组织在国有企业法人治理结构中的法定地位，将党建工作总体要求纳入国有企业章程，明确党组织在企业决策、执行、监督各环节的权责和工作方式，使党组织成为企业法人治理结构的有机组成部分。要充分发挥党组织的领导核心和政治核心作用，领导企业思想政治工作，支持董事会、监事会、经理层依法履行职责，保证党和国家方针政策的贯彻执行。充分发挥纪检监察、巡视、审计等监督作用，国有企业董事、监事、经理层中的党委每年要定期向党组报告个人履职和链接自律情况。上级党组织对国有企业纪检组组长实行委派制度和定期轮岗制度，纪检组组长要坚持原则、强化监督。纪检组组长可列席董事会和董事会专门委员会的会议。积极探索党管干部原则与董事会选聘经营管理人员有机结合的途径和方法。坚持和完善双向进入、交叉任职的领导体制，符合条件的国有企业党组领导班子成员可以通过法定程序进入董事会、监事会、经理层，董事会、监事会、经理层中符合条件的党员可以依照有关规定和程序进入党组；党组书记、董事长一般由一人担任，推进中央企业党组专职副书记进入董事会。在董事会选聘经理层成员工作中，上级党组织及其组织部门、国有资产监管机构党委应当发挥确定标准、规范程序、参与考察、推荐人选等作用。积极探索董事会通过差额方式选聘经理层成员。

（六）探索总法律顾问制度，推进法治央企建设

本阶段国有企业公司治理改革的另外一个重要特点便是加强国有企业法治建设活动。2016 年 1 月 13 日，《关于印发〈关于全面推进法治央企建设的意见〉的通知》强调，要“以健全公司法人治理结构为基础，以促进依法经营管理为重点，以提升企业法律管理能力为手段，切实加强企业法治建设的组织领导，大力推动企业治理体系和治理能力现代化”。“充分发挥章程在公司治理中的统领作用；完善各治理主体依法履职保障机制”。同时，要求“在中央企业及其重要子企业全面推行总法律顾问制度，并在公司章程中予以明确”，“设立董事会的中央企业，总法律顾问可以由董事会聘任”，“总法律顾问作为企业高级管理人员，全面领导企业法律管理工作，统一协调处理经营管理中的法律事务，全面参与重大经营决策，领导企业法律事务机构开展相关工作”。随着国有企业改革的推进，国有企业股份制改造将进一步深化，这意味着众多的国有企业将完成公司制改革和混合所有制改革，私有经营的力量会更进一步渗透入国有企业，国有企业公司治理体系将进一步完善。

党组织、治理协同与研发投资：来自中国民营企业的证据[①]

一、引言

中国共产党的领导是社会主义的最大优势和本质特征，也是指导民营经济发展壮大的保证。据《人民日报》发布，截至2014年年底，全国有157.9万个非公有制企业已建立党组织，占非公有制企业总数的53.1%（党建平，2015）。非公企业党建工作在整个党建工作中越来越重要（习近平，2012）。改革开放以来，我国民营企业党组织作用发挥一直在探索中前行，并逐步形成了双重角色定位。一方面，作为党的基层组织，发挥着政治核心作用（蒋铁柱和沈桂龙，2006），落实执政党的执政理念和政治追求（韩冬冬，2017）。另一方面，肩负着促进企业发展的跨界责任，和“新三会”等现代企业治理组织有效协同，共同促进企业发展（马连福等，2013）。双重角色定位决定了我国民营企业党组织具有“嵌入型团队”的典型特征（王永丽和郑婉玉，2012），需要跨越团队边界，加强与其他公司治理组织间的合作，推动团队绩效的提升（De和Meyer，2010），其背后所依托的理论就是跨界理论（Ancona，1990），党组织参与治理的现代企业制度是西方公司治理结构所没有的。

创新是五大发展理念之首。贯彻新发展理念，建设现代化经济体系，需要瞄准产业升级，加强研发投资，在新一轮竞争中赢得主动、占得先机，这是我国科技领域改革的重大任务，也是时代赋予企业的伟大使命。企业是创新的主体，而民营企业是我国企业最大的群体，是自主创新的重大潜在力量，也是助力高质量发展的活力源泉之一。然而，我国民营企业的科技创新现状并不乐观，全国工商联发布的2015年中国民营企业500强分析报告显示，2012—2014年，民营企业

---

① 本文作者陈东。

制造业500强的研发强度小于1%的企业数占比依次为50.2%、52%和49.4%，显示有一半的企业研发强度处于较低水平，且趋势上有反复，自主创新能力有待提高（杜鑫，2015）。面对这种情况，全国工商联主席王钦敏指出，中国民营企业整体自主创新能力偏弱、创新意识不足，具备创新能力的企业比重较小（王钦敏，2013）。对于如何引导民营企业加强研发投资，学术界研究较多，但鲜有从企业党的基层组织（包括党委、党组、党总支、党支部、园区党组织、楼宇党组织等）建设角度来进行研究，这也是本文要重点关注的领域。

与以往研究相比，本文的贡献主要体现在以下几个方面：（1）研究视角较为独特。之前关于企业党组织的研究主要集中在国有企业，民营企业中党组织的作用多是关注政治核心地位，对参与公司治理关注度不够，规范的经济学范式研究更少，本文研究丰富了中国特色现代企业制度系列文献。（2）研究内容现实性较强。本文定量研究了经济新常态下民营企业党组织对研发投资的影响，处于经济周期底部的企业进行大规模技术改造对未来发展非常重要（刘志彪和陈柳，2014），但非上市企业的治理结构和投资策略属企业的核心机密，是企业参与市场竞争的重要手段，受数据可得性限制，实证研究较少，本文研究即对此作一补充。（3）数据的时效性和权威性较高。目前，国内的研究对象一般集中在上市公司层面，而面广量大的民营企业和未上市企业则研究不多，新常态下的全国性民营企业数据样本缺乏，本文的数据为国家相关部门2014年第十一次对全国民营企业抽样调查，时效性和权威性强，对新常态下从战略层面制定指导民间投资政策有较好的借鉴意义。

二、制度背景和研究假设

经济基础决定上层建筑，上层建筑同样反作用于经济基础，任何一个国家执政党的执政理念和行动，都会深刻地影响着这个国家制度的走向，同样也影响着经济制度和企业制度的走向。中国共产党作为执政党，其确定的方针政策和理念，引导和决定着整个国家经济社会发展走向，每一个经济组织不可能背离党的执政理念而独立行动，听党话、跟党走，是我国经济组织的理性选择。另外，改革开放以来的成功实践也证明，中国共产党始终坚持实事求是的基本原则，永立时代潮流，勇于改革创新，其执政理念和执政方针，总体上与经济社会发展客观规律相一致。

中国共产党在企业中成立基层组织具有其历史传统和厚重的法理基础。早在1925年，中共四大就确定了“党的基本组织，应是以产业和机关为单位的支部组织”（中共中央档案馆，1991）。新中国成立以后，经过社会主义改造，党在国有和集体企业中处于绝对主导地位，但也存在着党企不分，效率不高的问题。

伴随着改革开放的步伐，民营经济逐渐成长起来，民营企业中党组织作用发挥也自然而然提上了日程。《中华人民共和国公司法》规定“在公司中，根据中国共产党章程的规定，设立中国共产党的组织，开展党的活动。公司应当为党组织的活动提供必要条件”，这为民营企业设立党组织提供了法律依据。为了进一步加强非公有制经济组织中党的建设，中共中央组织部于2000年印发的《关于在个体和民营等非公有制经济组织中加强党的建设工作的意见（试行）的通知》，细化了党组织组建的原则，规定凡是有正式党员3名以上的非公有制经济组织，都应当建立党的基层组织。党员人数在3名以上、50名以下的，应建立党支部，党员人数超过或接近50名、100名的，可分别建立党的总支部委员会、党的基层委员会。随后，2002年党的十六大通过的《中国共产党章程》（以下简称《党章》）对党的基层组织建设提出了明确的要求，“企业、农村、机关、学校、科研院所、街道社区、社会组织、人民解放军连队和其他基层单位，凡是有正式党员3名以上的，都应当成立党的基层组织”。这就包括各类民营企业。2012年党的十八大通过的《党章》和2017年党的十九大通过的新《党章》对党的基层组织成立原则再一次进行了明确。

对于基层党组织在非公有制经济组织中的角色定位，《党章》明确指出“贯彻党的方针政策，引导和监督企业遵守国家的法律法规，领导工会、共青团等群众组织，团结凝聚职工群众，维护各方的合法权益，促进企业健康发展”，这也是当前民营企业党组织开展工作的总指导方针。2012年5月，在总结多年实践经验基础上，中央办公厅印发了《关于加强和改进非公有制企业党的建设工作的意见（试行)》，明确了新形势下非公有制企业党建工作许多重大问题，对如何开展党建工作做了详细说明。在地位作用上，非公有制企业党组织是党在企业中的战斗堡垒，在企业职工群众中发挥着政治核心作用，在企业发展中发挥着政治引领作用。在主要职责上，明确规定“促进企业健康发展，组织带领党员和职工群众围绕企业发展创先争优，发挥党组织和党员先锋模范作用，促进生产经营”(中共中央办公厅，2012)。但相对于国有企业党组织参与公司治理有着制度保证，我国民营企业党组织作用发挥仍是一个值得研究探讨和摸索的问题。当前，一些规模较大的民营企业公司治理多采用“董事会、监事会、股东会”的规范结构，同时也有相当部分民营企业采取家族式治理，重大决策和日常管理一般都是出资人亲力亲为（陈东，2015），因此党组织如何跨界发挥作用仍有待提升。目前学术界对民营企业党组织作用的相关研究大部分都是一些原则性的探讨，也有一部分是案例研究（张承耀，2008；周海江，2010），从实证方面来研究的相对很少，如龙小宁和杨进（2014）研究了民营企业党组织和工人福利之间的关系，梁建等（2010）研究了包括党组织在内的公司治理结构对民营企业慈善捐赠的影响，但这些都是基于党组织的政治核心功能展开，目前尚未发现有实证研究新时代中国特色社会主义建设背景下党组织对各类投资的影响，这也为本文提供了一个研究方向。

民营企业党组织作为中国共产党的基层组织，不仅发挥着政治核心作用，也肩负着职能跨界的角色，把执行党的方针政策和推动企业发展共同落实到治理实践中。党组织在民营企业治理中的作用发挥，可以从多个角度来分析。

争取资源。“资源基础理论”认为，企业的发展以所拥有的资源为基础。转型期政府和企业之间的联系仍然较多（李丰团，2013），政府手里仍然掌握着较为充足的资源，可以通过一定的手段来对企业投资进行调节（Opper 和 Wong，2002；汪敏等，2017）。当前，民营企业外部投资环境并不理想，融资约束仍是困扰企业发展的重要障碍，资源分配过程中存在不同所有制之间事实上的不平等，面广量大的中小企业更是如此（陈东，2015）。民营企业党组织通过跨界建立与党委政府等外部相关方的各种联系，为企业争取政策和资源，这对于高风险的研发投资是很有必要的。

信号传递。“信息传递理论”认为，在信息不对称下，企业需要通过一定的方式向外界传递公司内部信息，一般包括利润宣告、股利宣告和融资宣告。在党的领导下，民营企业党组织也是一种信号传输机制（程博等，2017），更容易因为合法性、先进性的特征而得到政府的支持，以及与别人合作的渠道，获取各种发展机会。经济新常态下，经济减速换挡，正是民营企业进行技术改造的有利时机，党组织如果建设得好，本身就是一种形象塑造，通过信号传递提升企业品牌价值，可以获得各类资源，如风险资金、创投基金、技改资金等的支持。

政策沟通。根据公司治理“利益相关者”理论，民营企业作为市场经济的重要组成部分，在就业、纳税、产业转型升级等方向发挥着重要作用，是政府的重要利益相关者。因此，政府必然会对企业施加影响。Chang 和 Wong（2004）、马连福等（2013）研究指出，我国企业面临的政府影响主要来自于 3 个方面：经济政策的影响、作为股东的影响、党组织的影响。经济政策和党组织的影响可以针对不同所有制经济体，作为股东的影响主要针对国有企业及混合所有制企业。当前，引导企业转型升级是各级党委、政府的重要施政目标之一，民营企业党组织承担着与党委、政府沟通联系任务，可以得到信息和政策指导，去布局企业发展（蒋铁柱和沈桂龙，2006），这些既是民营企业的责任，也是发展的机会（吴婷，2009）。

基于上述分析，本文提出：

假设 1：民营企业建立党组织会有效推动研发投资。

重塑治理结构。法人治理结构是现代企业制度最重要的框架，但对中国民营企业来说，也很难彻底解决大股东掏空、侵占中小股东利益、内部人控制等问题，影响研发投资决策和效率。党组织可以通过跨界治理对此进行破解。可参照民企党建标准 ISO9000 为规范参照系实行“五个双向”，即“班子双向进入、工作双向互动、人才双向培养、文化双向互促、制度双向互补”，使党组织的工作机制，如党的民主集中制、纪检反腐监督机制、制度选人机制运用到企业职能部门（周海江，2014），民营企业“党委会”和“民主生活会”等可以有效将企业管理层各类身份归统，以便以平等身份讨论“经营大计”（李刚，2016）。针对各类违反职业道德问题的，党组织可以通过加强纪检监察工作，对广大党员干部进行先进性和纯洁性教育来有效解决（侯旭华，2013）。

凝聚思想意识。“制度变迁理论”认为，意识形态是降低交易成本的一种制度安排。如果企业内部组织以共同的意识形态和利益为导向，组织起来就相对容易，减少遵从规则的成本（诺斯，1994）。把创新作为企业共同的目标，党组织发挥政治核心作用，以先进文化引领企业发展，塑造积极向上氛围（单锋，2015）。党的理想信念、群众路线和思想工作方法，最能激励人、团结人、弘扬正气、化解矛盾。在社会矛盾突显、各种负面思潮涌现的大环境下，民营企业可以靠党的政治优势，促进内部和谐，稳定职工队伍，激发创新潜能，提高竞争优势。同时，根据政策规定，党组织作为工会等群团组织的领导，可以作为沟通桥梁，有效化解劳资双方的矛盾（刘瑶，2007）。

构建“亲”“清”新型政商关系。制度变迁中的“路径依赖”理论认为，制度变迁过程中存在着自我强化机制，这使得正面的制度会得到遵从，但某些负面影响也会得到放大而难以根治。在转型国家和新型经济体中，正规制度往往是缺失或者不完善的，需要通过非正式制度的弥补。但这也带来了一些负面影响，诸如“权钱交易”“政商合谋”“政商利益联盟”等，传统政商关系异化为一种“买卖关系”（范子英和田彬彬，2016），而且这种非正式制度会存在自我强化。传统的非正式制度路径依赖主要是基于董事会或高管层的政商关系，对于党组织来说，因为具有政治上的天然先进性，可以对传统政商关系模式进行改造或替代（陆浩，2011），推动建立以“亲”“清”为基础的新型政商关系，让民营企业有一个稳定的研发环境预期，谋求长远发展。

基于以上分析，本文提出：

假设 2：在推动研发投资上，民营企业党组织可以和其他治理组织有效协同。

三、数据与方法

（一）数据来源

本文数据来自 2014 年第十一次全国民营企业抽样调查，该调查是由中共中央统战部、国家工商行政管理总局、中华全国工商业联合会、中国民（私）营经济研究会组成课题组，依托各省（区、市）工商局和工商联的力量完成的。调查采取多阶段抽样方式，在全国随机抽样，并由各地工商局和工商联派员进入民营企业，由企业主或企业主要投资者填写问卷，保证了数据的可靠。本次调查按全国私营企业户数5.5‰比例抽样，共发放7000份问卷，回收有效问卷6144份，回收率为87.8%，其中工商联在31个省、市、自治区调查4429户，工商局调查28个省、市、自治区1715户。调研对象涵盖国民经济全部21个行业，分别为农林牧渔、采矿业、制造业、电力煤气水、建筑业、交通运输、信息服务、批发零售、住宿餐饮、金融、房地产、租赁、商业服务、科研技术、公共设施、居民服务、卫生、教育、国际组织、社会组织、文化体育。由于抽样方法科学，工商联和工商局的调查员熟悉民营企业情况并经过专门培训，因此数据可靠，能够从样本中了解民营企业总体情况。为了控制极端值对实证的影响，采用Winsorization方法，对极端值进行修正，对小于1%分位数和大于99%分位数的变量，令其值分别等于1%分位数和99%分位数。同时，在每一次回归中，我们均剔除相关缺失数据。

（二）模型设定

基于上述假设，本文设置了两组计量模型：

为了检验党组织和“新三会”等公司治理组织对研发投资的单项作用，构建如下模型：

$$\begin{cases} R\&D = \alpha_0 + \alpha_1 Party + \alpha_i Control + \varepsilon \\ R\&D = \beta_0 + \beta_1 BOD + \beta_i Control + \varepsilon \\ R\&D = \gamma_0 + \gamma_1 BOS + \gamma_i Control + \varepsilon \\ R\&D = \delta_0 + \delta_1 MOS + \delta_i Control + \varepsilon \end{cases}$$

为了检验党组织和“新三会”等公司治理组织对研发投资的协同作用，构建如下模型：

$$\begin{cases} R\&D = \varphi_0 + \varphi_1 Party + \varphi_2 BOD + \varphi_3 Party \times BOD + \varphi_i Control + \varepsilon \\ R\&D = \varphi_0 + \varphi_1 Party + \varphi_2 BOS + \varphi_3 Party \times BOS + \varphi_i Control + \varepsilon \\ R\&D = \lambda_0 + \lambda_1 Party + \lambda_2 MOS + \lambda_3 Party \times MOS + \lambda_i Control + \varepsilon \end{cases}$$

其中 *Control* 为各类控制变量；ε 为随机误差项；其他变量和定义下节详述。

（三）变量选择

1. 被解释变量。本文重点关注民营企业党组织及“新三会”等公司治理结构对研发投资的影响，因此将研发投资（*R&D*）作为核心被解释变量。调查问卷对企业的研发投资进行了归类，包括新产品研发、技术创新和工艺改造等，在对两者加总后作标准化处理。

2. 解释变量。民营企业的公司治理组织，包括党组织（*Party*）、董事会（*BOD*）、监事会（*BOS*）、股东会（*MOS*）。我们将企业中有相关组织的设为 1，没有的设为 0。根据 1993—2014 年历年全国民营企业抽样调查数据，我们将企业内部的相关组织对比分析，可以看出近年来党组织成立的比例有了较大幅度的增长，而同期董事会、监事会、股东会比例则有一定程度的反复（见表 1）。

表 1　私营企业内部的组织状况　　单位:%

	党组织	董事会	监事会	股东大会
1993 年	4.0	26	—	—
1995 年	6.5	15.8	—	—
2000 年	17.4	44.5	23.5	27.8
2002 年	27.4	47.5	26.6	33.9
2004 年	30.7	74.3	35.1	56.7
2006 年	34.8	63.5	36.5	58.1
2008 年	35.2	54.5	34.9	59.3
2010 年	34.6	57.8	32	57.1
2012 年	35.4	57.7	31.8	61.2
2014 年	40.6	57.3	29.5	57.5

资料来源:《中国民营经济发展报告》(2014—2015 年)

3. 控制变量。根据调查问卷，本文设置了三类控制变量，一是企业主的自然变量。包括企业主的性别（*Gender*）、年龄（*CEOage*）、教育层次（*CEOedu*）。二是企业主的社会变量。我们选取中共党员（*CPC*）、政治关联（*Political*）、社会地位（*Status*）、体制内经历（*System*）。三是企业变量。包括员工数（*Employee*）、商会会员（*COC*）、日常管理（*Daym*）、民间借贷（*Privatefin*）。具体说明如下：

性别（*Gender*）：我们将男性企业出资人设置为 1，女性企业出资人设置为 0。

年龄（*CEOage*）：调查问卷报告了企业出资人的出生年份，因此，调查年份年龄 = 2014 - 出生年份。

教育层次（*CEOedu*）：调查问卷报告了企业出资人的文化程度，分为六个层次，分别为小学及以下、初中、高中和中专、大专、大学、研究生，分别赋值为 1—6。

中共党员（*Party*）：出资人加入中国共产党的设置为1，其他为0。

政治关联（*Political*）：将出资人为人大代表或政协委员的定为有政治关联，设为1，其他设为0。

社会地位（*Status*）：企业家的社会地位可能会影响企业的投资决策（Roussanov，2010），调查问卷设计了出资人对自身经济地位、社会地位和政治地位主观认同，赋值分别为1—10，其中1代表最高，10代表最低。参照戴维奇（2016）等的做法，将社会地位定义为（经济地位+社会地位+政治地位）/3。

体制内经历（*System*）：体制内经历对企业战略选择有着重要作用（Wang等，2011），结合调查问卷，我们将企业出资人创业前有过在国有企事业单位或党政机关工作过的经历设为1，其他为0。

员工数（*Employee*）：调查问卷给出了全年平均雇佣员工人数的选项。

行业组织（*COC*）：工商联（商会）是中国共产党领导的面向工商界、以非公有制企业和非公有制经济人士为主体的人民团体和商会组织，是党和政府联系非公有制经济人士的桥梁纽带，是政府管理和服务非公有制经济的助手。将企业是工商联会员的设为1，否则设为0。

日常管理（*Daym*）：取企业日常管理是企业出资人本人的为1，其他为0。

民间借贷（*Privatefin*）：民间借贷是我国中小民营企业重要的融资渠道，调查问卷有一项问答"2013年底，您的企业资金借贷情况"，我们将民间借贷一栏额度大于零的视为有民间借贷，取1，其他为0。

四、实证结果与分析

本部分对于假设1和假设2的实证检验思路是，首先进行全样本实证检验，然后从不同产业、不同地区两个维度进行探讨分析，最后从三个方面进行稳健性检验。每一个组别均对假设1和假设2进行分类检验，同时将"新三会"纳入解释变量作对比分析。计量采用一般线性回归模型，*t*检验的方法。

（一）党组织对研发投资的影响（全样本分析）

1. 党组织和"新三会"对研发投资影响（分类视角）。

表2　党组织与"新三会"对研发投资的影响检验（分类视角）

	模型1	模型2	模型3	模型4	模型5	模型6	模型7	模型8
Constant	-5.898*** (-46.962)	-5.417*** (-5.856)	-5.742*** (-37.888)	-5.967*** (-6.399)	-5.24*** (-44.428)	-5.742*** (-6.191)	-5.093*** (-32.926)	-6.136*** (-6.565)
Gender		0.91*** (3.142)		0.966*** (3.315)		0.893*** (3.071)		0.942*** (3.233)

续表

	模型 1	模型 2	模型 3	模型 4	模型 5	模型 6	模型 7	模型 8
CEOage		0.02 (1.524)		0.025 * (1.914)		0.024 * (1.851)		0.027 ** (2.064)
CEOedu		-0.026 (-0.266)		-0.001 (-0.015)		0 (-0.005)		0.018 (0.187)
Status		-0.348 *** (-5.612)		-0.36 *** (-5.783)		-0.359 *** (-5.79)		-0.385 *** (-6.201)
Poliitcal		0.995 *** (4.169)		1.221 *** (5.128)		1.216 *** (5.121)		1.302 *** (5.474)
CPC		0.273 (1.195)		0.771 *** (3.487)		0.728 *** (3.302)		0.783 *** (3.545)
System		-0.06 (-0.276)		-0.062 (-0.288)		-0.062 (-0.285)		-0.012 (-0.054)
COC		0.685 *** (2.866)		0.913 *** (3.833)		1.037 *** (4.379)		1.159 *** (4.859)
Daym		-1.085 *** (-5.281)		-1.107 *** (-5.338)		-1.104 *** (-5.351)		-1.18 *** (-5.721)
Employee		0.46 *** (5.064)		0.491 *** (5.38)		0.475 *** (5.215)		0.499 *** (5.471)
Privatefin		1.354 *** (3.66)		1.282 *** (3.44)		1.296 *** (3.489)		1.33 *** (3.576)
Party	3.331 *** (16.764)	2.01 *** (8.579)						
BOD			2.075 *** (10.345)	1.169 *** (5.497)				
BOS					2.323 *** (10.661)	1.626 *** (7.219)		
MOS							0.915 *** (4.509)	1.123 *** (5.456)
R^2	0.06	0.105	0.024	0.096	0.025	0.101	0.005	0.096
$Adj-R^2$	0.059	0.103	0.023	0.093	0.025	0.098	0.004	0.094
F	281.026 ***	39.743 ***	107.024 ***	35.792 ***	113.65	37.811 ***	20.33 ***	35.962 ***
N	4441	4063	4438	4060	4440	4061	4439	4061

注：*、**、*** 分别表示 10%、5% 和 1% 显著性水平，下同。

表 2 首先检验公司治理结构中分项指标对研发投资的影响，其中奇数栏报告了未添加控制变量回归的结果，偶数栏报告了添加控制变量的结果。回归结果显

示，民营企业党组织与研发投资存在显著的正相关关系。具体来说，模型1显著，未添加控制变量的情况下，成立党组织的民营企业，研发投资要提高3.331倍，且通过了1%水平上的显著性检验。模型2显示，在添加控制变量后，有党组织的民营企业，研发投资提高2.01倍，且同样通过了1%水平上的显著性检验，显示了结果的稳健性。在经济新常态下，受国内外大环境的影响，民营企业研发投资意愿不强，投机性较为严重，如何唤醒民营企业的投资热情，推动民营企业优化投资结构，加大研发投资结构，不仅是企业自己的本职使命，也是各级政府应重点考虑的。民营企业党组织可以发挥重要的治理作用，推动投资结构优化，补技术创新短板，这无疑对供给侧结构性改革有重要意义。假设1在整体层面上得到了检验。

本部分还同时对“新三会”推动研发投资进行了验证。总体来看，“新三会”等现代治理结构对研发投资的推动作用同样通过了1%水平上的显著性检验。具体来说，模型3和模型4显示，在没有添加控制变量的情况下，成立董事会的民营企业，在推动研发投资上增加2.075倍，添加控制变量后，这种作用为1.169倍。模型5和模型6显示，在没有添加控制变量的情况下，成立监事会的民营企业，在推动企业研发投资上增加2.323倍，添加控制变量后，这种作用为1.626倍。模型7和模型8显示，在没有添加控制变量的情况下，有股东会的民营企业，在推动企业研发投资上增加91.5%，添加控制变量后，这种作用为1.123倍。再和党组织的作用比较，从系数上来看力度要小得多，这也间接证明了党组织在推动企业转型升级上的重要作用。

再简单分析一下控制变量，在推动企业研发投资力度上，企业出资人是男性的显著高于女性，可能原因是男性更富有冒险精神。出资人年龄越大，越倾向于推动研发投资，虽然有研究认为年龄大的人更倾向于保守，但年长者也具有经验优势和资源优势，对研发投资有助推作用，实证结果显示后者占优。企业出资人自我感觉地位越低（数字为反向指标），越排斥研发投资，客观原因可能是地位低因而在资源获取上有劣势，主观原因可能是出资人因地位低而创新进取动力不足。政治关联与研发投资是正相关关系，这与以往大部分研究一致。出资人是党员身份，与研发投资是正相关关系，可能的原因是党员出资人一方面具有资源获取优势，也更有政治责任感和政策敏锐性，和党委政府的政策保持一致。企业具有商会背景，和研发投资显著正相关，反映了商会在凝聚企业合力上的积极作用。企业的日常管理由出资人来承担，不利于研发投资，可能的原因是出资人被日常繁重的管理任务所羁绊，不利于考虑企业转型升级的重大战略。企业员工数和研发投资正相关，说明大企业更有实力进行研发投资。民间借贷有利于研发投资，反映了当前民间借贷存在的合理性，也说明间接金融体制在服务民营企业上的不足。

2. 党组织和“新三会”对研发投资的影响（协同视角）

表3 党组织与“新三会”对研发投资的影响检验（协同视角）

	模型1	模型2	模型3	模型4	模型5	模型6
Constant	-6.448*** (-36.52)	-5.481*** (-5.899)	-6.176*** (-43.796)	-5.456*** (-5.901)	-5.861*** (-30.391)	-5.437*** (-5.831)
Party	2.337*** (7.257)	1.196** (3.38)	2.779*** (11.384)	1.676*** (6.15)	1.91*** (6.265)	1.081** (3.32)
BOD	1.113*** (4.456)	0.614** (2.326)				
BOS			1.306*** (4.307)	1.189*** (3.789)		
MOS					-0.074 (-0.293)	0.407 (1.541)
*Party * BOD*	1.169** (2.839)	1.166** (2.733)				
*Party * BOS*			0.726* (1.671)	0.417 (0.931)		
*Party * MOS*					2.479*** (6.194)	1.678*** (4.057)
Control	No	Yes	No	Yes	No	Yes
R^2	0.074	0.112	0.072	0.114	0.073	0.116
$Adj-R^2$	0.073	0.109	0.072	0.111	0.072	0.113
F	117.337***	36.518***	114.957***	37.09***	115.675***	37.862***
N	4434	4057	4436	4058	4434	4057

注：为节约篇幅，控制变量不详细列出，下同，如有需要，请向作者索取。

通过上述回归，假设1得到了验证，接下来验证假设2。以党组织和“新三会”交互项来作为治理协同指标。根据假设2分析推测，交互项系数应该是显著正值。同样奇数项为未添加控制变量的回归结果，偶数项为添加控制变量的回归结果，具体情况如表3所示。

模型1和模型2检验了党组织和董事会在推动研发投资上的协同作用。未添加控制变量情况下，交互项的系数为1.169，通过了5%水平上的显著性检验，协同效果显著。添加控制变量后，交互项的系数为1.166，同样通过了5%水平上的显著性检验，验证了治理协同的稳健性。模型 3 和模型 4 检验了党组织和监事会在推动研发投资上的协同作用。未添加控制变量情况下，交互项的系数为 0.726，通过了 10% 水平上的显著性检验，协同效果也较为显著，添加控制变量后，交互项的系数为 0.417，没有通过 10% 水平上显著性检验，但 t 值为 0.931，方向也没有变化，总体仍符合预期。模型 5 和模型 6 检验了党组织和股东会在推动研发投资上的协同作用，回归结果均通过了 1% 水平上显著性检验，未添加控制变量情况下，交互项的系数为 2.479，添加控制变量后，交互项的系数为 1.678，协同效果非常显著。综合对比可发现，党组织和股东会的协同作用最强，和董事会的协同作用次之，和监事会之间协同作用一般。可能的原因是，在实践中，党组织的跨界行为主要体现在和董事会之间的“双向进入、交叉任职”方式，磨合期较长，在治理协同上相对比较成熟。对于和股东会之间的协同作用，中国民营企业一般为家族企业，主要出资人一般占据控股地位，和股东会之间的协调很重要的是表现在和出资人之间的协调，因此在涉及公司大事上的协同性有其合理性。对于和监事会之间的协同，因为监事会一般不参与企业日常经营管理，主要负责监督作用，具有较大的独立性，而党组织在嵌入式治理上，目前主要是参与企业日常决策管理，身份上较难协同。总体来说，假设 2 基本得到验证。

（二）党组织对研发投资的影响（分产业分析）

我国目前已拥有世界上门类最齐全、规模最大的制造业体系，但过去主要是通过嵌入全球价值链（GVC）进行的代工模式，赚取微薄的加工费。“一带一路”开放背景下，需要打造以我为主的国内价值链（NVC）和全球创新链（GIC），利用本土巨大的市场需求，大力进行技术创新，进行价值链攀升和重塑。因此，笔者推测，公司治理组织影响研发投资的规律上，制造业和非制造业可能有一定区别，本节对此进行探索。

1. 党组织和“新三会”对研发投资影响（分产业分类视角）。表 4 的模型 1—4 是制造业样本的检验，模型 5—8 是非制造业样本的检验。可得出如下结论：

表 4　　党组织与“新三会”对研发投资的影响检验（分产业分类视角）

	模型 1	模型 2	模型 3	模型 4	模型 5	模型 6	模型 7	模型 8
	制造业				非制造业			
Constant	-3.137*	-3.516**	-3.346*	-4.235**	-5.183***	-5.397***	-5.308***	-5.477***
	(-1.835)	(-2.039)	(-1.957)	(-2.472)	(-4.994)	(-5.2)	(-5.148)	(-5.274)
Party	1.626***				0.320			
	(3.905)				(1.174)			

续表

	模型 1	模型 2	模型 3	模型 4	模型 5	模型 6	模型 7	模型 8
	制造业				非制造业			
BOD		0.856** (2.167)				0.719*** (3.071)		
BOS			1.461*** (3.641)				1.323*** (5.24)	
MOS				1.939*** (5.257)				0.617*** (2.688)
Control	Yes	Yes	Yes	Yes	Yes	Yes	Yes	Yes
R^2	0.125	0.119	0.123	0.133	0.065	0.068	0.076	0.068
$Adj-R^2$	0.117	0.111	0.116	0.125	0.06	0.064	0.071	0.063
F	16.563***	15.619***	16.33***	17.78***	13.428***	14.162***	15.818***	14.106***
N	1404	1406	1405	1406	2328	2324	2327	2326

第一，党组织对民营企业研发投资的促进作用，主要表现在制造业领域。模型 1 显示，有党组织的民营企业，在研发投资上要提高 1.626 倍，且通过了 1% 水平上显著性检验，而在非制造业领域，没有通过显著性检验。党组织成立与否，在制造业和非制造业领域对研发投资影响有实际性区别。

第二，“新三会”对民营企业研发投资的促进作用，在制造业和非制造业领域都表现较为显著，但力度区别较大，制造业领域的促进作用相对较大。具体来说，董事会的促进作用相比较高出 13.7%，监事会的促进作用高出 13.8%，股东会的作用悬殊最大，达到 1.322 倍。

第三，党组织对研发投资的促进作用，在制造业领域，较董事会、监事会高，略低于股东会。而相比较来说，在“新三会”中，处于公司治理结构核心的董事会作用发挥并不是最大，在制造业领域大幅落后于监事会和股东会，在非制造业领域也大幅落后于监事会，略高于股东会，说明还有进一步治理优化提升空间。

2. 党组织和“新三会”对研发投资的影响（分产业协同视角）。表 5 的模型 1—4 是制造业样本的检验，模型 5—8 是非制造业样本的检验。可得出如下结论：

第一，在推动研发投资的治理协同上，党组织和“新三会”在制造业领域总体上要强于非制造业领域。在制造业领域，党组织和董事会和交叉项、与股东会的交叉项回归系数均为正，且通过了 10% 水平上显著性检验，在非制造业领域，党组织只和股东会的交叉项通过了 5% 水平上显著性检验。

第二，在制造业领域，党组织和董事会、股东会的协同性力度相似，系数相差不大。虽然上节实证检验了董事会对研发投资的影响不如其他两种治理结构大，但和党组织的协同性较高。因为董事会占据公司治理结构的主要位置，党组织与之治理协同是发挥作用的重要前提之一。

第三，无论是在制造业领域还是非制造业领域，监事会和党组织之间在促进研发投资上协同性均没有通过显著性检验，可能的原因是党组织目前作用发挥主要是在指导经营上而非监督上。从 t 值来看，非制造业领域的 t 值要高，因此，如果要提高党组织和监事会的治理协同性，可以选择在非制造业领域作为突破口。由于生产性服务业和制造业相关性较强，可以首先关注这个领域。

表 5　党组织与“新三会”对研发投资的影响检验（分产业协同视角）

	模型 1	模型 2	模型 3	模型 4	模型 5	模型 6
	制造业			非制造业		
Constant	-3.151* (-1.818)	-3.319* (-1.932)	-3.802** (-2.202)	-5.3*** (-5.078)	-5.222*** (-5.043)	-5.11*** (-4.895)
Party	0.813 (1.291)	1.424*** (2.976)	0.843 (1.486)	0.113 (0.273)	-0.011 (-0.034)	-0.334 (-0.879)
BOD	0.179 (0.331)			0.633** (2.254)		
BOS		1.23* (1.922)			1.147*** (3.471)	
MOS			1.187** (2.217)			0.196 (0.696)
*Party * BOD*	1.239* (1.617)			0.230 (0.465)		
*Party * BOS*		0.130 (0.159)			0.391 (0.76)	
*Party * MOS*			1.303* (1.784)			1.212** (2.512)
Control	Yes	Yes	Yes	Yes	Yes	Yes
R^2	0.129	0.131	0.143	0.069	0.076	0.071
$Adj-R^2$	0.12	0.122	0.134	0.063	0.071	0.066
F	14.709***	14.954***	16.576***	12.213***	13.605***	12.679***
N	1404	1403	1404	2323	2326	2324

（三）党组织对研发投资的影响（分区域分析）

我国东部地区和中西部地区在资源禀赋、制度环境、发展基础、市场竞争力、文化环境、对外贸易、地理区位等方面都存在较大差异，东部地区民营经济相对发达，有必要分区域进行对比。

1. 党组织和“新三会”对研发投资影响（分区域分类视角）。表 6 的模型 1—4 是东部地区样本的检验，模型 5—8 是中西部地区样本的检验。可得出如下结论：

表 6　党组织与“新三会”对研发投资的影响检验（分区域分类别视角）

	模型 1	模型 2	模型 3	模型 4	模型 5	模型 6	模型 7	模型 8
	东部				中西部			
Constant	-3.969*** (-3.049)	-4.587*** (-3.49)	-4.159*** (-3.181)	-4.641*** (-3.531)	-6.771*** (-5.231)	-7.344*** (-5.628)	-7.32*** (-5.653)	-7.652*** (-5.852)
Party	2.122*** (6.433)				2.045*** (6.242)			
BOD		1.186*** (3.943)				1.233*** (4.164)		
BOS			1.549*** (4.825)				1.874*** (6.043)	
MOS				1.220*** (4.257)				1.269*** (4.323)
Control	Yes	Yes	Yes	Yes	Yes	Yes	Yes	Yes
R^2	0.109	0.099	0.102	0.1	0.117	0.106	0.116	0.108
$Adj-R^2$	0.104	0.094	0.097	0.095	0.111	0.101	0.11	0.102
F	22.525***	20.205***	20.852***	20.55***	20.094***	18.106***	19.951***	18.326***
N	2223	2224	2223	2224	1839	1835	1837	1836

第一，无论是中部地区，还是中西部地区，党组织对研发投资的促进作用均通过了 1% 水平上显著性检验。具体来说，模型 1 显示，在东部地区，建立党组织的民营企业在推动研发投资上提高 2.122 倍，在中西部，这个推动系数为 2.045 倍，东部地区相比较高出 7.7 个百分点。传统观点认为在市场经济更发达的地区，党组织应该让位于现代企业治理结构，但本文的实证检验否定了这个观点，证明了党组织是适应市场经济发展步伐的。

第二，“新三会”在不同区域对研发投资的影响均通过 1% 水平上显著性检验，但和党组织作用恰恰相反，整体上作用力度在中西部地区表现更强，其中董事会作用相差 4.7%，监事会作用相差 32.5%，股东会作用相差 4.9%。需要指出的是，在“新三会”中，监事会的作用发挥力度最大，在东部地区高于董事会和股东会约 30 个百点，在中西部地区高约 60 个百分点。为什么监事会的作用在中西部表现好？可能的原因是中西部制度环境相对差一些，而研发投资无论是对外部的制度环境，还是对内部的监督，都要求较高，在这方面监事会作用较重要。

第三，在促进研发投资上，无论是在东部，还是在中西部，对比“新三会”，党组织的作用发挥优势都非常明显，这与全国整体层面上的结果相一致。从 t 值来看，党组织推动作用的拟合度也是最高的。这也说明了党组织嵌入到公司治理中，其作用并不分地区，且相对“新三会”，作用发挥更好。

2. 党组织和“新三会”对研发投资的影响（分区域协同视角）。表 7 的模型 1—4 是东部区域样本的检验，模型 5—8 是中西部区域样本的检验。可得出如下结论：

表 7　　党组织与“新三会”对研发投资的影响检验（分区域协同视角）

	模型 1	模型 2	模型 3	模型 4	模型 5	模型 6
	东部			中西部		
Constant	-4.203*** (-3.213)	-3.994*** (-3.068)	-4.017*** (-3.067)	-6.656*** (-5.116)	-6.822*** (-5.281)	-6.714*** (-5.151)
Party	1.441*** (2.882)	1.906*** (5.004)	1.267*** (2.873)	1.036** (2.109)	1.508*** (3.94)	0.802* (1.685)
BOD	0.709* (1.901)			0.561 (1.519)		
BOS		1.241*** (2.797)			1.208*** (2.777)	
MOS			0.519 (1.417)			0.385 (1.025)
*Party * BOD*	0.979* (1.63)			1.452** (2.426)		
*Party * BOS*		0.094 (0.148)			0.896 (1.452)	
*Party * MOS*			1.647*** (2.849)			2.087*** (3.565)

续表

	模型 1	模型 2	模型 3	模型 4	模型 5	模型 6
	东部			中西部		
Control	Yes	Yes	Yes	Yes	Yes	Yes
R^2	0. 115	0. 115	0. 12	0. 126	0. 131	0. 132
$Adj-R^2$	0. 109	0. 109	0. 114	0. 12	0. 125	0. 126
F	20. 504 ***	20. 485 ***	21. 445 ***	18. 78 ***	19. 701 ***	19. 841 ***
N	2222	2221	2221	1834	1836	1835

第一，在推动研发投资的治理协同上，无论是显著性还是力度，中西部地区总体上要强于东部地区。在东部地区，党组织和董事会的交叉项通过了10%水平上显著性检验，与股东会的交叉项通过了1%水平上的显著性检验。在中西部地区，党组织与董事会的交叉项通过了5%水平上显著性检验，和股东会的交叉项通过了1%水平上显著性检验。再看协同性系数，党组织和董事会的交叉系数东部低于西部47. 3%，党组织和股东会的交叉系数东部低于西部44%。可见，虽然党组织在单独作用上东部要强于中西部，但在与“新三会”治理协同性上，在东部地区还是有提升空间。

第二，无论是在东部地区还是在中西部地区，党组织和董事会的协同性要弱于和股东会之间的协同性。在东部地区，两者之间相差66. 8%，在中西部地区，这一数字为63. 5%，考虑到董事会占据公司治理结构的主要位置，和党组织的协同性还需要进一步强化。

第三，无论是东部区域还是中西部区域，监事会和党组织之间在促进研发投资上都没有协同性，但从 *t* 值来看，在中西部地区，*t* 值为1. 452，有了一定程度上的经济学意义。因为我国民营经济最发达的地区是东部，因此党组织在这一方面还需要加强协作，提高内部监督协同水平。

（四）稳健性检验

我们采取以下三种方法进行稳健性检验：

1. 将研发投资由连续变量替换成哑变量，进行Logit检验，在此列出整体层面的检验结果，为节约篇幅，分产业和分区检验未列出，如有需要可向作者索取（其他几项检验也如此）。具体结果如表8、表9所示。

2. 剔除企业出资人是中共党员的样本。企业出资人是党员，可能会倾向于加强党建工作，这样党组织作用发挥或许隐含被放大了，而如果出资人是非党员，党组织的作用发挥就会更加客观，详见表10、表11。

表 8　　党组织与"新三会"对研发投资的影响 Logit 检验（分类视角）

	模型 1	模型 2	模型 3	模型 4	模型 5	模型 6	模型 7	模型 8
Constant	-1.109*** (611.756)	-0.91*** (7.89)	-1.041*** (398.332)	-1.075*** (11.031)	-0.895*** (517.746)	-1.002*** (9.631)	-0.827*** (269.556)	-1.117*** (11.829)
Party	0.937*** (205.04)	0.56*** (50.693)						
BOD			0.577*** (75.874)	0.332*** (20.226)				
BOS					0.627*** (84.132)	0.448*** (35.376)		
MOS							0.216*** (11.037)	0.296*** (17.308)
Control	No	Yes	No	Yes	No	Yes	No	Yes
-2Log-likelihood Ratio	5435.831	4837.595	5566.757	4866.562	5562.725	4852.545	5632.788	4866.692
Cox&Snell R^2	0.046	0.085	0.017	0.078	0.019	0.082	0.002	0.078
Nagelkerke R^2	0.064	0.118	0.024	0.108	0.026	0.113	0.003	0.108
N	4442	4064	4439	4061	4441	4062	4440	4062

表 9　　党组织与"新三会"对研发投资的影响 Logit 检验（协同视角）

	模型 1	模型 2	模型 3	模型 4	模型 5	模型 6
Constant	-1.305*** (380.29)	-0.953*** (8.454)	-1.212*** (542.544)	-0.944*** (8.38)	-1.061*** (239.877)	-0.889*** (7.242)
Party	0.775*** (50.198)	0.426*** (12.09)	0.847*** (107.818)	0.525*** (31.904)	0.548*** (28.793)	0.309*** (7.537)
BOD	0.379*** (17.576)	0.228** (5.456)				
BOS			0.448*** (18.723)	0.419*** (14.425)		
MOS					-0.088 (0.932)	0.079 (0.661)
*Party * BOD*	0.144 (1.09)	0.173 (1.377)				

续表

	模型 1	模型 2	模型 3	模型 4	模型 5	模型 6
*Party * BOS*			0.019 (0.018)	-0.061 (0.16)		
*Party * MOS*					0.673 *** (25.342)	0.446 *** (9.738)
Control	No	Yes	No	Yes	No	Yes
-2Log - likelihood Ratio	5386.78	4814.203	5390.007	4807.101	5387.466	4800.01
Cox&Snell R^2	0.055	0.089	0.055	0.091	0.054	0.092
Nagelkerke R^2	0.076	0.123	0.076	0.126	0.075	0.127
N	4435	4058	4437	4059	4435	4058

表 10　　党组织与“新三会”对研发投资的影响检验（分出资人党员背景分类视角）

	模型 1	模型 2	模型 3	模型 4	模型 5	模型 6	模型 7	模型 8
	党员背景				非党员背景			
Constant	-6.729 *** (-4)	-6.802 *** (-4.038)	-6.159 *** (-3.677)	-6.985 *** (-4.155)	-4.379 *** (-3.948)	-4.861 *** (-4.32)	-4.82 *** (-4.301)	-4.948 *** (-4.384)
Party	1.575 *** (3.927)				2.216 *** (7.648)			
BOD		1.624 *** (4.171)				0.843 *** (3.357)		
BOS			2.136 *** (5.497)				1.183 *** (4.289)	
MOS				1.731 *** (4.653)				0.753 *** (3.079)
Control	Yes	Yes	Yes	Yes	Yes	Yes	Yes	Yes
R^2	0.074	0.076	0.084	0.08	0.119	0.103	0.105	0.102
Adj - R^2	0.067	0.069	0.077	0.073	0.115	0.099	0.101	0.099
F	10.427 ***	10.68 ***	11.975 ***	11.25 ***	32.021 ***	27.162 ***	27.87 ***	27.064 ***
N	1440	1439	1440	1437	2622	2620	2620	2623

表 11　党组织与"新三会"对研发投资的影响检验（分出资人党员背景协同视角）

	模型 1	模型 2	模型 3	模型 4	模型 5	模型 6
	党员背景			非党员背景		
Constant	-6.546 *** (-3.837)	-6.296 *** (-3.743)	-6.828 *** (-4.032)	-4.582 *** (-4.11)	-4.627 *** (-4.162)	-4.433 *** (-3.962)
Party	0.852 (1.391)	1.19 ** (2.556)	1.019 * (1.775)	1.495 *** (3.254)	2.126 *** (6.188)	1.136 *** (2.776)
BOD	0.918 (1.505)			0.459 * (1.609)		
BOS		1.835 *** (2.573)			0.975 *** (2.874)	
MOS			1.12 *** (1.85)			0.184 (0.645)
*Party * BOD*	1.02 (1.309)			1.054 * (1.882)		
*Party * BOS*		0.172 (0.203)			-0.061 (-0.107)	
*Party * MOS*			0.87 (1.141)			2.017 *** (3.789)
Control	Yes	Yes	Yes	Yes	Yes	Yes
R^2	0.085	0.09	0.09	0.123	0.123	0.127
$Adj-R^2$	0.077	0.082	0.081	0.118	0.118	0.123
F	10.233 ***	10.91 ***	10.78 ***	28.061 ***	28.067 ***	29.208 ***
N	1438	1439	1436	2618	2618	2620

3. 剔除企业研发投资为零的样本。企业研发投资为零，可能会使计量检验产生偏误，剔除后的检验结果如表 12、表 13 所示。

表 12　党组织与"新三会"对研发投资的影响检验（有研发投资样本分类视角）

	模型 1	模型 2	模型 3	模型 4	模型 5	模型 6	模型 7	模型 8
Constant	4.14 *** (56.964)	2.958 *** (6.763)	4.085 *** (48.112)	2.515 *** (5.715)	4.475 *** (70.465)	2.8 *** (6.355)	4.318 *** (53.442)	2.658 *** (6.032)
Party	1.183 *** (12.079)	0.741 *** (7.144)						

续表

	模型 1	模型 2	模型 3	模型 4	模型 5	模型 6	模型 7	模型 8
BOD			1.068 *** (10.244)	0.715 *** (7.037)				
BOS					0.832 *** (8.099)	0.52 *** (5.26)		
MOS							0.771 *** (7.485)	0.592 *** (6.071)
Control	No	Yes	No	Yes	No	Yes	No	Yes
R^2	0.09	0.236	0.067	0.235	0.043 ***	0.223	0.037	0.228
$Adj-R^2$	0.09	0.229	0.066	0.228	0.042 ***	0.216	0.036	0.222
F	145.91 ***	34.98 ***	104.937 ***	34.844 ***	65.596 ***	32.547 ***	56.019 ***	33.551 ***
N	1472	1372	1474	1373	1474	1373	1473	1372

表 13　党组织与“新三会”对研发投资的影响检验（有研发投资样本协同视角）

	模型 1	模型 2	模型 3	模型 4	模型 5	模型 6
Constant	3.735 *** (34.505)	2.678 *** (6.093)	4.021 *** (47.662)	2.879 *** (6.575)	3.812 *** (35.038)	2.725 *** (6.211)
Party	0.813 *** (4.909)	0.538 *** (3.224)	0.954 *** (7.776)	0.669 *** (5.399)	1.02 *** (6.58)	0.699 *** (4.516)
BOD	0.708 *** (4.944)	0.548 *** (3.925)				
BOS			0.43 *** (2.681)	0.416 *** (2.691)		
MOS					0.577 *** (3.987)	0.549 *** (3.923)
*Party * BOD*	0.344 * (1.681)	0.199 (1.003)				
*Party * BOS*			0.313 * (1.616)	0.028 (0.141)		
*Party * MOS*					0.175 (0.878)	0.009 (0.048)
Control	No	Yes	No	Yes	No	Yes
R^2	0.136	0.259	0.115	0.246	0.118	0.254
$Adj-R^2$	0.134	0.251	0.113	0.239	0.117	0.246
F	76.738 ***	33.802 ***	63.319 ***	31.696 ***	65.643 ***	32.944 ***
N	1471	1371	1471	1371	1469	1369

五、进一步探索

虽然党组织和“新三会”在推动研发投资上有一定的协同性，但这种协同作用能否体现在推动企业的绩效提升上？本部分进行深入探讨。主要包括三个方面：一是党组织和“新三会”对民营企业绩效作用如何；二是党组织和“新三会”对民营企业绩效作用的协同性如何；三是党组织、“新三会”、研发投资三者在对民营企业绩效作用中的协同性如何。

（一）党组织和“新三会”对绩效影响的分类检验

为了检验党组织和“新三会”对绩效的分类影响，设计计量模型如下：

$$\begin{cases} Performance = \omega_0 + \omega_1 Party + \omega_i Control + \varepsilon \\ Performance = \nu_0 + \nu_1 BOD + \nu_i Control + \varepsilon \\ Performance = \xi_0 + \xi_1 BOS + \xi_i Control + \varepsilon \\ Performance = \psi_0 + \psi_1 MOS + \psi_i Control + \varepsilon \end{cases}$$

企业绩效（*Performance*）：根据调查问卷的数据，将企业绩效分为销售指标（*Sales*）和净利润指标（*Profit*）。用两个指标来衡量企业绩效，主要是考虑到不同的企业追求的目标可能不同，对于大企业来说，企业利润可能是其追求的主要目标，但对于面广量大的中小微企业而言，研发投资未必是希望立刻获得高的利润额，很可能是追求企业的成长和扩大企业的销售规模。此外，改革开放以后诞生的民营企业一般年龄均不太长，财务制度、公司报表等都不一定很规范，采用多个指标可以避免部分数据的不准确而导致实证结果出现偏差。计划模型中其他变量和前面相同。

表 14　党组织与“新三会”对绩效的影响（分类视角）

	模型 1	模型 2	模型 3	模型 4	模型 5	模型 6	模型 7	模型 8
	销售额				净利润			
Constant	4.761*** (12.73)	4.374*** (11.645)	4.59*** (12.137)	4.565*** (11.953)	3.368*** (7.056)	3.102*** (6.48)	3.214*** (6.715)	3.219*** (6.667)
Party	1.136*** (12.186)				0.896*** (7.583)			
BOD		0.932*** (10.883)				0.686*** (6.298)		
BOS			0.56*** (6.13)				0.444*** (3.837)	

续表

	模型 1	模型 2	模型 3	模型 4	模型 5	模型 6	模型 7	模型 8
	销售额				净利润			
MOS				0.111 (1.322)				0.049 (0.461)
Control	Yes	Yes	Yes	Yes	Yes	Yes	Yes	Yes
R^2	0.264	0.259	0.245	0.24	0.173	0.169	0.163	0.161
$Adj-R^2$	0.262	0.257	0.243	0.237	0.17	0.166	0.161	0.158
F	129.602***	126.263***	117.498***	113.746***	67.754***	65.929***	63.329***	62.148***
N	4346	4345	4346	4346	3908	3906	3907	3906

表 14 中模型 1—4 为对销售收入的实证，模型 5—8 为对净利润的实证，可以发现：

第一，党组织对绩效提升有显著的正向推动作用。无论是对销售额，还是对净利润，党组织的回归系数均通过了 1% 水平上显著性检验。从推动力度上来看，成立党组织的民营企业在销售额上提高 1.136 倍，在净利润上提高 89.6%。可见党组织跨界参与公司治理在经济学意义上的合理性。

第二，从“新三会”推动作用来看，董事会和监事会都通过了 1% 水平上的显著性检验，但股东会却不具备统计学上的意义。从推动力度上来看，董事会的作用相对较大，成立与否对销售额和净利润提升力度分别为 93.2% 和 68.6%，监事会的作用次之，成立与否对销售额和净利润提升力度分别为 56% 和 44.4%。

第三，比较来看，无论是党组织，还是董事会、监事会，在推动销售额上的力度均大于净利润，即量的扩张要高于质的提升。从几种公司治理组织对比来看，党组织的作用要高于“新三会”的作用。因此，党组织参与民营企业的公司治理，从经济利益角度来看，是有利的，因而也会得到企业出资人的欢迎。

（二）党组织和“新三会”对绩效影响的协同检验

为了检验党组织和“新三会”对绩效影响的协同性，设计计量模型如下：

$$\begin{cases} Performance = \chi_0 + \chi_1 Party + \chi_2 BOD + \chi_3 Party \times BOD + \chi_i Control + \varepsilon \\ Performance = \eta_0 + \eta_1 Party + \eta_2 BOS + \eta_3 Party \times BOS + \eta_i Control + \varepsilon \\ Performance = \kappa_0 + \kappa_1 Party + \kappa_2 MOS + \kappa_3 Party \times MOS + \kappa_i Control + \varepsilon \end{cases}$$

表 15 中模型 1—3 分别检验党组织和“新三会”的协同作用对销售额的影响，模型 4—6 分别检验党组织和“新三会”的协同作用对净利润的影响。可以看出，两种情况下，均只有党组织和股东会之间在推动销售绩效提升时有协同作

用，通过了1%水平上显著性检验。结合上一节的回归结果，可以发现公司治理结构在推动企业绩效提升上主要还是各自为战，没有形成整体合力。

表15　　党组织与“新三会”对绩效的影响（协同视角）

	模型1	模型2	模型3	模型4	模型5	模型6
	销售额			净利润		
Constant	4.531*** (12.167)	4.75*** (12.683)	4.879*** (12.869)	3.254*** (6.795)	3.375*** (7.058)	3.523*** (7.275)
Party	1.03*** (7.353)	1.032*** (9.466)	0.823*** (6.313)	0.785*** (4.378)	0.784*** (5.665)	0.586*** (3.54)
BOD	0.840*** (7.835)			0.593*** (4.31)		
BOS		0.343*** (2.662)			0.22 (1.325)	
MOS			-0.155 (-1.429)			-0.211 (-1.529)
Party * *BOD*	0.053 (0.31)			0.088 (0.404)		
Party * *BOS*		0.132 (0.731)			0.196 (0.85)	
Party * *MOS*			0.566*** (3.394)			0.56*** (2.639)
Control	Yes	Yes	Yes	Yes	Yes	Yes
R^2	0.281	0.267	0.266	0.18	0.174	0.174
$Adj-R^2$	0.279	0.265	0.264	0.177	0.171	0.171
F	120.812***	112.88***	112.213***	60.79***	58.515***	58.584***
N	4341	4342	4341	3902	3903	3901

（三）公司治理组织和研发投资对绩效影响的协同检验

为了检验公司治理组织和研发投资对绩效影响的协同性，设计计量模型如下：

$$\begin{cases} Performance = \nu_0 + \nu_1 Party + \nu_2 R\&D + \nu_3 Party \times R\&D + \nu_i Control + \varepsilon \\ Performance = \mu_0 + \mu_1 Party \times BOD + \mu_2 R\&D + \mu_3 Party \times BOD \times R\&D + \mu_i Control + \varepsilon \\ Performance = \varpi_0 + \varpi_1 Party \times BOS + \varpi_2 R\&D + \varpi_3 Party \times BOS \times R\&D + \varpi_i Control + \varepsilon \\ Performance = \vartheta_0 + \vartheta_1 Party \times MOS + \vartheta_2 R\&D + \vartheta_3 Party \times MOS \times R\&D + \vartheta_i Control + \varepsilon \\ Performance = \zeta_0 + \zeta_1 Party \times BOD \times BOS \times MOS + \zeta_2 R\&D \\ \qquad + \zeta_3 Party \times BOD \times BOS \times MOS \times R\&D + \zeta_i Control + \varepsilon \end{cases}$$

大量文献证明了研发投资对绩效的重要作用，本文前面也通过实证验证了，党组织和董事会等治理组织在推动研发投入上具有较为显著的作用，以及部分协同作用，这是不是证明了，党组织与“新三会”在推动企业绩效提升上和研发投资的协调性也是正向的？现实中，从研发投资到研发成果再到市场应用有很长的距离（Nanda 和 Rhodes，2013），因此，验证党组织和“新三会”在研发投资和绩效之间的调节作用，即是把目光投向研发投资后的这一段距离，很有必要。因为本文主要研究目标是党组织在治理中的作用，所以将协同范围定在党组织和各类治理组织与研发投资的协同性检验上。

表 16　　党组织、治理协同、研发投资与企业绩效（协同视角）

	模型 1	模型 2	模型 3	模型 4	模型 5	模型 6	模型 7	模型 8	模型 9	模型 10
	销售额					净利润				
Constant	5.526*** (13.935)	5.545*** (14.032)	5.508*** (13.834)	5.474*** (13.746)	5.502*** (13.815)	4.123*** (8.198)	4.093*** (8.15)	4.091*** (8.132)	4.07*** (8.088)	4.072*** (8.097)
R&D	0.111*** (11.673)	0.102*** (12.138)	0.101*** (13.352)	0.101*** (12.464)	0.1*** (13.579)	0.114*** (9.605)	0.102*** (9.761)	0.108*** (11.499)	0.107*** (10.608)	0.107*** (11.619)
Party	0.734*** (6.505)					0.574*** (4.097)				
*Party * BOD*		0.929*** (8.226)					0.722*** (5.106)			
*Party * BOS*			0.63*** (4.957)					0.486*** (3.071)		
*Party * MOS*				0.592*** (5.132)					0.437*** (3.032)	
*Party * BOD * BOS * MOS*					0.668*** (4.898)					0.534*** (3.141)
*Party * R&D*	-0.047*** (-3.574)					-0.016 (-0.971)				

续表

	模型 1	模型 2	模型 3	模型 4	模型 5	模型 6	模型 7	模型 8	模型 9	模型 10
	销售额					净利润				
*Party * BOD * R&D*		-0.044 *** (-3.261)					0.006 (0.381)			
*Party * BOS * R&D*			-0.047 *** (-3.028)					-0.001 (-0.057)		
*Party * MOS * R&D*				-0.039 *** (-2.745)					0.001 (0.075)	
*Party * BOD * BOS * MOS * R&D*					-0.049 *** (-2.907)					0.01 (0.461)
Control	Yes	Yes	Yes	Yes	Yes	Yes	Yes	Yes	Yes	Yes
R^2	0.297	0.3	0.288	0.288	0.287	0.205	0.205	0.201	0.201	0.201
$Adj-R^2$	0.295	0.297	0.285	0.286	0.285	0.202	0.202	0.198	0.198	0.198
F	116.15 ***	117.623 ***	111.009 ***	111.162 ***	110.655 ***	64.036 ***	64.241 ***	62.621 ***	62.53 ***	62.613 ***
N	3858	3859	3860	3858	3860	3492	3492	3493	3491	3493

表 16 中模型 1 至模型 5 为公司治理与研发投资交叉项对销售额的回归，模型 6—10 为公司治理与研发投资的交叉项对净利润的回归。回归结果显示，在影响销售绩效上，公司治理与研发投资之间的摩擦力超过协同性，整体呈负面放大效应，均通过了 1% 水平上的显著性检验，而对净利润绩效上回归结果并不显著。具体来说，模型 1 验证的是党组织与研发投资协同性问题；模型 2 验证的是党组织、董事会和研发投资的协同性问题；模型 3 验证的是党组织、监事会和研发投资协同性问题；模型 4 验证的是党组织、股东会和研发投资协同性问题；模型 5 验证的是整体治理组织和研发投资协同性问题，从负面作用大来说，各交叉项系数大小接近，但仍有细微差别，就是全部治理结构放到一起与研发投资之间摩擦力最大。为什么会出现这种情况呢？可能的解释有，一是研发活动的复杂性，对公司治理要求较高。研发投资并不能等同于研发产出，资金进入研发领域，还需要科研部门和研发人员进行艰苦的探索活动，这是一个非常复杂的过程，对公司各种治理组织协调、组织、引导的要求很高，而可能在这个研发过程中，党组织参与的治理结构和研发投资之间并没有配合好，还有进一步改进提升的空间。二是市场活动的复杂性，对公司治理的要求也比较高。研发投资即使能在关键的技术、产品、工艺上做出突破，但这些科技成果市场化应用还是一项长期的过程，如何打通研发产品到市场化应用这个通道，对公司治理要求也很高，

需要各种治理组织能协调一致地做好引导、服务工作。而从实证结果来看，显然中国的民营企业在这方面还有进一步改进的空间。而为什么只对销售有影响，但对净利润无影响？也可解释为研发投资是内延式增长，即使销售额上不去，但生产活动的内在附加值和科技含量增加，可以在利润上对此进行对冲。

六、研究结论与启示

本文的研究有以下重要发现：（1）在促进研发投资分类作用上。从全国层面来看，党组织和“新三会”等治理组织都有显著的促进作用，但在力度上，党组织的作用发挥相对更突出。分产业来看，党组织对研发投放的促进作用主要表现在制造业领域，在非制造业领域作用不显著，“新三会”虽然在非制造业领域的促进作用依然显著，但作用力度要小于制造业领域。分区域来看，党组织和“新三会”在不同区域促进作用均显著，但力度上却表现出相反规律，党组织在东部地区表现更突出，“新三会”在中西部地区表现更突出。（2）在促进研发投资的协同性上。从全国层面来看，党组织和股东会、董事会的协同性均通过显著性检验。分产业来看，党组织和董事会的协同作用主要体现在制造业领域，在非制造业领域不显著。和股东会的协同作用均显著，但在制造业领域协同作用大于非制造业领域。分区域来看，党组织和董事会、股东会的协同性均通过显著性检验，但协同力度上中西部地区要强于东部地区。无论是总体层面，还是分产业、分区域层面，党组织和监事会之间协同性均不显著。（3）在绩效作用上。从分类角度看，无论以销售指标还是净利润指标衡量，党组织、董事会、监事会分类作用均呈现显著的正向作用，其中对销售额作用强于对净利润作用，从结构上看党组织的作用强于董事会、监事会的作用，而股东会的作用则均不显著。从治理组织的协同性上看，党组织只和股东会有正向协同作用，对销售额和净利润作用力度基本一致。从和研发投资变量的协同作用看，公司治理结构和研发投资之间协同性在推动销售绩效上均显著为负。综合以上可以看出，在推动研发投资上，党组织在公司治理结构中发挥着积极的作用，和“新三会”的现代企业结构协同性也较好，但在调节研发投资促进绩效提升上，则需要改进。

伴随着改革开放的步伐，广大民营企业已经成为我国技术创新的生力军、吸收就业的主渠道和推动经济发展的强大动力，但民营企业特别是中小微民营企业发展却面临着融资难、融资贵、用工难、用工贵，研发动力不足，公司治理不规范等诸多困难，家族式治理较为普遍，党建工作不完善，这些都制约了企业进一步发展壮大和产业升级。因此，本文的研究有着非常重要的政策性含义，即在推动企业加强研发投资谋求转型升级上，应该抓住民营企业党组织建设这个关键点加强改革创新，一是要大力加强民营企业党组织建设，鼓励党组织在民营企业内部进行跨界工作，把党组织作用发挥与“新三会”等现代公司治理结构有效结合起来，不仅要充分发挥每一类治理组织的作用，也要注重各类治理组织之间的协同作用。二是既要关注制造业领域民营企业党组织作用，也要关注非制造业领域民营企业党组织作用，特别是对我国制造业转型升级作用较大的生产性服务业，让非制造业领域的党组织也能有效发挥作用。三是要注重区域之间党组织工作的平衡。尤其是在东部地区，市场的力量强一点，民营企业党组织作用发挥可能受到的质疑多一些，党组织与其他治理结构之间的协同作用发挥会受到一些负面的影响，因此需要进一步加强宣传引导和制度环境建设。四是提升党组织和监事会之间的协同性，打造党组织与监事会对企业的监督合力。五是对党组织参与公司治理的协同作用，从推动研发投资单项目标提升转向同步推动研发投资的绩效提升，这既包括研发过程的效率，也包括研发成果的转换，将推动研发投资数量进一步引导到提升绩效的路子上来。

参考文献

[1] 陈东：“私营企业出资人背景、投机性投资与企业绩效”，《管理世界》2015 年第 8 期，第 97—119 页。

[2] 程博、宣扬、潘飞：“国有企业党组织治理的信号传递效应——基于审计师选择的分析”，《财经研究》2017 年第 43 期，第 69—80 页。

[3] 戴维奇、刘洋、廖明情：“烙印效应：民营企业谁在‘不务正业’?”，《管理世界》2016 年第 5 期，第 99—115 页。

[4] 单锋：“传统文化视域下的企业和谐管理研究”，《管理世界》2015 年第 7 期，第 182—183 页。

[5] 党建平：“质量明显提高　活力持续增强（权威解读）”，《人民日报》2015 年 6 月 30 日。

[6] 杜鑫：“民营制造企业为何创新乏力?”，《工人日报》2015 年 9 月 15 日。

[7] 范子英、田彬彬：“政企合谋与企业逃税：来自国税局长异地交流的证据”，《经济学(季刊)》2016 年第 4 期，第 1303—1328 页。

[8] 韩冬冬：“非公党建要以促进非公经济发展为关键”，《理论观察》2017 年第 1 期，第51—53 页。

[9] 侯旭华：“论新形势下企业党员保持先进性的实现途径”，《经营管理者》2013 年第 20 期，第 314—314 页。

[10] 蒋铁柱、沈桂龙：“企业党建与公司治理的融合”，《社会科学》2006 年第 1 期，第 144—153 页。

[11] 李丰团：“政府干预企业投资行为的制度背景、基础和路径”，《财会通讯》2013 年第 24 期，第 126—128 页。

[12] 李刚：“企业党建为发展添动力”，《人民日报》2016 年 6 月 17 日。

[13] 梁建、陈爽英、盖庆恩：“民营企业的政治参与、治理结构与慈善捐赠”，《管理世

界》2010 年第 7 期，第 109—118 页。

［14］刘瑶：“坚持劳资兼顾协调劳资关系——私营企业中党组织发挥政治核心作用的立足点”，《唯实》2007 年第 5 期，第 29—31 页。

［15］刘志彪、陈柳：“政策标准、路径与措施：经济转型升级的进一步思考”，《南京大学学报（哲学·人文科学·社会科学）》2014 年第 51 期，第 48—56 页。

［16］龙小宁、杨进：“党组织、工人福利和企业绩效：来自中国民营企业的证据”，《经济学报》2014 年第 2 期，第 150—169 页。

［17］陆浩：“积极探索新形势下加强非公有制企业党建工作的有效途径”，《求是》2011 年第 3 期，第 15—17 页。

［18］马连福、王元芳、沈小秀：“国有企业党组织治理，冗余雇员与高管薪酬契约”，《管理世界》2013 年第 5 期，第 100—115 页。

［19］诺斯：《经济史中的结构与变迁》，上海三联书店、上海人民出版社 1994 年版。

［20］秦刚：“坚持党的领导是中国特色社会主义的最本质特征”，《求是》2016 年第 12 期，第 8—10 页。

［21］汪敏、陈浩、陈东：“金融分权对中国民间投资的空间溢出效应”，《山西财经大学学报》2017 年第 39 期，第 40—54 页。

［22］王钦敏：“深入贯彻落实党的十八大精神为民营经济健康发展营造良好环境——在 2012—2013 年中国民营经济发展形势分析会上的演讲”，《中央社会主义学院学报》2013 年第 2 期，第 8—11 页。

［23］王永丽、郑婉玉：“双重角色定位下的工会跨界职能履行及作用效果分析”，《管理世界》2012 年第 10 期，第 130—145 页。

［24］吴婷：“新经济形势下加强民营企业党建工作的思考”，《经济研究导刊》2009 年第 32 期，第 7—8 页。

［25］习近平：“以更大力度扎实做好非公有制企业党的建设工作”，《党建研究》2012 年第 4 期，第 4—5 页。

［26］张承耀：“民营企业与政党组织的高度融合——浙江万向集团党组织建设模式案例分析”，《经济管理》2008 年第 Z2 期，第 136—142 页。

［27］中共中央办公厅：《关于加强和改进非公有制企业党的建设工作的意见：试行》，人民出版社 2012 年版。

［28］中共中央档案馆编：《中共中央文件选集》，中共中央党校出版社 1991 年版。

［29］周海江：“现代企业制度的中国化研究”，中国社会科学院研究生院 2014 年。

［30］周海江：“用‘红色品格’推动科学发展”，《红旗文稿》2010 年第 7 期，第 31—32 页。

［31］Ancona D G. 1990, Outward Bound: Strategic For Team Survival In An Organization. *Academy of Management Journal*, 33 (2): 334—365.

［32］Chang E C, Wong S M L. 2004, Political Control And Performance In China's Listed Firms. *Journal of Comparative Economics*, 32 (4): 617—636.

［33］De Wit B, Meyer R., 2010, Strategy Synthesis: Resolving Strategy Paradoxes To Create

Competitive Advantage. *Cengage Learning Emea.*

[34] Nanda R, Rhodes - Kropf M. 2013, Investment Cycles And Startup Innovation. J*ournal of Financial Economics*, 110 (2): 403—418.

[35] Opper S, Wong S M L, Ruyin H. Party Power, Market and Private Power: Chinese Communist Party Persistence In China's Listed Companies. *Research in Social Stratification and Mobility*, 2002, 19: 105—138.

[36] Roussanov N. , 2010, Diversification And Its Discontents: Idiosyncratic And Entrepreneurial Risk In The Quest For Social Status. *The Journal of Finance*, 65 (5), 1755—1788.

[37] Wang H. , Feng J. , Liu X. , Zhang R. , 2011, What Is The Benefit Of Tmt'S Governmental Experience To Private - Owned Enterprises? evidence from China. *Asia Pacific Journal of Management*, 28 (3), 555—572.

民营经济在改革开放中的标志性意义：以江苏省为例[①]

1979年1月17日，邓小平会见胡厥文、胡子昂、荣毅仁等工商界领导人，谈道："要发挥原工商业者的作用""落实政策以后，工商界还有钱，有的人可以搞一两个工厂""总之，钱要用起来，人要用起来""要引进国外的先进技术和资金"。这次谈话，后来整理成《搞建设要利用外资和发挥原工商业者的作用》一文，发表在《邓小平文选》第二卷。这次讲话，离党的十一届三中全会结束刚刚26天，在编排上，只隔着一篇关于祖国统一的元旦讲话，可见其地位重要，也可以从中感悟到邓小平当时的思路。这篇短短的讲话，既讲到外资，又讲到民资。而外资其实也是民资，是国外的民资。这说明，邓小平在思考改革方向的时候，首先想到了民营经济。但是，这篇讲话当时并未广泛传播，在当时环境下发展民营经济也不可能立即形成普遍的政策。后来，在不断解放思想、大胆实践的过程中，民营经济才逐步发展壮大。改革开放40年，江苏一直是全国经济增长最快、发展态势最好的省份之一，这其中，民营经济立下了汗马功劳，本文结合江苏发展实际，研究民营经济与改革开放的关系。主要的结论是，民营经济在改革开放中具有标志性的意义。也就是说，改革开放之前，没有民营经济；有改革开放，才有民营经济；有民营经济，才谈得上改革开放。

一、民营经济的恢复发展是改革开放进程的标志

从新中国成立到1978年前，总体上讲，全国个体私营经济基本被当作"资本主义尾巴"割掉了。党的十一届三中全会前中央经济工作会议，邓小平同志初步提出了"先富起来"的思想，以此作为突破口，原本要割掉的"资本主义尾巴"得到了政策的支持。1978年，党的十一届三中全会正式开启了改革开放历

---

① 本文作者邵军。

史性新时期，民营经济的萌芽也就在此时拉开了序幕。民营经济从无到有破茧而出，以及后来的快速发展，都得益于我们党始终坚持解放思想、实事求是的思想路线，逐步深化对民营经济地位和作用的认识并加以制度化。得益于国家政策上一以贯之的市场化取向，激发和保护民营企业家精神。发展市场经济必然要打破公有制经济一统天下的局面，发展个体、私营经济等多种经济成分。因此，民营经济的恢复发展也是改革开放进程的标志。

个体经济的萌生发展成为改革开放起步阶段的标志。中国的经济改革，首先是从农村起步的。当时江苏已经有了社队企业，实行以工补农，农民的贫困问题相对好一些，尤其是苏南，农村地下的农民副业、集市贸易等广大农村社员个体经济活动纳入政策允许范围，成为人民公社“必要补充部分”，有效培育了个体经济的活动氛围，实行大包干的要求并不迫切。但是，当时城镇人民生活不便的问题很突出，理发难、洗澡难等问题困扰着政府，这成了恢复个体经济的最初动因。于是便有了“破墙开店”等措施。同时，知识青年返城就业，江苏采取了劳动部门集体所有制就业、三五个青年合作谋业和个体自谋生路“三结合”的就业方法，也促成了最初的城镇个体工商户的诞生。政府也大胆解放思想，在信贷、税收、商业、粮食、物资工商管理等政策上给予了相应的支持，这些多重因素共同促成了江苏民营经济在 4 年内得以快速恢复（1978—1981 年）。1978 年，江苏个体户为 2.3 万户，从业人员 3 万人。1981 年，达到 9.2 万户，从业人员近 10 万人。分别比 1978 年增长了 4.02 倍和 3.3 倍，年平均递增分别为 59.03%、48.88%。当然，由于政策与执行、政策和社会状况和社会观念不是直线带动拉动关系，中间存在着反复、曲折、落差，个体经济的总量和生产总值与国营经济相比还是微乎其微的，在恢复阶段，它们正在蓄积力量，整装待发。

个体经济快速增长和私营经济的萌生发展成为改革开放进一步前行的标志。改革的初步成果体现为 1982 年《中华人民共和国宪法》（以下简称《宪法》）第十一条：“在法律规定范围内的城乡劳动者个体经济，是社会主义公有制经济的补充。国家保护个体经济的合法的权利和利益。”这个“补充论”的突破，促进了个体经济进入快速增长阶段，1985 年江苏个体户达 79.8 万户，从业人员达 108.7 万人，带来了城乡市场的初步繁荣。1988 年《宪法》修正案第十一条增加规定：“国家允许私营经济在法律规定的范围内存在和发展。私营经济是社会主义公有制经济的补充。国家保护私营经济的合法的权利和利益，对私营经济实行引导、监督和管理。”补充之外，又加了允许。这个阶段，江苏民营企业开始起步。其实，在此之前，江苏再一次发挥了解放思想的勇气，在大力快速发展个体经济的同时，并没有阻遏私营经济的最早萌芽，而是顶住争议，排除干扰，用好党中央“看一看”和“三不”政策精神，用好 1982 年至 1985 年党中央连续出台的四个农村“1号文件”精神，用好乡镇企业中“个人企业”的政策，使得“私营经济”在没有正式国家政策允许之前，隐藏在城乡个体工商大户、民营科技服务机构、农村专业户、乡镇企业概念中的个人企业以及戴乡镇企业“红帽子”“一脚踢”承包乡镇企业、苏北“双轨并进、四轮齐转”耿车模式之中的户办企业、联户办企业、村办企业及新经济联合体等多种名目之下，并得以快速发展。这一阶段，江苏私营经济市场动力强，自发动力足，发展速度快，出现了最早的一批有胆识有才智的私营企业家。1988年私营企业为4500家，1990年则接近7000家。

江苏的民营企业虽然起步较晚，原生型的民营企业不多，但是通过乡镇企业改制，产生了一批起点比较高的民营企业。1984年，时任省委书记韩培信同志在无锡堰桥调研，总结推广了“一包三改”经验，推动了江苏乡镇企业第一次飞跃。1992年之后，又通过量化部分股权给经营团队并逐步加以规范推进了乡镇企业改制，形成了一批改制的民营企业。1992年10月，江苏省首次出台《关于鼓励支持我省个体私营经济进一步健康发展的意见》。1992年，江苏省个体工商户达87.77万户，从业人员达131.22万人，注册资金25.72亿元，总产值为37.17亿元。1994年个体户为136.3万户，从业人员为215.71万人，注册资金61.34亿元，总产值为73亿元，此后，个体户大体在140万到160万户之间。私营企业，1993年为12779户，从业人员14.97万人，注册资金为26.27亿元，总产值为18.18亿元；1994年为27692户，从业人员31.28万人，注册资金为69.56亿元，总产值为62.85亿元；1998年则超过10万户，达10.7万户，从业人员133.7万人，注册资本491.9亿元。同时，江苏民营企业的发展质量有较大提高，民营科技企业发展态势很好，数量多、层次高、前景好，1996年达到5820户，1997年发展为近7000户，数量居全国第2位。党的十一届三中全会以来，江苏大概用20年时间，实现了民营经济从无到有的根本性变化。

二、民营经济的重要地位是基本经济制度的标志

正是因为有了民营经济以及外资的发展，改变了中国经济的所有制结构，1997年，党的十五大明确了社会主义初级阶段的基本经济制度是“社会主义公有制为主体、多种所有制经济共同发展”。继而，1999年《宪法》修正案第十一条修改为：“在法律规定范围内的个体经济、私营经济等非公有制经济，是社会主义市场经济的重要组成部分。”“国家保护个体经济、私营经济的合法的权利和利益。国家对个体经济、私营经济实行引导、监督和管理。”这意味着民营经济成为基本经济制度的重要组成部分。

1998年以后，江苏私营企业继续快速增长，1999年为13.6万户，2000年为

17.4万户，2001年为26.7万户，2002年达28.7万户。2000年，江苏省首次召开私营个体经济工作会议，提出“放心、放胆、放手、放开、放宽、放活”的“六放”方针，为民营经济发展营造了良好氛围。2004年《宪法》修正案第十一条进一步修改为：“国家保护个体经济、私营经济的合法的权利和利益。国家鼓励、支持和引导非公有制经济的发展，并对非公有制经济依法实行监督和管理。”第十三条修改为：“公民的合法的私有财产不受侵犯。”这是在《宪法》层面对民营经济的最大保护。在统一战线表述中则增加“社会主义事业的建设者”。2003年底，江苏私营企业为34.37万户，私营个体经济增加值为3800亿元，占30.5%。2004年，江苏召开了民营经济工作会议，首次以民营经济为会议名称。民营经济这个概念，有人认为是要回避私营企业的“私”，笔者认为提出这个概念，主要是对应于国有、国营的概念。相对来说，民营经济的概念比较宽泛，包含了工商登记中的个体、私人独资、合伙、股份制企业等。作为一个宏观经济中的概念，是有清晰内涵和边界的。这次民营经济工作会议，是继2000年全省私营个体经济工作会议之后，召开的又一次事关全局的重要会议，是对民营经济发展的再动员、再部署，在全省兴起了民营经济发展的新高潮。2004年，江苏民营经济在克服困难中继续健康发展，私营企业户数达到41.8万户，注册资本5351亿元，增长47.3%；个体户新增27.2万户，达164.5万户。

2005年2月，国务院首次颁发了《关于鼓励支持和引导个体私营等非公有制经济发展的若干意见》，这是一部全面促进非公有制经济发展的重要的政策性文件，对于推动非公有制经济跨入历史发展的新阶段，实现更快更好的发展，具有重要的现实意义和深远的历史影响。其从七个方面具体提出了促进非公有制经济发展的重要政策措施，包括：贯彻平等准入、公平待遇原则；拓宽融资渠道，改进金融服务；健全服务体系，改善发展环境；维护企业合法权利，保障职工合法权益；提高企业素质，引导健康发展；改进监督管理，规范监管行为；转变政府职能，加强指导协调等。在宏观环境不断改善的情况下，2007年全省民营经济实现增加值12908亿元，占全省地区生产总值的50.5%（省统计局狭义统计口径为36%），首次超过半壁江山。私营企业和个体工商户注册资本金累计达到13621亿元，其中私营企业注册资本金突破万亿元大关，达到12685亿元。私营企业达到67.9万户，民营经济总户数突破全省市场主体90%以上。在经济社会效益方面，私营个体经济全年上缴税收938亿元。解决实际就业机会达1374.08万个，已成为吸纳社会劳动者就业的重要渠道。到2012年，民营经济完成增加值28959.6亿元，占GDP的比重达53.6%。全省私营企业和个体工商户累计登记户数为484.1万户，其中私营企业131.3万户。注册资本金总额达45531.4亿元，其中私营企业注册资本42307亿元。私营企业单体规模继续扩张，户均注册资本为 322 万元，注册资本超过 1 亿元的私营企业达 5199 户。民营经济上缴税金 4900.7 亿元，占全省税务部门直接征收总额的 56.3%，吸纳就业人员 2233 万人，其中，私营企业从业人数 1662 万人。民营经济成为社会就业和纳税的主渠道。

同时，江苏民营经济也逐渐成长为外向型经济的重要力量，推动江苏产业嵌入全球价值链的中坚力量。2002 年是我国加入世贸组织的第一年，当年，全省私营企业出口 10.1 亿美元，同比增长 272.5%，全年保持三位数的增长，增均在 200%以上。到 2007 年，全省民营企业进出口达 375.1 亿美元，同比增长 53.5%，增速比全省平均水平高出 30.4 个百分点，其中出口 265.1 亿美元，进口 110 亿美元，增幅分别为 50.9%、60%。2012 年，在全省对外贸易增速较往年减缓的情况下，民营企业逆势而上，实现出口总额 963.4 亿美元，增长 34.6%，高于全省 29.5 个百分点，高于国有企业和外资企业增速 28.4 个和 39.5 个百分点；民营企业出口总额占全省出口总额的 29.3%，为稳定全省外贸市场做出了重要贡献。

2001 年到 2012 年，江苏省民营经济取得了突破性进展，站在了一个新的起点上。(1) 民营经济已经成为全省经济的重要组成部分和竞争性领域投资的主体力量。(2) 民营经济整体发展水平已经进入全国前列。(3) 民营企业已经成为全省创新型经济发展的生力军。(4) 一大批优秀民营企业和优秀民营企业家茁壮成长。这四点，证明发展民营经济的方针是正确的、成功的。民营经济也没有辜负党的期望，真正成为社会主义经济的重要组成部分。

三、民营经济的机制活力是市场经济转型的标志

从体制层面来看，改革就是从高度计划经济体制转变为社会主义市场经济，与之相应的是，必须有不同利益主体的多种所有制企业。如果是单一的国有企业，就无法形成市场竞争。因此，市场的培育与民营经济的发展，是一个相辅相成的过程。这一点，可以通过江苏乡镇企业的发展历史来充分体现。乡镇企业是农村集体所有制，虽然也属于公有制范围，但是有比较清晰的利益主体，又不属于国家计划的范围，所以，乡镇企业只能面向市场寻求发展机遇。从双轨制到各类市场的逐步放开，拓展了乡镇企业的空间。而当乡镇企业发展到一定规模的时候，机制问题就显露出来了。如果还是由乡镇政府直接领导决策，如果没有明确的利益主体和责任人，乡镇企业很可能走上国有企业的道路。在同样的市场环境下，江苏乡镇企业明显不如浙江、广东等地民营企业有活力，这也是促成江苏统一认识，推进乡镇企业改制的原因。在邓小平同志 1992 年南方谈话的促进下，1992 年 10 月召开的党的十四大，明确提出了中国经济体制改革的目标是建立社

会主义市场经济体制，这标志着全党在经济体制改革目标上已形成共识。1993年《宪法》修正案第十五条修改为：“国家实行社会主义市场经济。”正是因为有大量民营企业以及外资企业作为市场活跃的主体，社会主义市场经济才得以成立。

社会主义有市场经济的导向和实际成果，为各种所有制经济创造了新的发展环境。民营经济与市场经济互为因果，国有企业也在市场条件下得到更好地发展，做大做强，并增强了竞争力。在基本经济制度的格局下，民营经济和国有企业并非此消彼长的关系。从一定意义上来说，正是因为有民营经济在众多竞争性领域的发展，国有企业才得以从一般性竞争行业中退出，从而在一些关键领域茁壮成长。

民营经济的发展和社会主义市场经济的逐步建立，也从根本上改变了就业结构，并带来了社会生活、社会结构的诸多变化。这已经超出了经济的范畴，本文不再详说。

在新时代，民营经济面临的新问题，已经不同于以前。在目前民营经济的既定格局下，需要分类研究。可以概括为两组问题：“大”和“小”；“单一”和“混改”。大的民营企业，是指已经形成规模的大型民营企业，有的甚至已经达到垄断的程度。在我国从全球价值链嵌入全球价值链治理的升级过程中，在与跨国公司面对面竞争过程中，拥有一批中国自己的较大规模企业和全球化企业是最基础的条件。因此，国家对这类企业要格外珍惜，不能让他们轻易因外部原因而垮台。特别需要注意的是产权清晰、透明，不论是否上市，都要让社会公众了解，要防止其中隐藏不正当的政商关系。如果有，要通过反腐败坚决予以清理。小的民营企业，基本等同于小企业，因为现在的中小企业基本都是民营企业。中小企业是社会、经济不可或缺的部分，是容纳大量就业的载体，也是实体经济的基础。受国内外经济环境的影响，这一群体目前发展较为困难，基本属于弱势群体，要完善帮扶中小企业的政策体系，不能让他们长期处于苦苦支撑的状态。单一的民营企业，有的民营企业可能选择独资，不上市，这些选择都应该尊重，尤其是一些大的民营企业，不要强求混改。只要他们依法经营，再大都不是问题。对于参与混改的，要一视同仁。不论股权大小，不能以国有股、民营股分高下，真正做到同股同权。总之，在纪念改革开放40周年的时候，不能忘记改革的初衷。民营经济继续健康发展，就意味着改革开放继续健康发展。如果民营经济萎缩了，就是改革停滞了。如果民营经济消亡了，就是改革溃败了。民营经济这个标志物，与改革开放永远是分不开的。习近平新时代中国特色社会主义思想是邓小平理论的继承和发展。应该坚信，在新时代，改革开放会不断深化，民营经济也会得到更好地发展。

参考文献

[1] 全哲洙："深入开展学习实践活动促进非公有制经济科学发展"，《求是》2009 年第 24 期，第 37—39 页。

[2] 江苏省工商业联合会："解放思想引领江苏民营经济三十年健康发展"，《江苏省社会主义学院学报》2008 年第 6 期，第 29—31 页。

[3] 吴跃农：《江苏民营经济 30 年发展历程》，江苏人民出版社 2008 年版。

[4] 邵军："私营企业主中共产党员的先进性及其双重身份的统一性"，《江苏省社会主义学院学报》2003 年第 2 期，第 10—13 页。

[5] 邵军："工商联要为富民强省做贡献"，《江苏政协》2002 年第 2 期，第 15 页。

[6] 邵军：《大转型：26 家优秀民营企业创新发展案例》，江苏人民出版社 2013 年版。

[7] 刘志彪："省际竞争、制度改进与江苏民营经济发展"，《江苏行政学院学报》2005 年第 4 期，第 39—44 页。

[8] 顾为东：《江苏私营经济发展战略与对策》，中国财政经济出版社 2003 年版。

[9] 瞿为民、唐传阳："江苏省个体私营经济发展情况调查"，《现代经济探讨》1996 年第 7 期，第 22—26 页。

[10] 仲楚："私营个体经济：江苏与浙江广东比较"，《江苏经济》2001 年第 2 期，第 8 页。

集体林权制度改革40年
——回顾、评价与展望[①]

自1978年中共党的十一届三中全会以来，中国的改革事业已历经了40年的漫漫征程，作为改革开放事业的重要组成部分，集体林权改革是继家庭联产承包责任制后，中央在农业农村工作上的重大战略部署，此举对于保护国家生态安全、提升人民生态福祉、促进绿色发展、应对气候变化发挥了重要作用，也在充分释放市场活力，推进乡村振兴方面取得了巨大成就。中共党的十九大对我国进一步深化改革，加强生态文明建设提出了更高的要求，建设“美丽中国”这个共同的目标也为深化集体林权改革提供了新的方向。在新时代乡村振兴大背景下，在倡导人与自然和谐发展的今天，集体林权制度改革也必须适应时代的步伐，在进一步深化改革的道路上再次扬帆起航。

改革开放40年，正是我们承前启后，继往开来的关键节点，我们有必要回顾和梳理改革开放以来集体林权改革的经验和教训。基于对集体林权改革的持续关注和思考，本文回顾了集体林权改革的发展历程，就集体林权改革的主要成就和突出问题进行分析和评价，并对集体林权改革的未来方向进行了展望，以期为进一步深化林权改革提供一定的启示。

一、集体林权改革的历史回顾

集体林权改革可以追溯至“林业三定”，1981年中共中央颁布了《关于保护森林发展林业若干问题的决定》，在全国范围内开展以稳定山权林权、划定自留山和确定林业生产责任制为主要内容的“林业三定”工作。在“林业三定”顺利开展以后，中共中央、国务院于1985年颁布了《关于进一步活跃农村经济十

① 本文作者谭江涛、段云、曾德贤。获国家社会科学基金“西部民族地区农村集体林权制度改革困境与适应性治理研究”（批准号：15BMZ078）。

项政策》，取消了木材统购统销，放开木材的市场调节，繁荣了农村经济。“林业三定”和放活木材市场是集体林权制度改革前的探索。2003 年中共中央颁布了《关于加快林业发展的决定》，这次改革的主要任务是通过管好现有林、扩大新造林、抓好退耕还林以及优化林业结构，最后达到增加林产品的有效供给，增加林业职工和农民收入，实现林业生态系统可持续发展。将福建、江西两个林业大省作为主要试点省份。福建集体林权制度改革的主体阶段性任务已经在 2006 年上半年完成，明晰产权的村共有 11602 个，占应改制村总数的 99.5%；完成明晰产权面积 7549 万亩，占应改革总面积的 97%；集体商品林权已登记面积 7511 万亩，占应登记面积的 95%。在福建省已经明晰产权的 7549 万亩林地中，落实到户的竹林地和经济林地共有 2500 万亩，占总数的 33.1%；落实到户的林地有 2700 万亩，占 35.8%；仍然由村集体统一经营的有 596 万亩，占 7.9%；已流转的林地有 1753 万亩，占 23.2%（春华，2007）。作为集体林权改革的“先锋部队”，福建省集体林权改革反馈结果显示，此次改革的群众受益面达到 95% 以上，群众满意率达 95% 以上，林权申请登记表达到 95.1%，发证准确率达到了 96% 以上（春华，2007）。这说明福建省的新集体林权制度改革的实施进度很快，而且得到了广大群众的支持和认可。

在两个主要试点省份的改革取得了良好成效之后，2008 年中共中央、国务院出台了《关于全面推进集体林权制度改革的意见》，在全国范围内推广实施集体林权制度改革，旨在明晰产权，转变林地经营方式，促进林农增收和林业可持续发展。该意见明确指出，新集体林权制度改革的总体目标是用 5 年左右的时间基本完成全国范围内明晰产权、承包到户的改革任务。新集体林权制度改革还进一步完善了林权配套制度改革，主要包括编制林地保护利用总体规划、建立林业产权交易制度、创新和发展林业管理体制以及优化社会服务体系等。

2014 年是我国进一步全面深化改革的元年，集体林权制度改革也在 2014 年到达了一个新的阶段。深化集体林权制度改革的主要目标是剥离林地经营权，通过剥离林地经营权来稳定林地所有权，再落实林承包权，通过林地经营权的流转来实现林地生产经营的规模化、经营化，从而达到林地所有权、承包权、经营权三权分立。各级林业部门都致力于将分散的林地经营权集中化，实现规模化经营，取得更大的经济效益。但是，是否加入股份制有限公司、合作社等这些组织必须尊重村民自己的意愿。在福建省沙县，成立了林业产权交易中心，村里面也整合了原有的评估所、登记中心、流转中心，新成立了收储公司，为林业单位、经营单位经营权的流转、林木所有权的流转服务开辟了服务通道。截至 2016 年 12 月，全国“明晰产权、确权发证”的主体改革任务基本完成，确权集体林地面积 27.05 亿亩。推进新型林业经营主体建设，确定全国林业专业合作社示范社

348家，国家级农民林业专业合作社示范社439家。此外，开展集体林业综合改革试验示范区建设，确定全国农村改革试验区8个和国家林业局集体林业综合改革试验示范区22个（中国林业发展报告，2016）。

二、集体林权改革的主要成就和突出问题

改革开放40年以来，集体林权改革也取得了巨大成效，主要体现在造林育林积极性、提高林业生产力、盘活林区资源三个方面：

一是集体林权制度改革调动了包括林农、企业在内的社会主体造林育林的积极性，促进了森林资源的培育和增长进程。有效地激发了农民造林育林护林的积极性。“把山当田耕，把林当菜种”是当时农民生产理念的最佳体现。总体而言，在集体林权制度改革的效益上，“集体林区森林资源持续增长、农民林业收入显著增加、国家生态安全得到保障”的改革目标得到稳步实现（刘璨、张永亮等，2017）。我国森林覆盖率由2003年的18.21%上升至2016年的22.3%，同比增长了22.4%。截至2013年7月，全国的32个样本县（市）中，平均每个县（市）增长的造林面积达1.25万公顷，约占目前平均林地总面积的5.9%。平均每县增长的林木资源蓄积量达105.69万立方米。

集体林权制度改革实施之后，全国范围样本农户全部新增造林面积由2007年的29.16公顷增加到林改确权后2009年的49.93公顷，增幅达到71.22%，此后造林面积逐年增加（刘璨、张永亮等，2017）。据国家林业局公布的第六次森林资源连续清查结果，福建全省的非公造林比重由1998年不足20%提高到2006年的80%以上，各地区的个人造林比重均得到很大提高。截至2006年，福建省完成植树造林总面积211万亩，与改革前相比面积整整翻了1倍。福建省活立木蓄积量从4.176亿立方米增长至2007年的4.967亿立方米，全省森林覆盖率在林改前后增长了2.44个百分点，有林地面积净增500万亩（李青松，2007）。

另外，新集体林权制度改革之后，福建省农民对森林资源的保护意识得到了很大的提升。福建省滥砍滥伐、偷伐盗伐的现象大幅减少，森林的防火灾、防虫等问题也得到了农民的重视。以往年间森林采伐指标不足，指标恶性竞争的问题也得到了解决。福建省林业厅公布的数据显示，2005年，全省森林火灾率与2004年相比降低了73%，林业有害生物防治面积高达255万亩，防治率和监测率都达到95%，远高于国家规定指标。福建省三明市改革还首先推进了采伐指标改革，砍伐指标的分配按需要获取，把采伐指标给需要砍伐的人，该举措有效解决了林木砍伐指标紧张以及采伐指标竞争中的腐败问题，并被有效推广到其他地区实施。

以上这些方面的显著成效，都为福建省林产业的发展夯实了基础。新集体林

权制度改革之后，福建省的全省林业总产值实现了连续、快速的增长，从2003年的720亿元增长到2006年的1002亿元，居全国第1。截至2006年，福建省规模以上的林木加工企业相比于林改前增加了660多家，且木材的价格持续上涨，比如平均流转价格杉木林上涨了107.97%，松林类上涨了120%，阔叶林上涨了97.98%（孔凡斌，2008）。同时，由于森林资源流转市场的发展，福建省的林业经营也实现了一定的规模化、集约化经营，大力发展了林业生产力。

二是增加了农民的林业收入以及林业收入占家庭总收入的比重，集体林权制度改革在一定程度上促进了居民、村庄和政府的收入增长。从经济学意义上说，集体林权制度改革实际上是林业经济利益在各主体之间分配格局的大调整（孔凡斌，2008）。新集体林权制度改革带来的最直接的效应就是林地和山林的迅速升值，并且使农民成了山林的主人。这种觉醒的“主人意识”使广大农民有了加大林业投入的底气和信心。加大投入、科学管理、依法流转等举措使林地的经济效益得到了充分实现。张海鹏、徐晋涛等人将农户收入和森林资源的经营状况作为林权改革绩效评价的核心，他们发现，在实施改革后的1—3年内，农户的收入明显提高，森林资源的可持续经营也得到了加强和改善（张海鹏、徐晋涛，2009）。项目组的村级调查显示，林改后至今，林农的林业收入增长了46.83%。林业收入占林农纯收入的比重达到26%，人均达到1271元（贺东航、朱冬亮等，2013）。王新清（2006）对集体林权制度改革的成效也给予了高度的评价，通过对福建省实施林改的调研，他发现林改在带动林业发展、促进林农和村财增收、发展农村公益及民主建设等诸多方面取得了卓越的成效（王新清、孔祥智等，2008）。在新集体林改制度实施之前，福建农民经营林木每立方米的收益不足50元，而到了2003年年底，林权经营者每立方米木材经营收益迅速上升至200元左右（贺东航，2014）。在福建南平、三明等主要林区，林业收入占农民家庭总收入的50%。2006年，三明市农民人均纯收入4585元，比2005年增长了8.9%，其中林业第一产业的收入增长了51.2%，加上林业第二、第三产业的收入，农民人均林业收入比林改前增加了61.9%（阮忠，2007）。

三是集体林权制度改革在一定程度上提高了林农的经营意识和民主意识，保护了使用者的权利，促进了农村事业发展。在实行新林改政策的过程中，所有政策的具体实施都是要通过村民大会民主投票才能实施。由于对林地、林木的价值有了全新的理解和定义，农民们体会到各项政策与自身利益的密切关系，于是他们开始重视各类民主投票，民主意识、参与意识得到了极大地提升。在这个契机下，无论是某项政策的推行，或是村集体选举，都能得到村民的重视。这种变化是一种强大的驱动力，促进了农村各项民主事业的顺利发展。更令人惊喜的是，村集体经济组织通过盘活森林资源资产，合理流转和参与现有林的收益分成，确保了村集体稳定可观的林业收入来源。稳定的收入来源可以用来完善村庄的配套建设，比如修桥修路、投资教育、医疗或者其他的公益事业，这些不仅使农民的生活水平得到改善，更使社会主义新农村的建设事业前进了一大步。

集体林权制度改革在很多方面取得了积极的成效，但不能忽视其中存在的一些问题，更不能认为集体林权制度改革是一味包治百病的“万灵药”。虽然集体林权制度改革在促进林业发展、帮助农民增收和促进农村事业发展等方面确实取得了良好的成效，但是集体林权制度改革造成林业纠纷问题（贺东航、储建国等，2009）；林权制度改革虽然促进了人们投资林业的积极性，但是这种投入主要体现在松树、杉木、桉树等人工速生林的增长上，很大程度上打破了我国本已脆弱的森林资源生态平衡；此外，集体林权制度改革所促进的经济绩效仍然主要是以木材价值来体现的，而森林的生态服务价值并没有充分体现，包括固碳、控制气候变化、保护淡水资源以及休闲娱乐服务功能并未有效体现。

中国的集体林权制度改革虽然取得了显著成就，但是前期集体林权制度改革产生的一些问题越来越成为集体林权制度进一步向前推进的障碍，影响改革的深化。究其原因，集体林权制度改革的顶层设计有待完善、政策的纵向传递效率不高、政策的横向协调水平不足以及相关林业法规不健全，应在以下几个方面有进一步完善：

一是集体林权制度改革的顶层设计有待完善。首先，国家林业总体政策变动过于频繁。新中国成立以后经过5次确权，林业制度与政策变动频繁，林农缺乏稳定预期，每一次制度与政策变动都会产生巨大的交易成本，这些频繁的政策变动并没有解决历史遗留问题，相同林地出现不同时期的多种山林权属证明，致使一山多主纠纷频繁发生（曹海波、吴祖栋，2010；周梅芳，2014）。其次，集体林权制度改革面临的法律制约依然存在。在林地经营权的问题上，林地经营权流转证只是证明流转的合法性，而不是一种权利，集体林权制度改革也并没有如预期那样在农村内部或城乡之间实现充分流转和优化配置（郭晓鸣，2017）。土地“确权”过程中，农户被“确”给的到底是什么“权”？面对强势者的侵权，农户的这个“权”怎么才能得到保障（秦晖，2017）。在改革过程中，政府可能以公共需求为由，将自留山划为生态保护林，无偿占用林农的自留山。然后，基层林业局最棘手的问题仍然是林权登记和林权流转的问题。例如，林业经营权该怎么界定？林地虽然被登记为不动产，但是林木的品种和数量是随着时间不断变化的，林农所登记的也只是林木经营权，并非所有权，也是动态变化中的，因而不动产怎么登记管理问题一直是基层林业单位既绕不开，又解决不了的问题。最后，整个林业行政体系没有根本上摆脱以审批、管制等为主要手段的传统管理方式的弊端。林农的合作能力和自治能力没有真正改善，林权制度改革并没有很好地与社区自治能力的培植结合起来，相反，行政力量干预反而在一定程度上影响了民众之间的合作。许多地方在实施新集体林改时，大多仅是把村里的林改方案拿出去让村民代表讨论表决通过而已（贺东航、朱冬亮，2009）。

二是政策的纵向传递效率不高。纵向传递是一个政策的层级传递过程，具体是指以中央政府为顶层的政策设计者，做出宏观的纲领性的方针政策，再将之逐层传递到国家林业局、省级林业局、市级林业局、县级林业局、行政村等不同层次的行政主体（贺东航，2011）。在我国的集体林权制度改革实践中，政策的纵向传递效率不高，具体表现在以下两方面：中国面积辽阔，区域差异相对比较大，区域差异化明显，统一的中央政策很难做到因地制宜。而各级地方政府没有权限根据本地实际情况对中央的政策进行补充和完善。在实施过程中，地方政府做出的改革实施方案因为缺乏规范性政策的支持，对改革涉及的利益相关者约束力不够，还使得有些投机者故意曲解政策的真实意图，趁机牟取利益。这不但损害了其他利益相关者的合法权益，还阻碍了政策的纵向传递效率，影响了改革的实施进程。此外，中央、省、市、县级的林业部门在权限和分工方面有待进一步明确。在调研中发现，在新集体林权制度改革中，国家林业局只是执行中央政府的政策，却寄希望于基层林业部门创新和改革；地方政府部门缺乏政策的设计权限，也缺乏探索的激励机制，基层林业部门更习惯于执行上层领导的命令，而不是自己去探索如何实施。

三是政策横向协调水平不足。横向协调包括在同一行政层级上的不同职能部门的协调以及林业部门与其他社会组织之间的配合（刘金龙、张译文，2014）。横向协调涉及不同的林业经营主体之间的协调配合，比如林农、林业企业、合作经济组织等，他们分别代表着不同的利益主体，有各自的利益诉求，横向协调就是平衡各利益相关者之间的关系。调研发现，在基层行政单位各部门之间协调性不足、匹配性不强。林业部门与银行或其他金融机构之间的协调性不足。林权抵押贷款虽在改革推进过程中有所进展，但仍然面临两方面的问题：一方面，农村土地产权仍然属于不完全或有限的产权，难以像一般抵押物一样抵押变现，而且现有的农村土地产权质押物的范围还较为有限，使得金融机构本身不愿意介入农村土地抵押。另一方面，虽然各地都通过财政介入的方式来探索推进农村土地抵押贷款，但受财政本身承担能力的限制，很多地方财政本身不愿意参与。贷款难、贷款额度低等问题对于农民的林业生产经营是极大的阻碍，这使很多农户不得不放弃林业投入，从而抑制了林业市场的繁荣发展。另一个比较突出的问题是林权登记部门与其他部门的匹配性不强。福建省林业改革走在全国最前列，一些县市林业部门已经有了详尽、成熟的林业资源管理系统和数据库，有森林资源矢量化基本图和完全实行数据化管理的实地映像图纸，但是其使用肯定要与权证相结合才能提升管理效率。这就要求新的林业不动产登记产权要与他们的资源数据库相匹配。如何匹配？谁匹配谁？资源数据库已经运行几十年了，很完备、很成熟，所以林业部门是不可能为了匹配不动产登记来改变或重新推翻数据库，而反过来让不动产登记部门来匹配他们的资源数据库也是不容易。

四是林权制度改革相关法律制度不健全。深化农村土地产权制度改革依然面临着较大的法律约束和法律冲突（郭晓鸣，2017）。2008 年发放的新林权证是重要的法律依据，然而在实际调纠过程中，往往是以土地证为依据。在推进农村土地抵押贷款改革方面，不同法律之间存在相互矛盾和规定不一致的地方。《中华人民共和国土地承包法》第四十九条规定："通过招标、拍卖、公开协商等方式承包农村土地，经依法登记取得土地承包经营权证或者林权证等证书的，其土地承包经营权可以依法采取转让、出租、入股、抵押或者其他方式流转。"《中华人民共和国物权法》第一百二十八条规定："土地承包经营权人依照农村土地承包法的规定，有权将土地承包经营权采取转包、互换、转让等方式流转。"《中华人民共和国物权法》基本上排除了农户通过入股方式流转土地的可能性。而《中华人民共和国担保法》第三十七条规定："土地所有权以及耕地、宅基地等集体所有的土地使用权不得抵押。"另外，有一些相关法律内容规定较为宽泛，处理争议时往往难以找到具体依据。例如，林业部于 1996 年 10 月 14 日颁布了《林木林地权属争议处理办法》，其中提出将"林权证"作为处理山林权属的唯一证据，若没有"林权证"，则须提供土地证或清册以作为依据。但该办法有不足之处：对于"林权证"出现错登、重登等情况，没有给出明确处理规定。目前为止，我国解决林权纠纷的直接依据是《森林法》和《林地林木权属争议处理办法》。但是关于林权流转的全国性立法尚未出台，对于一些经常发生的违法行为尚无明确的处罚规定或者处罚太轻，明显存在着立法滞后、立法不全等问题。这直接导致了基层群众法治观念淡薄，对于寻求依法调处的信心不足，助长了林权流转中违法现象的反复发生。

三、新时代全面深化集体林权制度改革

虽然改革开放以来集体林权制度改革取得了较大成就，对于农村经济社会可持续发展发挥了巨大的推动作用。但是改革没有完成时，只有进行时，只有很好地解决出现的突出问题，集体林权制度改革释放的效能才能充分发挥。

（一）完善林权制度改革的顶层设计

首先，应积极探索促进林地实现可持续生态效益和社会效益的产权形式和治理模式，积极推进从"分林到户"到适应性治理。减少对林业微观经营主体的

约束，在政策空间上给林业生产经营主体释放更大活力，完善森林采伐更新管理制度，改进集体人工用材林管理，充分激发林业生产经营者加大林业投入。

其次，减少对集体林微观生产经营的管制，充分发挥林业微观经营主体的主观能动性，充分释放市场活力。改革的基层实施必须由基层行政单位因地制宜，在宏观方针政策的基础上将其实施推进具体化、规范化。

最后，应该在总体的政策设计中进一步完善生态补偿机制，对于因公共需求占用自留山的政府行为进行规范，提高补偿力度，维护林农合法权益。有效增强林农对产权的信心，促使林农在集体林权制度改革中充分发挥其主观能动性，加大林业投入与产出，从根本上解决林权流转不畅的问题，有效保障集体林权制度改革的推行与实施。

（二）加强政策的纵向传递

在集体林权制度改革中，因环境、资源、经济等因素导致的地区差异对于改革预期目标能否达成十分关键。作为政策的纵向传递源头，中央政府对于涉及根本性、原则性问题统一设计；但涉及因地制宜的政策设计，中央政府应该将决策权下放至各级地方政府，地方行政主体可以根据自身实际情况充分调动各类资源，制定与他们的改革目标相匹配的政策。各级地方政府不再仅仅扮演转达上级命令的角色，而是在给定的权限范围内一层一层地完善，不同的地区都应该根据自己的区域特色制定不同的实施方案，从上至下，每一层都有新的具体化内容。

（三）推进政策的横向协调

基层各部门之间缺乏横向协调的主要原因在于匹配性不够，协调性不强。在上级的改革文件下达到基层之后，可以首先确定一个基层改革小组，负责改革一切相关事宜。小组的负责人可以是林业部门负责人，其他成员可分别是其他相关部门的专业人员，并且他们在原部门中有足够的话语权和决策权。这种小组的形式可以有效实现“职责同构”和权责分明，小组成员在集体林权制度改革中分别承担自己在原部门的专业工作内容，共同目标就是通过各部门工作的配合实现集体林权制度改革的顺利实施。

（四）健全相关法律法规

首先，进一步明确林业相关证明的法律效力，并明确林业相关的法律解释原则。山林权属的依据为“三证”（包括山林所有权证、自留山使用证、林业生产承包合同），还有土地证和“合法权属变更”等凭证，这些证明都具有法律效力，但是这些证明之间许多存在相互矛盾的地方，因此，必须明确其法律效率的顺序。比如，在有“林业三定证”而且是正确有效的情况下，应该以“林业三定证”作为认定权属的首要依据。如果在“林业三定证”之后发生了合法的权属变更，那么权属变更凭证则是认定山林权属的直接依据，其法律效力应该先于“林业三定证”。在没有“林业三定证”或者“林业三定证”有错误的情况下，应以土地证、四固定时期的证据做依据。此外，政府处理“四至”不清的山林权属争议中，原则上以“四至”上记载有明显的地理、标志物的土地证或者“林业三定证”为准，若双方都是泛指的，应该以靠得最近的田、湾、路等为准；如果仍然无法确定的，由政府依职权从有利于保护森林、注重现实、安宁的角度出发，按公平原则做出合理的确权定界决定。

其次，推进林权流转立法，进一步规范林权流转制度。对于一些不合时宜的、容易引起争议的法律条文，应该及时重新修订。明确区分“正常流转”和“非正常流转”，对于非正常流转，若发现违法行为必须依法予以严惩。此外，在林权流转立法中必须制定明确处罚规定，以造成农民损失数额为主要评判依据，界定其“非正常流转”中违法行为的轻重，给予相应处罚措施。

四、展望：从“分林到户”到适应性治理

“我们既要绿水青山，也要金山银山。宁要绿水青山，不要金山银山，而且绿水青山就是金山银山。”习近平总书记对集体林权制度改革的未来提出了新的更高要求。因此，对于集体林权制度改革中的政策实施，我们不能仅仅满足于经济效益的提升，更应该重视林业改革中的森林社会—生态系统的适应性治理，实现在不断变化的环境中生态、社会、经济的和谐统一发展。

我国集体林权制度改革通过分林到户，将使用权明确到了农户，在林业的规划和使用上赋予了林农更大的自主空间，这不仅保护了使用者的权利，还充分发挥了林农在林业生产上的主观能动性，对进一步解放农村生产力发挥了重大作用。但是，大部分林农的合作能力和自治能力都是有限的（蔡晶晶，2011）。这是由于集体林权制度改革过于强调“分林到户”却忽视了确权之后的森林治理体系的重视。在进一步深化集体林权制度改革过程中，集体林权改革不应被视为单一的确权任务，而应该是一项系统工程，最终实现林业生态、经济、社会效益的动态平衡和可持续发展。

集体林权改革的未来应该是一种在分权过程中培养林农地方自治体系、调整地方政府的功能与角色定位、强化森林资源的生态服务功能的过程，适应性治理理论的出现正是为了应对日益增加的森林“社会—生态系统”的脆弱性、不确定性和变化要求（Folke，2004；Dietz，1912；Lebel，2006），它的优势在于能够处理森林社会—生态系统内在复杂性与不确定性（Folke 等，2005），使得利益相

关者和相关社区能够更多地参与到决策制定过程中来，借助于在不同层面连接个人、组织和机构的社会网络（Folke 等，2005），各类知识嵌入决策制定过程中（Ronald D Brunner 等，2005），并通过一个开放的决策制定过程来改进共同收益（Kenneth R Young 等，2006；Jennifer Bellamy，2006），以促进资源治理政策动态变化（Steve Hatfiel，2006；Steve Hatfield，2007），最终减少制度脆弱性（Monirul Mirza，2007）。

在集体林权制度改革实践中，适应性治理意味着要增加森林治理体系的弹性和学习能力，以及应对不确定性的适应能力。那么，集体林权制度改革如何在保证林区生态价值得以实现的前提下，提高治理效率，降低治理成本？林农如何参与林区的生产经营和发展，林农积极性与创造性如何发挥？这些问题都值得未来的集体林权制度改革进一步思考和研究。

参考文献

[1] Dietz, T, Ostrom E, & Stern P. The struggle to govern the commons. Science, 2003, 302 (5652): 1907—1912.

[2] Folke, C. 2004. Traditional knowledge in social - ecological systems. Ecology and Society 9 (3): 7. [online] URL: http: //www. ecologyandsociety. org/vol9/iss3/art7/.

[3] Folke, C. , Hahn, T. , Olsson, P. , Norberg, J. , 2005. Adaptive governance of socialecological systems. Annu. Rev. Environ. Resour. 30, 441—473.

[4] Holling, C. S (Ed) . Adaptive Environmental Assessment and Management. New York, NY: Wiley, 1978.

[5] Holling, C. S. & Goldberg, M. A. Ecology and Planning. In Contemporary Anthropology: An Anthology, ed. D. G. Bates and S. H. Lee, New York: Alfred Knopf, 1981: 78—93.

[6] Jennifer Bellamy. Adaptive Governance: The Challenge for Regional Natural Resource Management [M]. Federalism and regionalism in Australia, The Australian National University, Sydney, N. S. W. 2006.

[7] Kenneth R Young, Jennifer K Lipton. Adaptive Governance and Climate Change in the Tropical Highlands of Western South America [J] . Climatic Change, 2006 (78): 63—102.

[8] Lebel, L. , J. M. Anderies, B. Cambell, C. Folke, S. Hatfield - Dodds, T. P. Hughes, and J. Wilson. 2006. Governance and the capacity to manage resilience in regional social - ecological systems. Ecology and Society 11 (1): 19. [online] URL: http: //www. ecologyandsociety. org/vol11/iss1/art19/.

[9] Monirul Mirza. Climate Change, Adaptation and Adaptive Governance in Water Sector in South Asia [J]. Adaptation and Impacts Research Division (AIRD) , May in Amsterdam, 2007.

[10] Olson, P. , C. Folke & F. Berkes (2004), "Adaptive coman agement for building resilience in social - ecological systems ", Environmental Management 34 (1): 75—90.

[11] Ostrom, E. & Nagendra. H. Insights on linking forests, trees, and people from the air, on

the ground, and in the laboratory. PNAS, 2007, 103 (51): 19224—19231.

[12] Ronald D Brunner, Toddi A Steelman, Lindy Coe - Juell, et al. Adaptive Governance, Integrating Science, Policy and Decision Making [M]. Columbia University Press, 2005. 1—46.

[13] Steve Hatfiel - Dodds. The Catchment Care Principle: A New Equity Principle for Environmental Policy, with Advantages for Efficiency and Adaptive Governance [J]. Ecological Economics, 2006 (56): 373—385.

[14] Steve Hatfield - Dodds, Rohan Nelson, David C Cook, Adaptive Governance: An Introduction, and Implications for Public Policy [J]. (Anzsee2007), Hatfield - Dodds, Nelson, Cook and CSIRO 2007.

[15] Termeer, C. J. A. M., Dewulf, A., Breeman, G., Stiller, S. J., 2013. Governance capabilities for dealing wisely with wicked problems. Adm. Soc..

[16] 春华:“醒来的大山——福建省林权改革制度纪实”,《今日国土》2007 年第 7 期。

[17] 蔡为茂:“永安市林权制度改革不同阶段的比较分析”,《绿色中国(理论版)》2005 年第 2 期,第 82—89 页。

[18] 蔡剑辉:“国外林业基金制度的实践及其借鉴”,《林业经济》2001 年第 4 期,第 112—120 页。

[19] 蔡晶晶、毛寿龙:“复杂‘社会—生态系统’的适应性治理:扩展集体林权制度改革的视野”,《农业经济问题》2011 年第 6 期,第 82—89 页。

[20] 曹海波、吴祖栋:“兴国县山林权属纠纷的成因及对策”,《现代农业科技》2010 年第 15 期,第 231 页。

[21] 郭晓鸣:“农村土地产权制度改革若干问题思考”,《当代县域经济》2017 年第 3 期,第 18—21 页。

[22] 贺东航:“我国集体林权制度改革视角下的农村基层治理”,《政治学研究》2011 年第 4 期,第 109—114 页。

[23] 贺东航、朱冬亮:“关于林权制度改革若干重大问题的思考”,《经济社会体制比较》2009 年第 2 期,第 21—28 页。

[24] 贺东航、朱冬亮:“集体林权制度改革研究 30 年回顾”,《林业经济》2010 年第 5 期,第 13—23 页。

[25] 贺东航、朱冬亮:“新集体林权制度改革对村级民主发展的影响——兼论新集体林改中的群体决策失误”,《当代世界与社会主义》2008 年第 6 期,第 13—23 页。

[26] 贺东航、储建国、朱冬亮:“集体林权制度改革中的社会公平研究”,《社会主义研究》2009 年第 2 期,第 109—113 页。

[27] 贺东航、朱冬亮:“集体林权制度改革 2013 年监测观察报告”,《林业经济》2013 年第 4 期,第 23—36 页。

[28] 孔凡斌:“集体林权制度改革绩效评价理论与实证研究——基于江西省 2484 户林农收入增长的视角”,《林业科学》2008 年第 44 期,第 133—141 页。

[29] 刘金龙、张译文:“基于集体林权制度改革的林业政策协调与合作研究”,《中国人口、资源与环境》2014 年第 3 期,第 124—129 页。

［30］刘宏明："我国林权若干法律问题研究"，《北京林业大学学报（社会科学版）》2004 年第 4 期，第 56—62 页。

［31］刘璨、张永亮："集体林权制度改革发展现状、问题及对策"，《林业经济》2017 年第 7 期，第 3—15 页。

［32］雷加富："集体林权制度改革是建设社会主义新农村的重要举措——福建、江西集体林权制度改革透视与深化"，《东北林业大学学报》2006 年第 3 期，第 36—39 页。

［33］秦晖："中国的农业问题并非产业经济问题"，《中国乡村发现》2016 年第 4 期，第 80—81 页。

［34］王新清、孔祥智、郭艳芹等：《制度创新与林业发展——福建省集体林权制度改革的经济分析》，中国人民大学出版社 2008 年版。

［35］徐晋涛："我国集体林区林权制度改革模式和绩效分析"，《林业经济》2008 年第 9 期，第 11—19 页。

［36］朱冬亮、程玥："新集体林权制度改革中的林权纠纷及原因分析"，《甘肃行政学院学报》2009 年第 6 期，第 66—72 页。

［37］朱冬亮、肖佳："集体林权制度改革：制度实施与成效反思——以福建为例"，《中国农业大学学报》2007 年第 5 期，第 23—26 页。

［38］朱冬亮、贺东航、肖佳：《新集体林权制度改革与农民利益表达》，上海人民出版社 2010 年版，第 41—47 页。

［39］张海鹏、徐晋涛："集体林权制度改革的动因、性质与效果评价"，《林业科学》2009 年第 7 期，第 119—126 页。

［40］周梅芳："乡村纠纷解决中的法律失灵——湖南怀化柳村林权纠纷的个案研究"，《社会学评论》2014 年第 2 期，第 81—83 页。

改革开放40年来的军民融合实践探索及展望[①]

一、从军民结合、寓军于民到军民融合的理念演变

新中国成立以来，党和国家根据不同历史时期的国际形势和国情国力，不断探索开拓具有中国特色的经济建设和国防建设协调发展之路，先后提出“军民结合、平战结合”“军民结合、寓军于民”“军民融合”等一系列指导方针。这些重要思想既一脉相承又与时俱进，由“结合”走向“整合”最终达到“融合”，充分体现了对经济建设和国防建设协调发展规律的深刻认识和准确把握。

（一）“军民结合”思想的产生与波折

新中国成立初期，面对复杂严峻的国内外形势，为了巩固政权和应对战争，集中资源加强国防工业建设成为国家的必然选择。我国一方面借助苏联援建的军工项目拓展新领域，另一方面自力更生对老企业进行调整和改造。以毛泽东同志为核心的党的第一代领导集体提出了坚持“军民结合，平战结合，以军为主”的方针，重点是“以军带民”。军工企业借用军工生产线或新建民品生产线，掀起了军民品共同开发生产的高潮。据统计，1958—1960年，军工企业民品产值占总产值的比重平均达到60.8%，为支援国家经济建设和国防建设做出了重要贡献。

进入20世纪60年代后，随着国际形势的剧烈变化，国家安全面临严重威胁。毛泽东同志提出“世界战争不可避免”的观点，指示必须立足于战争，从准备早打、大打出发，积极备战。国防建设进入临战状态，军工企业的民品生产被认为是不务正业，纷纷下马。军工企业重新回到单一军品生产上来，趋向封闭性和单一性。到1978年，民品产值占总产值的比重下降至不到8%。

---

① 本文作者周彩霞。

（二）“军民结合”思想的丰富与发展

中共党的十一届三中全会标志着我国迎来了历史性的伟大转折。以邓小平同志为核心的第二代领导集体准确把握时代发展大势，把党和国家的工作重心转移到经济建设上来，推动经济体制由计划向市场的转型。1982 年 1 月，邓小平同志明确提出“军民结合，平战结合，以军为主，以民养军”的十六字方针。“军民结合”是总体要求，它要求在整个国家经济建设中，国防工业和民用工业两支力量相结合，在国防科技工业内部实现军品生产与民品生产相结合。

20 世纪 80 年代后，国际形势从紧张走向缓和。在军品订货大幅度下降的背景下，军工企业结合自身工艺特点，积极利用剩余生产能力，向民品“大转、快转、全面转”，开发出洗衣机、电风扇、摩托车等民品投放市场。到 1989 年，核、航空、电子和兵器工业的民品产值占总产值的比重由 1979 年的 8.2% 提高到了 70%。“军民结合”的本质内涵在这一阶段也得到了极大的丰富和发展，拓展到了军事设施的军民合用、军队支援国家大型工程建设、大力培养国防高科技人才和军地两用人才等领域。

（三）“寓军于民”思想的实践与拓展

20 世纪 80 年代末 90 年代初，随着苏联的解体和东欧剧变，国际战略格局由两极走向多极，经济全球化进程加快。海湾战争的爆发表明现代战争已经成为高技术战争，世界军事领域发生了深刻变革。面对国内外形势的深刻变化，以江泽民同志为核心的党中央领导集体，提出了“军民结合、寓军于民”的新思想，“把经济建设搞上去和建立强大的国防，是我国现代化建设的两大战略任务。寓军于民，是把这两项战略性任务有机统一起来的重要举措”。1991 年，第七届全国人大四次会议批准的《中华人民共和国国民经济和社会发展十年规划和第八个五年计划》中提出，“继续调整国防科技和国防工业结构，力争到 21 世纪末实现‘军民结合、平战结合、军品优先、以民养军’的目标，提高国民经济军民兼容程度，增强平战转换能力。”

1992 年 10 月，中共党的十四大将我国经济体制改革的目标确定为社会主义市场经济体制，企业改革的目标是建立“产权清晰、权责分明、政企分开、管理科学”的现代企业制度，为军工企业改革指明了方向。20 世纪 90 年代中后期，军工企业开始把“军转民”和建立现代企业制度结合起来，由封闭型转为开放型，按照市场需求发展民品，不断提高经济效益。在能源、交通、航天、航空、船舶和光机电一体化等领域，军工主导民品和优势民品得到迅速发展，民品产值以年均 20% 以上的速度增长，民品产值占军工总产值的比重从 1989 年的 70% 提高到1997年的80%左右；数万项军用技术转为民用，对促进我国高新技术发展及其产业化发挥了重要作用。“寓军于民”以开发军民两用高技术为载体，不仅实现了“军转民”层次的提高，也实现了“民参军”的突破，改变了军、民分立发展的状况，多方位拓展了“军民结合”领域，为后来的军民融合式发展打下了坚实的基础。

（四）“军民融合式发展”思想的产生

进入21世纪后，陆海空天电一体化作战将逐步取代传统机械化战争，使得国防工业的范围不断突破传统边界。军事工业和民用工业的界限趋于模糊，发达国家的军事专用技术比重已不到15%，而军民通用技术超过80%。传统围绕军工集团的武器装备科研生产体系正在发生变化，转而向民用工业和民用科技领域延伸。当战争由各种兵器之间的对抗，转化为网络化分布式的体系对体系的对抗、能力对能力的对抗时，军工企业必然要从专业化与专业化的竞争，转型为全价值链对全价值链的竞争。美国的国会评估局（Office of Technology Assessment，OTA）在1994年9月的《军民一体化的潜力评估》报告中给出的定义为各界所认可：“军民融合或军民一体化是把国防工业基础同更大的民用科技与工业基础结合起来，组成统一的国家科技和工业基础的过程。”在科技和军事双重革命的驱动下，军民融合已经成为世界各国国防军工产业发展的共同趋势。

2005年全国“两会”期间提出了军民融合式发展的重要设想。2007年10月，党的十七大首次将军民融合思想写入报告。军地各有关方面纷纷把推动军民融合式发展摆上重要议事日程、纳入经济社会发展规划。2009年7月24日，中央政治局就中国特色军民融合式发展路子研究进行第十五次集体学习，胡锦涛同志要求“在更高层次、更广范围、更深程度上把国防和军队现代化建设与经济社会发展结合起来”，建立和完善军民结合、寓军于民的武器装备科研生产体系、军队人才培养体系、军队保障体系和国防动员体系、科技资源体系。2012年11月，党的十八大明确要求：“坚持走中国特色军民融合式发展路子，坚持富国和强军相统一，加强军民融合式发展规划、体制建设、法规建设。”

（五）“军民融合”上升为国家战略

党的十八大以来，以习近平总书记为核心的领导集体着眼于实现强军梦、中国梦，鲜明地提出了军民深度融合的时代命题，并将之上升为国家战略，在“十三五”规划纲要中列明，开创了军民融合发展的新局面。2016年7月，中共中央、国务院、中央军委发布《关于经济建设和国防建设融合发展的意见》，提出要加快推动国防科技工业形成全要素、多领域、高效益的军民深度融合发展格局，使经济建设为国防建设提供更加雄厚的物质基础，国防建设为经济建设提供更加坚强的安全保障。2017 年 1 月 22 日，中共中央政治局会议决定设立中央军民融合发展委员会，由习近平同志任主任。该委员会是中央层面军民融合发展重大问题的决策和议事协调机构，从国家顶层解决了统一领导军民融合深度发展管理体制长期缺位的问题。《经济建设和国防建设融合发展“十三五”规划》等政策文件相继出台；许多部门颁发了推进军民融合深度发展的政策意见。党的十九大报告中三次提到了“军民融合”。作为决胜全面建成小康社会，开启全面建设社会主义现代化国家新征程的重大战略之一，军民融合战略关乎国家发展和安全全局，既是兴国之举，又是强军之策，是构建军民一体化的国家战略体系和能力，实现发展和安全兼顾、富国和强军统一的必由之路，对我国下一步经济社会发展具有十分重要的意义。

二、中国改革开放以来军民融合的主要实践

（一）国防军工领域的管理体制机制演变

从新中国成立到改革开放前，中国的军工管理体制经过多次调整，但总体而言都保持了高度集中管理的模式，管理机构通常置于军事管理部门（中央军委或国防部）的直接领导之下，采取政企不分、行业分割、军民分离的管理方式，体现了军工主要服务于军事战略目标的特征。军品的科研与生产也曾分开由国防部国防科学技术委员会和国务院国防工业办公室负责。

改革开放后，国防军工管理体制机制发生了重大转型。1982 年 5 月 10 日，国务院、中央军委决定，由国防科委、国防工办和军委科装办合并，组成中国人民解放军国防科学技术工业委员会，隶属中央军委，同时受国务院、中央军委双重领导，是统管全军国防科学技术工作、各国防工业部国防科研和国防工业的领导机关。以 1998 年开始的国务院机构改革为背景，进行了国防科技工业历史上力度最大的一次改革。撤销 1982 年成立的国防科工委，将原来国防科工委管理国防工业的职能、国家计委国防司的职能及各军工总公司承担的政府职能统一起来，组建新的国防科工委，成为国务院的职能管理部门之一；同时，在邮电部和电子工业部的基础上组建信息产业部，负责军工电子的行业管理。以原国防科工委和总参谋部装备部为主体，组建隶属中央军委的总装备部，主管全军装备工作，实现了装备计划、经费、管理和技术保障等的集中统一管理。总装备部归口的装备使用部门和国防科工委归口管理的军工科研生产单位构成了装备的需求和供应关系，实现了军事机构主导的供求合一的管理体制向各司其职的供求分离的管理体制的关键转变。

在2008年“大部制”改革背景下，中央将国家发改委的工业管理有关职责、国防科工委除核电管理以外的职责，以及信息产业部和国务院信息化工作办公室的职责加以整合，组建工业和信息化部。撤销原国防科工委，成立工信部领导下的国防科技工业局，保留了协调武器装备重大事项、军工核心能力建设两项职能，其管理对象从面向国防工业，转变为面向全社会承担武器装备科研生产任务的所有企事业单位。此举表明国家希望弱化原来国防工业相对独立于国家工业体系的情况，从体制上把国防科技工业融入国家工业体系和科技体系之中，统一规划和发展，增强国防工业的持续发展能力，“军民融合”的管理制度体系得到了完善和发展。

（二）国防军工科研生产部门的企业化改革

中国的国防军事工业是经历从无到有，从小到大，由弱到强的发展历程成长起来的。改革开放前的军工科研生产部门并不是真正意义上的企业。国防工业作为政府优先保障的产业，军工企业成为计划经济的“宠儿”。生产要素分配、生产活动的组织和产品的调拨等都通过政府的指令性计划来进行，企业既没有生产经营自主权，也不承担经营风险和享有收益分配权。

改革开放后，随着工作重点转向以经济建设为中心，军队规模和军品需求规模开始大幅度压缩，经济资源也被优先用于保障国家经济建设的需要，不少军工科研生产单位甚至陷入难以维生的困境。军工科研生产单位开始走上企业化的改革道路。如表1所示，经过多轮调整，到1993年，中国核工业总公司、中国航空工业总公司、中国航天工业总公司、中国兵器工业总公司、中国电子工业总公司、中国船舶工业总公司等军工总公司相继建立，但这六大公司依旧承担着各自行业的政府管理职能，具有“半行政、半市场化”的体制特征，“政企不分”问题没有得到根本消除。

为了把军工科研生产部门真正转变为具有独立利益的市场竞争主体，更好地适应国防建设需要和社会主义市场经济体制的要求，1999年7月，根据国务院的批复，按照政企分开、军民结合、适度竞争和科研力量相对集中的原则，对五大军工公司进行改组，分别“一分为二”地组建了十大军工集团。2002年3月，在原电子工业部直属电子研究院所和高科技企业基础上组建中国电子科技集团公司。此后的调整包括2008年中国航空工业第一集团公司与第二集团公司合并组成中国航空工业集团公司，2016年成立中国航空发动机集团公司。加上1989年成立的中国电子信息产业集团，被称为十二大军工集团。

2007年6月国防科工委、国家发改委和国资委联合发布《关于推进军工企业股份制改造的指导意见》，推动符合条件的军工企业进行股份制改造，实现投资主体多元化，推动军工企业建立现代企业制度和现代产权制度。

表1　　中国国防军工部门的调整历程

行业	20世纪60年代后	1982年	1988—1990年	1993年	1999年后
核工业	第二机械工业部	核工业部	中国核工业总公司	中国核工业总公司	中国核工业集团公司
					中国核工业建设集团公司
航空工业	第三机械工业部	航空工业部	航空航天工业部	中国航空工业总公司	中国航空工业第一集团公司，中国航空工业第二集团公司（2008年合并为中国航空工业集团公司）
					中国航空发动机集团公司（2016年成立）
电子工业	第四机械工业部	电子工业部	机械电子工业部	电子工业部，中国电子工业总公司	中国电子信息产业集团公司（1989年成立）
					中国电子科技集团公司（2002年成立）
兵器工业	第五机械工业部	兵器工业部	中国兵器工业总公司	中国兵器工业总公司	中国兵器工业集团公司
					中国兵器装备集团公司
造船工业	第六机械工业部	撤销六机部，成立中国船舶工业总公司	中国船舶工业总公司	中国船舶工业总公司	中国船舶工业集团公司
					中国船舶重工集团公司
航天工业	第七机械工业部	1981年第七、第八机械工业部合并，1982年更名航天工业部	航空航天工业部	中国航天工业总公司	中国航天科技集团公司
	第八机械工业部				中国航天科工集团公司

此轮重大调整后，原来各军工总公司承担的有关政府职能统归国防科工委，改组后的国防科工委不再直接管理企业，各军工集团公司也不再承担政府职能。这些军工集团公司作为国家特大型国有企业，由中央管理，作为国家授权投资机构，对其全资企业、控股企业和参股企业的有关国有资产行使出资人权力和相应责任，对军队使用部门提出的武器装备研制生产任务负责抓总，财务关系在国家财政中单列。通过机制转换，集团公司拥有了更多的经营自主权，能真正以效益为中心，并按照市场导向进行开发经营，逐步发展成为自主经营、自负盈亏、自我发展、自我约束的经济实体。逐步形成了以主要国有军工企业集团为主体，小核心，大协作，高水平，寓军于民的军品科研生产新体系，为构建产业门类齐

全、产品范围广泛、整体规模庞大、综合实力较强的国防科技工业体系打下了坚实基础。

1998年，国防军工是全国亏损最严重的行业之一，不少军工企业面临倒闭和破产的困境。经过以“军转民”为主要标志的适应性调整和以“脱困”为目的的军工能力调整，大多数军工企业进行了主辅分离，辅业改制，分离企业办社会职能等配套改革，运行质量不断改善。2001年军工行业亏损5.6亿元，2002年经济效益基本实现持平并略有盈余，2005年盈利64.1亿元。军工集团资产证券化步伐明显加快，中国股市上出现了军工概念板块。十二大军工集团旗下上市公司数量已超百家，市值在A股市场占比约为4%，以中国重工、中国卫星、航空动力、航天电子、广船国际、哈飞股份等为代表的军工上市公司受到市场的高度关注。

（三）国防军工供求从计划向市场的体制转变

改革开放前，我国武器装备等军用产品的供给与需求是一种高度集中的指令性计划关系，不承认军品的商品性质，国家统一制定生产计划，统一分配生产要素，统一调拨产品给军事部门使用，采用行政手段进行管理，忽视价值规律和市场机制的作用。1979年年初，邓小平同志提出，军队和军工部门要搞合同制，订立合同要有数量、要有质量，要有进度，要有价格。20世纪80年代后，军品供求关系逐渐调整改成订货关系，承认军品和民品一样都属于商品性质，通过合同明确和规范供求双方的责、权、利关系，在国家计划之下强化市场对资源配置的作用。1997年全国人大八届五次会议通过的《中华人民共和国国防法》明确规定：“国家根据国防建设的需要和社会主义市场经济的要求，实行国家军事订货制度，保障武器装备和其他军用物资的采购供应。”2002年10月中央军委颁布实施《中国人民解放军装备采购条例》，此后又出台了系列配套规章，构成了装备采购新的法规体系。将军品采办方和军品研制生产方彻底分开，真正培养出军品采办市场相互独立的交易主体。军品供求关系的市场化改革，实现了军政分开，供需分开，政企分开，为军事工业引入市场竞争机制，推动了军品科研生产部门劳动生产率和经济效益的提高，还有助于降低装备采购价格，提高装备质量，改善售后服务，大大提高了装备采购效率。

（四）军品外贸从起步到快速发展

改革开放打破了我国坚持不从事国际军品贸易、“不当军火商”的思想禁锢，大力推进国防工业的对外开放，组织推动军工技术与军工产品出口，相继组建了一批以军品外贸业务为主的军工企业和管理机构，按照国务院、中央军委批准的《国防工业部门开展进出口工作若干暂行规定》，积极开展军品、民品对外贸易，加强国际军事和技术合作，实现了中国军品生产流通与国际市场的衔接。1997年10月22日，国务院、中央军委发布《中华人民共和国军品出口管理条例》（2002年进行了修订）。保利科技有限公司、新时代科技有限公司、中电科技国际贸易有限公司、中国北方工业公司、中国船舶工业贸易公司、中国京安进出口公司、中国航空技术进出口总公司、中国精密机械进出口总公司、中国电子进出口总公司、中国新兴进出口总公司等企业先后获得国家授予的军品出口资质，成为我国十大军品贸易商。

在"服从政治、确保安全、积极创汇、服务国防、协调一致、共同对外"的原则指导下，中国军贸主动参与国际防务市场竞争，实现了由传统的小批量产品向批量产品转变，贸易对象由相对贫穷的国家向较为富裕的国家转变，军贸产品从低档逐渐向中高档转变；市场开拓模式由简单的产品贸易向技术、服务以及产品方案体系等方向转变。2011—2015年间，中国逐渐超越法国和德国，排在美国和俄罗斯之后，跻身世界军贸出口国前三名，在军机、卫星、舰船、发动机、地面装备、轻武器等方面占据了重要份额，成为世界军贸市场举足轻重的组成部分。"一带一路"地区作为全球最大的军贸市场，占全球军贸总规模的一半以上。预计未来10年，仅中东地区的军贸市场总额就将达到数千亿美元，蕴藏着巨大市场潜力。国家"一带一路"和"走出去"战略的实施，将为中国军贸市场提供更大范围和更宽领域的发展空间。

三、中国军民融合实践面临的主要障碍

（一）国有大型军工企业集团融合意愿不足

第一，军工集团间的分工降低了融合的可能与意愿。在我国现行国防科技工业体系中，各军工企业集团的科研生产组织是基于以核、兵器、航空、航天、船舶等不同产品和装备系统划分为基础的纵向平台结构和行业化管理模式。集团之间研制生产的产品各有侧重，交叉少，集团之间基本上不存在竞争。造成各军工企业集团自成体系、自我封闭，大而全、小而全和重复建设现象突出，跨行业专业化发展、能力聚合和横向协作不够，资源配置效率较低，各军工行业协同创新和社会化开放融合滞后。

第二，现有绩效考核与军品定价机制制约了融合。国务院国有资产监督管理委员会对军工集团的绩效考核虽然也考虑了军工行业的特殊性，但是采取了与竞争性企业类似的指定增长目标且与负责人年薪挂钩的方式。军品定价则是长期采用计划成本加5%利润的模式。为了做大整体产值，一些军工企业集团对于短期

内难以带来收益的创新投入积极性不高；压低成本的动机不强；优先倾向于内部配套，而不是按照市场机制面向行业内外和全社会择优比价，强化了自我循环、隐性壁垒，阻碍了军工企业集团之间、国防科技工业和民口有关力量之间社会化大协作的开展。不仅国防科技工业内部整体资源统筹不足，跨行业、跨部门、跨领域协同效应也难以发挥，大军工理念下的社会化开放融合滞后，客观上不利于国防科技工业整体科研生产效率提升和产品技术水平进步，也不利于军民融合协同创新格局的加速形成。

第三，引入社会资本的可能后果降低了融合动力。军工企业如果较多地引入社会资本，企业变成真正的市场主体，将面临更为严峻的市场竞争和压力，企业及员工不能再躺在财政资金的"温床"上过"旱涝保收"的日子，这也导致很多军工企业引资改制进行军民融合的动力不足。

（二）民营企业"参军"意愿强烈但融合能力有限

自2005年国务院《关于鼓励支持和引导个体私营等非公经济发展的若干意见》颁布后，国家和军队有关部门相继颁布了约30余项推动"民参军"的规章政策，明确了竞争性采购的要求和程序，明晰了民营资本进入国防科技工业的领域和范围。党的十八届三中全会报告提出"促进军民融合的深度发展……引导优势民营企业进入军品科研生产和维修领域"，推动了"民参军"热潮。总装备部2015年开通了全军武器装备采购信息网，搭建了军民互动的平台，注册认证的数千家企业中民企占比超过60%。截至2014年年底，在获得武器装备科研生产许可证的2400多家单位中，民企占比约为1/3；获得承制单位资格证书的188多家企业中，民企占比约为1/2。民营企业参与装备建设主要集中在电子、机械、材料、冶金和有色、化工等领域。在电子信息领域，尤其是网络安全、大数据等方面，民用技术水平已经整体上超过军工水平。

较之传统军工企事业单位，民营企业具有体制机制灵活，竞争意识强烈，创新能力突出，产业化优势明显，服务保障主动等优势。与之同时，民营企业也存在资本规模小，抗风险能力弱，平均寿命低，管理体系不完善等问题。总体看，"民参军"处于上（中央）热、下（民企）火、中间（部门）冷的状态，民企进入军品科研生产领域面临诸多障碍。

第一，军品市场准入程序复杂，成本高。根据国家和军队的现行法规标准，承担武器装备科研生产任务的单位原则上需要取得军工"四证"，包括武器装备科研生产许可证、合格装备承制单位资格证、武器装备质量管理体系认证和保密体系认证。完成这些认证可能需要耗费数年时间，还要进行各种复审，有效期过后必须重新认证。繁复的程序导致很多企业不堪重负。

第二，我国国防采办及军工企业制度存在封闭性。在采购信息方面，军品采购计划的发布体系主要是内部为主，更多的还是依靠原来的计划体制及指令系统在运行。达成合作的企业必须进入军方的武器装备科研生产采购名录，具备相匹配的保密等级，签订相应的保密生产协议；在军工配套环节，现有军工体系依然维持“大而全”或“小而全”的生产格局，民企很难找到进入的门径。民营企业难以掌握军品的需求信息，国防科技工业的保密性和体制的垄断性也使得民营企业难以了解装备研发的项目信息，使得民营企业研发的产品不能满足军队的需求。

第三，民企与军工企业实现资本融合的门槛高。社会资本进入军工领域，必须经过国防工业管理部门、军队有关部门的重重审批，程序复杂，进入壁垒较高，在相当程度上影响了民间资本进入军工企业领域的积极性。

此外，知识产权保护、利益分配等相关法律法规建设的滞后，风险防范制度缺失等因素也制约了“民参军”的推进。

（三）军民标准不统一严重制约军民融合

技术融合是军民融合的核心要素，标准则是技术融合的基础载体。在国防科技和武器装备科研生产领域，国军标、航标、国标、企标等标准规范不统一、不协调是国防科技工业行业壁垒的重要症结和军工封闭体系的主要体现之一。一些标准归口管理单位拥有相关标准的制定、解释和管理权力，出于利益考量，客观上存在将某些标准异化为维护自身和行业垄断、排除外部和社会竞争的工具的倾向。由于我国军用标准发展模式相对封闭，缺少与民用标准有效的沟通协调机制，难以及时体现和应用最新技术发展的成果；军用标准中过多的专用产品规格与接口要求，也使得民用生产企业很难为不确定性的订单而承受专用生产线的建设与维护成本。这种由特定标准形成的技术性壁垒还降低了军品配套供应商的可选择性范围，不利于国防动员的紧急扩大生产。

只有以军民标准互联互通为军民融合的突破口，建立统一协调的军民通用技术标准体系，实施规范化管理，促进军民标准通用和技术有效融合，使军地保障力量和资源之间复杂的技术与管理关系得到衔接和协调，才能促进军民两大产业全要素、多领域融合发展，提升国防经济整体效率和效益。国务院办公厅 2017 年 3 月印发的“《深化标准化工作改革方案》重点任务分工（2017—2018 年）”，大力实施军民标准通用化工程，推动军用装备和设施采用先进适用的民用标准；将先进适用的军用标准转化为民用标准；军地协作制定一批军民通用标准；建设军民标准化信息资源共享平台；明确军民通用标准的制修订程序，逐步形成军民标准融合发展的长效机制。不过，这些政策要得到落实仍任重而道远。

四、新时代军民融合战略的定位及推进要点

（一）新时代军民融合战略的定位

未来20年，我国将加速实现由大向强发展；与此同时，世界格局正发生结构性的重大转变，综合国力竞争在经济、科技、军事等领域全面展开；科技革命及由此引发的军事革命和产业革命正日益重塑生产力与战斗力要素。这三大趋势必将带来世界战略格局发生根本性改变。只有通过军民融合发展来凝聚国家意志和全社会力量，筑牢本国安全和发展的基石，才能争取主动、赢得未来。

习近平总书记在十九大报告中明确提出，到2035年基本实现国防和军队现代化，到21世纪中叶全面建成世界一流人民军队，强调要"更加注重军民融合""坚持实施军民融合发展战略""形成军民融合深度发展格局，构建一体化的国家战略体系和能力"。军民融合作为中国经济发展和国家安全的重大战略，是习近平新时代中国特色社会主义思想的重要组成部分，是长期探索经济建设和国防建设协调发展规律的重大成果，是从国家发展和安全全局出发做出的重大决策，是应对复杂安全威胁、赢得国家战略优势的重大举措，是实现富国强军的必由之路。

中国军费经过十余年快速增长目前已经处于全球第二，但中美军费差距仍远大于经济差距。2016年中国9543.54亿元的军费开支仅相当于美国1986年的开支水平，军费预算占GDP的比例仅为1.28%，显著低于美、俄等世界军事强国以及印度、越南、巴西等发展中国家的水平。2017年度军费预算增长大约7%，约10211亿元，仅相当于美国的24.6%。为了实现十九大提出的实现国防和军队现代化的目标，预期未来5—10年内，我国军费有望继续保持稳健增长。预计到"十三五"末期，我国国防预算将达到13000亿元，国防科技工业、军民融合将取得重大进展，军工高技术产业产值比例有望大幅提高，军工集团产业结构得到整体优化，基本实现全要素、多领域、高效益的军民融合深度发展格局。

（二）深入推进军民融合战略需要明晰的几点认识

第一，满足国防军事需求是军民融合的首要出发点。作为世界第二大经济体，我国迫切需要强大的国防力量保护本土及分散在全球各地的国家利益，并在世界范围内承担更多的维和安保职责。与此同时，我国幅员辽阔，不同战略方向的军事斗争准备需求各不相同。在军委管总、战区主战、军种主建的新体制下，军民融合战略的推进必须将满足国防军队建设需要作为根本出发点，军事空间布局同区域经济发展布局有机结合，突出军事需求对军民融合的牵引作用。

第二，生产力和战斗力的提升是军民融合的根本立足点。党的十八大以来，习近平总书记多次表达了“坚持向科技创新要战斗力，下更大气力推动科技兴军”的观点。军民融合战略的实施就是要抓住世界新一轮科技革命和新军事革命的机遇与挑战契机，面向海洋、太空、网络空间、生物、新能源、人工智能等军民共用性强的重点和新兴领域，充分发挥高水平大学及科研院所的催化作用，军地深度协作，研发能大幅提升军事能力和产业优势的战略性高新技术，抢占未来军事和产业竞争的战略制高点。以原始创新引领军民融合战略的推进实施，推动军民两用技术建功经济建设和国防建设两个战场，实现社会生产力和军队战斗力的同步提升。

第三，产业发展区域协调是军民融合的基础保障。军民融合不是追求另类GDP，也不能以所谓军民融合示范区、产业园或特色小镇的名义“跑马圈地”。军民融合要求紧密结合国防科技工业体系基础和民用科技工业基础，组成一个统一的、强大国家科技工业基础。因此，必须立足区域产业优势，将技术创新落实到产业发展，打通军工科技与经济的融合，推动科技成果转化为现实生产力。作为贯彻落实军民融合发展战略的重要载体，军民融合创新示范区的规划布局建设要与京津冀协同发展、长江经济带发展等国家战略相匹配；还应与东部沿海开放、西部大开发、振兴东北老工业基地、中部崛起等区域发展相呼应，因地制宜确定军民融合的发展重点、实施路径和具体的政策举措。

五、新时代贯彻实施军民融合战略的路径解读

党的十八大以来，军地各方认真贯彻落实军民融合发展战略思想和党中央决策部署，20个省份出台了地方军民融合发展规划，20多个省（区、市）正式提出军民融合创新示范区创建申请。虽然各地推进军民融合的热情高涨，但在实践中也暴露出诸如思想认识不深、规划定位不清、运行机制不畅、资源共享不足，专项法规缺位等问题。在2017年6月20日召开的中央军民融合发展委员会第一次全体会议上，习近平总书记为下一阶段我国国防建设和经济发展如何由初步融合走向深度融合指明了路径，即：要在“统”字上下功夫，在“融”字上做文章，在“新”字上求突破，在“深”字上见实效。笔者不揣浅陋，谈谈对这几点的理解。

（一）在“统”字上下功夫

军民分割、自成体系、多头管理、封闭运行的管理与运作体制是制约军民深度融合的主要因素。要尽快解决各部门、各地区不同程度存在的“本位”问题，必须立足国际竞争大格局，国家安全新局面，经济发展新常态，以习近平总书记

强调的“要强化大局意识，军地双方要树立一盘棋思想”为指导思想，并落到实处。军民融合的总体规划管理权限应归属中央，立足全国，抓好顶层设计，统筹增量存量，同步推进体制和机制改革、体系和要素融合、制度和标准建设。各部委和各地方都应该服从中央统一布局安排，破除地方或部门本位思想，绝不允许条块分割或各自为政，建立全面覆盖、上下贯通的组织管理体系，推动军地各部门各层级形成整体联动的融合发展合力。促进军地不同部门间、不同区域间资源共享，优势互补，实现跨部门、跨区域协同创新发展。以“统”促融，从根本上解决“融不进”“融不深”“难融合”的问题。

（二）在“融”字上做文章

军民融合不是传统意义上的“军转民”或“民参军”，而是全要素、全价值链、多领域的综合融合。军民融合的本质就是要破除军民界限，以国家利益为主配置人才、技术、信息、资金等多种资源，实现军地资源优化配置、合理共享、平战结合。在近期的军民融合战略具体落实工作中，要完善国防科技协同创新体制；加快军民通用标准化工作，加快国防装备采购制度改革；推进军品和民品的质量体系和工艺规程趋同；引导优势民营企业进入军品科研生产和维修领域，加大对军民结合型企业的支持，发展军、民品生产可便捷切换的柔性制造。军民融合要在经济发展与国防建设之间建立一个开放系统，消除妨碍融合的障碍，实现两个“贯通”：一是在国防和军队内部消除各自为政的格局，真正形成统一规划、统一融合需求、统一资源配置，实现国防和军队系统内的贯通；二是在此基础上，消除军地之间相互隔离的格局，建立统一的工业基础，实现军地大系统间的贯通。

（三）在“新”字上求突破

推进军民融合深度发展，根本出路在改革创新。应该以新思想为指导，以新技术为动力，以新机制为保障，新载体为依托。国家战略是一个综合性的完整体系，军民融合发展战略要与“创新驱动发展战略”紧密对接，原始创新能力提升、军事领域应用、军民产业发展等创新工作相互依存、相互促进、相互影响。要构建能够面向全社会创新主体的开放式创新机制环境，高度重视市场机制的调节作用，支持社会各方围绕军民融合的发展需求，高起点、高质量、高辐射地创新创业，增强军地企业核心竞争力和创新驱动力，促进结构调整与转型升级。采取分类别（涉及核心能力程度大小及保密要求高低）、分层次（主承包商—分承包商—部件供应商）、分阶段（方案论证—技术开发—工程型号研制—批量生产）的竞争模式，采用公开程度不等的竞争战略，实现产业链因地制宜的灵活整合。加快高效专业的金融、知识产权、法律、信息共享等市场服务体系建设，提升军民融合成效。积极稳妥开展国家军民融合创新示范区建设，坚持“成熟一个、推进一个”的原则，重点抓制度创新，着力形成可推广、可复制、可持续的新路径新模式，拓展军民融合发展新空间，探索军民融合发展新路子。

（四）在“深”字上见实效

军民融合战略的推进涉及跨部门、跨行业、跨地区的资源配置，需要破除利益樊篱、制度樊篱，可能遇到的阻力不言而喻。要不断优化体制机制和政策制度体系，推动融合体系重塑和重点领域统筹。要以扩大开放、打破封闭为突破口，立足国情军情，本着顶层归口、相关领域分别对口、统分结合的基本思路，在科技体制、军队建设、国企混改、资源共享、金融财税、公共服务等方面进行深层次、全方位的改革，扫除障碍，形成合力，走出一条有中国特色的军民融合路子。

参考文献

［1］杜人淮：“国防工业市场化改革的历史沿革”，《中国军转民》2005 年第 6 期。

［2］杜人淮：“中国特色军事工业发展壮大的历史经验”，《军事历史研究》2012 年第 3 期。

［3］何永波：“军民结合、寓军于民、军民融合、军民一体化区别与联系”，《中国科技术语》2013 年第 6 期。

［4］侯光明等：《国防科技工业军民融合发展研究》，科学出版社 2009 年版。

［5］黄玥、王雪：“十八大以来，习近平这样部署军民融合”，新华网，2017 年 7 月 26 日。

［6］黄朝峰：《战略性新兴产业军民融合式发展研究》，国防工业出版社 2014 年版。

［7］黄朝峰、高建平：《军民融合发展理论与实践》，经济管理出版社 2017 年版。

［8］晋煜：“新时期国防科技工业军民融合发展的若干问题与建议”，《中国航天》2017 年第 7 期。

［9］李湘黔：“中国军品外贸的历史演进及其启示”，《军事历史》2004 年第 2 期。

［10］吕彬等：《西方国家军民融合发展道路研究》，国防工业出版社 2015 年版。

［11］孟凡萍、蒋立新：“推进军民标准通用　实现军民融合式发展”，《中国经贸导刊》2014 年第 12 期。

［12］孙丽燕：“‘一带一路’背景下我国军品贸易的发展思路”，《中国经贸导刊》2016 年第 11（下）期。

［13］习近平：《习主席国防和军队建设重要论述读本》，解放军出版社 2016 年版。

［14］叶海源、鲁壮：“着力构建军民融合深度发展格局”，《行政管理改革》2017 年第 12 期。

［15］游光荣、赵林榜：《军民科技融合发展：理论与实践》，国防工业出版社 2017 年版。

［16］张高丽："深入学习贯彻　强化改革创新　加快形成军民融合深度发展新格局"，《人民日报》2017 年 10 月 2 日。

［17］张兆垠：《大道荣光：军民融合论》，新华出版社 2017 年版。

［18］赵黎明、陈炳福：《军民融合框架下中国国防支出与经济发展研究》，中国经济出版社 2017 年版。

［19］中国工程院：《军民融合发展战略》，高等教育出版社 2014 年版。

第八篇 区域发展篇

区域合作创新发展新机制：产品联系的创新效应①

一、引言

在历次中国共产党全国代表大会中，首次在大会报告中提及区域分工和地区经济的是党的十三大（1987 年）；正式提出区域经济协调发展是在十五大（1997 年）；到十九大，则是“实施区域协调发展战略……建立更加有效的区域协调发展新机制”。如表 1 所示。在党的十八大以后，国家层面及省市相继出台系列指导意见，譬如，《关于依托黄金水道推动长江经济带发展的指导意见》（2014 年，国务院）；《关于在部分区域系统推进全面创新改革试验的总体方案》（2015 年，中共中央办公厅　国务院办公厅）；《京津冀协同发展规划纲要》（2015 年，中央财经领导小组）；《关于贯彻落实区域发展战略促进区域协调发展的指导意见》（2016 年，国家发展改革委）；《粤桂黔高铁经济带合作试验区（广东园）发展总体规划》（2017 年，广东省政府）等，以鼓励和支持毗邻省份探索合作创新机制与路径，实现区域协同创新发展。

毋庸置疑，知识与创新是经济增长的源泉（Grossman 和 Helpman，1994；Antonelli 等，2011）。即使在全球化背景下，区域仍是知识流动和创新活动发生的重要空间（De Propris 和 Hamdouch，2013）；同时，区域经济增长需要城市之间的相互支持与合作创新（Jacobs，1985），以及区域间的知识流动（Huggins，2013）。本文中的区域指具有一定政策制定能力的行政区域等。然而，中国省际的知识流动在空间上是不均匀的，创新活动存在明显的空间差异性（张玉明和李凯，2007；肖刚等，2016）。笔者也发现，中国省际合作创新呈明显的空间分布

① 本文作者杨锐。本文受国家自然科学基金青年项目“创新联结的空间分布差异及其对创新绩效影响研究”（71402111）、教育部人文社科青年项目“创新联结空间模式形成的影响因素与创新绩效”（14YJC791055）的资助。

表 1　1987—2017 年我国历次中共全国代表大会有关区域发展策略变化

中国共产党全国代表大会	时间	在报告中有关“区域”经济发展的提法	在报告中提及“区域”的频率
中共十三大报告	1987 年	在产业发展的地区布局上，既要重点发挥经济比较发达的东部沿海地区的重要作用，又要逐步加快中部地区和西部地区的开发，使不同地区都能各展所长，并通过相互开放和平等交换，形成合理的区域分工和地区经济结构	1 次
中共十四大报告	1992 年	要根据自然地理特点和经济的内在联系，充分发挥中心城市作用，努力发展各具特色的区域经济	2 次
中共十五大报告	1997 年	发挥各地优势，推动区域经济协调发展	6 次
中共十六大报告	2002 年	积极推进西部大开发，促进区域经济协调发展	6 次
中共十七大报告	2007 年	推动区域协调发展，优化国土开发格局	17 次
中共十八大报告	2012 年	继续实施区域发展总体战略，充分发挥各地区比较优势，优先推进西部大开发，全面振兴东北地区等老工业基地，大力促进中部地区崛起，积极支持东部地区率先发展	13 次
中共十九大报告	2017 年	实施区域协调发展战略。建立更加有效的区域协调发展新机制	12 次

资料来源：作者根据历年中共全国代表大会报告整理。

差异。中国区域之间需要构造一种利于总体技术进步的合作创新机制，以扩大技术创新的整体效应。

知识溢出和合作创新都是知识跨区域流动的实现机制。依据研究维度，从微观主体角度，近年的研究主要是实证各种邻近性对主体跨区域合作创新或知识溢出的影响差异或重要性。实证中所涉及的主体之间的邻近性有：社会邻近性、关系邻近性、地理邻近性、技术邻近性，等（Hoekman 等，2009；Scherngell 和 Barber，2009；Scherngell 和 Hu，2011；Basile 等，2012）；从区域角度，国内研究多数是解释影响省际知识溢出差异的原因。中国省际层面存在知识溢出现象，知识溢出可促进区域创新绩效提升（王家庭，2012），但是省际知识溢出效果不同。国内学者提供了三种原因解释：（1）省际创新水平差距。例如，肖刚等（2016）认为，知识溢出的地理邻近效应主要发生于低创新水平与中低创新水平的区域之间。（2）省际地理距离差距。例如，李婧和何宜丽（2017）的研究发现，地理距离是影响省际知识溢出效应的重要因素，知识溢出效应随地理距离的衰减而衰减（郭嘉仪和张庆霖，2012）。（3）省际经济发展水平差距。例如，余泳泽（2015）的研究发现，中国区域研发活动表现出明显的空间外溢效应和价值链外溢效应，但是区域间创新要素的交流与外溢更多是在经济发展水平相近的区域间进行，经济发达地区对不发达地区的创新溢出不明显；孙东和卜茂亮（2014）分析了相同区域内省份之间的溢出效果，认为在经济发达的东部区域，省份之间的技术溢出效果明显好于中西部。对于区域层面省际合作创新的研究，国内一些学者实证了省际地理邻近性对省际合作创新的影响，不过研究结论也不尽一致。例如，洪伟（2010）、党兴华和弓志刚（2013）等学者认为，地理邻近性仍然是跨区域合作创新的重要促进因素；而刘凤朝等（2014）则发现，地理邻近性对跨区域企业间、产学研机构间合作的影响都不显著。然而，现有研究未涉及省际合作创新的实现机制。

为解释省际合作创新的空间分布差异现象，以及探索省际合作创新的实现机制，本文依据基于行业联系的知识流动观（Scherer，2003；Hauknes 和 Knell，2009）和基于空间邻近的知识流动观（Polenske，2010；Asheim 等，2011），以中国 30 个省市（没有考虑西藏）的对偶关系为研究对象，采用 MRQAP（Multiple Regression Quadratic Assignment Procedure）方法，检验省际的产品联系是否有益于省际合作创新。具体说来，包括以下问题：第一，省际的中间投入品联系和资本品联系是否促进了省际合作创新？即验证投入—产出联系的创新效应；第二，省际的消费品联系是否促进了省际合作创新？即验证消费品联系的市场学习效应；第三，省际的空间相对邻近性、省际经济发展水平差距分别对投入—产出联系创新效应和市场学习效应的影响差异；第四，空间相对邻近性对投入—产出联系创新效应与市场学习效应的影响是否依赖于省际经济发展水平差距。

本文有以下贡献：第一，提出省际合作创新的实现机制，即省际之间的产品联系。随着中间投入品、资本品和消费品在省际之间的流动，凝聚在这些产品中的知识和技术随之流入其他地区，这会诱发分布于不同省际的企业或其他知识生产机构，就与产品生产密切相关的设计、原材料、生产方式、营销、物流等价值链环节，展开即时的、因地制宜的、随机应变的合作创新，以满足产品输入地消费者与企业的需求偏好和购买力。本文把通过省际产品联系而实现知识流动，进而激发主体跨省际合作研发生产新知识的作用称为产品联系的创新效应。这是对现有区域知识流动理论的发展。第二，识别省市产品联系创新效应得以强化或实现的条件。本文分别从省际之间空间相对邻近性与经济发展水平差距，揭示它们对产品联系创新效应的影响差异。这能够解释省际合作创新空间分布的差异现象，也有助于从产品联系角度，探索省际之间协同创新驱动发展的实现路径。

二、理论基础与研究假设

（一）区域合作创新的实现机制：产品联系的创新效应

合作创新日趋成为企业跨区域获取外部知识的重要方式，它是指企业以具体的创新目标为导向，与不同空间尺度的外部主体建立联系并生产新技术新知识的过程（Koschatzky 和 Stemberg，2000；Knoben 和 Oerlemans，2012）。在全球创新网络形成的背景下（Herstad 等，2013），跨区域边界的合作创新对企业、产业和区域创新能力形成日趋重要（Fritsch 和 Slavtchev，2011；Iammarino 等，2012），也会影响区域经济增长（Huggins，2013）。

本文的省际合作创新指企业或科研院所跨省际合作研发生产新知识的行为。省际合作创新的绩效与省际知识流动的实现机制有关。一般来说，知识流动表现为非实体知识流动（Disembodied knowledge flow）和产品化知识流动（Product - embodied knowledge flow）。前者通常表现为可以脱离产品载体的技术知识流动，知识流动的实现与技术专家、人才的流动，通信技术在知识传播上的应用等息息相关；后者通常直接伴随产品的流动而流动，知识流动的实现依赖于行业之间的投入—产出联系。在实证研究中，较难严格区分出这两种知识流动，学者通常用行业之间的专利互引来刻画非实体知识的流动，而用行业之间的投入—产出表来刻画产品化知识的流动。

行业之间的投入—产出联系既是产品化知识在行业之间流动的实现机制，也是产品化知识在区域之间流动的实现机制。行业可视为特定市场区段里的技术体系（Kitschelt，1991）。产品凝聚着一系列技术知识特征：（1）产品的外部特征。如笔记本电脑的颜色、形状与重量等。（2）产品的技术特征。这些技术特征直接与产品功能相关。如内存型号、CPU 频率、电源续航时间与散热率等。（3）产品的过程特征。产品的生产工艺、生产流程、使用原材料的方式与加工方式等技术知识。从行业视角，依据投入—产出联系的知识流动观（Papaconstantinou 等，1998；Leoncini 和 Montresor，2000；Scherer，2003；Haukness 和 Knell，2009；Brachert 等，2016），一个行业所蕴含的技术知识，除了行业自身研发活动的累积之外，很大部分知识是源自企业所购买的中间投入品或资本品；从地区视角，根据地区间投入—产出基本流量表，省 i 的产品流，满足（1）式：

$$Y_i = (IU_{ii} + TC_{ii} + CF_{ii}) + (\sum_{i,j=1}^{K} IU_{ij} + \sum_{i,j=1}^{K} TC_{ij} + \sum_{i,j=1}^{K} CF_{ij}) + EX_i \tag{1}$$

其中，i,j 表示省市（$i=1,2,\cdots,K$；$j=1,2,\cdots,K$）；Y_i表示省 i 生产的总产出；IU_{ii}表示省 i 生产的产品以“中间投入品”身份流向省 i 的份额，IU_{ij}表示流

向省 j 的份额；TC_{ii} 表示省 i 生产的产品以“消费品”身份流向省 i 的份额，TC_{ij} 表示流向省 j 的份额；CF_{ii} 表示省 i 生产的产品以“资本品”身份流向省 i 的份额，CF_{ij} 表示流向省 j 的份额；EX_i 表示省 i 生产的产品出口到其他国家的出口额。由（1）式有：

$$1 = \sum_{i,j=1}^{K} \frac{IU_{ij}}{Y_i - EX_i - IU_{ii} - TC_{ii} - CF_{ii}} + \sum_{i,j=1}^{K} \frac{TC_{ij}}{Y_i - EX_i - IU_{ii} - TC_{ii} - CF_{ii}} + \sum_{i,j=1}^{K} \frac{CF_{ij}}{Y_i - EX_i - IU_{ii} - TC_{ii} - CF_{ii}} \tag{2}$$

省 i 与省 j 之间存在三种产品联系：

一是中间投入品联系。联系程度可表示为：$\rho_{IU,i,j} = \frac{IU_{ij}}{Y_i - EX_i - IU_{ii} - TC_{ii} - CF_{ii}}$

二是资本品联系。联系程度可表示为：$\psi_{CF,i,j} = \frac{CF_{ij}}{Y_i - EX_i - IU_{ii} - TC_{ii} - CF_{ii}}$

三是消费品联系。联系程度可表示为：$\sigma_{TC,i,j} = \frac{TC_{ij}}{Y_i - EX_i - IU_{ii} - TC_{ii} - CF_{ii}}$

省际在不同程度上存在投入—产出联系的空间分工格局，同时，在一定程度上也是各自所生产消费品的市场。伴随中间投入品、资本品和消费品在地区间的流动，物化在产品中的技术知识也随之流向其他地区（Schütz，2017）。创新系统观认为（Cooke，2005），创新是一个互动的学习过程。一方面，省际的产品联系为主体之间的互动提供了天然的环境；另一方面，依据产品化创新流的概念（Brachert 等，2016），不同于非实体知识创新的性质，产品化创新是在现有生产空间分工体系中主体有意识努力的结果（Andersen，1992），产品化创新的方向与产品流动高度相关（Leoncini 和 Montresor，2003）。创新是伴随产品流动而推动知识传播的基础上产生的（Marengo 和 Sterlacchini，1990）。这意味着，通过省际的中间投入品联系、资本品联系和省际消费品联系，实现知识的跨省流动，这会诱发分布于不同省市的企业或其他知识生产机构，就与产品生产密切相关的设计、原材料、生产方式、营销、物流等价值链环节，展开即时的、因地制宜的、随机应变的合作创新，以满足产品输入地消费者与企业的需求偏好和购买力。本文把通过省市产品联系而实现知识流动，进而激发主体跨省市合作研发生产新知识的作用，称为产品联系的创新效应。

产业体系中的行业联系和行业间的知识交换是维持国家经济体系动态变化的关键（Castellacci，2008）。通过行业之间的投入—产出联系，与中间投入品、资本品相关联的技术知识得以伴随产品转移而在省际传播。其中，中间投入品是直接用于实现其他产品，其技术特征很大程度上决定了所生产产品的技术特征。换句话说，对中间投入品凝聚技术知识的使用是嵌入在其他产品之中；资本品是服务于其他产品生产的设备、工具、仪器，等。相对于中间投入品来说，资本品所凝聚的知识更倾向于显性知识。伴随资本品和中间投入品的流动，企业在其生产体系使用这些产品化知识的过程中：

第一，在基于产品交易的相互依赖关系中，蕴藏着合作创新的潜在机会。凝聚在资本品或中间投入品的知识会促进其他行业的技术进步（Marshall，1920），也有利于诱导和刺激其他生产企业发现生产机会（Richardson，2003）。在生产过程中，企业需要产业链上游供应商的支持，包括与生产过程（尤其是在原材料使用或设备使用方面）密切相关的技术支持辅导，样品生产的配合，生产工艺的指导，以及设备安装、调试、维修，原材料的更替等问题。例如，江苏日月照明电器有限公司和格瑞电子（厦门）有限公司，共同申请了“一种可滤除蓝光的LED灯具及方法”的实用新型专利。在依托于交易关系所衍生的这些相互依赖关系之中，蕴藏着交易双方合作创新的潜在机会。

第二，知识使用的异质性特征，会增强知识使用企业依据自身生产特征而孕育即时创新的需要。比如，上海建工（江苏）钢结构有限公司与云南大西洋焊接材料有限公司，就共同申请了“镀锌钢结构用埋弧焊剂”的发明专利。此外，基于投入—产出联系的产业链上下游的合作创新，上下游企业都能够从技术创新中获得更多利润（刘志迎、李芹芹，2012）。利润预期可诱发产业链上下游企业的合作创新意愿。因此，逻辑上说，为满足产品输入地企业即时创新的需要，随着省际中间投入品或资本品联系程度的增加，会增加供需两地主体，基于投入—产出联系实现合作创新的概率，本文把此作用称为基于投入—产出联系的创新效应。

消费品在不同发展水平地区之间的扩散会影响产品输入地消费者或企业的行为。这种影响表现在两方面：第一，发达地区市场的消费者对欠发达地区市场潜在消费者的影响；第二，发达地区的消费品生产企业，会依据欠发达地区的市场需求特征对产品进行改进，以满足当地市场需求。Ganesh 和 Kuma（1996）把地区之间基于消费品联系的上述影响称为市场学习效应。研究表明，市场学习效应会触发企业的创新活动。例如，Kyriakopoulos 和 Moorman（1998）的研究认为，市场学习效应会影响企业的短期财务绩效、新产品速度和新产品创造力；Kim 和 Atuahene - Gima（2010）进一步认为，探索性市场学习有助于企业推动新产品的差异化，而利用性市场学习有助于提高企业新产品开发的成本效率；在竞争性的市场环境中，为借由已有消费品联系获得目标市场的反馈知识，企业一定会利用不同地区的分公司或当地其他合作伙伴的资源，一同就产品设计、原材料使用、产品功能、生产方式等方面，进行即时调整和改进，以转变当地消费者的支付意愿，扩大企业资源、当地市场需求与企业边际成本之间的弹性空间，同时激励当地消费者的购买意愿和支付水平，进而提升企业的竞争优势（Ander 和 Zemsky，2006）。简而言之，由于省际的市场需求特征，比如消费者购买力、消费者偏好等存在差异，省际的企业与其他合作主体，立足于已有省际的消费品联系，在获取市场反馈知识的过程中，可诱发供需两地主体合作创新机会。本文把此作用称为基于消费品联系的市场学习效应。

因此，本文提出如下假设：

H1：增加省际中间投入品联系程度，会提高省际合作创新概率。

H2：增加省际资本品联系程度，会提高省际合作创新概率。

H3：增加省际消费品联系程度，会提高省际合作创新概率。

（二）省际空间相对邻近性对产品联系创新效应的影响差异

分布在不同地区的企业可依托于产品联系而展开即时的合作创新，以满足当地消费者或企业的需求偏好和购买力，不过，产品联系的创新效应会因省际空间相对邻近性而不同。地理视角下的知识流动观源自马歇尔对产业区的研究（Marshall，1920），后来发展为创新地理研究脉络（Polenske，2010）。从知识性质和互动学习出发，创新主体的地理邻近性有助于促进知识在各主体之间流动（Ter WAL 和 Boschma，2009；Asheim 等，2011）。地理邻近性是影响创新发生的一个因素（Breschi 和 Lissoni，2009；王缉慈，2010）。只有当主体之间存在供需联系或社会联系，地理邻近性对主体经济行为的影响才会有实质性意义。创新地理领域的最新实证研究表明，知识流动及其效果与区位固有质量没有必然联系，它依赖于该区位是否有利于为企业获得创新投入，或为合作创新提供便利。即由强调区位固有质量转向对地区与地区之间空间可达性的重视（Andersson 和 Karlsson，2007；Shearmur，2011）。譬如，全球第二大电子产品代工企业富士康，2013 年在贵阳布局纳米触摸屏生产工厂。根据富士康总裁郭台铭的观点，除了具有最低劳动工资的优势之外，贵阳与周边省市的空间可达性有极大改善。

省际层面的地理邻近性不随时间而变化，其并不能刻画现代交通设施变化所带来的省际相对空间距离的变化。正如马歇尔（Marshall，1920）所言：生产总量增加带来的经济增加，不直接依赖于单个企业规模。这些结果中最重要部分来自相互关联的各产业部门的成长，它们彼此相互支持，这些产业或许聚集在同一个区位，但是无论如何，它们通过现代交通通信设施以有利于自己。不同于 Balland 等，（2015）对多维邻近性动态变化的讨论，本文从省际层面提出空间相对邻近性概念，它是相对于省际铁路可达时间的省际可达铁路距离，刻画省际空间可达性随时间变化的性质。

附着在产品中的技术、生产过程等知识特征集合，会随产品流动而流入其他地区。省际空间相对邻近性的改善，虽可以便利这些知识在各主体之间的流动，但是在知识流动过程中，要诱发彼此的合作创新，就涉及对这些知识的使用。中间投入品和资本品都是嵌入于企业的生产体系，在知识使用过程中，创新机会源于交易双方企业的工程、研发、生产等部门之间就生产过程中所遇到的即时问题，展开持续的交流与互动（Torre 和 Rallet，2005），而空间相对邻近性越高，越能增加交易双方知识使用部门之间的互动频率与互动质量，进而增强基于投入—产出联系的创新效应；对于省际消费品联系，Ganesh 等（1997）使用两国之间的物理距离来衡量地理邻近性，并验证其对两国之间消费品市场学习效应的影响。其结果表明，地理邻近性对两国之间基于消费品联系的市场学习效应没有统计显著性。但是本文认为，省际空间相对邻近性可便利省际消费者之间，对关于消费品知识的相互学习与相互影响，促进消费理念、消费者行为的跨地区感染；同时，也有利于消费品生产企业与消费品输入地市场的其他主体，基于已有消费品市场反馈知识进行即时交流，进而对实现消费品生产的价值链各环节，展开即时的合作创新，以满足当地消费者的需求。

因此，本文提出如下假设：

H4：空间相对邻近性高的省际，它们之间的中间投入品联系、资本品联系与消费品联系对提高省际合作创新概率的作用更突出。

（三）经济发展水平差距对产品联系创新效应与空间相对邻近效应的影响差异

一个国家内部，地区之间的经济发展水平存在差距是客观事实。然而，对于欠发达地区的创新发展，现有研究表明，一方面，在欠发达地区复制成功地区的区域创新系统，未必能促进欠发达地区的创新发展（Pietrobelli 和 Rabelloti，2008）；另一方面，区域研发活动的空间外溢效应，更多是发生在经济发展水平相近的区域间，经济发达地区对不发达地区的创新溢出不明显（余泳泽，2015）；此外，欠发达地区简单地依赖于与发达地区的产品联系（贸易联系），并不能促进欠发达地区的经济发展（Jacbos，1985）。为此，欠发达地区需要借助与发达地区的产品联系，并把其作为跳板，围绕产品生产的价值链环节，通过即时的、随机应变的合作创新，提供契合当地以及其他相对更落后地区消费者或企业购买力的中间投入品、资本品和消费品。只有这样，欠发达地区才能启动自身的发展进程。不过，分布在不同地区的企业或其他知识生产机构，依托于现有的产品联系，彼此之间展开即时合作创新的意愿强度，会因省际经济发展水平的正向差距而增强，进而增加彼此展开合作创新的机会。因此，本文认为省际产品联系的创新效应受省际经济发展水平差距的正向调节。

地区经济发展水平意味着当地消费者和企业的购买力，进而差异化的产品需求。

第一，在市场的竞争环境中，地区之间消费者的购买力差距，显然会增强经济发展水平高的省际与经济发展水平低的省际，基于消费品联系的市场学习效应（Ganesh 和 Kumar，1996），即刺激经济发展水平高的省际经济主体，寻求与经济发展水平低的省际经济主体之间的即时合作创新机会，因地制宜地改进产品，如使用不同的原材料、改变外观设计、增减产品功能等，以让生产出来的消费品价格适合经济发展水平较低省际消费者的购买力。

第二，经济发展水平较低地区的产业通常是那些创新机会低、动态性缺乏的产业，增加这些地区的行业与发达地区行业之间的投入—产出联系，可启动行业间的知识扩散进程，这可能会导致新的生产机会以及延长这些成熟行业的生命周期（Robertson 和 Patel，2007）。经济发展水平差距也意味着两地企业的购买力差距，即意味着在地企业所需产品有自己的需求特征，这可刺激彼此基于需求的即时合作创新意愿，以提供契合当地或其他经济发展水平更低地区企业购买力的中间投入品或资本品。因此，当省际的经济发展水平存在正向差距时，增加它们之间的中间投入品联系、资本品联系和消费品联系强度，可以提高省际间合作创新的概率。

依据前面的分析，提高省际的空间相对邻近性，会增加它们之间的中间投入品联系、资本品联系与消费品联系对提升省际合作创新概率的作用，但是空间相对邻近相似的省际，它们彼此之间的经济发展水平差距会有所不同，进而经济主体的购买力也会不同，这必然会影响省际空间相对邻近性对产品联系创新效应的作用。若省际经济发展水平存在正向差距，意味着产品输入地的消费者与企业的购买力低于产品输出地消费者与企业的购买力，立足于现有的省际产品联系，相对来说，经济发展水平正向差距大的省际比经济发展水平正向差距小的省际，更能激发双方主体对资本品、中间投入品和消费品展开即时合作创新的意愿，而此时，随着省际空间相对邻近性的增加，会有利于基于产品联系的知识流动，以及促进创新意愿转变为即时的创新行动，从而增加省际合作创新的概率。因此，本文认为，省际经济发展水平正向差距的不同，省际空间相对邻近性在产品联系影响省际合作创新概率的作用中也会有差异。

因此，本文提出如下假设：

H5：经济发展水平正向差距大的省际，它们之间的中间投入品联系、资本品联系与消费品联系对增加省际合作创新概率的作用更明显。

H6：经济发展水平正向差距大的省际，随着它们之间空间相对邻近性的提高，省际中间投入品联系、资本品联系与消费品联系对增加省际合作创新概率的作用随之增强。

三、研究设计

（一）模型设定与估计方法

1. 模型设定。本文用来分析产品联系是否促进省际合作创新的模型，如（3）式：

$$y_{ij} = \gamma_\rho I_{ij} + \gamma_\sigma T_{ij} + \gamma_\psi \Psi_{ij} + \gamma_s V_{ij} + \gamma_d D_{ij} + Z_{ij}\delta + E \qquad (3)$$

其中，$y_{ij} = [y_1, \cdots, y_j]$表示省际合作创新概率的$K \times K$阶矩阵；$I_{ij} = [\rho_1, \cdots, \rho_j]$表示省$i$与省$j$之间中间投入品联系的$K \times K$阶矩阵；$T_{ij} = [\sigma_1, \cdots, \sigma_j]$表示省$i$与省$j$之间消费品联系的$K \times K$阶矩阵；$\Psi_{ij} = [\psi_1, \cdots, \psi_j]$表示省$i$与省$j$之间资本品联系的$K \times K$阶矩阵；$V_{ij} = [v_1, \cdots, v_j]$表示省$i$与省$j$之间空间相对邻近性的$K \times K$阶矩阵；$D_{ij} = [p_1, \cdots, p_j]$表示省$i$与省$j$之间经济发展水平差距的$K \times K$阶矩阵；$Z_{ij}$是其他控制变量的$K \times K \times q$阶矩阵；$E$是$K \times K$阶的残差矩阵。

2. MRAQP估计方法。模型（3）中的被解释变量与解释变量均是对偶关系数据矩阵，矩阵中的行与列的元素存在结构自相关，如果使用最小二乘法的多元回归，会产生统计偏误。QAP（Quadratic Assignment Procedure）是采取置换法（Permutation）对两个矩阵的关系进行显著性检验的非参数方法（Hubert 和 Schultz，1976），后由 Krackhardt（1988）拓展到多元回归 QAP（Multiple Regression Quadratic Assignment Procedure：MRQAP）。在控制其他变量之后，本文利用 MRQAP 判断省际产品联系是否有益于省际合作创新。为解决非关键关系检验（Nonpivotal association tests）、共线性、节点数量少、结果矩阵中的高偏度、观测值之间自相关性高等问题所导致的有偏估计（Dekker 等，2007），在实证中，通常采取两种“残差置换法”：Freedman - Lane Semi - Partialing 和 Double Semi - Partialing。其中，前者置换的目的是使解释变量与被解释变量之间的相关性最小；后者置换的目的是使核心解释变量和控制变量之间的相关性最小。在被解释变量是连续变量的情况下，Double Semi - Partialing 是最有效的估计方法，可以得到无偏估计（Dekker 等，2007）。这也是本文采取的估计方法。在经济、战略管理、政治、心理等社会科学领域，MRQAP 方法已得到广泛应用。

（二）变量定义与数据来源

1. 被解释变量。省际合作创新概率。省际合作创新绩效用一般由省际合作申请的发明专利、实用新型专利和外观设计专利之和来衡量，用$A_{ij} = [a_1, \cdots, a_j]$表示省际合作申请的专利数量矩阵，则省际合作创新的概率为 $\alpha_{ij} = \frac{a_{ij}}{\sum_{i \neq j}^{N} a_{ij}}, i =$

$K, j = K$。$y_{ij} = [\alpha_1, \cdots, \alpha_j]$表示省际合作创新概率的$K \times K$阶矩阵。省际合作申请的专利数据来源于知识产权综合服务平台，数据年份包括 2009 年、2010 年和 2011 年。

2. 解释变量。（1）省际中间投入品联系。用$\rho_{IU,i,j} = \frac{IU_{ij}}{Y_i - EX_i - IU_{ii} - TC_{ii} - CF_{ii}}$来衡量两两省之间每千元产品产出（剔除出口额和省内使用份额）中的中间投入品联系程度。（2）省际资本品联系。用$\psi_{CF,i,j} = \frac{CF_{ij}}{Y_i - EX_i - IU_{ii} - TC_{ii} - CF_{ii}}$来衡量省际每千元产品产出（剔除出口额和省内使用份额）中的资本品联系程度。（3）省际消费品联系。用$\sigma_{TC,i,j} = \frac{TC_{ij}}{Y_i - EX_i - IU_{ii} - TC_{ii} - CF_{ii}}$来衡量省际每千元产品产出（剔除出口额和省内使用份额）中的消费品联系程度。分别用$I_{ij} = [\rho_1, \cdots, \rho_j]$表示省$i$与省$j$之间中间投入品联系的$K \times K$阶矩阵；$T_{ij} = [\sigma_1, \cdots, \sigma_j]$表示省$i$与省$j$之间消费品联系的$K \times K$阶矩阵；$\Psi_{ij} = [\psi_1, \cdots, \psi_j]$表示省$i$与省$j$之间资本品联系的$K \times K$阶矩阵。原始数据来源于 2010 年中国 30 个省、区、市 6 部门区域间投入产出简表。

3. 调节变量。（1）省际空间相对邻近性。为考察省际空间邻近性的动态变化性，本文用$v_{ij} = Ln(d_{ij}/t_{ij})$来刻画省际的空间相对邻近性，其中，$d_{ij}$表示省际之间的最短可达铁路距离，$t_{ij}$表示省际的最短铁路可达时间，用$V_{ij} = [v_1, \cdots, v_j]$表示省际空间相对邻近性的$K \times K$阶矩阵。原始数据来源于《石开旅客时刻表》（2010 年）。（2）省际经济发展水平差距。人均 GDP 是衡量地区经济发展水平的综合指标。本文用$p_{ij} = Ln(PCAP_i) - Ln(PCAP_j)$表示省际的经济发展水平差距，其中，$PCAP_i$表示剔除价格水平影响的省$i$人均 GDP。$\Delta D_{ij} = [p_1, \cdots, p_j]$表示省际经济发展水平差距的$K \times K$阶矩阵。原始数据来源于《中国统计年鉴》（2011 年）。

4. 控制变量。（1）省际人口流动。用$PLF_{ij} = [p_1, \cdots, p_j]$表示省际人口流动的$K \times K$阶矩阵，其中，$p_{ij}$表示省$i$流入省$j$的人口，以控制随人口流动所带来的非实体知识流动的影响。数据来源于省际人口流动数据（2005—2010 年）。（2）省际信息化水平差距。用$k_{ij} = (k_i - k_j)$表示省际信息化水平差距，其中，k_i表示省i的信息化发展指数。$\Delta INF_{ij} = [k_1, \cdots, k_j]$表示省际信息化水平差距的$K \times K$阶矩阵，以控制通信技术在知识传播上的应用所带来的非实体知识流动的影响。数据来源于中国地区信息化发展报告（2010 年）。（3）省际研发资本存量差距。用$r_{ij} = Ln(RD_i) - Ln(RD_j)$表示省际的研发资本存量差距，其中，$RD_i$表示省$i$的研发资本存量。$\Delta RD_{ij} = [r_1, \cdots, r_j]$表示省际研发资本存量差距的$K \times K$阶矩阵，以控制省际独立研发能力差异。各省研发资本存量数据来源于余泳泽

(2015）的测算。(4）省际内部合作创新差距。用$tr_{ij}=(tr_i-tr_j)$表示省际内部合作创新差距，其中，tr_i表示省 i 的省内合作创新的专利总量。$\Delta tr_{ij}=[tr_1,\cdots,tr_j]$表示省际内部合作创新差距的 $K\times K$ 阶矩阵，以控制各省内合作创新水平差异。数据来源于知识产权综合服务平台，数据年份包括 2009 年、2010 年和 2011 年。(5）省际进口水平差距。用$im_{ij}=(im_i/Y_i-im_j/Y_j)$表示省际进口比重的差距，其中，$im_i/Y_i$表示省 i 的进口额与总产出的比重。$\Delta im_{ij}=[im_1,\cdots,im_j]$表示省际进口水平差距的 $K\times K$ 阶矩阵，以控制各省从国外进口产品所带来的知识流动差异。原始数据来源于 2010 年中国 30 个省、区、市 6 部门区域间投入产出简表。

四、实证结果

（一）变量的描述统计

对偶关系变量的描述统计，如表 2 所示。中国省际合作创新的概率均值为 3.4%，表明在 870 对省际的可能合作关系中，任一两省之间合作创新的概率平均为 3.4%；省际中间投入品联系、消费品联系和资本品联系的均值分别为 22.396、5.864 和 6.223。这表示，每千元的 i 省总产出里，平均来说，有近 22 元的中间投入品、6 元的消费品和 6 元的资本品流向了 j 省；省际空间相对邻近性均值为 0.363，表示省际之间可达的平均速度为每小时 87 公里，可达的最大速度为 283 公里/小时，可达的最慢速度为 49 公里/小时；省际经济发展水平差距、省际信息化水平差距、省际研发资本存量差距、省际进口水平差距及省内合作创新差距都是 30×30 的对称矩阵，矩阵均值都为 0。例如，用人均 GDP 衡量的省际经济发展水平差距，最大值为 1.78，最小值为 -1.78，表示在省际经济发展水平差距的 30×30 阶矩阵中，省际人均 GDP 差距最大的是 5.9 倍，差距最小的是 0.17 倍。

表 2 省际对偶关系变量的描述统计

变量	单位	符号	*Mean*	*S. D*	*Min*	*Max*
被解释变量						
省际合作创新概率	—	$\alpha_{ij\cdot}$	0.034	0.071	0.000	0.615
解释变量：省际产品联系						
省际消费品联系	每千元	$\sigma_{TC,ij\cdot}$	5.864	6.422	0.016	64.532
省际资本品联系	每千元	$\psi_{CF,ij\cdot}$	6.223	8.432	0.006	79.691
省际中间投入品联系	每千元	$\rho_{IU,ij\cdot}$	22.396	32.792	0.157	300.349
调节变量						

续表

变量	单位	符号	*Mean*	*S. D*	*Min*	*Max*
省际空间相对邻近性	公里/分钟	V_{ij}.	0.369	0.308	-0.190	1.550
省际经济发展水平差距	元	ΔD_{ij}.	0.000	0.652	-1.780	1.780
控制变量						
省际人口流动	人	PLF_{ij}.	6303.385	20238.717	17.000	292981
省际信息化水平差距	—	ΔINF_{ij}.	0.000	0.157	-0.479	0.479
省际研发资本存量差距	亿元	ΔRD_{ij}.	0.000	1.871	-4.844	4.844
省际进口水平差距	—	ΔIMP_{ij}.	0.000	0.021	-0.055	0.055
省内合作创新差距	项	Δtr_{ij}.	0.000	14542.7	-47743	47743

注释：本文变量均是 30×30 的矩阵，对角线表示省 i 与 i 自己的关系，剔除这些“自我关系”，则观测值为 $N=30\times(30-1)=870$。

（二）省际创新合作的空间分布差异

表 3 是省际合作创新专利数量的分省描述统计。从各省与其他省的合作创新专利数的均值看，省际的合作创新呈明显的空间分布差异。其中，上海市与其他 29 个省市的合作创新最高，均值为 57.138，合作创新的专利总数为 1657 项；黑龙江省与其他 29 个省市的合作创新最低，均值为 0.69，合作创新的专利总数为 20 项。从统计描述里还可以发现，与其他 29 个省市均有合作创新的省市只有北京市和上海市。

表 3　　　　省际合作创新专利数量的分省描述统计（2010 年）

省市	Mean	StdDev	Sum	Min	Max	N of Obs	Coreness
北京	33.138	36.321	961	3	169	29	0.214
天津	8.172	11.483	237	0	44	29	0.061
河北	4.172	7.405	121	0	27	29	0.024
山西	1.931	2.778	56	0	12	29	0.010
内蒙古	1.586	3.509	46	0	14	29	0.009
辽宁	1.483	2.222	43	0	8	29	0.038
吉林	1.241	2.314	36	0	11	29	0.020
黑龙江	0.690	1.021	20	0	4	29	0.039
上海	57.138	70.663	1657	1	305	29	0.697
江苏	19.69	40.39	571	0	197	29	0.365

续表

省市	Mean	StdDev	Sum	Min	Max	N of Obs	Coreness
浙江	27.448	50.734	796	0	216	29	0.495
安徽	2.862	4.423	83	0	15	29	0.058
福建	2.241	5.593	65	0	27	29	0.042
江西	7.172	21.349	208	0	98	29	0.138
山东	9.241	14.016	268	0	60	29	0.083
河南	5.103	12.606	148	0	68	29	0.067
湖北	2.897	5.99	84	0	30	29	0.075
湖南	5.759	11.527	167	0	46	29	0.065
广东	8.621	12.007	250	0	49	29	0.130
广西	3.310	10.78	96	0	59	29	0.043
海南	6.655	21.53	193	0	117	29	0.110
重庆	4.345	11.272	126	0	60	29	0.025
四川	2.655	3.043	77	0	10	29	0.036
贵州	1.379	2.772	40	0	12	29	0.004
云南	2.207	4.302	64	0	19	29	0.027
陕西	1.138	1.196	33	0	4	29	0.016
甘肃	1.759	5.042	51	0	27	29	0.047
青海	1.931	4.042	56	0	17	29	0.018
宁夏	0.862	2.446	25	0	11	29	0.001
新疆	3.241	6.032	94	0	21	29	0.025

注释：表中的 Coreness 是利用 Ucinet 6.199 计算。

本文利用核心—边缘模型：$\delta_{ij} = c_i c_j$，来判断中国省际合作创新的网络结构形态。其中，c 是非负向量，它是每个省市的核心度（Coreness，Borgatti 和 Everett，1999），用来刻画一个省在省际合作创新网络中的重要性。每个省市的核心度，如表 2 所示，其中，上海市的核心度最高，为 0.697，宁夏的核心度最低，为 0.001。利用实际的省际合作创新数据与核心—边缘模型进行拟合，相关系数为 0.848，这说明实际的省际合作创新的网络结构与核心—边缘模型拟合得很好。由此可以判断，中国省际合作创新呈现核心—边缘结构形态。图 1 是省际合作创新关系图，其中每个节点表示一个省市，节点之间的连线表示省际合作创新的专利数量。

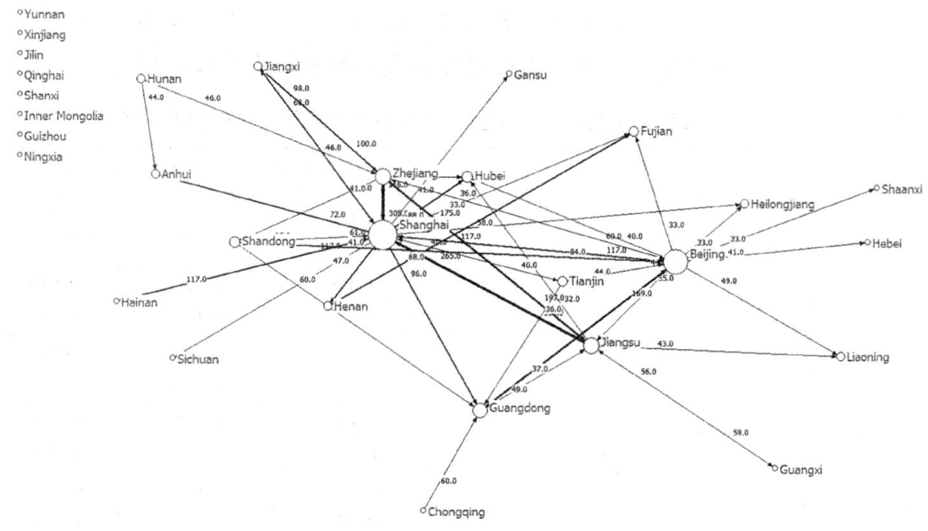

图 1 省际合作创新关系网络图

注释：该图展示的省际合作创新专利数≥（Mean + SD）的合作创新网络图，其中，Mean = 7.669；Std. D = 23.785；图形使用 Ucinet 6.199 自带软件包 Netdraw 2.081 绘制。

（三）估计结果

1. 省际产品联系创新效应的估计结果。省际产品联系对省际合作创新概率影响的估计结果，如表 4 所示。模型（1）是控制变量影响省际合作创新概率的估计结果。依据该结果，省际研发资本存量差距、省际信息化水平差距、省际进口水平差距和省内合作创新差距对省际合作创新概率均有显著负面影响。若省 i 在研发资本存量、信息化水平、进口水平和省内合作创新水平上比省 j 的高，即存在正向差距，则它们的差距会抑制省 i 与省 j 之间的合作创新；模型（2）是把调节变量省际空间相对邻近性与省际经济发展水平差距引入模型。结果显示，在 1% 显著水平，省际空间相对邻近性显著积极影响省际合作创新概率（γ_V = 0.202，p = 0.000），即省际的相对可达性越高，它们之间合作创新的概率越大，而省际经济发展水平差距对省际合作创新概率没有显著影响；在模型（3）中，进一步引入省际中间投入品、资本品和消费品联系变量。结果显示，在省际中间投入品联系、资本品联系和消费品联系三类产品联系中，只有省际中间投入品联系，在 1% 显著水平积极显著影响省际合作创新概率（γ_ρ = 0.157，p = 0.007），其他两种省际产品联系对省际合作创新概率没有统计上的显著影响。

上述结果初步表明，在控制其他变量之后，假设 1 得到验证，而假设 2 和假设 3 没有得到直接验证。即增加省际中间投入品联系的程度，可直接提高省际合作创新的概率。换句话说，对基于投入—产出联系的创新效应，仅仅基于中间投入品的投入—产出联系可以显著提高省际合作创新概率，而基于资本品的投入—产出联系，以及消费品联系对增进省际合作创新的概率没有直接作用。

表 4　省际产品联系影响省际合作创新概率的估计结果（MRQAP 估计）

变量	被解释变量：省际合作创新概率		
	（1）	（2）	（3）
控制变量			
ΔRD_{ij}省际研发资本存量差距	-0.081 ** [0.031]	-0.087 ** [0.017]	-0.055 * [0.057]
PLF_{ij}省际人口流动	0.111 *** [0.007]	0.078 ** [0.024]	0.052 * [0.075]
$\Delta\ INF_{ij}$省际信息化水平差距	-0.119 ** [0.019]	-0.168 ** [0.012]	-0.205 *** [0.004]
ΔIMP_{ij}省际进口水平差距	-0.067 ** [0.044]	-0.075 ** [0.029]	-0.069 ** [0.021]
Δtr_{ij}省内合作创新差距	-0.128 *** [0.009]	-0.126 *** [0.009]	-0.095 ** [0.024]
调节变量			
V_{ij}省际空间相对邻近性		0.202 *** [0.000]	0.163 *** [0.000]
ΔD_{ij}省际经济发展水平差距		0.072 [0.112]	0.084 * [0.078]
解释变量			
$\rho_{IU,ij}$省际中间投入品联系			0.157 *** [0.007]
$\sigma_{TC,ij}$省际消费品联系			0.024 [0.314]
$\psi_{CF,ij}$省际资本品联系			-0.011 [0.419]
R - Sqr	0.109	0.150	0.167
Adj R - Sqr	0.105	0.144	0.159
Probability	0.000	0.000	0.000
# of Observations	870	870	870
# of permutations（1）	10000	10000	10000
Random seed（2）	981	570	110

注释：* $p<10\%$，** $p<5\%$，*** $p<1\%$，在估计结果中，MRQAP 程序给出了两个统计显著性概率值：Proportion as large 的概率和 Proportion as small 的概率。其中，前者是指随机置换产生的判定系数（R^2）绝对值不小于观察到的判定系数的概率；后者指随机置换产生的判定系数（R^2）绝对值不大于观察到的判定系数的概率。这里进行的是双尾检验。方括号中给出的是 Proportion as large 的概率：（1）随机置换次数。缺省值为500，该数值越大，估计结果越精确，但是程序所需时间更长。（2）随机数种子值。程序每次运行时，随机生成。下同。

2. 省际空间相对邻近性与经济发展水平差距对产品联系创新效应的调节作用。省际空间相对邻近性调节作用的估计结果，如表5所示。模型（1）—（2）是省际空间相对邻近性在省际中间投入品联系和省际消费品联系，分别影响省际合作创新概率中的调节作用的估计结果。结果表明，在1%的显著水平，省际的空间相对邻近性越高，省际的中间投入品联系和消费品联系对省际合作创新概率的边际效应越强（$\gamma_{V\rho}=0.148$，$p=0.001$；$\gamma_{V\sigma}=0.121$，$p=0.006$），即在省际中间投入品联系和省际消费品联系分别影响省际合作创新概率的作用中，省际空间相对邻近性具有正向调节作用。模型（3）是检验省际资本品联系对省际合作创新概率的影响，是否因省际空间相对邻近性而不同。结果表明，在统计上，空间相对邻近性在省际资本品联系影响省际合作创新中没有差异（$\gamma_{V\psi}=0.046$，$p=0.166$）。上述统计结果意味着，空间相对邻近性越高的省际，它们之间的消费品联系和中间投入品联系更能促进省际合作创新，而资本品联系对省际合作创新概率的影响，没有因省际空间相对邻近性差异而发生变化。因此，假设4得到部分验证。

表5　省际空间相对邻近性对产品联系创新效应调节作用的估计结果（MRQAP估计）

变量	被解释变量：省际合作创新概率		
	（1）	（2）	（3）
控制变量			
ΔRD_{ij}省际研发资本存量差距	-0.028 [0.169]	-0.055* [0.055]	-0.052* [0.065]
PLF_{ij}省际人口流动	0.050* [0.072]	0.058** [0.049]	0.055* [0.060]
ΔINF_{ij}省际信息化水平差距	-0.209*** [0.000]	-0.219*** [0.001]	-0.204*** [0.002]
ΔIMP_{ij}省际进口水平差距	-0.002 [0.467]	-0.016 [0.320]	-0.034 [0.139]
Δtr_{ij}省内合作创新差距	-0.108*** [0.005]	-0.064* [0.082]	-0.103*** [0.010]
调节变量			
V_{ij}省际空间相对邻近性	0.100*** [0.008]	0.113*** [0.004]	0.163*** [0.000]
ΔD_{ij}省际经济发展水平差距	0.079* [0.055]	0.069 [0.115]	0.090** [0.049]

续表

变量	被解释变量：省际合作创新概率		
	(1)	(2)	(3)
解释变量			
$\rho_{IU,ij}$省际中间投入品联系	0.060 * [0.079]	0.099 ** [0.02]	0.106 ** [0.021]
$\sigma_{TC,ij}$省际消费品联系	0.039 [0.162]	0.017 [0.326]	0.071 * [0.052]
$\psi_{CF,ij}$省际资本品联系	-0.005 [0.477]	-0.023 [0.271]	-0.010 [0.427]
调节效应			
$V_{ij} \times \rho_{IU,ij}$.	0.193 *** [0.001]		
$V_{ij} \times \sigma_{TC,ij}$.		0.163 *** [0.000]	
$V_{ij} \times \psi_{CF,ij}$.			0.015 [0.359]
R - Sqr	0.189	0.183	0.168
Adj R - Sqr	0.180	0.173	0.158
Probability	0.000	0.000	0.000
# of Observations	870	870	870
# of permutations	10000	10000	10000
Random seed	221	917	184

注释：* $p<10\%$，** $p<5\%$，*** $p<1\%$；方括号内是 p 值。

省际经济发展水平差距调节作用的估计结果，如表 6 所示。模型（1）—（3）是省际经济发展水平差距在省际中间投入品联系、省际消费品联系和省际资本品联系，分别影响省际合作创新概率中调节作用的估计结果。结果一致表明，在 1% 的显著水平，省际经济发展水平差距在省际产品联系影响省际合作创新概率中均具有正向调节作用（$\gamma_{D\rho}=0.187$，$p=0.004$；$\gamma_{D\sigma}=0.180$，$p=0.004$；$\gamma_{D\psi}=0.140$，$p=0.007$）。上述统计结果意味着，相对于经济发展水平正向差距小的省际，经济发展水平正向差距大的省际的中间投入品联系、资本品联系与消费品联系对增加省际合作创新概率的作用更明显。因此，假设 5 得到全部验证。

表 6 省际经济发展水平差距对产品联系创新效应调节作用的估计结果（MRQAP 估计）

变量	被解释变量：省际合作创新概率		
	（1）	（2）	（3）
控制变量			
ΔRD_{ij}省际研发资本存量差距	-0.051 * [0.058]	-0.055 * [0.053]	-0.068 ** [0.027]
PLF_{ij}省际人口流动	0.055 * [0.056]	0.054 * [0.061]	0.051 * [0.069]
ΔINF_{ij}省际信息化水平差距	-0.178 *** [0.005]	-0.172 *** [0.006]	-0.154 ** [0.013]
ΔIMP_{ij}省际进口水平差距	-0.024 [0.212]	-0.033 [0.148]	-0.027 [0.201]
Δtr_{ij}省内合作创新差距	-0.113 *** [0.004]	-0.111 *** [0.008]	-0.114 *** [0.009]
调节变量			
V_{ij}省际空间相对邻近性	0.138 *** [0.001]	0.135 *** [0.001]	0.146 *** [0.000]
ΔD_{ij}省际经济发展水平差距	0.017 [0.388]	0.008 [0.446]	0.019 [0.379]
解释变量			
$\rho_{IU,ij}$省际中间投入品联系	0.110 ** [0.018]	0.109 ** [0.018]	0.109 ** [0.018]
$\sigma_{TC,ij}$省际消费品联系	0.059 * [0.077]	0.057 * [0.087]	0.049 [0.114]
$\psi_{CF,ij}$省际资本品联系	-0.009 [0.428]	-0.006 [0.453]	-0.009 [0.429]
调节效应			
$\Delta D_{ij} \times \rho_{IU,ij}$.	0.105 ** [0.016]		
$\Delta D_{ij} \times \sigma_{TC,ij}$.		0.106 ** [0.020]	
$\Delta D_{ij} \times \psi_{CF,ij}$.			0.138 *** [0.001]
$R-Sqr$	0.175	0.173	0.179

续表

变量	被解释变量：省际合作创新概率		
	(1)	(2)	(3)
Adj R - Sqr	0.165	0.164	0.170
Probability	0.000	0.000	0.000
# of Observations	870	870	870
# of permutations	10000	10000	10000
Random seed	69	746	605

注释：* $p<10\%$，** $p<5\%$，*** $p<1\%$；方括号内是 p 值。

依据上述估计结果，本文有三个判断：第一，省际基于中间投入品联系的创新效应，随着省际空间相对邻近性和省际经济发展水平正向差距的增加而增强；第二，省际基于资本品联系创新效应的实现，依赖于省际经济发展水平的正向差距，而没有依赖于省际的空间相对邻近性；第三，省际基于消费品联系的市场学习效应的实现，依赖于省际的空间相对邻近性和省际的经济发展水平正向差距。

3. 省际空间相对邻近性的调节作用在不同经济发展水平省际的差异。省际空间相对邻近性在省际产品联系影响省际合作创新概率中的调节作用，因省际经济发展水平差距的不同而不同，其估计结果如表7所示。依据模型（1）—（3），经济发展水平正向差距大的省际，随着它们之间空间相对邻近性的提高，在10%显著水平，省际中间投入品联系对省际合作创新概率的作用随之增强（$\gamma_{DV\rho}=0.110$，$p=0.06$）；在5%显著水平，资本品联系与消费品联系对省际合作创新概率的作用也均随之增强（$\gamma_{DV\psi}=0.136$，$p=0.014$；$\gamma_{DV\sigma}=0.123$，$p=0.036$）。

表7　　省际空间相对邻近性的调节作用在不同发展水平省际差异的估计结果

变量	被解释变量：省际合作创新概率		
	(1)	(2)	(3)
控制变量			
ΔRD_{ij}省际研发资本存量差距	-0.010 [0.409]	-0.012 [0.395]	-0.017 [0.322]
PLF_{ij}省际人口流动	0.050 * [0.075]	0.054 * [0.064]	0.049 * [0.082]
ΔINF_{ij}省际信息化水平差距	-0.221 *** [0.003]	-0.208 *** [0.004]	-0.185 *** [0.009]
ΔIMP_{ij}省际进口水平差距	-0.067 ** [0.036]	-0.067 ** [0.033]	-0.065 ** [0.032]

续表

变量	被解释变量：省际合作创新概率		
	(1)	(2)	(3)
Δtr_{ij}省内合作创新差距	-0.097^{**} [0.035]	-0.091^{**} [0.038]	-0.101^{**} [0.020]
调节变量			
V_{ij}省际空间相对邻近性	0.073^{*} [0.066]	0.088^{**} [0.032]	0.132^{***} [0.002]
ΔD_{ij}省际经济发展水平差距	0.004 [0.497]	-0.016 [0.413]	-0.016 [0.424]
解释变量			
$\rho_{IU,ij}$省际中间投入品联系	0.109^{**} [0.037]	0.134^{**} [0.015]	0.134^{**} [0.015]
$\sigma_{TC,ij}$省际消费品联系	0.017 [0.358]	0.004 [0.469]	0.022 [0.324]
$\psi_{CF,ij}$省际资本品联系	-0.025 [0.306]	-0.030 [0.284]	-0.007 [0.436]
调节效应			
$V_{ij}\times\rho_{IU,ij}$.	0.110^{**} [0.013]		
$V_{ij}\times\sigma_{TC,ij}$.		0.082^{**} [0.048]	
$V_{ij}\times\psi_{CF,ij}$.			-0.003 [0.468]
$\Delta D_{ij}\times V_{ij}\times\rho_{IU,ij}$.	0.108^{*} [0.060]		
$\Delta D_{ij}\times V_{ij}\times\sigma_{TC,ij}$.		0.123^{**} [0.036]	
$\Delta D_{ij}\times V_{ij}\times\psi_{CF,ij}$.			0.136^{**} [0.014]
R - Sqr	0.179	0.178	0.175
Adj R - Sqr	0.169	0.168	0.164
Probability	0.000	0.000	0.000
# of Observations	870	870	870
# of permutations	10000	10000	10000
Random seed	188	125	610

注释：* $p<10\%$，** $p<5\%$，*** $p<1\%$；方括号内是 p 值。

上述统计结果，初步验证了假设 6。省际经济发展水平差距刻画的是省际经济发展水平关系，为了进一步验证假设 6，本文依据人均 GDP 差距对中国 30 个省市进行分区（Block），以判断各省市在 30 个省市中的经济地位差异。从社会网络分析方法角度，通常认为，在省际关系中，具有相似经济地位的省市可以认为它们具有结构对等性。结构对等性的判断方法有匹配法、皮尔森相关法、欧氏距离法与雅克比系数法等。为了对中国30个省市在经济位置上有一个总体结构的判断，即在什么意义上的相似性使得每组中的各省市“相同”，并且什么样的差距使得一个集合中的省市与另一个集合的省市“相异”，本文利用块模型（Block model）来理解各合作伙伴集合之间的异同，而CONCOR方法，即迭代相关收敛法（Convergence of iterated correlation），可以满足该目的。

依据R^2和每个区块的成员数量最好在3个及其以上的原则，30个省市依据省际人均GDP差距分为4个区块（$k=4$），R^2为0.802，说明分区质量较高。各区块之间的人均GDP差距的密度矩阵如表8所示。例如区块1与区块2之间的人均GDP差距均值为0.42，这意味着区块1的人均GDP是区块2人均GDP的1.52倍。

表8　依据人均GDP的地区经济发展水平区块划分　单位：元

区块	B1	B2	B3	B4	各区块包括的省市及其赋值	人均GDP均值
B1	0.237	0.420	0.889	1.229	{北京、天津、江苏、浙江、上海} =1	64657
B2	0.420	0.080	0.468	0.808	{内蒙古、福建、山东、辽宁、广东} =2	41871
B3	0.889	0.468	0.080	0.340	{吉林、山西、河北、宁夏、黑龙、河南、湖北、湖南、陕西、新疆、重庆} =3	26228
B4	1.229	0.808	0.340	0.225	{海南、广西、贵州、云南、安徽、甘肃、青海、江西、四川} =4	18936

注释：$R-squared=0.802$

依据表8各省市所属的区块，构建省际经济发展水平分区矩阵（$\Delta BLCOK_{ij}$）。

$$\Delta BLCOK_{ij}=\begin{cases}0, if\{i\in B_m\cap j\in B_n, m=n: m,n\in k\}\\ >0, if\{i\in B_m\cap j\in B_n, m>n: m,n\in k\}\\ <0, if\{i\in B_m\cap j\in B_n, m<n: m,n\in k\}\end{cases}$$

$\Delta BLCOK_{ij}=0$表示ij两省同属于一个区块，从经济发展水平角度它们处于相似位置；$\Delta BLCOK_{ij}>0$表示i省所属区块的经济发展水平低于j省所属区块的经济发展水平；$\Delta BLCOK_{ij}<0$表示i省所属区块的经济发展水平高于j省所属区块的经济发展水平。

利用省际经济发展水平分区矩阵（$\Delta BLCOK_{ij}$）替换省际人均GDP差距（ΔD_{ij}），省际空间相对邻近性的调节作用在不同经济发展水平区块之间差异的估计结果，如表9所示。依据模型（1）—（3），经济发展水平正向差距大的区块之间，随着省际空间相对邻近性的提高，在10%显著水平，省际中间投入品联系对省际合作创新概率的作用随之增强（$\gamma_{BLCOKV\rho} = -0.105$，$p = 0.072$）；在5%显著水平，资本品联系与消费品联系对省际合作创新概率的作用均随之增强（$\gamma_{BLCOKV\psi} = -0.115$，$p = 0.047$；$\gamma_{BLCOKV\sigma} = -0.138$，$p = 0.013$）。

综合表8和表9的估计结果，可以判断：经济发展水平正向差距大的省际，随着它们之间空间相对邻近性的提高，省际中间投入品联系和消费品联系对增加省际合作创新概率的作用随之增强，而省际资本品联系对增加省际合作创新概率的作用得以实现。因此，假设6得到验证。

表9　省际空间相对邻近性的调节作用在不同经济发展水平区块之间差异的估计结果

变量	被解释变量：省际合作创效概率		
	（1）	（2）	（3）
控制变量			
ΔRD_{ij}省际研发资本存量差距	-0.016 [0.363]	-0.017 [0.364]	-0.021 [0.301]
PLF_{ij}省际人口流动	0.049 * [0.084]	0.053 * [0.068]	0.046 * [0.082]
ΔINF_{ij}省际信息化水平差距	-0.184 *** [0.004]	-0.174 *** [0.004]	-0.141 ** [0.017]
ΔIMP_{ij}省际进口水平差距	-0.057 * [0.056]	-0.058 * [0.053]	-0.054 * [0.058]
Δtr_{ij}省内合作创新差距	-0.101 ** [0.025]	-0.094 ** [0.034]	-0.104 ** [0.015]
调节变量			
V_{ij}省际空间相对邻近性	0.076 * [0.058]	0.091 ** [0.027]	0.138 *** [0.001]
$\Delta BLCOK_{ij}$省际经济发展水平分区	0.031 [0.360]	0.0468 [0.285]	0.064 [0.199]
解释变量			
$\rho_{IU,ij}$省际中间投入品联系	0.112 ** [0.036]	0.137 ** [0.013]	0.137 ** [0.011]
$\sigma_{TC,ij}$省际消费品联系	0.012 [0.405]	-0.003 [0.467]	0.016 [0.373]
$\psi_{CF,ij}$省际资本品联系	-0.032 [0.273]	-0.037 [0.233]	-0.015 [0.385]
调节效应			
$V_{ij} \times \rho_{IU,ij}$.	0.113 *** [0.009]		
$V_{ij} \times \sigma_{TC,ij}$.		0.087 ** [0.032]	

续表

变量	被解释变量：省际合作创效概率		
	(1)	(2)	(3)
$V_{ij} \times \psi_{CF,ij}$.			−0.006 [0.451]
$\Delta BLCOK_{ij} \times V_{ij} \times \rho_{IU,ij}$.	−0.105* [0.072]		
$\Delta BLCOK_{ij} \times V_{ij} \times \sigma_{TC,ij}$.		−0.115** [0.047]	
$\Delta BLCOK_{ij} \times V_{ij} \times \psi_{CF,ij}$.			−0.138** [0.013]
R − Sqr	0.178	0.177	0.173
Adj R − Sqr	0.168	0.166	0.162
Probability	0.000	0.000	0.000
# of Observations	870	870	870
# of permutations	10000	10000	10000
Random seed	577	310	60

注释：* $p<10\%$，** $p<5\%$，*** $p<1\%$；方括号内是 p 值。

（四）稳健性检验

考虑到合作创新的专利具有时滞性，本文分别用 2009 年和 2011 年省际合作创新专利数据来检验上述估计结果的稳健性。估计结果如表 10、表 11 和表 12 所示。表 13 至表 15 是相应的 OLS 估计结果。上述结果均表明，本文的估计结果是稳健的。

表 10　　省际空间相对邻近性对产品联系创新效应调节作用的估计结果（2009 年和 2011 年）

变量	省际合作创新概率（2009 年）			省际合作创新概率（2011 年）		
	(1)	(2)	(3)	(4)	(5)	(6)
控制变量						
ΔRD_{ij} 省际研发资本存量差距	−0.004 [0.454]	−0.007 [0.424]	−0.011 [0.403]	−0.004 [0.473]	−0.002 [0.487]	−0.005 [0.446]
PLF_{ij} 省际人口流动	0.042 [0.114]	0.043 [0.11]	0.041 [0.136]	0.053* [0.074]	0.054* [0.064]	0.053* [0.061]
ΔINF_{ij} 省际信息化水平差距	−0.341*** [0.000]	−0.329*** [0.000]	−0.321*** [0.000]	−0.266*** [0.001]	−0.26*** [0.002]	−0.264*** [0.001]
ΔIMP_{ij} 省际进口水平差距	−0.017 [0.303]	−0.015 [0.307]	−0.021 [0.239]	−0.043 [0.115]	−0.041 [0.118]	−0.049* [0.067]

续表

变量	省际合作创新概率（2009 年）			省际合作创新概率（2011 年）		
	（1）	（2）	（3）	（4）	（5）	（6）
Δtr_{ij}省内合作创新差距	-0.019 [0.326]	-0.005 [0.451]	-0.011 [0.398]	-0.172*** [0.001]	-0.157*** [0.001]	-0.16*** [0.002]
调节变量						
V_{ij}省际空间相对邻近性	0.043 [0.179]	0.068* [0.072]	0.113*** [0.007]	0.136*** [0.002]	0.152*** [0.001]	0.184*** [0.000]
ΔD_{ij}省际经济发展水平差距	0.109** [0.03]	0.098** [0.044]	0.114** [0.023]	0.128** [0.026]	0.117** [0.038]	0.138** [0.014]
解释变量						
$\rho_{IU,ij}$省际中间投入品联系	0.089* [0.072]	0.131** [0.019]	0.139** [0.013]	0.077 [0.117]	0.111** [0.042]	0.119** [0.035]
$\sigma_{TC,ij}$省际消费品联系	0.070* [0.081]	0.049 [0.157]	0.076* [0.062]	0.068* [0.097]	0.050 [0.169]	0.073* [0.081]
$\psi_{CF,ij}$省际资本品联系	-0.029 [0.288]	-0.037 [0.241]	-0.029 [0.291]	0.022 [0.343]	0.014 [0.395]	0.010 [0.422]
调节效应						
$V_{ij}\times\rho_{IU,ij}$.	0.144*** [0.002]			0.119*** [0.009]		
$V_{ij}\times\sigma_{TC,ij}$.		0.104** [0.012]			0.093** [0.026]	
$V_{ij}\times\psi_{CF,ij}$.			0.018 [0.364]			0.040 [0.218]
R - Sqr	0.150	0.146	0.141	0.235	0.233	0.230
Adj R - Sqr	0.140	0.136	0.131	0.226	0.224	0.221
Probability	0.000	0.000	0.000	0.000	0.000	0.000
# of Observations	870	870	870	870	870	870
# of permutations	10000	10000	10000	10000	10000	10000
Random seed	889	480	943	534	297	38

注释：* $p<10\%$，** $p<5\%$，*** $p<1\%$；方括号内是 p 值。

表 11　　省际经济发展水平差距对产品联系创新效应调节作用的估计结果（2009 年和 2011 年）

变量	省际合作创新概率（2009 年）			省际合作创新概率（2011 年）		
	（1）	（2）	（3）	（4）	（5）	（6）
控制变量						

续表

变量	省际合作创新概率（2009 年）			省际合作创新概率（2011 年）		
	（1）	（2）	（3）	（4）	（5）	（6）
ΔRD_{ij}省际研发资本存量差距	-0.010 [0.398]	-0.005 [0.454]	-0.010 [0.392]	-0.019 [0.324]	-0.015 [0.368]	-0.022 [0.295]
PLF_{ij}省际人口流动	0.037 [0.13]	0.039 [0.125]	0.038 [0.134]	0.048* [0.075]	0.05* [0.074]	0.049* [0.074]
ΔINF_{ij}省际信息化水平差距	-0.300*** [0.000]	-0.301*** [0.000]	-0.299*** [0.000]	-0.235*** [0.002]	-0.234*** [0.002]	-0.23*** [0.002]
ΔIMP_{ij}省际进口水平差距	-0.014 [0.307]	-0.016 [0.292]	-0.014 [0.317]	-0.040 [0.107]	-0.042* [0.099]	-0.039 [0.12]
Δtr_{ij}省内合作创新差距	-0.011 [0.388]	-0.011 [0.395]	-0.012 [0.385]	-0.159*** [0.001]	-0.159*** [0.001]	-0.161*** [0.001]
调节变量						
V_{ij}省际空间相对邻近性	0.065* [0.063]	0.079** [0.028]	0.093** [0.011]	0.14*** [0.001]	0.151*** [0.000]	0.166*** [0.000]
ΔD_{ij}省际经济发展水平差距	-0.047 [0.282]	-0.014 [0.435]	0.002 [0.498]	-0.039 [0.318]	-0.018 [0.422]	-0.002 [0.497]
解释变量						
$\rho_{IU,ij}$省际中间投入品联系	0.110** [0.029]	0.118** [0.026]	0.118** [0.025]	0.089* [0.078]	0.095* [0.061]	0.095* [0.06]
$\sigma_{TC,ij}$省际消费品联系	0.073* [0.06]	0.073* [0.057]	0.073* [0.062]	0.071* [0.076]	0.071* [0.079]	0.07* [0.081]
$\psi_{CF,ij}$省际资本品联系	-0.031 [0.256]	-0.029 [0.28]	-0.027 [0.298]	0.016 [0.376]	0.018 [0.376]	0.020 [0.348]
调节效应						
$\Delta D_{ij}\times\rho_{IU,ij}$.	0.197*** [0.002]			0.212*** [0.003]		
$\Delta D_{ij}\times\sigma_{TC,ij}$.		0.153*** [0.01]			0.182*** [0.006]	
$\Delta D_{ij}\times\psi_{CF,ij}$.			0.138*** [0.008]			0.167*** [0.003]
R - Sqr	0.154	0.149	0.190	0.244	0.240	0.241
Adj R - Sqr	0.144	0.139	0.139	0.233	0.231	0.232
Probability	0.000	0.000	0.000	0.000	0.000	0.000
# of Observations	870	870	870	870	870	870
# of permutations	10000	10000	10000	10000	10000	10000
Random seed	866	959	786	463	119	543

注释：* $p<10\%$，** $p<5\%$，*** $p<1\%$；方括号内是 p 值。

表 12 省际空间相对邻近性的调节作用在不同发展水平省际差异的估计结果（2009 年和 2011 年）

变量	省际合作创新概率（2009 年）			省际合作创新概率（2011 年）		
	(1)	(2)	(3)	(4)	(5)	(6)
控制变量						
ΔRD_{ij}省际研发资本存量差距	-0.015 [0.433]	-0.006 [0.411]	-0.019 [0.276]	-0.030 [0.349]	-0.020 [0.280]	-0.030 [0.220]
PLF_{ij}省际人口流动	0.041 [0.115]	0.042 [0.101]	0.037 [0.126]	0.052* [0.065]	0.054* [0.060]	0.049* [0.071]
ΔINF_{ij}省际信息化水平差距	-0.321*** [0.000]	-0.306*** [0.000]	-0.282*** [0.000]	-0.247*** [0.002]	-0.243*** [0.002]	-0.226*** [0.004]
ΔIMP_{ij}省际进口水平差距	-0.016 [0.290]	-0.017 [0.280]	-0.011 [0.367]	-0.042* [0.094]	-0.043* [0.097]	-0.038 [0.124]
Δtr_{ij}省内合作创新差距	-0.019 [0.307]	-0.015 [0.389]	-0.010 [0.421]	-0.169*** [0.001]	-0.165*** [0.001]	-0.159*** [0.002]
调节变量						
V_{ij}省际空间相对邻近性	0.030 [0.253]	0.054 [0.116]	0.097** [0.014]	0.121*** [0.006]	0.135*** [0.002]	0.167*** [0]
ΔD_{ij}省际经济发展水平差距	0.012 [0.456]	0.015 [0.398]	-0.017 [0.425]	0.015 [0.445]	0.020 [0.407]	0.0002 [0.503]
解释变量						
$\rho_{IU,ij}$省际中间投入品联系	0.088* [0.066]	0.119** [0.025]	0.113** [0.033]	0.075* [0.100]	0.093* [0.069]	0.089* [0.072]
$\sigma_{TC,ij}$省际消费品联系	0.071* [0.060]	0.059* [0.099]	0.077** [0.050]	0.070* [0.077]	0.064 [0.109]	0.074* [0.062]
$\psi_{CF,ij}$省际资本品联系	-0.033 [0.242]	-0.036 [0.239]	-0.0004 [0.500]	0.017 [0.382]	0.015 [0.390]	0.041 [0.212]
调节效应						
$V_{ij}\times\rho_{IU,ij}$.	0.096** [0.021]			0.062 [0.115]		
$V_{ij}\times\sigma_{TC,ij}$.		0.068* [0.067]			0.049 [0.166]	
$V_{ij}\times\psi_{CF,ij}$.			-0.040 [0.197]			-0.023 [0.318]
$\Delta D_{ij}\times V_{ij}\times\rho_{IU,ij}$.	0.133** [0.028]			0.159** [0.019]		
$\Delta D_{ij}\times V_{ij}\times\sigma_{TC,ij}$.		0.111* [0.053]			0.142** [0.026]	

续表

变量	省际合作创新概率（2009 年）			省际合作创新概率（2011 年）		
	(1)	(2)	(3)	(4)	(5)	(6)
$\Delta D_{ij}\times V_{ij}\times\psi_{CF,ij}$.			0.159 *** [0.005]			0.173 *** [0.003]
R - Sqr	0.155	0.149	0.151	0.242	0.239	0.241
Adj R - Sqr	0.144	0.139	0.140	0.233	0.230	0.231
Probability	0.000	0.000	0.000	0.000	0.000	0.000
# of Observations	870	870	870	870	870	870
# of permutations	10000	10000	10000	10000	10000	10000
Random seed	964	551	843	890	264	869

注释：* $p<10\%$，** $p<5\%$，*** $p<1\%$；方括号内是 p 值。

表 13　　省际产品联系影响省际合作创新概率与空间相对邻近性的调节作用（OLS 估计）

变量	省际合作创新概率			
	(1)	(2)	(3)	(4)
控制变量				
ΔRD_{ij}省际研发资本存量差距	-6.47e-05 (0.00174)	-0.000171 (0.00179)	-0.000248 (0.00178)	0.000155 (0.00171)
PLF_{ij}省际人口流动	1.81e-07 *** (6.15e-08)	1.95e-07 *** (6.06e-08)	1.87e-07 *** (5.97e-08)	1.88e-07 *** (6.17e-08)
ΔINF_{ij}省际信息化水平差距	-0.0977 ** (0.0461)	-0.104 ** (0.0468)	-0.109 ** (0.0464)	-0.103 ** (0.0465)
ΔIMP_{ij}省际进口水平差距	-0.268 * (0.144)	-0.251 * (0.145)	-0.260 * (0.144)	-0.289 ** (0.144)
Δtr_{ij}省内合作创新差距	-1.09e-05 (1.49e-05)	-1.02e-05 (1.51e-05)	-1.28e-05 (1.53e-05)	-1.21e-05 (1.52e-05)
调节变量				
V_{ij}省际空间相对邻近性	0.0376 *** (0.00879)	0.0230 ** (0.0103)	0.0189 * (0.0108)	0.0330 *** (0.00944)
ΔD_{ij}省际经济发展水平差距	0.00833 (0.00767)	0.00649 (0.00799)	0.00806 (0.00772)	0.00926 (0.00772)
解释变量				
$\rho_{IU,ij}$省际中间投入品联系	0.00875 ** (0.00375)	0.00823 ** (0.00372)	0.00588 (0.00394)	0.00873 ** (0.00375)

续表

变量	省际合作创新概率			
	(1)	(2)	(3)	(4)
$\sigma_{TC,ij}$省际消费品联系	0.00202 (0.00315)	-0.000220 (0.00328)	0.00151 (0.00312)	0.00187 (0.00317)
$\psi_{CF,ij}$省际资本品联系	-0.000847 (0.00222)	-0.00187 (0.00239)	-0.00131 (0.00230)	-0.00214 (0.00241)
调节变量				
$V_{ij} \times \sigma_{TC,ij}$.		0.000704** (0.000292)		
$V_{ij} \times \rho_{IU,ij}$.			0.000584*** (0.000205)	
$V_{ij} \times \psi_{CF,ij}$.				0.000265 (0.000220)
Constant	-0.0104 (0.00692)	-0.0137** (0.00684)	-0.0133* (0.00673)	-0.0119* (0.00658)
Observations	870	870	870	870
R - squared	0.165	0.172	0.175	0.166
adjusted R - squared	0.156	0.162	0.164	0.156
F statistic test	12.41	11.88	13.26	11.68
Prob > F	0.000	0.000	0.000	0.000

注释：Robust standard errors in parentheses：*** $p<0.01$，** $p<0.05$，* $p<0.1$；标准差依据每个省国家级开发区数量（2010年以前）差距进行调整。如果仅仅是采用通常的稳健估计，各估计系数和显著性没有发生实质变化，仅仅是标准差发生了改变。

表14　　　　省际经济发展水平差距对产品联系创新效应调节作用的估计结果（OLS估计）

变量	省际合作创新概率		
	(1)	(2)	(3)
控制变量			
ΔRD_{ij}省际研发资本存量差距	-0.000668 (0.00181)	-0.000785 (0.00185)	-0.000731 (0.00181)
PLF_{ij}省际人口流动	1.76e-07*** (5.78e-08)	1.74e-07*** (5.75e-08)	1.70e-07*** (5.77e-08)
ΔINF_{ij}省际信息化水平差距	-0.0891* (0.0462)	-0.0894* (0.0462)	-0.0904* (0.0463)

续表

变量	省际合作创新概率		
	(1)	(2)	(3)
ΔIMP_{ij}省际进口水平差距	−0.258 * (0.143)	−0.251 * (0.143)	−0.254 * (0.142)
Δtr_{ij}省内合作创新差距	−1.14e−05	−1.15e−05	−1.14e−05
调节变量	(1.49e−05)	(1.49e−05)	(1.49e−05)
V_{ij}省际空间相对邻近性	0.0266 *** (0.00894)	0.0313 *** (0.00883)	0.0257 *** (0.00917)
ΔD_{ij}省际经济发展水平差距	−0.00779 (0.00768)	−0.00381 (0.00805)	−0.00812 (0.00783)
解释变量			
$\rho_{IU,ij}$省际中间投入品联系	0.00745 * (0.00385)	0.00763 ** (0.00382)	0.00726 * (0.00387)
$\sigma_{TC,ij}$省际消费品联系	0.00174 (0.00308)	0.00175 (0.00309)	0.00177 (0.00308)
$\psi_{CF,ij}$省际资本品联系	−0.00136 (0.00216)	−0.00120 (0.00220)	−0.00140 (0.00216)
调节变量			
$\Delta D_{ij} \times \sigma_{TC,ij}$.	0.000417 *** (0.000122)		
$\Delta D_{ij} \times \psi_{CF,ij}$.		0.000339 *** (9.52e−05)	
$\Delta D_{ij} \times \rho_{IU,ij}$.			0.000283 *** (8.00e−05)
Constant	−0.000506 (0.00825)	−0.00237 (0.00791)	0.000202 (0.00837)
Observations	870	870	870
R − squared	0.176	0.173	0.177
adjusted R − squared	0.166	0.163	0.166
F statistic test	12.22	11.68	12.16
Prob > F	0.000	0.000	0.000

注释：Robust standard errors in parentheses：*** $p<0.01$，** $p<0.05$，* $p<0.1$；标准差依据每个省国家级开发区数量（2010年以前）差距进行调整。如果仅仅是采用通常的稳健估计，各估计系数和显著性没有发生实质变化，仅仅是标准差发生了改变。

表 15 省际空间相对邻近性的调节作用在不同发展水平省际差异的估计结果（OLS 估计）

变量	省际合作创新概率		
	（1）	（2）	（3）
控制变量			
ΔRD_{ij}省际研发资本存量差距	-0.000769 (0.00190)	-0.000745 (0.00189)	-0.000894 (0.00189)
PLF_{ij}省际人口流动	1.93e-07 *** (5.90e-08)	1.84e-07 *** (5.86e-08)	1.77e-07 *** (5.88e-08)
ΔINF_{ij}省际信息化水平差距	-0.0973 ** (0.0464)	-0.102 ** (0.0464)	-0.0910 * (0.0463)
ΔIMP_{ij}省际进口水平差距	-0.258 * (0.145)	-0.261 * (0.143)	-0.260 * (0.145)
Δtr_{ij}省内合作创新差距	-1.14e-05 (1.51e-05)	-1.29e-05 (1.52e-05)	-1.17e-05 (1.52e-05)
调节变量			
V_{ij}省际空间相对邻近性	0.0197 * (0.00995)	0.0166 (0.0105)	0.0300 *** (0.00927)
ΔD_{ij}省际经济发展水平差距	-0.00256 (0.00726)	-0.000530 (0.00744)	-0.00210 (0.00798)
解释变量			
$\rho_{IU,ij}$省际中间投入品联系	0.00738 * (0.00385)	0.00594 (0.00394)	0.00749 * (0.00383)
$\sigma_{TC,ij}$省际消费品联系	0.000573 (0.00331)	0.00156 (0.00310)	0.00192 (0.00311)
$\psi_{CF,ij}$省际资本品联系	-0.00181 (0.00236)	-0.00151 (0.00224)	-0.000946 (0.00250)
调节变量			
$V_{ij}\times\sigma_{TC,ij}$	0.000492 (0.000342)		
$V_{ij}\times\rho_{IU,ij}$		0.000439 * (0.000245)	
$V_{ij}\times\psi_{CF,ij}$			3.00e-05 (0.000259)

续表

变量	省际合作创新概率		
	(1)	(2)	(3)
$\Delta D_{ij} \times V_{ij} \times \sigma_{TC,ij'}$	2.56e-05* (1.35e-05)		
$\Delta D_{ij} \times V_{ij} \times \rho_{IU,ij'}$		1.49e-05 (9.31e-06)	
$\Delta D_{ij} \times V_{ij} \times \psi_{CF,ij'}$			2.84e-05*** (1.02e-05)
Constant	-0.00428 (0.00949)	-0.00536 (0.00937)	-0.00161 (0.00815)
Observations	870	870	870
R-squared	0.177	0.178	0.173
adjusted R-squared	0.165	0.167	0.161
F statistic test	11.40	12.25	10.96
Prob > F	0.000	0.000	0.000

注释：Robust standard errors in parentheses：*** $p<0.01$，** $p<0.05$，* $p<0.1$；标准差依据每个省国家级开发区数量（2010 年以前）差距进行调整。如果仅仅是采用通常的稳健估计，各估计系数和显著性没有发生实质变化，仅仅是标准差发生了改变。

五、结论与启示

区域经济增长需要城市之间的相互支持与合作创新，以及区域间的知识流动。然而，一方面，中国省际间的知识流动在空间上是不均匀的，创新活动存在明显的空间差异性；本文从各省与其他省的合作创新均值也发现，中国省际合作创新呈明显的空间分布差异，而且它们之间的合作创新关系呈现核心—边缘的结构形态。另一方面，从区域知识流动理论角度，正式的合作创新与非正式的知识溢出都是省际层面知识流动的实现机制，但是现有研究较为关注省际地理邻近性对跨区域合作创新的影响，并未涉及省际合作创新的实现机制。

为解释省际合作创新的空间分布差异现象，以及探索省际合作创新的实现机制，依据基于行业联系和空间邻近性的知识流动观，本文认为，通过省际投入—产出联系与消费品联系，实现知识的省际流动，这会诱发分布于不同省市的企业或其他知识生产机构，就与现有产品生产密切相关的设计、原材料、生产方式、营销、物流等价值链环节，展开即时的、因地制宜的、随机应变的合作创新，以满足产品输入地消费者（企业）的需求偏好和购买力。本文把通过省际产品联系而实现知识流动进而激发主体跨省合作研发生产新知识的作用，称为产品联系的创新效应。其表现为基于投入—产出联系的创新效应和基于消费品联系的市场学习效应。

不同于现有以个体变量为对象的实证研究，本文以中国 30 个省市之间的对偶关系（Dyad）为研究对象，采用 MRQAP（Multiple Regression Quadratic Assignment Procedure）程序：估计中国省际的产品联系，是否可以直接产生基于投入—产出联系的创新效应和基于消费品联系的市场学习效应，以及在什么条件下，这两种效应能够实现，或得以增强。同时，采用“残差置换法”中的 Double Semi - Partialing 方法，以解决矩阵变量之间的非关键关系检验（Nonpivotal association tests）、共线性、节点数量少、结果矩阵中的高偏度、观测值之间高水平自相关等问题所导致的有偏估计。此外，考虑省际合作创新的时滞性，本文分别用 2009 年和 2011 年省际合作创新数据检验了估计结果的稳健性。本文也使用了最小二乘法估计，补充验证结果的稳健性，得出如下结论：

第一，增强省际中间投入品联系，可以提高省际合作创新概率，而省际资本品联系和消费品联系对增加省际合作创新的概率没有直接作用。依据基于产品联系的知识流动观，伴随产品在地区间的流动，凝聚在产品中的技术知识也随之流入其他地区，但是，知识流动并不一定能促进供求两地的主体展开合作创新。省际资本品、中间投入品和消费品联系，并不能确保它们从相互贸易中获得自身的创新发展。但是，相对来说，中间投入品是直接嵌入需求企业所生产的产品，在企业对中间投入品相关联的知识使用过程中，中间产品联系更能诱发交易双方的合作创新。

第二，提高省际的空间相对邻近性，可以增强中间投入品联系的创新效应，以及实现消费品联系的市场学习效应，不过，资本品联系的创新效应依旧没有产生。这个结论表明，省际的空间相对邻近性，并不都能促进产品联系的创新效应。中间投入品的知识是直接嵌入企业所生产的产品本身，交易双方之间的空间相对邻近性越高，越能增加知识使用部门之间的互动频率与互动效果，进而增强基于中间投入品的投入—产出联系的创新效应；资本品是服务于产品生产过程，相对来说，它们所凝聚的知识更倾向于显性知识。省际空间相对邻近性的提高，更加便利凝聚在资本品中的知识流动，这可能会提高需求企业对资本品的使用技能，但是不一定会带来双方的合作创新；对于消费品，提高省际空间相对邻近性，增加了省际消费者，关于消费品知识的相互学习与相互影响的机会，同时，也能增加两地主体之间就有关消费品市场的反馈知识，展开及时讨论与试验，进而增加经济主体合作创新的概率。

第三，经济发展水平正向差距大的省际，中间投入品联系的创新效应更突出，消费品联系的市场学习效应和资本品联系的创新效应更明显。这个结论表明，一个省市与其他相对落后的省市，通过资本品、中间投入品和消费品联系，可以增加两地主体之间的合作创新几率。经济发展水平差距意味着地区间的消费者和企业的购买力差距。一方面，两地消费者的购买力差距，会刺激经济发展水平高的省市经济主体，寻求与经济发展水平低的省市经济主体之间的即时合作创新机会，因地制宜的改进产品，如使用不同的原材料、改变外观设计、增减产品功能等，以让生产出来的消费品价格适合经济发展水平较低省市消费者的购买力；另一方面，两地之间企业购买差距，可刺激交易双方基于差异化需求的即时合作创新意愿，以提供契合当地或其他经济发展水平更低地区企业购买力的中间投入品或资本品。

第四，经济发展水平正向差距大的省际，随着它们之间空间相对邻近性的提高，省际中间投入品联系和消费品联系对增加省际合作创新概率的作用随之增强，而省际资本品联系对增加省际合作创新概率的作用更明显。这个结论意味着，空间相对邻近性对产品联系创新效应的促进作用，会随着省际经济发展水平正向差距的增加而变得突出或明显。中间投入品的知识使用是嵌入于企业产品生产本身，消费品连接着企业与消费者之间的市场反馈知识，随着省际空间相对邻近性的增加，可增加这些知识在两地主体之间的流动，以及双方展开合作创新的可能性；当省际的经济发展水平存在正向差距，两地主体存在合作创新的市场需求基础，这会提高由空间相对邻近性所带来的合作创新可能性转为合作创新行动的概率；然而，资本品是服务于其他产品的生产过程，空间相对邻近性的增加，虽然也会增加资本品知识的省际流动，但是依附于资本品的知识流动并不必然导致合作创新。当两地经济发展水平存在正向差距时，经济发展水平差距低的地区会因生产过程的差异性而对所需资本品有变化的需求，旨在相对于其他地区的企业，以更低成本实现产品的生产，立足于这个真实需求，空间相对邻近性对促进资本品联系增加省际合作创新的可能性，才会变成真实的创新行动。

总体上，本文结论的政策启示：随着中国高铁网络布局的推进，中国各省市之间的空间相对可达性日益提高，经济发展水平较高的省市需要与经济发展水平较低的省市，建立或增强彼此之间的产品联系，尤其是中间投入品联系，以增加省市各主体之间的合作创新几率。具体说来：

第一，增强省际的产品联系，实现省际的协同创新驱动发展。本文结论表明，省际中间投入品联系可以直接显著提高省际合作创新的概率。针对当前中国实施的飞地经济模式，可以重点围绕中间投入品行业在省际建立飞地经济，通过中间投入品的产品联系，带动两省相关经济主体之间的合作创新。如果迁入企业生产所需的上游产品完全是来自省外或国外，所生产产品的市场也不在当地，那么飞地经济模式实际上只是扮演服务于发达地区工业化的供应基地，只会为当地带来贫瘠的增长，并不会启动当地经济的自身发展。

第二，支持空间相对邻近且经济发展水平有差距的省际展开基于产品联系的多层次合作。目前，从国家到各省市都在推进省际展开合作创新的行动，例如，《关于在部分区域系统推进全面创新改革试验的总体方案》《关于贯彻落实区域发展战略促进区域协调发展的指导意见》《京津冀协同发展规划纲要》《关于依托黄金水道推动长江经济带发展的指导意见》《粤桂黔高铁经济带合作试验区（广东园）发展总体规划》等，均旨在鼓励和支持毗邻省份、东部省份与西部省份探索合作创新机制与路径，实现区域协同创新发展。依据本文结论，一个省市需要与空间相对邻近的且经济发展水平相对落后的其他省市，以园区、试验区等产业集聚空间为载体，以省市之间的中间投入品、消费品和资本品联系为主线，建立省级合作创新行动方案，可有效提高双方经济主体合作创新概率，推动省际的协同创新发展。

参考文献

[1] Adner R, Zemsky P. A demand - based perspective on sustainable competitive advantage [J]. *Strategic Management Journal*, 2006, 27 (3): 215—239.

[2] Andersson M, Karlsson C. Knowledge in regional economic growth - the role of knowledge accessibility [J]. *Industry and Innovation*, 2007, 14 (2): 129—149.

[3] Antonelli C, Patrucco P P, Quatraro F. Productivity growth and pecuniary knowledge externalities: An empirical analysis of agglomeration economies in European regions [J]. *Economic Geography*, 2011, 87 (1): 23—50.

[4] Asheim , B. T. Helen Lawton Smith and Christine Oughton. Regional Innovation Systems: Theory, Empirics and Policy [J]. *Regional Studies*, 2011, 45 (7): 875—891.

[5] Brachert M, Brautzsch H U, Titze M. Mapping potentials for input - output - based innovation flows in industrial clusters - an application to Germany [J]. *Economic Systems Research*, 2016, 28 (4): 450—466.

[6] Breschi S, Lissoni F. Mobility of skilled workers and co - invention networks: an anatomy of localized knowledge flows [J]. *Journal of Economic Geography*, 2009, 9 (4): 439—468.

[7] Castellacci, F. Technological paradigms, regimes and trajectories: manufacturing and service industries in a new taxonomy of sectoral patterns of innovation [J]. *Research Policy*, 2008, 37 (6 - 7): 978—994.

[8] Cooke P. Regionally asymmetric knowledge capabilities and open innovation: Exploring 'Globalisation 2' —A new model of industry organization [J]. Research policy, 2005, 34 (8): 1128—1149.

[9] De Propris L, Hamdouch A. Regions as knowledge and innovative hubs [J]. *Regional Stud-*

ies, 2013, 47 (7): 997—1000.

[10] Dekker D, Krackhardt D, Snijders T A B. Sensitivity of MRQAP tests to collinearity and autocorrelation conditions [J]. *Psychometrika*, 2007, 72 (4): 563—581.

[11] Fritsch M and Slavtchev V. Determinants of the efficiency of regional innovation systems [J]. *Regional Studies*, 2011, (45): 905—918.

[12] Ganesh J, Kumar V, Subramaniam V. Learning effect in multinational diffusion of consumer durables: An exploratory investigation [J]. *Journal of the Academy of Marketing Science*, 1997, 25 (3): 214—228.

[13] Ganesh J, Kumar V. Capturing the cross - national learning effect: An analysis of an industrial technology diffusion [J]. *Journal of the Academy of Marketing Science*, 1996, 24 (4): 328—337.

[14] Hauknes J, Knell M. Embodied knowledge and sectoral linkages: An input - output approach to the interaction of high - and low - tech industries [J]. *Research Policy*, 2009, 38 (3): 459—469.

[15] Herstad S J, Aslesen H W, Ebersberger B. On industrial knowledge bases, commercial opportunities and global innovation network linkages [J]. *Research Policy*, 2014, 43 (3): 495—504.

[16] Huggins R, Thompson P. A network - based view of regional growth [J]. *Journal of Economic Geography*, 2013, 14 (3): 511—545.

[17] Hubert L, Schultz J. Quadratic assignment as a general data analysis strategy [J]. *British Journal of Mathematical and Statistical Psychology*, 1976, 29 (2): 190—241.

[18] Iammarino S, Piva M, Vivarelli M, *et al.* Technological capabilities and patterns of innovative cooperation of firms in the UK regions [J]. *Regional Studies*, 2012, 46 (10): 1283—1301.

[19] Jacobs J. Cities and the wealth of nations: Principles of economic life [M]. Vintage, 1985.

[20] Kim N, Atuahene - Gima K. Using exploratory and exploitative market learning for new product development [J]. *Journal of Product Innovation Management*, 2010, 27 (4): 519—536.

[21] Knoben J and Oerlemans L. A. G. Configurations of Inter - organizational Knowledge Links: Does Spatial Embeddedness Still Matter? [J]. *Regional Studies*, 2012, 46 (8): 1005—1021.

[22] Hoekman J, Frenken K, Van Oort F. The geography of collaborative knowledge production in Europe [J]. *The Annals of Regional Science*, 2009, 43 (3): 721—738.

[23] Scherngell T, Hu Y. Collaborative knowledge production in China: Regional evidence from a gravity model approach [J]. *Regional Studies*, 2011, 45 (6): 755—772.

[24] Balland P A, Boschma R, Frenken K. Proximity and innovation: From statics to dynamics [J]. *Regional Studies*, 2015, 49 (6): 907—920.

[25] Basile R, Capello R, Caragliu A. Technological interdependence and regional growth in Europe: Proximity and synergy in knowledge spillovers [J]. *Papers in Regional Science*, 2012, 91 (4): 697—722.

[26] Knoben J, Oerlemans L A G. Proximity and inter - organizational collaboration: A literature review [J]. *International Journal of Management Reviews*, 2006, 8 (2): 71—89.

[27] Knoben J. and Oerlemans L. Configurations of Inter - organizational Knowledge Links: Does Spatial Embeddedness Still Matter? [J]. *Regional Studies*, 2012, 46 (8): 1005—1021.

[28] Koschatzky K, Sternberg R. R&D cooperation in innovation systems - some lessons from the European Regional Innovation Survey (ERIS) [J]. *European Planning Studies*, 2000, 8 (4): 487—501.

[29] Kyriakopoulos K, Moorman C. Exploitative vs exploratory market learning and new product outcomes [C] //American Marketing Association. Conference Proceedings. American Marketing Association, 1998, 9: 28.

[30] Leoncini R, Montresor S. Network analysis of eight technological systems [J]. *International Review of Applied Economics*, 2000, 14 (2): 213—234.

[31] Marengo L, Sterlacchini A. Intersectoral technology flows. Methodological aspects and empirical applications [J]. *Metroeconomica*, 1990, 41 (1): 19—39.

[32] Papaconstantinou G, Sakurai N, Wyckoff A. Domestic and international product - embodied R&D diffusion [J]. *Research Policy*, 1998, 27 (3): 301—314.

[33] Polenske K. R. *The Economic Geography of Innovation.* Cambridge University Press, 2010.

[34] Richardson G B. The organization of industry re - visited [C]. DRUID Summer Conference. 2003: 12—14.

[35] Robertson P L, Patel P R. New wine in old bottles: Technological diffusion in developed economies [J]. *Research Policy*, 2007, 36 (5): 708—721.

[36] Scherngell T, Barber M J. Spatial interaction modelling of cross - region R&D collaborations: Empirical evidence from the 5th EU framework programme [J]. *Papers in Regional Science*, 2009, 88 (3): 531—546.

[37] Schütz M H. Australia's regional innovation systems: inter - industry interaction in innovative activities in three Australian territories [J]. *Economic Systems Research*, 2017: 1—24.

[38] Shearmur R. Innovation, regions and proximity: from neo - regionalism to spatial analysis [J]. *Regional Studies*, 2011, 45 (9): 1225—1243.

[39] Torre A, Rallet A. Proximity and localization [J]. *Regional studies*, 2005, 39 (1): 47—59.

[40] 党兴华、弓志刚:“多维邻近性对跨区域技术创新合作的影响——基于中国共同专利数据的实证分析”,《科学学研究》2013 年第 31 期, 第 1590—1600 页。

[41] 郭嘉仪、张庆霖:“省际知识溢出与区域创新活动的空间集聚——基于空间面板计量方法的分析”,《研究与发展管理》2012 年第 24 期, 第 1—11 页。

[42] 洪伟:“区域校企专利合作创新模式的变化——基于社会网络方法的分析”,《科学学研究》2010 年第 28 期, 第 40—46 页。

[43] 李婧、何宜丽:“基于空间相关视角的知识溢出对区域创新绩效的影响研究”,《研

究与发展管理》2017 年第 29 期，第 42—54 页。

［44］刘凤朝、闫菲菲、马荣康等："邻近性对跨区域研发合作模式的影响研究——基于北京、上海、广东的实证"，《科研管理》2014 年第 35 期，第 100—108 页。

［45］刘志迎、李芹芹："产业链上下游链合创新联盟的博弈分析"，《科学学与科学技术管理》2012 年第 33 期，第 36—41 页。

［46］孙东、卜茂亮："我国区域创新系统效率差异及收敛性分析——基于 2002—2011 年省际面板数据"，《产经评论》2014 年第 5 期，第 36—45 页。

［47］王家庭："技术创新、空间溢出与区域工业经济增长的实证研究"，《中国科技论坛》2012 年第 1 期，第 55—62 页。

［48］王缉慈：《超越集群——中国产业集群的理论探索》，科学出版社 2010 年版。

［49］肖刚、杜德斌、戴其文："中国区域创新差异的时空格局演变"，《科研管理》2016 年第 37 期，第 42—50 页。

［50］余泳泽："中国区域创新活动的'协同效应'与'挤占效应'——基于创新价值链视角的研究"，《中国工业经济》2015 年第 10 期，第 37—52 页。

［51］张玉明、李凯："中国创新产出的空间分布及空间相关性研究——基于 1996—2005 年省际专利统计数据的空间计量分析"，《中国软科学》2007 年第 11 期，第 97—103 页。

改革开放以来中国区域发展战略：回顾、评估与展望[①]

一、改革开放以来中国区域发展战略回顾

中共党的十一届三中全会拉开了中国改革开放的序幕，中国区域发展差距也从这一刻开始逐步不断扩大。为缓解区域发展差距、区域失业等区域问题，各国或地区广泛采用区域发展战略和区域政策做出中长期的发展规划。在经济发展的不同阶段，区域经济发展战略有着不同的目标。依据目标的不同，可以将之分为区域优先发展战略、区域援助发展战略和区域协调发展战略。改革开放 40 年，中央政府出台了一系列的区域发展战略，具体包括沿海地区优先发展、西部大开发、东北老工业基地振兴、中部崛起、长江经济带、京津冀协同发展、“一带一路”以及国家级城市群等。在改革开放的 40 年历程中，中国的区域经济也完整地经历了区域优先发展、区域援助发展和区域协调发展三个战略阶段。

（一）区域优先发展阶段

1979 年 7 月，中共中央、国务院同意在广东省的深圳、珠海、汕头三市和福建省的厦门市试办出口特区。1980 年 5 月，中共中央和国务院决定将深圳、珠海、汕头和厦门这四个出口特区改称为经济特区。经济特区取得了极大的成就，尤其是外向型经济发展方面。正是因为经济特区的初步设立取得巨大的成效，中央政府才进一步在海南岛、新疆的喀什和霍尔果斯等地区设立经济特区，并且不断地扩大深圳、厦门、珠海、汕头等经济特区的范围。[②]

经济特区的成功极大地鼓舞了我国改革开放的深化，并于 1984 年开始实施中国对外开放的第二战略——沿海开放城市。1984 年 5 月 4 日，中共中央、国务

---

① 本文作者颜银根。

② 详见国发〔1985〕85 号、国函〔1988〕52 号、国函〔1991〕20 号。

院关于批转《沿海部分城市座谈会纪要》的通知中指出，“进一步开放天津、上海、大连、秦皇岛、烟台、青岛、连云港、南通、宁波、温州、福州、广州、湛江和北海十四个沿海港口城市，在扩大地方权限和给予外商投资者若干优惠方面……”包括利用外资、利用外汇、基础设施建设等多个方面的优惠政策。如果说经济特区的设立打开了中国对外开放的一扇窗，那么沿海开放城市的设立则打开了中国对外开放的大门。

但这只是区域优先发展的一部分，在经济特区和沿海开放城市之后，中央政府进一步实施了区域优先发展战略的第三步，即沿海经济开放区。1985 年，《中共中央、国务院关于批转〈长江、珠江三角洲和闽南厦漳泉三角地区座谈会纪要〉通知》（中发〔1985〕3 号）开启了沿海经济开发区的进程。随后的几年中，沿海经济开放区的范围不断扩大，如国务院出台了一系列复函同意辽东半岛、胶东半岛、环渤海地区以及将济南、舟山等市列入，同意广东、闽南三角经济开放区等沿海开放经济区范围的扩大。①

（二）区域援助发展战略

在沿海地区的高速发展背景下，内陆地区尤其是西部地区的经济发展显得较为落后。随着区域非均衡发展日益凸显，中国实施了区域援助发展战略。不同于区域优先发展战略过程中的渐进式推进，中国的区域援助发展战略覆盖范围较广。

1999 年，中央经济工作会议提出促进“东西部协调发展和最终实现共同富裕”的西部大开发战略。西部大开发是中国区域援助发展战略的具体实施，其目的是促进西部地区经济获得快速发展。沿海地区优先发展政策吸引了中西部地区大量的人力、物力和财力，间接地导致西部地区经济发展难以维系，中国区域发展差异不断扩大。西部大开发是中国从“先富”走向“共同富裕”的战略选择，是继沿海地区优先发展战略后中国的又一项区域发展战略，对中国西部地区（重庆、四川、贵州、云南、西藏、陕西、甘肃、青海、宁夏、新疆、内蒙古和广西）12 个省、直辖市、自治区集中进行开发，其目的是“把东部沿海地区的剩余经济发展能力，用以提高西部地区的经济和社会发展水平、巩固国防”。1999 年 9 月，中共十五届四中全会通过《中共中央关于国有企业改革和发展若干重大问题的决定》，明确提出“国家要实施西部大开发战略”。

2000 年，国务院成立西部地区开发领导小组，对西部地区大开发战略进行了全面部署，西部大开发战略全面展开。2000 年 10 月召开的中国共产党第十五

---

① 详见国办函〔1986〕72 号、国发〔1988〕21 号、国办函〔1988〕2 号、国函〔1988〕59 号、国函〔1988〕96 号、国函〔1990〕15 号。

届中央委员会第五次全体会议中《中共中央关于制定国民经济和社会发展第十个五年计划的建议》对西部大开发战略进行了定位，“力争用五到十年时间，使西部地区基础设施和生态环境建设有突破性进展”。因而，西部大开发的目的也变得比较明确：（1）建设西部地区基础设施；（2）保护好生态环境。围绕着这两个目标，西部大开发相关政策措施在一系列的文件中得到体现。① 西部大开发的战略属于区域援助战略，其具体的政策包括税收优惠政策、财政补贴政策、对口援助政策等。

税收优惠政策是区域援助政策中的常用手段，在东部地区优先发展战略中也得到广泛使用。由财政部、国家税务总局、海关总署依据西部大开发中的《国务院关于实施西部大开发若干政策措施的通知》（国发〔2000〕33 号）及《国务院办公厅转发国务院西部开发办关于西部大开发若干政策措施实施意见的通知》（国办发〔2001〕73 号）等文件制定的税收优惠政策，大幅降低内资企业和外商投资企业的税收，促进了西部地区相关企业的兴办。税收优惠的主体是企业，而财政补贴的主体则主要是消费者。在西部大开发战略中，中央对西部地区在农业、社会保障、教育、科技、卫生、计划生育、文化、环保等专项补助资金等方面给予了倾斜。此外，对口援助政策也是区域援助战略中的常用方法，通过发达地区对欠发达地区的传帮带促进欠发达地区的经济发展。中国东西部区域援助政策始于 1996 年 5 月，中央确定北京等 9 个东部省市和 4 个计划单列市与西部 10 个省区开展扶贫协作。根据援助结果，分别于 2002 年、2010 年以及 2016 年做了三次调整，援助也由最初的以省份为援助对象变成地级市为援助对象，援助更加细化，援助内容上包括经济、教育、科技等多方面。②

（三）区域协调发展战略

西部大开发本质上属于区域援助发展战略，但同时也是中国区域协调发展战略的重要组成部分。从 2003 年开始，中国相继推出了“振兴东北老工业基地”（2003）、“中部崛起”（2004）两大区域协调发展。而 2013 年开始，国家又相继推出“一带一路”（2013）、“长江经济带”（2014）、“京津冀协同发展”（2014）、“国家级城市群”（2015）等区域性发展倡议或战略，对改变中国经济的空间格局有着重要的意义。

---

① 详见《国务院办公厅关于做好 2003 年西部开发工作的通知》（国办发〔2002〕66 号）、《国务院关于进一步推进西部大开发的若干意见》（国发〔2004〕6 号）、《国务院关于西部大开发“十一五”规划的批复》（国函〔2007〕6 号）、《国务院关于西部大开发“十二五”规划的批复》（国函〔2012〕8 号）、《国务院关于西部大开发“十三五”规划的批复》（国函〔2017〕1 号）

② 除了西部大开发这一重要战略外，事实上从 20 世纪 80 年代起中央政府为促进“老、少、边、穷”地区的经济发展实施了相关的区域发展援助政策，诸如对少数民族地区给予较多的定额补贴。

2003年10月，中共中央、国务院发布《关于实施东北地区等老工业基地振兴战略的若干意见》（中发〔2003〕11号）标志着“振兴东北老工业基地”战略的实施正式开始。作为中国曾经的重化工业重要基地，东北地区的黑龙江、吉林和辽宁三省更是为中国经济的发展做出历史性的贡献。但随着沿海地区工业经济和外向型经济的快速发展，东北地区的工业相对滞后，经济出现较大的衰退。经过数年发展，东北地区经济有回暖迹象，但并不明显。为进一步促进东部地区振兴，国务院出台了《关于进一步实施东北地区等老工业基地振兴战略的若干意见》（国发〔2009〕33号）以及《中共中央国务院关于全面振兴东北地区等老工业基地的若干意见》，从完善体制机制、推进结构调整、鼓励创新创业、保障和改进民生等四大方面提出了要求和措施。

时隔一年，中国改革开放后的第四大区域战略“中部崛起计划”得以实施，由此也标志着中国出现了区域发展战略的全覆盖。不同于西部大开发的以基础设施建设和生态环境保护为重点，也不同于振兴东北老工业基地以机制完善和产业结构调整为重点，中部崛起计划是以工业化和城镇化的协同推进为重点。中部崛起计划强调依托现有产业进行层次提升，推进工业化与城镇化的同步发展，发挥承“东”启“西”和在产业发展优势中崛起。

除了全方位覆盖的区域协调发展战略之外，从2013年开始国家推出了一系列的区域协调发展战略和倡议，包括“一带一路”倡议（2013）、“长江经济带”（2014）、“京津冀协同发展”（2014）、“国家级城市群”（2015）等。与以往的区域发展战略相比，这些区域发展战略和倡议有两个鲜明的特点：（1）更加突出了“点—线”发展，在区域协调发展中强调优先发展。（2）这些战略中既包括发达地区也包括欠发达地区，更加强调发达地区对欠发达地区的带动作用，强调区域经济非均衡发展中的溢出效应。鉴于以上两个原因，这些战略归类于区域协调发展战略。

二、区域发展战略理论基础与文献述评

改革开放40年，中国经济发展取得了令人瞩目的高速发展。区域经济作为国民经济系统的重要组成部分，对中国经济有着巨大的贡献。从改革初期的区域优先发展战略，到区域援助战略以及区域均衡发展战略，中国区域经济发展的格局在不断变化和调整中。传统的经济学研究中并不考虑空间因素，往往忽视空间因素的作用，就好像经济活动发生在大头针尖上一样（Combes等，2008）。资源的错配会降低企业生产效率（Hsieh和Klenow，2009），而资源的空间配错同样会引起市场在空间的失灵和生产效率的降低。为了实现空间配置的帕累托最优，区域政策干预已经成为世界各国政府的重要职能。改革开放40年，中国政府实施

了一系列的区域发展战略和政策，有效地促进了中国经济的高速增长。

（一）区域非均衡发展的理论与述评

改革开放后，邓小平同志提出的“允许一部分地区、一部分企业、一部分工人农民，由于辛勤努力成绩大而收入先多一些，生活先好起来”（邓小平，1978）。这一思想是区域优先发展战略在中国的有力实践。在资源有限的情况下，集中资源优先促进沿海地区经济发展是区域经济非均衡发展的普遍规律。即区域经济发展中首先出现“回流效应”，通过吸附外围要素实现地区规模经济，培育经济增长点（Hirschman，1958）。沿海地区的优先发展战略并非一蹴而就的，其战略体系中包括经济特区、沿海开放城市以及沿海经济开放区、沿海外向型经济发展等一系列政策的支持。

中国的沿海地区优先发展取得了一系列的成就。比如，在经济特区建立的最初5年中，4个经济特区累计完成基本建设投资76.3亿元，开发出建设用地约60平方公里，实际利用的外商直接投资总计11.7亿美元，占全国实际利用外商直接投资总额的1/5。与1979年相比，5年内特区的工业总产值增长了5倍多。深圳更是在短短的5年内吸引了3.5亿美元的外资和5亿元的内联投资，建立了770多家工厂，5年内容的产值增长了39倍（国发〔1986〕21号）。经过数十年的发展，沿海14个城市中的多数城市已经发展成为沿海省份的经济强市，更有多个城市发展成为本省经济领头羊。而沿海开放城市的快速发展，也推动了沿海省份双中心的经济发展格局，如大连与沈阳、青岛与济南、宁波与杭州。沿海经济开放区的覆盖范围则更广，尤其是沿海经济开放区的设立是从点到面的过程，涵盖了293个市县（占全国12%），约42.6万平方公里（占全国4.4%），2.2亿人口（占全国20%）（国发〔1986〕21号）。

改革开放40年中国经济发展迅速，得益于沿海外向型经济的发展（Song等，2011）。准确地说，沿海地区优先发展的战略更多的是开放型经济发展战略，从“经济特区—沿海开放城市—沿海经济开放区”的开放，再到“沿边、沿江地带直至内陆省会城市、地区”。而在这种开放型战略的作用下，中国也形成了沿海外向型和内陆内向型经济的格局（颜银根、安虎森，2014）。但是，值得一提的是，尽管沿海地区经济得到了高速发展，但这显然并非区域优先发展战略的全部目标。区域优先发展的另一个重要目标是优先发展地区能够对其他地区形成溢出效应（Hirschman，1958），但沿海地区的经济发展并没有能够对内陆地区形成外溢效应（潘文卿、李子奈，2007；颜银根、安虎森，2014）。如果这一战略没有能够对其他地区形成溢出效应，则意味着区域间的差距可能会被拉大。

（二）区域均衡发展理论与述评

在市场经济的作用下，区域经济在空间上会出现非均衡增长，这是普遍的规律。即便是地区资源完全相同的情况下，在外部经济或者规模经济的作用下，区域间总是会出现分异（Arrow，1962；Jacobs，1969；Krugman，1991；Marshall，1890；Romer，1987）。随着发达地区对欠发达地区的溢出逐步产生，区域间的差距可能会从不断扩大逐步走向缩小，即呈现出“倒U型”的关系（Williamson，1965）。尽管区域政策存在着“路径依赖”和“门槛效应”等问题，但区域政策的效果仍然毋庸置疑（Becker和Fuest，2010）。

无论是发达国家，还是发展中国家，往往都有一部分地区经济发展水平相对落后。而中国区域发展援助计划中的西部地区，更多属于在经济发展方面存在严重障碍，这是因为这些地区自身缺乏经济发展的某些必要条件。仅2000—2008年间，中央财政对西部地区转移支付累计30338亿元，占中央对地方转移支付总额的43.6%；2000—2009年期间，均衡性转移支付年均增长48.4%，累计6866亿元，占均衡性转移支付总额的48.7%；民族地区转移支付年均增长29.6%，累计1232亿元，占民族地区转移支付总额的97.1%；调整工资转移支付累计5810亿元，占该项转移支付总额的46.2%。此外，中央的扶贫资金重点用于西部地区，并且中央为退耕还林等生态建设支付了大量补贴（蔡振，2010）。整体而言，西部大开发促进了西部地区的经济发展，对缓和区域差距的扩大有着一定的积极意义，促使中国区域经济从趋异转向收敛，尤其是对促进资源密集型产业在该地区的发展有一定效果（洪俊杰等，2014；刘生龙等，2009）。但是不可否认，西部大开发并未有效地推动西部地区GDP及其人均GDP的快速增长（刘瑞明、赵仁杰，2015），西部大开发属于区域援助发展战略，除此之外中国还实施了“东北老工业基地振兴”和“中部崛起”两个区域发展战略。相比较而言，“东北老工业基地振兴”和“中部崛起”战略更加凸显了“协调发展”，而非传统意义上的援助。“东北老工业基地振兴”和“中部崛起”本质上属于区域阶段性的衰退，主要是因外部条件发生了变化，原有的产业逐渐衰落，而新的产业又未能及时发展起来，从而导致当地的经济发展陷入了困境。类似的情况如英国的利物浦、美国的阿巴拉契亚、法国的阿尔萨斯以及美国的匹兹堡等地。从发达国家以往的经验来看，地区产业长期得不到更新必然导致地区经济出现衰退。因此，东北老工业基地的振兴主要是以机制完善、产业结构调整为主要目标和方向。中部地区在对东部地区的产业承接上具有人口和地理上的优势。中部地区人口相对较多，工业和服务业发展相对较为落后，中部地区的崛起则充分发挥了工业化和城镇化对经济的刺激作用。

“振兴东北老工业基地”和“中部崛起”取得了阶段性的成效。在实施“振兴东北老工业基地”的10年间，东北三省2003年以来的年均经济增长率增加了1.1—1.6个百分点，但自2007年以来该战略的经济增长效应呈递减趋势（杨天宇、荣雨菲，2017）。中部崛起计划这一战略的实施，也对中部地区的经济发展带来了巨大的推动作用，尤其是吸引劳动密集型产业转移方面（洪俊杰、刘志强、黄薇，2014）。“中部崛起”计划实施10年间，中部地区经济社会发展指数上升幅度最大，与东部及东北的差距急剧缩小，与西部的差距在明显扩大，表明战略实施取得了明显成效（和军、樊寒伟，2016）。

改革开放40年，中国区域发展完整地经历了区域优先发展、区域援助发展和区域协调发展三大区域发展战略。在区域优先发展战略下，沿海地区省份经济普遍得到了发展，多数省份的沿海城市经济发展甚至超过省会城市，也成为本省经济的增长极。而在区域援助战略下，西部省份经济获得了较大的发展，区域非均衡发展有所缓和。在区域协调发展战略下，中部地区和东部地区经济有所增长，从衰退中逐步恢复。与此同时，一些发达地区已经对周边的欠发达地区起到了带动作用，成为中国经济发展的新动力。

三、模型、数据与方法

区域发展战略对地区经济发展有着一定的影响，但是不同的区域发展战略侧重点不同，其目标方向也不同。无论是哪种区域战略，其首要目标就是促进区域经济增长。鉴于此，本文主要通过区域发展战略是否促进区域经济增长来评价区域发展战略是否实现其目标。

（一）计量模型设定

有关区域政策的评估效果方法众多，包括虚拟变量法、双重差分法、（模糊）断点回归方法等（Pellegrini 等，2013；Ulltveit - Moe，2007；刘瑞明、赵仁杰，2015）。本文研究中我们将区域优先发展战略、区域援助发展战略和区域协调发展战略放在同一框架下进行评估，而不同区域的差异又比较巨大，不满足平行趋势的假设，因而不宜用双重差分和（模糊）断点回归分析。鉴于此，本文采用虚拟变量来对区域发展战略进行评估，具体区域发展战略的评估模型设定为：

$$Y_{i,j} = \alpha_{i,j} + \beta_1 cs\_dum_{i,j} + \beta_2 ws\_dum_{i,j} + \beta_3 ne\_dum_{i,j} + \beta_4 mid\_dum_{i,j} + \vec{z}_{i,j} + \varepsilon_{i,j} \quad (1)$$

其中，$Y_{i,j}$为第i年j省份的经济增长，本文采用名义经济增长率$gdpg$和实际人均GDP来衡量（$\log(GDP)$）；cs_dum为优先发展战略虚拟变量；ws_dum为西部大开发虚拟变量；ne_dum为东部老工业基地振兴虚拟变量；mid_dum为中部崛起虚拟变量；$\vec{z}$ 为控制变量组，包括对外开放度 *open*、投资率 *inv*、教育程度 *edu*、城乡收入差距 *gap*、政府消费占比 *govc*、工业化率 *indr*、城市化率 *urbanr*、居民储蓄率 *save*、出生率 *bornr* 等常用控制变量。

（二）数据来源与变量处理

本文数据主要来源于《新中国六十年统计资料汇编》以及国泰安 CSMAR，虚拟变量由作者根据国务院相关文件整理获得，包括 1978—2016 年全国 31 个省（直辖市、自治区）面板数据。[①] 相关变量处理如下：

1. 区域发展战略虚拟变量。本文设定了一组区域发展战略变量。除沿海优先发展战略外，西部大开发、东部老工业基地振兴以及中部崛起都是大规模于同一年份对所有地区开展，可以从战略开始年份设定虚拟变量为 1，战略开始之前的年份设为 0。沿海地区优先发展战略有所不同，最初从经济特区开始，随后推广到沿海开放城市以及沿海经济开放区。如果某年某省所辖的某个地级市成为优先发展战略城市，则我们将该省从该年起的所有年份沿海优先发展战略虚拟变量设定为 1，其他年份为 0。

2. 相关控制变量。本文研究中我们加入了众多的控制变量，这些控制变量的缺失会导致估计结果有偏。其中，教育程度 *edu*（使用地区的万人大学生数）、出生率 *bornr* 直接从数据库中获得，其他数据计算过程如表 1 所示。

表 1　　控制变量计算方式

变量名	变量含义	计算公式
gdpg	经济增长率	（GDP 指数_ 上年 100）－100）/100
ln*gdp*	人均实际 *gdp*	Log（GDP（亿元）＊100/消费者价格指数_ 上年 100）/ 年底总人口（万人））
open	对外开放度	进出口总额（万美元）＊当年人民币兑美元汇率（中间价）/GDP（亿元）
gap	城乡收入差距	农村居民家庭平均每人全年纯收入/城镇居民家庭平均每人全年可支配收入
govc	政府消费占比	政府消费支出（亿元）/最终消费支出（亿元）
inv	投资率	固定资产投资总额（亿元）/ GDP（亿元）
save	储蓄率	城乡储蓄（亿元）/ GDP（亿元）

① 本文基础数据如 GDP 等以《新中国六十年统计资料汇编》为准，部分年份不存在的数据由 CSMAR 数据库补充。其中，部分数据如教育数据只有《新中国六十年统计资料汇编》存在，因而截止到 2008 年。

四、区域发展战略与地区经济增长

区域发展战略其首要目标是促进地区经济增长，那么不同的区域政策是否促进了地区经济增长呢?

（一）三大区域发展战略与中国经济空间格局

表2中给出了区域发展战略对中国区域经济增长的贡献，其中（1.1）—（1.3）为区域发展战略对地区经济增长率的贡献，（1.4）—（1.6）为区域发展战略对人均实际GDP的贡献。从表2中我们可以看出，就整个区域战略而言，仅有东部沿海地区优先发展战略促进了中国地区经济增长，包括地区经济增长率和人均实际GDP。不考虑控制变量的情况，西部大开发、东北老工业基地振兴和中部崛起似乎对中国地区的经济增长和人均真实GDP有着显著的影响。但是，如果增加控制变量我们会发现西部大开发、东北老工业基地振兴和中部崛起并没有改变中国经济空间格局，甚至于西部大开发导致中国人均GDP出现了下滑。西部大开发拉低了人均GDP也是可以理解的，作为一项区域援助计划，东部沿海地区需要大量援助西部地区，而国家的转移支付等也导致中部地区和东北地区的发展受到一定的阻力。

表2　　区域发展战略对中国区域经济增长的贡献（Robust回归）

	(1.1)	(1.2)	(1.3)	(1.4)	(1.5)	(1.6)
	gdpg			log(*GDP*)		
cs_dum	0.017***	0.013***	0.013***	1.632***	0.249**	0.259**
	(0.003)	(0.004)	(0.005)	(0.365)	(0.126)	(0.107)
ws_dum	0.016***	-0.000	-0.001	1.534***	-0.147	-0.384**
	(0.004)	(0.005)	(0.005)	(0.184)	(0.187)	(0.194)
ne_dum	0.006	0.010*	0.002	2.622***	0.360	0.183
	(0.006)	(0.005)	(0.004)	(0.190)	(0.222)	(0.179)
mid_dum	0.013***	0.007	-0.000	2.264***	0.098	0.038
	(0.004)	(0.007)	(0.008)	(0.114)	(0.273)	(0.170)
open		0.000***	0.000**		0.010	0.008*
		(0.000)	(0.000)		(0.007)	(0.005)
inv		0.089***	0.114***		3.807***	1.549***
		(0.015)	(0.021)		(0.809)	(0.552)
edu		0.000***	0.000**		0.000**	0.000
		(0.000)	(0.000)		(0.000)	(0.000)

续表

	(1.1)	(1.2)	(1.3)	(1.4)	(1.5)	(1.6)
	gdpg			log(*GDP*)		
gap			-0.023 (0.026)			-2.196*** (0.703)
govc			-0.001** (0.000)			0.022*** (0.005)
save			-0.060*** (0.014)			0.332 (0.260)
bornr			-0.002*** (0.001)			-0.058*** (0.013)
常数项	0.098*** (0.002)	0.063*** (0.007)	0.133*** (0.024)	0.324** (0.135)	-1.297*** (0.184)	1.535** (0.630)
观察值	1200	885	795	1088	833	764

注：***、**、* 分别表示1%、5%和10%的显著性水平，本文计量软件为Stata14.0，下同。

控制变量方面，对外开放度、投资率以及教育对地区经济增长有着正向的影响，出生率则对地区经济增长有着显著负向的影响，与Barro与Sala-i-Martin（2004）的研究一致。城乡收入差距对人均GDP有着显著正向的影响，城乡差距越小，人均GDP越大，但对地区经济增长率影响并不显著。政府消费支出比重对人均GDP影响显著为正，但对地区经济增长率影响则显著为负。

（二）区域发展战略与本地经济增长

表3中给出了区域发展战略对中国区域经济增长的贡献计量结果，从表中我们可以看到改革开放40年的区域发展战略对中国区域经济增长的贡献存在较大差异。那么，这些区域发展战略是否促进本地经济发展，从而实现区域发展战略的最初目标呢？

1. 西部大开发。表2中是西部大开发对西部地区经济发展的影响，回归采用时间固定效应。从表中可以看出，西部大开发对西部地区的经济增长率没有显著影响，但是却明显地提高了人均实际GDP。换句话说，西部大开发起到了区域援助战略的预期效果，即促进西部地区的经济发展。

与表2相比，控制变量对外开放度、投资率对西部地区经济增长有着显著的正向影响，其结果是一致的。但是，教育的影响却是负的，这可能与西部地区人才流失相关，或者存在人才排序效应（Combes等，2012）。此外，储蓄率对西部地区的人均GDP的影响显著为负，这就表明西部地区需要进一步减少储蓄，增加经济活力。

表 3　　西部大开发对西部地区经济增长的贡献

	(2.1)	(2.2)	(2.3)	(2.4)	(2.5)	(2.6)
	gdpg			log(*GDP*)		
ws_dum	0.020***	-0.001	0.009	1.637***	0.317***	0.332***
	(0.004)	(0.008)	(0.008)	(0.093)	(0.045)	(0.053)
open		0.000	0.001*		0.014***	0.027***
		(0.001)	(0.001)		(0.003)	(0.004)
inv		0.128***	0.150***		1.792***	1.436***
		(0.028)	(0.032)		(0.174)	(0.201)
edu		-0.000***	-0.000***		-0.000**	-0.000***
		(0.000)	(0.000)		(0.000)	(0.000)
gap			0.077*			-0.639**
			(0.040)			(0.258)
govc			-0.000			0.017***
			(0.001)			(0.004)
save			-0.041**			-0.357***
			(0.017)			(0.108)
bornr			-0.002*			-0.014**
			(0.001)			(0.006)
常数项	0.095***	0.156***	0.201***	0.179***	-0.175	0.790***
	(0.002)	(0.025)	(0.040)	(0.063)	(0.149)	(0.258)
观察值	468	334	281	413	316	281

2. 东北老工业基地振兴。表 4 中给出了东北老工业基地振兴对东北地区经济增长的贡献。从表中可以看出，东北老工业基地振兴地区的经济增长率不显著，与西部大开发相类似，只能促进地区的人均 GDP 增长。相比较而言，对外开放度和教育程度都没有能够显著提高东北地区的经济增长，反而教育程度导致东北地区的人均 GDP 下降。值得一提的是，东北地区的出生率对当地 *gdpg* 增长率显著为负，但是对人均 GDP 不显著，这可能与东北地区的人口流失有着一定的关系。

3. 中部崛起。表 5 中给出了中部崛起对中部地区经济增长的贡献。与西部大开发和东北老工业基地振兴相似，中部崛起并没有能够带来地区经济增长率的显著增加，同样只能促进地区的人均 GDP 增长。从系数上来看，中国崛起计划对中部地区的人均 GDP 提高要明显高于西部大开发和东北老工业基地振兴。

表 4　振兴东北老工业基地对东北地区经济增长的贡献

	(3.1)	(3.2)	(3.3)	(3.4)	(3.5)	(3.6)
	gdpg			log(*GDP*)		
ne_dum	0.017**	-0.002	-0.001	2.740***	0.075	0.184**
	(0.008)	(0.023)	(0.021)	(0.185)	(0.144)	(0.078)
open		0.000	0.001		0.015***	-0.007*
		(0.001)	(0.001)		(0.005)	(0.004)
inv		0.128**	0.155**		3.127***	2.682***
		(0.064)	(0.070)		(0.412)	(0.265)
edu		-0.000	0.000		-0.000***	-0.000***
		(0.000)	(0.000)		(0.000)	(0.000)
gap			0.172***			0.338
			(0.058)			(0.239)
govc			-0.001			0.018***
			(0.002)			(0.006)
save			-0.053			1.315***
			(0.038)			(0.155)
bornr			-0.008***			0.002
			(0.003)			(0.010)
常数项	0.089***	0.106	0.014	0.425***	1.247***	0.760*
	(0.004)	(0.068)	(0.098)	(0.107)	(0.461)	(0.422)
观察值	117	74	66	107	69	61

对外开放度的提高促进了地区经济增长，但是并没有促进地区人均 GDP 的提高。教育程度对中部地区的人均 GDP 有着正向的影响，但是对地区经济增长却不显著。

表 5　中部崛起对中部地区经济增长的贡献

	(4.1)	(4.2)	(4.3)	(4.4)	(4.5)	(4.6)
	gdpg			log(*GDP*)		
mid_dum	0.009	0.007	-0.007	2.273***	0.496***	0.629***
	(0.006)	(0.015)	(0.015)	(0.088)	(0.079)	(0.052)
open		0.002	0.005***		0.025***	-0.005
		(0.001)	(0.002)		(0.007)	(0.006)

续表

	(4.1)	(4.2)	(4.3)	(4.4)	(4.5)	(4.6)
	gdpg			log(*GDP*)		
inv		0.041 (0.048)	0.004 (0.052)		1.946 *** (0.259)	0.842 *** (0.182)
edu		-0.000 (0.000)	-0.000 (0.000)		0.000 (0.000)	0.000 ** (0.000)
gap			0.088 * (0.050)			0.017 (0.189)
govc			0.001 (0.002)			0.014 ** (0.006)
save			-0.086 *** (0.028)			0.627 *** (0.106)
bornr			-0.006 *** (0.001)			-0.027 *** (0.004)
常数项	0.103 *** (0.003)	0.128 *** (0.041)	0.178 *** (0.053)	0.296 *** (0.046)	-0.559 ** (0.224)	0.008 (0.206)
观察值	234	181	169	216	171	161

整体而言，无论是西部大开发还是东北老工业基地振兴，或者中部崛起，相关战略只是能够提高地区的人均 GDP 水平的提高，并没有提高地区的经济增长率。地区经济从区域发展战略中获得了一定发展，但并未因此获得加速发展。换言之，从避免衰退的角度来看，区域援助战略和区域协调发展战略都取得了成功。

五、结论、启示与展望

改革开放最初的 30 年，沿海地区经济发展尤为凸显。而随着我国西部大开发、东北老工业基地振兴以及中部崛起等一系列区域发展战略的实施，内陆地区经济获得巨大的发展。本文的研究发现：除东部优先发展战略外，西部大开发、东北老工业基地振兴以及中部崛起都未能促进中国区域经济整体发展。并且，西部大开发、东北老工业基地振兴以及中部崛起只能完成自己的使命，即促进战略实施区域的不衰退，促进区域协调发展。

本文的研究得到如下两个方面的启示：（1）区域发展战略需要逐步来推行，以培养增长极。从沿海地区优先发展战略来看，沿海地区的优先发展实施了“经济特区—沿海开放城市—沿海开发区”逐步推进的策略，这也是符合经济优先发展规律。沿海地区的发展的确得益于沿海地区率先发展起来的沿海开放城市，通过这些增长极带动周边其他城市发展。（2）区域发展战略不宜过于密集，不利于政策的推行效果。无论是西部大开发、振兴东北老工业基地还是中部崛起，都能有效地促进地区人均 GDP 的增加。但从西部大开发、振兴东北老工业基地到中部崛起，短短 5 年时间内相关区域发展战略就实现内陆省份全覆盖，这一措施可能导致区域发展战略效果受到影响。

从我国当前区域发展战略来看，以“点—线—面”为基础的区域战略可能效果更好，也更加符合区域经济发展规律。而从 2013 年开始的相关区域发展战略如“一带一路”倡议（2013）、“长江经济带”（2014）以及“国家级城市群”（2015）已经跳出了原来的思维，实现了东中西的串联，有望取得较大成效。但是，需要警惕东部地区进一步对中西部地区的“吸附效应”以及区域战略的过于密集推行。

参考文献

[1] Arrow, K. J., 1962, “The Economic Implications of Learning by Doing”, *The Review of Economic Studies*, 29 (3): 155—173.

[2] Barro, R. J. and Sala - I - Martin, X., 2004, Economic Growth (2nd), The MIT Press.

[3] Becker, J. and Fuest, C., 2010, “EU Regional Policy and Tax Competition”, *European Economic Review*, 54: 150—161.

[4] Combes, P. P., Mayer, T. and Thisse, J., 2008, Economic Geography: the Integration of Regions and Nations, Princeton University Press.

[5] Combes, P., Duranton, G., Gobillon, L. and Roux, S., 2012, “Sorting and Local Wage and Skill Distributions in France”.

[6] Hirschman, A. O., 1958, The Strategy of Economic Development, Yale University Press.

[7] Hsieh, C. and Klenow, P. J., 2009, “Misallocation and Manufacturing TFP in China and India”, *The Quarterly Journal of Economics*, 124 (4): 1403—1448.

[8] Jacobs, J., 1969, The Economy of Cities, Vintage.

[9] Krugman, P., 1991, “Increasing Returns and Economic Geography”, *The Journal of Political Economy*, 99 (3): 483—499.

[10] Marshall, A., 1890, Principles of Economics, Macmillan.

[11] Pellegrini, G., Terribile, F., Tarola, O., Muccigrosso, T. and Busillo, F., 2013, “Measuring the Effects of European Regional Policy On Economic Growth: A Regression Discontinuity Approach”, *Papers in Regional Science*, 92 (1): 217—233.

[12] Romer, P. M., 1987, “Growth Based On Increasing Returns Due to Specialization”, *The American Economic Review*, 77 (2): 56—62.

[13] Song, Z., Storesletten, K. and Zilibotti, F., 2011, “Growing Like China”, *American Economic Review*, 101 (1): 196—233.

［14］ Ulltveit - Moe, K. H. , 2007, “Regional Policy Design: An Analysis of Relocation, Efficiency and Equity”, *European Economic Review*, 51 (6): 1443—1467.

［15］ Williamson, J. G. , 1965, “Regional Inequality and the Process of National Development: A Description of the Patterns”, *Economic Development and Cultural Change*, 13 (4): 1—84.

［16］ 蔡振：“中央财政积极支持西部大开发”，《光明日报》2010 年 1 月 15 日。

［17］ 邓小平：“解放思想，实事求是，团结一致向前看”，《邓小平文选》第 2 卷，人民出版社 1994 年版。

［18］ 和军、樊寒伟：“中部崛起战略实施效果评析”，《湖北社会科学》2016 年第 11 期。

［19］ 洪俊杰、刘志强、黄薇：“区域振兴战略与中国工业空间结构变动——对中国工业企业调查数据的实证分析”，《经济研究》2014 年第 8 期。

［20］ 刘瑞明、赵仁杰：“西部大开发：增长驱动还是政策陷阱——基于 Psm - Did 方法的研究”，《中国工业经济》2015 年第 6 期。

［21］ 刘生龙、王亚华、胡鞍钢：“西部大开发成效与中国区域经济收敛”，《经济研究》2009 年第 9 期。

［22］ 潘文卿、李子奈：“中国沿海与内陆间经济影响的反馈与溢出效应”，《经济研究》2007 年第 5 期。

［23］ 颜银根、安虎森：“中国分割的经济空间：基于区域间经济增长溢出的实证研究”，《当代经济科学》2014 年第 4 期。

［24］ 杨天宇、荣雨菲：“区域发展战略能促进经济增长吗——以振兴东北老工业基地战略为例”，《经济理论与经济管理》2017 年第 10 期。

当代中国城市发展动力机制研究[①]

城市既是人类文明的结晶，也是涵养人类文明的容器，传承着人类文明成果。为了更好地迎接城市时代挑战，2010 年的上海世博会提出了“城市，让生活更美好”的口号。联合国人居组织 1996 年发布的《伊斯坦布尔宣言》中同样强调：“城市必须成为人类能够过上有尊严的、健康、安全、幸福和充满希望的美满生活的地方。”为了追求美好生活，人们从乡村来到城市，这既是世界人民的选择，也是改革开放后我国人民的写照。进入城市、改造城市、融入城市，在改变自己命运的同时，也在改变城市命运。在这场面向市场、面向民众、面向现代的城市化进程中，我国城市迎来了数千年未有的变局：城市经济空前繁荣，城市形态深刻变革，城市空间不断优化，城市形象日趋文明。作为一种生存方式与生活方式的城市，已经融入人们的精神血脉中，融入人们的日常生活世界中。值此改革开放 40 周年之际，回顾在后发赶超道路上狂奔猛进的城市化中国之路，总结过去的经验与教训，才能更好地选择未来的道路，迎接未来的挑战。

一、从商业化到工业化：全球城市发展动力的范式转型

城市，是一种古老的现象，早在四五千年前就相继在埃及、美索不达米亚、印度河流域、黄河流域和中美洲等各主要人类文明中涌现，成为各区域人类共同体文明的摇篮。然而，真正让城市一路凯歌、突飞猛进的，却是在近现代。

公元 1500 年前后，葡萄牙、西班牙等国冒险家们开启的地理大发现，让人类进入了大航海时代，也让原本因受地理与历史阻隔的各区域人类共同体从孤立、封闭发展迈进了联动、开放式发展阶段（张箭，2006）。与此同时，发生于意大利的文艺复兴运动，让西欧率先摆脱了中世纪的宗教神学，推动了人类精神的裂变，逐渐从彼岸的以神为中心变成了此岸的以人为中心（韩庆祥、王勤，1999）。自此，世俗性的资本主义商业活动成为时代的最强音，并直接推动人类

---

① 本文作者何雨、朱晓煜。

社会由陆地时代进入了海洋时代，包括葡萄牙、西班牙、意大利、荷兰、英国等在内的海洋国家，成为时代的宠儿。受益于大航海时代的全球贸易，主要资本主义国家的第一批沿海商业与贸易城市从农业社会中突围，成为当时财富与文明的大熔炉。

然而，世界范围内的城市崛起，却是来自于更为深刻、恢弘的产业革命，即，工业革命，并成为全球迈入城市时代的根本动力。与聚焦于流通领域的商业革命不同，工业革命更是一场生产端革命，是一场由生产力裂变引发生产关系全面变化的史诗。其根本意义在于，在人类社会由农业社会进入工业社会的同时，也由乡村社会进入了城市社会。无论是主动还是被动，工业革命让原本习惯了日出而作、日落而息分散在各地的农民，开始了向城市大规模聚集的历史过程，成为人类社会历史上前所未有的一种全新现象（林雄斌，2012）。随着工业革命的加速与向纵深发展，人类逐渐走进了城市时代：1850 年前后，率先进行工业革命的英国，城市人口首次超过乡村人口，标志着人类社会正式跨进了城市时代。此后，德国于 1892 年、法国于 1931 年、美国于 1918 年，各主要资本主义国家城市化率相继超过 50%。2016 年 5 月 18 日，联合国人居署在主题为“城镇化与发展：新兴未来”的《2016 年世界城市状况报告》中指出：排名前 600 位的主要城市中居住着五分之一的世界人口，对全球 GDP 的贡献高达 60%。截至 2015 年底，居住人口超过 1000 万的“超级城市”数量已经增加到 28 个，其中人口在 100 万以下的中小城市住户人数占到世界城市人口的 59%。

二、改革开放前城市化中国之路的制度阻力

与早在 600 年前就已经启动，并在工业革命后，特别是 1900 年前后加速发展的全球城市化进程相比，中国的城市化进程步履蹒跚。在英国城镇化率超过 50% 的 100 年后，即，1949 年新中国成立之时，我国的城镇化率为 10. 64%。受益于 20 世纪 50 年代的社会主义工业化建设，1959 年这一数据上升为 18. 41%。然而，之后的 20 年里，城镇化率出现了下降，到 1978 年，中国的城市化率为 17. 92%。

从最直接的原因看，就是对待人口流动的态度发生了急转。1949 年，新中国成立后通过的《中国人民政治协商会议共同纲领》，以及 1954 年 9 月第一届全国人民代表大会通过的《中华人民共和国宪法》里，都专门写进了要保障人民的“居住和迁徙的自由”。其政策含义就是，承认和保障公民的流动和迁徙的权利。1950 年 11 月，公安部部长罗瑞卿在全国治安行政工作会议的总结报告上强调：“户籍工作有一条基本原则，就是保障人民的自由、对人民要宽，给以合法的最大方便。”1951 年 7 月 16 日，新中国成立后户籍登记和管理方面的第一个

法规《城市户口管理暂行条例》，同样强调要保障人民“居住、迁徙的自由”。1955 年 6 月，国务院发布《关于建立经常的户口登记制度的指示》，要求把经常性的户口登记工作推向全国，以把握人口变动的状况。除了对地主和被剥夺了政治权利的其他群体的户口迁移做了一些限制，该指示对于一般民众，只是要求在迁徙时履行关于户口转出和转入的义务，而对流动和迁徙本身，并没有附加任何限制。有研究表明，受益于较为宽松的户籍政策，在此前后的几年间，户口的迁移非常频繁，仅 1954—1956 年，据说即达到 7700 万人（张玉林，2003）。

然而，中央政府及其有关职能部门从 1956 年 12 月 30 日到第二年 12 月 18 日的一年间，连续发布了 9 个限制农民进城的文件。其中，1957 年 12 月 18 日由中共中央和国务院联署发布的《关于制止农民盲目外流的指示》集中体现了政策的转向。指示明确要求：在招收工人或临时工（包括搬运工和保姆）时必须先城市后农村；乡和农业生产合作社对企图外流的农村人口应切实加以劝阻；在某些铁路沿线或交通要道，应加强对农村人口盲目外流的劝阻；在城市和工矿区，对盲目流入的农村人口要动员其返回原籍，并严禁流浪乞讨；应严格控制自由市场的范围，取缔无照商贩营业和无照车辆运输；等等。20 天之后的 1958 年 1 月 9 日，全国人民代表大会常务委员会第 91 次会议通过并当即公布的《中华人民共和国户口登记条例》第十条规定：“公民由农村迁往城市，必须持有城市劳动部门的录用证明、学校的录取证明，或者城市户口登记机关准予迁入的证明，向常住地户口登记机关申请办理迁出手续。”

1958 年的《中华人民共和国户口登记条例》，标志着有中国特色的户籍管理制度正式定型化，并在此后长达 20 年的时间里，实施从严，几乎在事实上堵死了农民进城转变为市民的城市化之路。这一政策的后果，也基本解释了为何到了 1978 年我国城市化率不升反降的现象。同时，这一时期农民进城受阻，还受制于宏观的经济社会环境。这一阶段我国经济建设波动性较大，从而直接影响到城镇吸纳就业、供给食物、保障住房等方面的能力，限制了城市化的现实可能性。

三、改革开放后城市化中国之路的崭新成就

在国民经济严重失调与人民群众改善生活迫切需要的压力下，1978 年 12 月，党的十一届三中全会正式做出了对内改革、对外开放的全新政策选择，正式开启了我国现代化事业的新篇章，也拉开了我国城市化的新时代。经过整整 40 年的艰辛探索与不懈努力，“敢教日月换新天”，我国城市化建设取得了辉煌成就，主要表现在：

一是开创了世界范围内的城市化的速度奇迹。国家统计局公布的数据显示，截至 2016 年年末，我国常住人口城镇化率已经达到 57.4%。较之于 1978 年的

17.92%，在38年的时间里，提高了近40个百分点，近乎年均1个百分点以上。从世界范围看，几乎没有一个国家能够在长达近40年的时间里，以年均1%的速度在成长。以英国为例，其城市化高速推进期在19世纪，从1801年的33.8%发展到1891年的70.2%，提高了约40个百分点，花了90年的时间（中国科学院经济研究所世界经济研究室，1962）。以美国为例，其城市化高速推进期在19世纪晚期至20世纪中期，从1880年的24.9%到1960年的59.8%，同样提高了约40个百分点，花了80年的时间（Porter、Glenn，1980）。

二是开创了世界范围内城市化的规模奇迹。作为世界第一人口大国，如何把数以亿计的乡村人口，有序、稳定地转变为城市人口，无疑是一个巨大挑战。统计显示，1978年我国的城镇人口为1.7245亿，而到了2016年则变为7.9298亿，相当于在38年的时间里，把6.2053亿农民转变为城镇人口。这一人口规模，比美国总人口的2倍还要多，分别相当于4.89个日本、7.75个德国、9.25个法国、9.54个英国的总人口。从年度数据看，以2016年为例，当年新增城镇人口为2182万人。从全球范围看，人口超过这一数字的国家仅有55个。换言之，仅每年新增城镇人口，就要超过全球范围内大多数国家的总人口。从单体城市的角度看，不仅涌现了如北京、上海、深圳、广州等在内的世界级城市，而且还涌现出如杭州、苏州、青岛、南京、武汉、重庆、郑州、天津等在内的强二线城市。如果从人口指标上看，这些人口规模在千万左右的强二线城市并不逊色于国际上的一些著名城市。更为重要的是，我国城市的能级依然处于高速跃升阶段。从全球范围看，城市发展与各国经济发展水平、城市化水平、人口密度、交通条件、地理位置等因素存在相关关系，并基于此预测中国在2020年，100万人以上规模城市人口占中国总人口的比重可能达到30%左右，到2030年，这一比例有望进一步提高到39%。这意味着，在20年左右的时间里，中国将新增上百个百万规模人口级别的大城市（王小鲁，2010）。

三是开创了世界范围内城市化的质量奇迹。从世界范围的经验看，城市化在给人带来希望的同时，往往也会给一些个人带来绝望。特别是对后发国家来说，城市化往往只是少数人的天堂，大多数人会在失业、贫困、疾病等所谓的城市病中挣扎。诚然，我国的城市化进程同样存在不同程度、不同类型的城市病，但是，毋庸置疑的是，改革开放以来的城市化中国之路，基本上没有上演在后发国家普遍上演的失业、贫困与疾病等严重的社会问题。2017年2月28日，国家统计局发布的《中华人民共和国2016年国民经济和社会发展统计公报》显示，当年城镇居民人均可支配收入33616元，比上年增长7.8%，扣除价格因素，实际增长5.6%；全年CPI涨幅为2.0%，年末城镇登记失业率为4.02%。人均预期寿命，是一个更能反映城镇居民生活质量及其健康状况的综合性指标。《城市蓝皮书：中国城市发展报告 No. 9——迈向健康城市之路》研究认为，当前我国城镇居民人均预期寿命已达 80 岁。这一数据，与美国的 79.3 岁、位居世界第一的日本的 83.7 岁，已经不相上下。显然，从上述主要指标看，作为后发赶超型现代化国家的我国，在部分体现生活质量的指标上，已经基本与发达国家达到同一水准。

四、改革开放后城市化中国之路的动力机制演进

改革开放 40 年推动了我国从封闭走向开放、从短缺走向丰裕、从传统走向现代。就城市发展的动力机制而言，大致可以划分为以下几个方面：

一是城市发展的商业化动力机制。1978 年后，国家在事实上放宽对商贩贸易的限制，默许城市、乡镇集贸市场的发展。所谓“城市”由“城”和“市”组成，“城”表明了城市的空间属性，“市”则表明了城市的空间特征，“无市”则无“城”，而“市”则是人们用来交易、互换有无的地方。允许市民或商贩进行走街串户式的交易，不仅能够活跃生产、满足人民群众的生活需要，而且更重要的是重新激发了商业意识在我国的觉醒。现代资本主义兴起的第一波动力，就是来自于地理大发现下的跨区商业贸易。同样，在某种程度上，也可以说，对民间交易的解禁，也是改革开放后城镇发展的最初动力。特别是在市场交易过程中，作为城市毛细血管的个体户和民营化经济形态，在不断成长与积累，并酝酿着更为壮阔的蜕变。

二是城市发展的工业化动力机制。20 世纪 80 年代，始自于新中国成立之初的工业化战略开始发生了转变。为了解决轻重工业结构比例严重失衡问题以满足人民生活，国家开始重视轻工业生产。民生需求导向的轻工业化，极大地满足了人民群众的基本生活需求，逐渐改观了短缺经济的历史。与工业化进程相伴的是就业结构的巨变。轻工业化的启动，带来了大量就业机会，受城乡间工资差的影响，出现了人类历史上极为罕见、并延续到今天的一种现象，即大规模农民进城务工。这一现象的出现，对于我国来说，受城乡两个方面因素的共同作用：一方面是农业生产的低效率与低效益，另一面则是工厂工作的收入相对稳定性。站在改革开放 40 周年的角度回看，“农民工”进城，不仅为城镇工业化提供了源源不断的廉价劳动力，而且也为以后的市民化提供了物质基础与思想准备。

三是城市发展的市场化动力机制。如果从 1978 年的改革开放算起，直至 1992 年正式确立建立社会主义市场经济体制，历时 14 年。期间，除了经历了“有计划的商品经济”的“商品化”过渡阶段，还在 20 世纪 80 年代末期发生了要不要市场的剧烈争论。值得庆幸的是，自 1992 年起，无论风吹雨打，市场终究在城市中站稳了脚跟，成为推动城市不断前行的最有效率的资源配置方式，并

正在以及继续发挥着决定性作用。

四是城市发展的民营化动力机制。改革开放以来城市化中国之路之所以能够取得现在成就，关键一点就在于人民群众成为自己命运的主人，但是，这一地位的取得并非朝夕之功。早在20世纪80年代，虽然已经存在事实上的个体经济、民营经济，但是，这一群体的政治地位与法律地位并不明确。1983年底，有着“中国第一商贩”之称的安徽芜湖的年广久，因其“傻子瓜子”雇用了100多名工人而以被“资本家复辟”“剥削”的罪名上报到中央，并惊动了邓小平同志。尽管邓小平同志做出了“我的意思是放两年再看，让‘傻子瓜子’经营一段，怕什么？伤害了社会主义了吗?”这样的批示，但是1987年年底，芜湖市还是对年广久经济问题立案侦查，并于1991年5月，芜湖市中院判决年广久犯有流氓罪，判处有期徒刑3年，缓期3年。直至邓小平同志南方谈话再次提及而拯救了他：“农村改革初期，安徽出了个‘傻子瓜子’问题，当时许多人不舒服，说他赚了100万元，主张动他，我说不能动，一动人们就说政策变了，得不偿失。”1992年，年广久因经济问题不成立而获释。要知道当年安徽是我国改革开放的一面旗帜，农村土地承包制就是源于小岗村。然而，容得下农村，却容不下城市。民营经济及民营企业家生存之艰，由此可见一斑。值得庆幸的是，随着市场经济的深入推进、人们观念的不断更新，民营经济及其从业人员的政治身份与法律地位最终予以解决，多种所有制共存也深入人心，特别是党的十九大后高度重视企业家精神的培育与保护工作，为城市发展注入了新的动力。

五是城市发展的国企改革动力机制。20世纪90年代后期，国有企业的经营状况持续恶化，几乎到了难以为继的地步。国务院发展研究中心的一份报告显示，国有企业的亏损面超过40%，企业负债率平均高达78.9%。与10年前相比，资产增长了4.1倍，债务则增长8.6倍。面对这一困局，1995年9月28日，中共十四届五中全会通过了《中共中央关于制定国民经济和社会发展“九五”计划和2010年远景目标的建议》，对国有企业改革提出了新的思路，宣布实行“抓大放小”的改革战略。将那些经营业绩不好、非关支柱的地方中小型国有企业以“关停并转”为名，向民间出售，若无人要，则予以破产。同时，选择一些有市场竞争力的企业，在金融信贷政策上予以扶持，通过“实业—金融”混业经营模式使之迅速壮大（吴晓波，2013）。这一以产权清晰化为核心的国企改革，在相当程度上也是一场“国退民进”运动，不仅激活了国有企业活力，减轻了国家包袱，使之有更多的财力用于城市建设，而且随着大量资源由国家向市场与社会的转移，在相对较短的时间内，壮大了民间经济力量，为活跃城市市场经济创造了难得的历史契机。地方国企的这场改革也为后来的城市化快速发展提供了广阔的空间。

六是城市发展的新城化动力机制。进入新世纪后，城市空间与经济社会发展的矛盾越来越突出。历史遗留下来的城市框架，已经无法满足城市高速发展、人口大规模集聚、产业不断扩张的需要。为此，建设新城成为新世纪城市发展的新动力。在新城建设中出现过诸多问题。如，“铺大饼”“浪费”“政绩工程”等。的确，人多地少、资源紧张是我国的基本国情，城市建设同样应该尽量节约资源、提高效率。但是，另一个不容否认的事实就是我国的城市化进程大幅超预期。往往规划的速度赶不上变化的幅度。认知滞后于实践，是改革开放40年的常态。从实际进程看，受益于城市化的重心从土地城镇化转变为人口市民化，以往人们关于新城的担心在相当大程度上得到消解，如前些年媒体关于“鬼城”的批判，已经被证伪。一些城市的新区，不但没有沦为“鬼城”，而且成为吸引高端人口、聚集高端产业的一个新的策源地。

七是城市发展的高端化动力机制。进入新世纪的第二个10年，特别是党的十九大后，“高质量发展”，成为下一阶段我国经济社会发展的主题。对于城市建设来说，既是对未来的指引，也是对当前的期望。实事求是地看，值此改革开放40周年之际，我国的城市发展已经在自觉或不自觉地开始从规模型、速度型向质量型、效益型转变。拒绝高能耗、高污染、低效益产业，已经成为各主要城市的政策选择。同时，基于信息与知识的新经济，全面成为各城市聚焦目标，并获得了高速发展。在空间环境上，优化存量空间，推动城市更新，节制增量空间的开发，成为一二线城市的选择。其中，大中城市还积极推动工业制造业从中心城区转移，腾笼换鸟，推动第三产业在中心城区的发展。在人力资源质量上，为与产业转型升级相匹配，各一二线城市也都开始以更大力度吸引高学历、高素质、高技能人才。无疑，高端化是推动我国城市新一轮高质量发展的主旋律，也是主动力。

八是城市发展的房地产化动力机制。毋庸置疑，自1998年国家推动住房商品化改革后，房地产业的迅速发展不仅大幅改善了人民群众的居住条件与生活质量，自身也逐渐成为国民经济的支柱性产业。正确认识房地产业在城市发展过程中的动力地位，对于形成科学客观的调控政策意义重大。一方面，必须看到房价过高对所在城市生活成本、营商成本的负面影响；另一方面也应该注意到，正是房地产业的繁荣，才使得各级地方政府有足够的财力进行大规模的城市基础设施建设。没有房地产业繁荣带来的财政红利，大规模的城市轨道交通、路网整治、公共设施投入等都是难以想象的。

五、城市化中国之路的经验启示

城市发展，是多重力量共同作用的结果。在速度、规模与质量上，创造了世界奇迹的我国城市，其基本经验大致有：

一是坚持城市发展的市场化方向。40 年来的城市发展历程告诉我们，市场依然是最有效率的资源配置方式。凡是质疑市场、否定市场的，城市发展就会遭遇波动与挫折，相反，尊重市场规律、遵守市场规则，城市就能得到好的发展。当前我国最具创新活力的城市非深圳莫属，而深圳的核心经验就在于高度市场化。

二是坚持城市发展的宏观政策的兜底意识。市场，确实会出现失灵，需要政府的宏观政策进行介入与矫正。但是，必须正确认识市场失灵现象。价值规律告诉我们，价格总是围绕价值波动。这句话的意思就是，在市场经济中，价格几乎不会等于价值。因此，对于市场失灵要有一个区间判断。只要市场失灵是在自身的区间范围内波动，就可以依靠市场自身的力量进行自我修复。宏观政策的着力点，应聚焦于具有系统重要性的市场失灵领域。

三是坚持城市发展的法治化。城市发展，会遇到各种各样的问题。在粗放式阶段，由于认识不到位、法制不健全、手段不科学等因素，会出现种种非法治化治理现象。这种非法治化治理，虽然能解决眼前问题，却可能为未来预留下各种麻烦。要从根本上化解争端、保护人民群众正当权益，就必须以法治为城市治理的根本准则。法无授权不可为。通过政府的以身作则、率先垂范，建立城市治理的长治久安机制。

四是坚持城市发展的人民本位。人民，是城市的主人。城市发展就是为了让人民生活得更好、发展得更好。一方面，要激活人民群众干事创业的积极性。我国城市之所以展现出蓬勃生机，就在于通过不断改革，为人民群众创造出了越来越广阔的施展才华的舞台，真正实现了物尽其用、人尽其能；另一方面，要持续提高人民群众的生活质量。在高质量发展作为时代主旋律的基调下，地方政府应把大部分精力从直接推动经济发展中抽出来，聚焦于推动民生领域不断改善、质量不断提高上，让人民群众有更强的获得感、成就感。

参考文献

［1］张箭：“地理大发现新论”，《江苏行政学院学报》2006 年第 2 期。

［2］韩庆祥、王勤：“从文艺复兴‘人的发现’到现代‘人文精神的反思’——近现代西方人的问题研究的清理与总结”，《北京大学学报（哲学社会科学版）》1999 年第 6 期。

［3］林雄斌：“工业革命以来西方国家城市化进程与规划启示”，《中国城市规划学会会议论文集》2012 年。

［4］张玉林：“迁徙的自由是如何失去的——关于 1950 年代中期的农民流动与户籍制度究”，载于王思明主编《20 世纪中国农业与农村变迁研究》，中国农业出版社 2003 年版。

［5］中国科学院经济研究所世界经济研究室：《主要资本主义国家经济统计集》，世界知

识出版社 1962 年版。

［6］王小鲁：“中国城市化路径与城市规模的经济学分析”，《经济研究》2010 年第 10 期。

［7］吴晓波：《历代经济变革得失》，浙江大学出版社 2013 年版。

［8］Porter，Glenn. Encyclopedia of American economic history：Scribner；1980.

第九篇

民生发展篇

40 年民生发展得失与新时代的扬弃①

改革开放 40 年以来，中国民生状况发生了巨大改变，其中包括城乡居民人均收入增长、贫困人口大幅减少、人均预期寿命不断延长以及医疗卫生、教育等服务供给增加和社会保障制度的建立健全，等。但是由于发展存在着不充分、不平衡以及包容性不强等诸多问题，新时代的民生领域仍然面临一些突出的社会难题与挑战，要更好地实现劳有所得、幼有所育、学有所教、病有所医、住有所居、老有所养、弱有所扶，尚有许多艰苦卓绝的工作要做。鉴于此，本文将在回顾改革开放以来民生发展成绩、分析新时代民生领域面临难题和挑战的基础上，总结民生发展经验与不足，并结合新时代特征与需要对其加以扬弃，以期探寻一条适合中国发展阶段与国情的更加科学合理的民生发展道路，进而破解新时代的民生难题，更好地满足民众日益增长的多层次、多样化美好生活需要。

一、改革开放以来民生发展成绩与新时代的难题

1978 年中国人均 GDP 只有 155 美元，尚不及当时世界上最贫穷的地区——撒哈拉沙漠以南的非洲国家平均数的三分之一；2016 年中国人均 GNI 已经升至 8260 美元，略高于世界银行 2017 年 7 月划分的上中等收入国家（UMICs）标准的中位数水平。从经济总量占世界经济的比重看，按市场汇率计，1978 年中国只有 2.3%，到 2016 年已经升至 14.9%。再看进出口总额与 GDP 之比，按人民币计算，1978 年中国只有 9.7%，2016 年业已增至 32.7%，经济开放度有了极大提升。

经济与贸易的巨大发展，带来了民生状况的极大改善。首先从城乡居民人均收入增长来看，根据国家统计局数据，2015 年相较于 1978 年，城镇居民人均可支配收入增长了近 13 倍，农村居民人均纯收入增长了 14 倍多。其次从贫困人口来看，按照我国 2010 年农村贫困标准——每人每年 2300 元（2010 年不变价），1978 年农村贫困人口为 77039 万人，2016 年已经减至 4335 万人，7 亿多人口摆

---

① 本文作者高传胜。

脱了贫困，农村贫困发生率由 97.5% 下降至 4.5%。按照世界银行的测算，全世界减少的贫困人口中 70% 来自中国，如果把中国减少的贫困人口扣除掉，世界贫困人口不仅没有减少，反而在增加。中国减贫成绩，堪称世界奇迹。

不仅如此，民生发展还体现在人均预期寿命和医疗卫生、教育等诸多方面。(1) 人均预期寿命。1980 年我国男性、女性人均预期寿命分别为 66.28 岁、69.27 岁，2016 年分别升至 73.64 岁、79.43 岁，分别增长了 7 岁多、10 岁多，进步很大。(2) 医疗卫生。首先看每千人口执业（助理）医师数，1978 年全国平均为 1.08 人，2016 年升至 2.31 人，增长了 1 倍多；分城乡看，1980 年城乡分别为 3.22 人、0.76 人，2016 年分别升至 3.92 人、1.59 人，尽管都有增长，但农村增幅更为明显。再看每千人口注册护士数，1980 年城乡分别为 1.83 人、0.20 人，2016 年分别增至 4.91 人、1.49 人，增幅很大，尽管城乡差距仍然十分明显。(3) 教育。改革开放以来教育发展总体上是积极的，但由于受人口增长状况影响较大，因而主要进步体现在教育结构升级及相应的生师比变化上。从图 1 所示的在校生人数变化看，1978 年以来学前教育呈明显上升趋势，普通小学呈明显下降趋势，普通初中和普通高中则在增长到顶峰后开始出现下降趋向，普通本科和研究生总体上呈上升趋势。大学本科以上学生增多对中国经济实现转型升级、进而走向创新驱动发展阶段无疑是非常有利的。从图 2 中反映的生师比变化情况看，除了普通本科的生师比总体上呈上升趋势外，其他各类学校的生师比基本上都出现了下降趋势，尽管有的是上升之后转而下降，如学前教育。

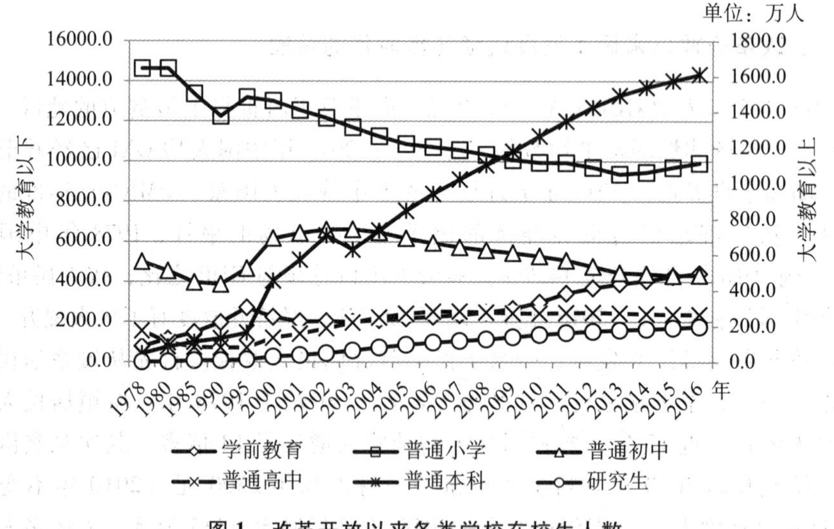

图 1　改革开放以来各类学校在校生人数

此外，民生发展还反映在社会保障制度的建立健全与覆盖面的持续扩大上。(1) 社会保险。目前城镇职工已经建立了以缴费为主要资金来源的基本养老、

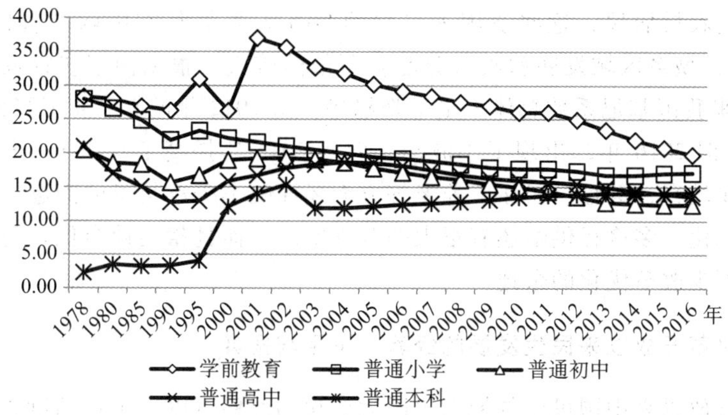

图 2　改革开放以来各类学校的生师比（教师 =1）

注：图 1 和图 2 均根据《中国统计年鉴（2017）》数据计算与绘制。

医疗、工伤、失业和生育保险以及住房公积金制度，城乡居民则通过财政补贴建立了基本养老、基本医疗和大病保险制度。社会保险已经实现了制度全覆盖，尽管实际参保与缴费状况还有待改善。根据《中国统计年鉴（2017）》数据，2016 年末全国参加基本养老保险、基本医疗保险的人数（包括城镇职工和城乡居民）分别增至 88776.81 万人、74391.55 万人，分别覆盖总人口的 64.20%、53.80%，均创下历史新高。（2）社会救助与扶贫开发。目前我国已经初步形成了以最低生活保障制度为主体，以医疗、住房、教育等专项救助为辅助，临时救助、社会互助和慈善捐赠为补充的覆盖城乡居民的社会救助体系。同时，扶贫开发制度也在不断改革、创新与推进之中。2016 年城乡最低生活保障和农村特困供养人员总数为 6563.58 万人，尽管比最高点——2011 年的 8133.50 万人下降了不少，但仍然占到总人口的 4.75%；在医疗救助中，受资助参加医疗保险的有 5560.42 万人，受直接医疗救助的达 2696.12 万人次，受益人次与总人口的比率接近 6%，受益面比基本生活保障制度高出 1 个多百分点。由于城乡居民社会保险和社会救助基金均主要来源于财政，职工基本社会保险中亦有部分财政补助，因而，社会保障制度的健全与受益人口的增加均离不开经济快速发展而带来的财政收入高速增长的有力支撑。

尽管民生领域伴随着经济快速发展而发生了巨大进步，但必须清醒看到，由于发展不平衡、不充分和包容性不强等突出问题尚未解决，因而，民生领域还存在不少短板、弱项与社会难题。具体而言，起码包括：一是贫困治理形势依然严峻，脱贫攻坚任务十分艰巨。按照世界银行 2015 年 10 月新修订的每天 1.9 美元（2011 年购买力平价）国际贫困线标准，世界银行估计中国贫困人口数量在世界上排名为第 3，2015 年世界贫困人口中约有 7% 居住在中国。中国的剩余赤贫人口大部分是农村居民，这些贫困人口中的80%左右居住在中西部省份（焦梦，2015）。二是城乡区域发展和收入分配差距依然较大。根据国家统计局数据，自2012年以来我国基尼系数总体上呈下降趋势，由2012年的0.474下降到2015年的0.462，但2016年却出现了小波动，即比2015年提高了0.003，达到0.465。三是群众在教育、医疗、居住、养老等方面还面临不少难与贵的问题，不仅产品与服务多元化、多途径供给还有很大的改善空间，而且相关社会保障与资助帮扶体系也有不少改革优化的余地。

二、改革开放以来民生发展的经验、不足与扬弃

改革开放以来中国民生领域发生巨大变化的经验可以从不同角度去总结。从发展视角看，最主要的经验就是坚持在经济发展中保障和改善民生，而没有过多地放在收入再分配上。经济是民生保障的根基，落后的经济发展难以从根本上保障与改善民生，前几年部分欧洲国家爆发主权债务危机即是因为其经济发展状况大不如从前，已难以支撑与邻国攀比的社会福利水平，却不断通过借债来强加维持而导致的。而中国之所以能在减贫、城乡居民收入增长以及医疗卫生、教育等诸多民生领域取得巨大进步，主要得益于改革开放政策的实施与不断深化，让各级各类主体能够有更多的机会投身到经济发展之中，充分释放并有效发挥其与生俱来的潜能与创造力，让其既能够养活自己、照顾家人，同时又造福社会。正如2006年诺贝尔和平奖得主、格莱珉银行（Grameen Bank，亦译为乡村银行）创始人、孟加拉国经济学教授尤努斯（Muhammad Yunus）所言，“穷人就像盆栽树，其种子并没有任何问题，只是社会未给他们的成长提供适合的土壤”。因此，“贫穷并非贫穷者造成的，而是由我们所建立的体制、我们所设计的机构以及我们形成的观念造成的”（尤努斯，2011）。

党的十一届三中全会开启的改革开放时代，正是打破了当时不合时宜的、阻碍经济发展的思想枷锁和体制窠臼，才让更多的中国人能够有更多的机会、更好的环境，积极投身到现代化建设中来，而不是政治运动中去，由此才带来了民生进步与不断改善。换言之，改革开放政策的推出与不断深化，一方面让国人可以充分利用境内外丰富的资本与先进的技术和管理经验等生产要素，使之与当时充裕甚至过剩的劳动力资源有机结合，进而通过提高劳动力利用率和劳动生产率来提升劳动者收入水平；另一方面则是借助境内外相对发达地区与国家的大市场，为国人创造更多的接触市场的发展机会，同时又通过较高水平的市场平台让我们的产品和劳动价值得到更加高效的评价和更加充分的实现，毕竟，相较于国内落后的、尚处于初级阶段的有限水平的市场而言，发达地区和国家的市场可以对产品和劳动价值给出更高效率与水平的评价。因此，正是让更多的人有更多的发展

机会，让更多的人有更高的产品和劳动价值实现平台，才带来了贫困人口的大幅减少与居民收入水平的不断增长。同时，经济快速发展也使医疗卫生、教育等民生领域有了更多的资源投入与更快的发展。可见，在经济发展水平较低阶段，坚持在经济发展中保障与改善民生是一条合适而又可行的道路。

尽管有宝贵的经验，但也有一些明显的不足甚至缺陷，这也是新时代民生领域依然存在短板与难题的历史性原因。其中，比较突出的方面起码有三：一是过于注重经济发展、而对社会发展等其他方面重视不够，即使在经济发展方面亦存在着重数量与速度、而轻质量与效率以及发展的平衡性、包容性不足等诸多问题。因此，作为民生保障与改善最重要基础的经济发展现在正面临着模式转型与升级的压力与挑战。二是不少领域与行业（其中包括涉及民生的）还存在着改革不深入、开放不到位和缺乏对不同类型组织的分类管理思维等诸多问题，因而社会资本不仅面临一些行业准入困难，而且还存在着与国有资本的不公平竞争，由此才造成这些行业发展不充分、不平衡，进而出现各种难与贵等社会问题。目前医疗卫生、养老、教育以及住房等基本民生领域，即因为营利性市场组织、非营利性社会组织与兜底保障性公共组织发展不充分、不协调而出现了难与贵等社会问题，这就是最典型的例证。三是社会征信体系与监管机制尚不够健全有效，这不仅影响到包容性金融（inclusive finance，亦译为普惠金融。周小川，2013）服务的充分有序规范供给，关系到民众遇到各种困难时能否有畅通的多元化社会帮扶渠道，而且也使得承担兜底保障功能的社会保障制度在运行与管理过程中出现了一些问题，因而社会上才会出现“锯腿自救”“刻章救妻”以及“抢钱救儿”等极为罕见的极端社会事件（高传胜，2016）。

因此，新时代要更加有效地保障与改善民生，不断提升民生水平，必须扬弃改革开放以来民生发展的经验与教训，一方面坚持在经济发展中保障与改善民生的基本原则与思路，另一方面又要拓展发展的维度、提升发展的质量、增强发展的平衡性与包容性。尽管中国经济总量现已稳居世界第二的位置，但人均水平并不高，特别是与世界银行最新公布的中上等收入国家上限的人均国民总收入水平（12235 美元，现价）还有相当的距离，而且我们诸多民生领域和行业都还存在发展不足、供需不匹配以及竞争不充分等突出问题，因此，新时代保障与改善民生的政策重点依然不能过多地放在收入再分配方面，而应进一步深化改革开放、促进全面发展，特别是其中民生难题较为突出的医疗卫生、教育、养老和住房等领域，必须通过切实有效的“放管服”改革来推进营利性产业、非营利性事业和兜底保障性公共服务业分类协同发展，即通过民生产品与服务的多渠道、多元化供给来更好地满足民众日益增长的多层次、多样化需求。同时，则应加强包括社会保障在内的多层次包容性金融体系建设，以期为遇到困难的群众提供更加顺畅的多元化社会资助与帮扶渠道。综合而言，无论是从相关民生领域与行业的发展，还是从多层次社会帮扶体系的建设角度看，新时代都应该坚持在包容性发展（inclusive development）中进一步保障与改善民生。

三、包容性发展：民生保障与改善的新时代道路

尽管国内不少学者都是从亚洲开发银行（ADB）和世界银行（WB）的研究成果中知晓“包容性发展”这一范畴，但从研究文献上看，“包容性发展”概念最早起码可以追溯到法国籍波兰经济学家 Ignacy Sachs 于 2002 年提供给国际劳工组织（ILO）的一份背景论文，后来该论文在 2004 年年初正式发表在《International Labour Review》杂志上。文中，Sachs 主要是从促进就业、体面工作角度来探讨包容性发展问题。如果进一步追溯，早在 2001 年的非英文文献中，他已经指出全球化背景下各国都专注于国内的包容性发展，而他们的全球化活动却缺乏包容性。Sachs（2002）在回顾了二战之后发展概念的演进基础上，指出发展目标越来越趋于多元化，涉及经济、社会、政治、文化与可持续性等多个方面，但是忽视了大量失业/就业不足和日益增长的不平等现象。因此，Sachs 主要从上述两个角度关注包容性发展，其现实背景就是当时的拉美国家出现了明显的异常性增长（perverse growth）现象。

拉美增长模式主要有两方面问题：一是高度分隔的劳动力市场使很多人主要就业于非正规部门，缺少社会保障，没有均等机会接触公共服务，因而是一种排斥性增长（excluding growth）；二是对效率定义过于狭窄，使得收入和财富越来越集中化。Kuttner（1997）区分了亚当·斯密的配置效率（allocative efficiency）、熊彼特的创新效率（innovative efficiency）和实现各种要素充分就业的凯恩斯效率（Keynesian efficiency）三个效率概念。Sachs（2002）在此基础上提出了另外两个效率概念：（1）与凯恩斯的充分就业有所重叠的社会效率（social efficiency）；（2）生态效率（eco - efficiency）。在 Sachs 看来，当时的资本主义在配置效率方面是有效的，但是在凯恩斯效率、社会效率和生态效率方面是低效甚至无效的，而这三个方面恰恰正是包容性发展的核心要求。因此，他提出，发展规划要高度关注增长的就业弹性。高速经济增长可能带来高就业，这固然很重要，但同样重要的是，在同等经济增长率、不降低劳动生产率条件下追求就业密度最大化。2004 年 Sachs 在其另两篇论文中又进一步探讨了欠发达国家如何由贫困陷阱走向包容性发展以及全球化时代的包容性发展问题。

后来，亚洲开发银行、世界银行、联合国和欧盟等国际组织将包容性发展提升为一种发展战略，并将包容性发展从理念转向为实践，进而引起各界的广泛关注。其中，亚行、世行、联合国开发计划署（UNDP）等国际组织及其研究人员

（Bolt Richard，2004；Sarah Cook，2006；World Bank，2006；Ali Ifzal 和 Son Hyun，2007），是在研究减贫过程中开始正式使用“包容性发展”概念，其间还出现过“广基式增长”（broad - based growth）（世界银行，1990）、“益贫式增长”（Pro - poor Growth，Ali 和 Yao，2004）、“包容性增长”（inclusive growth）等用法（Ravi 和 Ganesh，2009）。从这些概念演进过程中其实可以看出，包容性发展不仅追求收入增长、结构优化等经济发展方面的内容，还追求社会公平进步、政治民主文明等更加广泛的内容，比如在收入维度上，不仅关注人均收入增长，还重视收入分配的相对平等，这一方面是要防止产生太高的收入差距，影响社会公平与稳定；另一方面又要保障民众基本生活需要。党的十九大报告指出，我国发展存在不充分、不平衡问题，实质上就是指经济、社会、政治等多方面发展不协调，且每一方面都还存在发展不足、未能很好地满足民众合理需要的问题。

包容性发展作为一种新的发展理念与模式，实际上有宽窄不同口径的两种理解。其中，一种是主要针对发展过程中弱势群体出现的社会排斥（social exclusion。Lenoir，1974；Silver，1995）问题，从狭义上来理解包容性发展，强调发展过程中的机会均等与发展成果分配上的利益共享，关注的重点是弱势群体；另一种则是从广义上理解，关注的对象并不局限于弱势群体，而是面向全体国民，同时还赋予包容性发展更加丰富的学理内涵，因而也便于从战略上加以推进。具体而言，可以从发展主体的全民性、发展内容的全面性、发展过程的公平性和发展成果的共享性等四个方面加以阐释（高传胜，2012）：（1）在发展主体上，强调全民共同参与、发展人人有责，其中尤其要给弱势群体创造有利条件和发展机会，包括为他们提供可及可得的教育培训和医疗卫生服务，以增强其可行能力（capability）；（2）在发展内容上，不仅关注经济发展，还重视非经济的其他维度的发展，如社会进步、政治民主文明等，并强调经济、社会和政治等的全面统筹协调发展；（3）在发展过程中，强调机会均等、公平竞争，主张放开市场、降低行业准入标准，反对歧视、垄断和不正当竞争行为；（4）在发展结果分配上，不仅主张利益适当共享，还强调政府在满足民众基本生活的兜底保障责任。

与包容性发展内涵的四个方面内容相对照可以发现，改革开放以来的民生保障与改善，尽管走的是一条发展之路，但发展的包容性着实还有待提高，这也是新时代的民生领域仍然存在不少难题、面临严峻挑战的根本原因。因此，要更好地保障与改善民生，不断提高民生水平，必须走包容性发展之路。结合目前民生发展现状、新时代的民众需求以及国内外经济发展形势与国际竞争态势，当下中国迫切需要从以下方面推进包容性发展：（1）通过深化简政放权改革、全面降低税费负担、有效落实产权保护政策以及改革创新扶贫开发方式方法等多种途径，充分调动并有效激发全社会力量投资、创业与发展的积极性，创造更多的高质量就业机会，为实现人人参与、人人尽力、人人享有提供宽松有利的发展条件；（2）破除阻碍社会资本进入教育、医疗、养老、住房等基本民生领域投资发展的行政体制机制，创造宽松便捷的政策环境和开放公平的市场环境，广泛动员市场、社会和政府组织的资源，促进民生领域的营利性产业、非营利事业和兜底保障性公共服务业分类协同发展，弥补这些领域的供给短板；（3）深化社会保障制度改革创新，加快包容性金融服务业规范有序发展，一方面保障经济困难人群的基本生活，另一方面则为困难人口提供多层次、多元化的社会帮扶服务。

四、新时代推进民生包容性发展的努力方向选择

根据诺贝尔经济学奖得主——森（AmartyaSen，2002）的观点，发展就是扩展人们可行能力的过程，因而，发展的最高目标是为人谋福利。从这个角度而言，经济发展并非目的，增进民生福祉才是根本目的，尽管增进民生福祉离不开经济发展，此其一；其二，保障和改善民生，只有起点，没有终点，更何况，中国还是一个发展中国家，仍将长期处于社会主义初级阶段，虽然我们已经进入上中等收入国家的行列。鉴于此，在新时代，为了提高民生水平、促进人的全面发展，必须直面民生领域的诸多短板和难题，在扬弃改革开放以来民生发展经验与教训的基础上，探索一条在包容性发展中进一步保障与改善民生的新道路。

如是，一方面可以增强发展的平衡性、充分性、包容性与可持续性，更好地满足人民群众日益增长的多层次、多样化美好生活需要，让全体人民在共商、共建和共享中有更多的获得感；另一方面则有助于破解就医、入托、上学、养老、住房等诸多领域存在的难与贵的问题，减少社会矛盾与冲突，促进社会和谐进步，增进政治民主文明。为此，需要立足现实问题，放眼未来，进一步深化改革、扩大开放，在构建包容性制度框架的同时，一方面推进民生产品与服务的多元化供给；另一方面加快构建多层次社会帮扶网络，进而从产品与服务供给、社会资助与帮扶两个方面来进一步保障与改善民生。

（一）以构建包容性制度为目标，进一步深化改革、扩大开放

要从根本上保障与改善民生、不断提高民生水平，必须全面调动各方面社会力量投身民生领域发展的积极性。只有形成人人参与、人人尽力的发展局面，才可能有保障人人享有的结果。要形成这样的包容性发展格局，必须进一步深化改革、扩大开放，构建能有效激发各类主体发展潜能与创造力的包容性制度（inclusive institutions），党的十八届三中全会做出的全面深化改革决定，其核心要义即在于此。阿西莫格鲁（DaronAcemoglu）和罗宾逊（James A. Robinson，2015）用包容性制度与汲取性制度（extractive institutions）来解释国家为何繁荣与失败，

但这是从狭义上理解两种制度。广义上，包容性制度是与排斥性制度（exclusive institutions）相对的，即能促进人人参与、人人尽力和人人享有的包容性发展的制度。这样的制度，可以通过促进创业就业、增加民生产品与服务多元化供给等多种途径改善民生。

（二）以多部门协同治理为导向，推进民生服务的多元化供给

解决新时代医疗、教育、养老等民生领域的难与贵问题，必须顺应公共治理趋势，充分发挥市场、社会和政府部门的分工协同效应，以多途径的产品与服务供给来满足民众日益增长的多层次、多样化需求。具体而言，即以营利性产业（以营利性企业为主体）来满足中高收入群体的中高档需求，以非营利性事业（以传统非营利性组织和新兴的社会企业为主体）来满足中低收入群体的一般性需求，以兜底保障性公共服务来满足经济困难人群的基本需求。当前，尤其需要尽快修改完善社会组织的登记管理条例，从制度上保障与支持社会组织的规范有序快速发展，特别是更适合为中低收入阶层持续提供他们能够负担得起的民生产品与服务的社会企业（social business，social enterprise），这是由社会企业的社会使命与市场化运营方式决定的（高传胜，2015）；同时，加快制定市场组织、社会组织和公立组织的分类行业规章，促进它们分类发展与管理，逐步形成公平有序竞争的格局。

（三）以发展包容性金融为途径，构建多层次的社会帮扶网络

除了加强供给侧结构性改革、增加民生产品与服务的多元化供给之外，当下中国还迫切需要构建起包括社会救助与社会保险在内的多层次社会帮扶体系（高传胜，2016），以满足不同困难类型与成因的各种主体的社会支持需要。其中，对于那些无生活来源、无劳动能力、无法定抚养义务人或法定抚养义务人丧失劳动能力而无力抚养的公民，主要通过最低生活保障等社会救助与福利来保障他们的基本生活；除此之外的人员，则根据他们的具体状况提供相应的社会资助和帮扶，其中包括需要支付不同水平利息的融资服务，既保证他们能够得到应有的社会帮助，体现社会关爱与照顾，又防止“养懒汉”“搭便车”、福利依赖等投机性道德风险行为。换言之，就是要构建多层次的包容性金融服务体系，为不同人群提供他们能够负担得起的金融服务，其中包括像孟加拉国格莱珉银行那样向贫穷女性提供的金融服务。

参考文献

[1] 阿马蒂亚·森：《以自由看待发展》，任赜、于真译，中国人民大学出版社 2002 年版。

［2］德隆·阿西莫格鲁、詹姆斯·A. 罗宾逊：《国家为什么会失败》，李增刚译，湖南科学技术出版社 2015 年版。

［3］高传胜：“论包容性发展的理论内核”，《南京大学学报：哲学·人文科学·社会科学》2012 年第 1 期。

［4］高传胜：《包容性发展：理论、政策与践行路径》，南京大学出版社 2015 年版。

［5］高传胜：“社会企业的积极功能、理论突破与中国纠偏”，《人文杂志》2015 年第 10 期。

［6］高传胜：“包容性发展视角下城乡居民大病保险新政再思考”，《社会科学战线》2016 年第 3 期。

［7］高传胜：“重构社会帮扶体系的思考”，《苏州大学学报：哲学社会科学版》2016 年第 6 期。

［8］国家统计局，2017：《2016 年基尼系数为 0.465，较 2015 年有所上升》，中新网，http：//www. chinanews. com/cj/2017/01 – 20/8130559. shtml，2017 – 12 – 16。

［9］焦梦，2015：《世行中国局局长：中国贫困线标准高于世行》，中国发展门户网，http：//cn. chinagate. cn/news/2015 – 10/20/content_ 36841115. htm，2015 – 10 – 20。

［10］［孟］尤努斯、［美］韦伯：《企业的未来构建社会企业的创想》，杨励轩译，中信出版社 2011 年版。

［11］周小川：“践行党的群众路线推进包容性金融发展”，《求是》2013 年第 18 期。

［12］Ali Ifzal and Yao Xianbin，2004：“Pro – poor Inclusive Growth for Sustainable Poverty Reduction in Developing Asia”，ERD Policy Brief Series No. 27，Asian Development Bank，May.

［13］Ali Ifzal，2007：“ Pro – Poor to Inclusive Growth：Asian Prescriptions”，ERD POLICY BRIEF NO. 48.

［14］Bolt Richard，2004：“Accelerating Agriculture and Rural Development for Inclusive Growth：Policy Implementation”. ERD Policy Brief Series No. 29，ADB，July.

［15］Ganesh Rauniyar and Ravi Kanbur，2009：“Inclusive Growth and Inclusive Development：A Review and Synthesis of Asian Development Bank Literature”. Cornell University，USA.

［16］Ignacy SACHS，2004：“Inclusive Development and Decent Work for All”. International Labour Review，Vol. 143，No. 1 – 2.

［17］Ignacy SACHS，2004：“From Poverty Trap to Inclusive Development in LDCs”. Economic and Political Weekly，Vol. 39，No. 18（May 1 – 7），pp. 1802—1811.

［18］Lenoir，R.，Les exclus，1974：Un francaissur dix，Pairs：Seuil.

［19］Silver，H.，1995：“Three paradigms of social exclusion”，In Rodgers，G.，Gore，C. &Figueiredo，J. B.（Ed），Social exclusion：rhetoric，reality，responses，Geneva：International Institute for Labour Studies.

［20］Sarah Cook，2006：“Structural Change，Growth and Poverty Reduction in Asia：Pathways to Inclusive Development”，Development Policy Review，24（s1）：s51—80.

我国农村消费品流通市场发展回顾[①]

一、引言

中共党的十九大报告指出，要完善促进消费的体制机制，发挥消费对经济增长的基础性作用，把解决这一课题的重要性更是提到了一个新的高度。流通作为生产和消费的中介环节，在组织生产和促进消费方面发挥着双向引导和调节作用。2009 年中央“1 号文件”提出“扩大国内需求，最大潜力在农村”的工作目标。文件还指出“要积极开拓农村市场，用现代流通方式建设和改造农村流通网络，改善农村消费环境”。农村流通业在引导农村居民消费、推动国民经济结构的调整以及转变经济增长方式等多方面的作用日渐明显，成为促进居民消费的重要载体和关键环节。发展农村流通业，完善农村流通渠道，对于发展农村经济、扩大居民消费需求、提高消费水平和质量、促进社会文明与社会全面进步，都起着重要的作用。

新中国成立以来，我国农村商品流通体系取得了长足的发展，追溯其发展历史，就是农村商品流通体制的演变。中国改革开放 40 周年之际，对我国农村商品流通体制演变的特定历史条件及演变特征进行分阶段总结，有利于进一步深化我国农村消费品流通市场化和市场制度化建设，为提升农村消费品流通效率，解决农村居民日益增长的美好生活需要和不平衡不充分发展之间的矛盾提供借鉴。

二、改革开放前我国农村消费品流通市场发展

（一）公私兼营的市场调节阶段（1949—1952 年）

1949 年新中国成立后，政府面临的最迫切经济任务是稳定物价，抑制通货膨胀。为此，《共同纲领》明确规定“中华人民共和国经济建设的根本方针，是

① 本文作者杨平宇。

以公私兼顾、劳资两利、城乡互助、内外交流的政策，达到发展生产，繁荣经济的目的”。新中国成立初期，通过对“公私兼顾”政策的贯彻执行，不仅国营商业和合作社商业得到壮大和发展，也积极促进了私营和个体商业的恢复和发展。根据政府提出的调整公私关系的要求，在确定国营经济领导地位的同时，使国营经济和私营经济合理分工，国家在经营范围、原料供应、产品销售、价格政策、税收、资金等方面给私营工商业以照顾和扶植，促进生产经营的恢复和发展。

1952 年与 1949 年相比，私营工业增加 26600 户，增长 21.16%；私营商业增加 28 万户，增长 1.9%；从业人员增加 14 万人，增长 2.2%。加上个体商贩和集市贸易，1952 年全国社会商品零售额增加 19.1 亿元，比 1949 年增长 18.6%（李碧珍，2008）。这种公私兼顾政策促进了经济的发展、市场的繁荣和人民生活的改善，事实证明了公私兼顾政策的正确性和巨大威力。

因此，在 1949—1952 年 3 年的经济恢复阶段，我国农村消费品流通经营主体结构典型特征是国营商业、合作社商业、私营和个体商业等多种所有制经济成分并存。

从农村消费品流通渠道来看，虽然政策确定了国营经济领导地位，但是私营和个体商业在农村消费品流通中占据绝对优势。这个时期，私营和个体商业对沟通城乡物资交流和促进工农业生产发展等方面起到了积极作用。但与此同时，个体和私营商业投机倒把、偷税漏税等违法行为也屡见不鲜，扰乱了农村消费品流通市场。

（二）农村消费品流通的计划经济阶段（1953—1977 年）

1952 年年底，我国政府提出过渡时期总路线以后，便开始了对私营商业的社会主义改造，制定了对资本主义工商业利用、限制、改造的政策；到 1956 年年底，新中国基本上完成了社会主义改造的任务。据统计，1954—1955 年共吸收批发商 918 万人。1956 年对资本主义零售业实行全行业公私合营时，对小商小贩的改造是分三种形式进行的：一是参加公私合营，有生产资料入股的，实行定股定息，约占 14%；二是组成合作商店，占 26%；三是组成合作小组和一部分保持单干的，占 60%（万典武，1998）。

随着对私营工商业社会主义改造的基本完成，资本主义商业从商品流通领域被排挤出去，形成社会主义统一市场。国营商业成为社会主义统一市场的主体和领导力量；公私合营商业除资本家的定息外，实质上和国营商业没有什么区别，成为国营商业的组成部分；供销合作社是国营商业的有力助手；合作商店、合作小组在国营商业和供销合作社领导下，参加城乡商品流通活动；农村集市贸易是社会主义商业的必要补充。

这个时期供销合作社组织成为农村消费品流通的主渠道。1953—1977 年期间供销合作社在全国得到迅速发展，供销合作社遍布广大农村，形成了上下相连、纵横交错的一个全国性的流通网络。短短几年时间，供销合作社不仅成为满足农民生产和生活需要，组织农村商品流通的主渠道，而且成为联接城乡、联系工农、沟通政府与农民联系的桥梁和纽带，对恢复国民经济、统一财经、稳定物价、促进农业和农村经济的发展、改善农民生活、引导农民走社会主义道路方面发挥了重要作用。

1966—1976 年文化大革命期间，在“左”的思想指导下，把个体经济、集贸市场当作资本主义进行批判。取消农村集市贸易，取消议价，供销社并入国营商业等政策的实施，严重地限制和打击了农村消费品流通业的发展，导致农村消费品货源紧缺、市场呆滞、渠道单一、销售网点奇缺，买难卖难日益严重。至 1976 年底，农村集市仅有 29227 个，比 1965 年锐减 7770 多个；个体商贩全面萎缩，全国仅有 8 万人，只有 1964 年的 15%。1976 年，农村流通领域同我国整体经济一样，处于崩溃的边缘（王炳焕，2012）。

三、1978 年后我国消费品流通市场改革回顾

1978 年，党的十一届三中全会后改革开放的序幕拉开了。改革是从农村首先开始的，这符合先易后难的战略原则，因为在农村，传统的计划管理体制影响较小，有良好的发展商品经济的土壤与气候，最容易脱离计划经济的控制。回顾改革开放 40 年，我国农村消费品流通领域发展经历了以下三个阶段：

（一）有计划的商品经济向市场经济过渡阶段（1978 年至 90 年代中期）

在这个阶段，政府首先对农村消费品流通主体结构进行了逐步调整。在恢复农村集市贸易和建立农副产品批发市场的同时，积极鼓励集体、个体等多种所有制商业的发展。到了 20 世纪 90 年代中期，农村消费品购销体制已完全市场化，私营和个体经济的进入基本上已无限制，私营公司和个人开始投资农村商业、从增量上改变了农村流通组织的所有制成分。1979—1998 年期间，机构网点和从业人员分别从 89 万个和 317.4 万人增加到 826.1 万个和 2408.4 万人；农村社会消费品零售总额从 984.8 亿元上升到 7645.4 亿元，增长 7 倍多。

在流通渠道方面，国营商业和供销社独家经营的渠道单一状况得到扭转，实现了多元化的消费品流通渠道，农村集贸市场迅速恢复和发展起来。1983—1984 年，各地逐渐建立了一大批日用工业品和农副产品贸易中心。农村集贸市场和城市农贸市场在各地重新开放，并呈飞速发展之势，由 1979 年 3 万多个增长到 1984 年底的 5 万多个，比 1978 年增加了 51.2%，年交易额翻了两番。农村集贸

市场交易的商品从农副产品开始，逐步扩展到日用工业品、服装、鞋帽小商品和旧货，对促进生产，活跃城乡经济，适应人民生活需要发挥了重要作用。另外，20世纪70年代末开始的三级流通环节渠道结构也因体制僵化而被打破。为广开流通门路，减少流通环节，政府在1980年开始允许三级站在本省范围内或毗邻省区直接向产地二级站进货。1983年2月，国务院批转《关于改革农村商品流通体制若干问题的试行规定》，进一步打破了批发商业长期实行的按照行政区划、行政层次、固定供应区域、固定供应对象和固定折扣率的批发办法，开始实行开放式经营。

此外，这个阶段政府也着重对城乡分割的流通体制进行了改革，采取了促进工业品下乡的"商品分工、城乡通开的新体制"。1982年6月，国务院发布了《关于疏通城乡商品流通渠道扩大工业品下乡的决定》，确定实行商品分工、城乡通开的新体制。所谓城乡通开，就是改变30多年来商业上实行的商品分工和城乡分工的体制，实行城乡统管，由主管国营公司全面负责，统筹安排城乡市场，打破地区封锁，按经济合理的原则组织商品流通。长期实行城乡分工的体制，已不能适应新的历史时期经济发展的需要，这种城乡分工的流通体制的最大弊端，在于把城乡市场和商品流通人为地分割开来，造成地区封锁，城乡脱节，渠道不畅。

另外，商业部还调整了购销日用工业品的种类，到1984年，商业部管理的计划商品由原来的135种减少到26种；调整了购销形式，1981年起全面实行统购统销、计划收购、订购、选购四种购销形式并存的购销体制；小商品实行价格调节，1984年起小商品的价格全部放开（万典武，1998）。

综上，这个时期，我国农村消费品流通领域的市场化改革效果是非常显著的。国营商业一统天下的局面已经不复存在，个体商业开始发展，并逐渐成为农村商品流通体系的重要组成部分。根据1998年国家贸易局对12个省市农村市场的调查表明：全国农村市场上的竞争十分激烈，国有商业、物资企业和集体供销合作社在农村市场占有的份额逐步萎缩。除化肥、农药一些政策性经营商品外，国有流通企业在县以下的农村市场已基本退出。90%以下的农村市场已有私营和个体经营。如湖北省，在农村市场销售额中，国有商业仅占约10%，供销社约占20%，私营经济约占70%，县以下私营流通企业和个体商户已经成为农村消费品流通经营的主体。

农村消费品流通主体的多元化，流通渠道拓宽，以及渠道环节的缩短，极大地缓解了农村消费品供应紧缺问题，降低了农村消费品的交易成本，提高了市场流通效率。

但这个时期，随着个体商业的逐步扩大，农村消费品流通体系也出现了经营主体分散、实力不强和素质不高等问题，因而难以促进农村商流、物流的畅通，不能有效地满足农民对现实生产和生活商品的需求。

在激烈对抗的竞争形势下，供销商业原有的经营模式弊端显露。供销合作社应以合作和联合为基础，但此时网点间的合作和联合更多是借助于行政手段，缺乏资产纽带，更无共同的利益机制驱使，因此产生了“合作社不合作，联合社不联合”的问题。这些短处严重制约了供销商业在市场经济下的发展。农村供销社在农村市场所占有的份额逐年下降，1994 年，已由建社之初的 80% 降到 20%，由“正二八”变成了“倒二八”。随着农村买方市场的形成，市场竞争更加激烈，国营商业和农村供销合作社系统出现大面积的亏损。数据显示 1995 年，农村供销社亏损的比例达到了 40%。虽然当时供销合作社在经营机制、营销策略方面做出了一些改革，也加大了硬件投入，但总体效果仍不尽如人意。这种背景下，供销合作社也亟须进一步调整经营思想，引进先进的经营组织形式，运用科学的经营手段，提高流通企业效率。

（二）以流通体系建设破解农村需求约束阶段（90 年代中期至今）

随着改革开放的不断深入，长期被束缚的生产力得到解放，国民经济综合实力得到大幅提高。尤其是进入 20 世纪 90 年代后期，许多行业生产能力相对过剩，长期形成的卖方市场跃变为买方市场。根据国家发展计划委员会宏观经济研究课题组统计（1998），到 1997 年上半年，在 609 种直接关系到人民生活和生产的商品中，供不应求的只有 32 种，占总数的 5.3%，而且都是资源类产品，没有一种是工业消费品；供求基本平衡的商品有 545 种，占 89.4%；供大于求的商品也是 32 种，同样占总数的 5.3%。而在 1997 年下半年的 613 种主要商品中，供求基本平衡的有 408 种，占 66.6%；供过于求的 195 种，比例大幅度上升到 31.8%；供不应求的只有 10 种，仅占总数的 1.6%。供不应求的商品，大部分是农副土特产品，工业消费品基本上是供大于求或供求平衡。即使是那些长期处于短缺状况的投资品和工业基础产品也出现供大于求现象。

从这个阶段开始，商品供给约束转变为市场需求约束成为我国经济发展不可逆转的趋势，而且这个趋势在我国经济发展中越发明显。保证国民经济再生产良性循环，关键在于解决好市场需求约束问题。

据《中国统计年鉴》数据显示，1997 年，占全国总人口 73.5% 的农村人口的商品零售总额不足全社会商品零售总额的 43.6%。1985—1996 年，人均消费水平城镇居民从 802 元增加到 5620 元，农民居民从 347 元增加到 1756 元，城镇增长了 6 倍多，而农村只有 4 倍。城乡居民消费差距也从 1985 年的 2.3 倍扩大到 1996 年的 3.2 倍。1995 年底全国每百户农民家庭家用电器拥有率，彩电为

16.9%，电冰箱为5.1%，洗衣机为16.8%，而同期城市居民拥有率分别为89.8%、69%和89%，分别相差73个、64个和72个百分点。

农村消费品流通领域发展滞后，已成为我国社会再生产的最大梗阻。因此，如何通过开拓农村市场来扩大国内需求，找出一条适合我国特点的开拓农村市场之路已成当务之急。农村消费市场的开拓问题，开始受到政府和有关部门的重视，被作为扩大内需、刺激经济增长的重大举措。

一般来说市场的发展需要具备三大关键要素：一是消费者具有可支付的现实购买力；二是市场能够提供适销对路的商品；三是需要有便捷、安全的流通渠道，保证商品能够顺畅到达消费者手中。而其中后两个措施都与农村流通体制相关。2002年开始，以商务部为主，国家多个部委先后单独或联合发布了多项关于农村消费品流通领域改革措施，要求加强农村消费品流通体系建设。

这一时期的农村消费品流通市场变革大体体现了以下特征：

1. 逐步加大政策倾斜力度。在市场约束型的经济形势下，为了促进我国商品流通体制的完善，我国政府在政策上给予了极大的支持。2004年6月29日，为了进一步做好农村流通工作，商务部根据党的十六届三中全会《关于完善社会主义市场经济体制若干问题的决定》和《中共中央、国务院关于促进农民增加收入若干政策的意见》精神，会同发展改革委、财政部、农业部、人民银行、税务总局、工商总局、供销总社等七部委联合提出了《关于进一步做好农村商品流通工作的意见》，第一次系统地指出了农村流通工作的主要内容，明确了指导思想和方针，提出了原则性的措施（许波，2004）。该文从商品流通工作的指导思想和方针、当前农村商品流通工作的重点、加强对农村商品流通工作的领导等方面对进一步做好农村商品流通工作提出了具体的指导。此后，2005年《国务院关于促进流通业发展的若干意见》中进一步提出要加大农村市场建设的力度，完善农村流通基础设施，促进农村市场的形成。

2. 逐步加大农村流通基础设施建设。2005年政府工作报告提出要努力改善消费环境，尤其是加快改善农村公共基础设施，进一步搞活农村流通，开拓农村市场。2005年2月以来，商务部在全国组织实施了“万村千乡”市场工程、“双百”市场工程、“新农村现代流通网络”和“农村商务信息服务”等工程。这些旨在促进农村流通现代化的工程极大地促进了城乡流通一体化的步伐，完善了农村商业基础设施建设，充分发挥了现代流通产业的先导作用，促进了“以贸促工、以贸促农、以城带乡、以乡促城”良性发展格局的形成（刘根荣，2011）。截至2010年年底，全国累计建设52万家连锁化农家店，2667个配送中心，覆盖了全国80%的乡镇和65%的行政村。

3. 推进农村消费品流通组织走连锁经营。最开始，连锁经营形式进入农村消费品流通业是自发式的。1998 年开始，一些国内大型连锁超市认识到农村消费市场潜在的巨大需求，开始将连锁超市业态延伸到农村流通领域，其中比较著名的案例有江苏苏果超市有限公司。江苏苏果超市股份有限公司在开拓农村市场的实践创新过程中，对农村流通体制的变革起到了重要的推动作用。如采取了特许加盟的新型组织形式改变农村商业；用产权改革重新组织农村流通组织；用管理输出全面提升农村商业经营水平。2000 年以后，全国大批供销合作社系统开始通过发展连锁经营开拓农村市场，大力发展农村消费品连锁经营。

2004 年 6 月 29 日，商务部发布了《进一步做好农村商品流通工作的意见》，提出国家鼓励优势流通企业用连锁经营方式完善农村流通网络，采取多种方式开拓农村市场。以县城和中心城镇为重点，积极发展连锁超市、便利店等新型流通业态。2005 年 2 月 6 日，商务部发布了《关于开展“万村千乡”市场工程试点的通知》，明确了试点的主要内容和方式，即引导各类大中型流通企业直接到试点县市的乡村投资建立、改造连锁“农家店”；鼓励各类大中型连锁企业通过吸引小型企业加盟的方式到乡村建立、改造“农家店”；支持各类中小型企业通过自愿连锁，即企业自愿结合，统一采购、统一建立销售网络的方式建设“农家店”。

4. 进行“互联网 +”流通技术革命。互联网技术虽然是工业进步的产物，但应用最广泛、最成功、最有效果的却在商品流通环节。2015 年 3 月，李克强总理在政府工作报告中提出制定“互联网 +”行动计划后，流通领域加快了这方面的行动步伐，大力开展与互联网的对接以及发展电子商务。2015 年 7 月《国内贸易流通体制改革发展综合试点方案》中，明确提出支持电子商务、物流配送等现代流通方式相互融合，促进线上、线下互动发展的要求。此后，国务院又相继发布了一系列指导“互联网 +”流通深入发展的文件，要求商贸流通企业充分利用互联网、物联网、云计算、大数据、人工智能等现代信息技术，拓展智能化、网络化的全渠道布局，线上线下融合互动，全方位、全天候满足消费者需求。

近年来，随着农村基础设施建设不断完善、居民消费观念和知识水平不断提高，农村居民上网数量逐年递增。这些变化为农村地区“互联网 +”流通的发展提供了广阔的发展空间。

四、我国农村消费品流通变革过程中的经验总结

改革开放 40 年，我国农村商品流通体制进行了“脱胎换骨”的改革，传统计划经济下的流通模式基本完成了向社会主义市场经济的模式转变。虽然过程中有很多的曲折和波动，但总体来说由政府主导的农村商品流通体制变革是成功

的。农村消费品流通渠道已经由过去的单一型转变为多元化，形成了多渠道的流通体系及公平竞争的市场格局。已经初步形成了批发市场和集贸市场、有形市场和无形市场的农村商品流通市场网络体系，除了传统的集市贸易市场外，各种综合市场、专业市场正快速发展。与此同时，随着我国农村市场体系建设的发展，农村消费品流通业经营方式也呈现出多元化发展的趋势。总结过去我国农村消费品流通业的发展经验，基本可以归纳为以下几点：

（一）统一农村消费品流通市场

在共和国成立后30年的计划经济时期，农村商品流通是在单一封闭的系统内进行的，形成了“三固定”（固定供应区划、固定供应对象、固定作价办法）和“三分割”（地区分割、部门分割、城乡分割）为特征的流通体系格局。这种流通体系格局的直接后果是造成商品流通不畅、流通时间长、速度慢、效率低等问题，制约了整个国民经济的发展（纪宝成，1991）。

农村商品流通领域进入市场化改革以后，必然要破除条块分割、地区封锁，增强城乡市场的内在联系，促进商品和各种要素在全国范围的自由流动和公平竞争。

实践证明，在破除“单一封闭”的分配型计划流通体系以后，我国的农村商品体系得到了逐步改善，流通渠道得以畅通，商品需求信息得以反馈，市场供求关系得以调整，真正意义上的“市场”流通体系开始形成。但不可否认的是在我国长期的二元经济结构背景下，城乡市场分割现状只能在一定程度上得到改善，还需要政府在农村流通体制上继续改革创新，真正意义上破除城乡二元化流通结构。

（二）促进多元市场主体竞争

多年来，由于受传统观念的影响，人们总是把竞争与无政府状态联系在一起，认为竞争是资本主义社会的特有现象。在传统的计划经济体制下，无论是生产还是流通领域没有竞争存在的余地，只有从上到下的指令性计划。

受传统思想的束缚，国有商业几乎覆盖了农村消费品流通的所有方面，非国有流通组织萎缩到了几乎可以忽略不计的微小比例。虽然当时我国农村商品流通体制是高度组织化的，流通服从于生产，非常有序。但是，由于该时期消费品流通渠道单一、销售网点奇缺，农村市场买难、卖难的问题非常严重，流通效率极为低下。

1985年，“三多一少”流通体制的建立（多种经营成分、多条流通渠道、多种经济方式和减少流通环节）打破了国有商业长期垄断市场的僵化的流通格局，促进了个体私营商业的快速发展，奠定了我国多元市场主体竞争格局向纵深发展的基础（郭冬乐、方虹，2002）。由于多重市场主体在农村消费品市场共同经营，农村消费品市场必然竞争激烈，有效的竞争机制使农村市场商品结构趋于合理，商品质量不断提高，商品价格日渐合理，极大地改善了农村市场的流通秩序和消费环境。

另外，随着农村商品流通体制的不断改革，农村商品流通渠道也逐步拓宽，已经初步形成多渠道的流通体系。农村消费者可以通过不同的渠道进行交易获得商品，大多数商品供应充足，商品短缺的情况基本得到了改善。

（三）发展多种流通企业所有制结构发展

我国农村消费品流通业还体现在所有制结构的变革上，即“公私兼顾”政策的执行、放弃、再执行。1949—1956 年全社会商业公私兼顾执行良好；1956 年全行业公私合营以后实行了 22 年（1956—1978 年）“左”倾路线，形成国合商业垄断城乡市场的局面；1978 年以后又逐步实行“多种经济成分并存”政策。“多种经济成分并存”政策和“公私兼顾”的基本含义异曲同工，从此带来了中国商业的全面复苏和繁荣兴旺（万典武，2010）。

实践证明 1956 年采取“公私合营”，放弃“公私兼顾”的政策，基本上取消个体和私营商业，违背了历史的阶段性和经济发展规律，给商品流通和商业企业自身发展都造成了巨大的危害。撤点并店等政策，带来了人们生活的诸多不便。之后的发展过程中这个问题更加明显和突出。

从 1978 开始，农村消费品市场个体和私营等多种所有制商业开始了快速发展。在农村消费品市场方面，农村集市贸易得到恢复和发展。农村集市贸易从 1978 年开始恢复，到 1979 年已恢复到 3 万多个，1984 年达到 5 万多个。农村集市交易的商品从农副产品开始，逐步增加到日用工业品、服装、鞋帽小商品和旧货，交易量从零售到小批量批发和贩运，对促进生产、活跃城乡经济、满足人民生活需要发挥了重要作用。

（四）推进农村消费品流通组织形式变革

在我国现阶段农村商品流通体制改革中，通过导入现代化组织运营模式显著地提高了农村商品市场的经营效率。其中流通组织的连锁化经营无疑是其中最主要的一个手段。连锁经营模式进入农村消费品流通市场，一方面提升了消费品流通组织的经营效率；另一方面提高了农村消费品质量，改善了农村居民消费环境。

无论是大型流通组织以连锁经营的方式在农村地区开设零售网点，还是在供销社系统内开展连锁经营，这些现代化的组织形式和经营业态都得到了较好的展示。为了进一步推动这种现代化运营模式在农村地区的深入开展，2005 年商务部启动了“万村千乡市场工程”，旨在通过政府政策支持，推动连锁经营模式在农村市场的发展，加快消费品流通网络构建进程。以 2005 年“万村千乡工程”的启动为标志，连锁经营形式在我国农村市场以前所未有的速度发展起来。

（五）以流通方式创新提升农村消费品流通效率

与城市相比，农村居民收入低，消费分散，消费文化落后，基础设施建设不足，这些因素严重制约了农村消费市场的发展，如何降低流通成本，提高流通效率，一直是流通领域变革的主要难题。流通方式创新则是化解这一难题的关键举措，近年来我国在农村流通方式创新方面也取得了较为丰富的经验，包括建立城乡互动的双向流通系统和“互联网 +”流通方式变革。

通过建立城乡互动的双向流通系统，一方面可以使农村与城市流通网络共享消费品采购与配送系统，实现消费品进入农村市场；另一方面可以使农产品与消费品共享采购与配送系统，实现农产品进入城市市场。此外，双向流通系统实现了城市与农村供给与需求信息的双向流动，促进了整个系统良性运转（夏春玉等，2009）。

“互联网 +”流通方式的创新一方面促进了消费品借助互联网尤其是移动互联网走进农村；另一方面便利了农产品借助互联网走进城市。“互联网 +”流通变革对缓解我国产能过剩，提高流通效率，促进农民增收，提高农村居民消费质量和解决城乡发展不平衡等方面都发挥了重要作用。

参考文献

［1］李碧珍：“我国农产品物流模式演进分析”，《当代中国史研究》2008 年第 3 期，第 13 页。

［2］万典武：“20 年的商品流通体制改革”，《商业经济研究》1998 年第 9 期，第 19—20 页。

［3］王炳焕：“我国农村消费品流通体制的演变及其特征”，《改革与战略》2012 年第 28 期，第 102—104 页。

［4］纪宝成：“商品流通渠道分析”，《中国社会科学》1991 年第 6 期，第 105—124 页。

［5］郭冬乐、方虹：“中国流通产业组织结构优化与政策选择”，《商业经济文荟》2002 年第 6 期，第 2—5 页。

［6］万典武、李禧华：“新中国商业所有制改革历程回顾与总结”，《商业时代》2010 年第 2 期，第 8—10 页。

［7］万典武：“所有制改革是商业体制改革的要害”，《商业经济与管理》1998 年第 1 期，第5—10 页。

［8］廖运凤："供销合作社制度变迁的经济学分析——新制度经济学的视角"，《北京工商大学学报（社会科学版）》2009 年第 4 期，第 111—116 页。

［9］G30 秘书处："新时代 · 新思路 · 新动能"，《中国流通经济》2018 年第 1 期，第 122—128 页。

［10］李骏阳："对'互联网 + 流通'的思考"，《中国流通经济》2015 年第 29 期，第 6—10 页。

［11］夏春玉、张闯、梁守砚："城乡互动的双向流通系统：互动机制与建立路径"，《财贸经济》2009 年第 10 期，第 106—112 页。

［12］刘根荣："转型时期城乡流通一体化问题研究"，《中国经济问题》2011 年第 3 期，第38—44 页。